DEVIL MUSIC
Die Kurt Cobain Story

Christopher Sandford

Devil Music

Die Kurt Cobain Story

Aus dem Englischen von Thomas Hag
und Hans Sommer

Wir danken unserem Übersetzer
Hans Wolf Sommer
* 15. 9. 1939   † 22. 3. 1996
vgs verlagsgesellschaft, Köln

Die Deutsche Bibliothek – CIP-Einheitsaufnahme

Sandford, Christopher:
Devil music : Die Kurt Cobain Story / Christopher Sandford. Aus dem
Engl. von Thomas Hag und Hans Sommer – 1. Aufl. – Köln : vgs, 1996
   Einheitssacht.: Kurt Cobain <dt.>
   ISBN 3-8025-2382-2
Titel der englischen Originalausgabe: Kurt Cobain
Erstausgabe 1995 by Victor Gollancz Ltd., London
© Copyright Christopher Sandford 1995

Alle Rechte vorbehalten
Abdruck (auch auszugsweise) sowie alle sonstigen
Wiedergabeverfahren nur mit vorheriger schriftlicher
Genehmigung des Verlages.

1. Auflage 1996
© der deutschen Erstausgabe: vgs verlagsgesellschaft, Köln
Lektorat: Michael Neuhaus
Redaktion: Karin Schramm
Umschlaggestaltung: Papen Werbeagentur, Köln
Umschlagfoto: © Intertopics
Satz: ICS Communikations-Service GmbH, Bergisch Gladbach
Druck und Verarbeitung: Kösel, Kempten
Printed in Germany
ISBN 3-8025-2382-2

Inhalt

1. Kurt Cobain 7
2. »Wie ›Twin Peaks‹, nur langweiliger« 15
3. Spannung und Ausbruch 47
4. Größer als die Beatles 68
5. Ins Schwarze 84
6. Nevermind 110
7. Verschwendet 153
8. In Utero 176
9. »Vielen Dank. Ich bin ein Rockstar.« 203

Anhang:
Chronologie 236
Diskographie 243
Quellenangaben und Kapitelanmerkungen 247
Danksagungen 252
Register 253

1

Kurt Cobain

Ein »Peaceable Kingdom«, ein Königreich des Friedens, ist sicherlich kein Ort, den man mit Kurt Cobains extremem Leben in Verbindung bringen würde. Und doch nahm er sich in einem Zimmer das Leben, von dessen Fenster aus man ein Schild lesen kann, das genau diese Aufschrift trägt. Fährt man den East Denny Way in Seattle hinunter, fällt der Blick auf einen See und die dahinter aufragenden Berge. Durch die Bäume flutende Sonnenstrahlen erhellen die Anwesen der Nachbarn Cobains – allesamt höhere Angestellte von Weyerhaeuser oder Boeing. Von hier aus sieht man Kurts Haus aus einem ganz anderen Blickwinkel als auf den zu trauriger Berühmtheit gelangten körnigen Fotos, die nach seinem Tod überall in der Presse abgebildet wurden.

Kurts Domizil war eine schmucklose, leicht schrägstehende Villa, die sich an den Fuß eines Hügels schmiegt. Daneben steht der Garagenanbau, in dessen oberem Raum sich Kurt Cobain an einem Frühlingsabend 1994 mit einer Schrotflinte in den Mund schoß. Die Leiche lag dort zweieinhalb Tage. Eine letzte Ironie des Schicksals bestand darin, daß Cobain, der nach Aussage seines Vaters »am meisten vor sich selbst geschützt werden mußte«, ausgerechnet von einem Mann gefunden wurde, der an diesem Tag eine Alarmanlage installieren sollte. Als Gary Smith morgens am Haus ankam, ging er auf die Rückseite der Garage, um zu sehen, ob sich dort eine Möglichkeit finden ließe, einen Draht zu ziehen. Als er durch ein Glasfenster in der Tür blickte, entdeckte er die Leiche. Cobain lag in der nordwestlichen Ecke des Zimmers, bekleidet mit einem hellen Hemd und einer Jeans. Auf seiner Brust lag eine Schrotflinte, und seine linke Hand hielt noch immer den Lauf der Waffe umklammert. »Dies war die Tat eines Menschen, der sich auslöschen, der buchstäblich zu nichts werden wollte«, kommentierte der Arzt, der die Autopsie vornahm, diesen

Selbstmord. Courtney Love, Cobains Witwe, berichtete einem Reporter später, daß man ihren Ehemann nur anhand der Fingerabdrücke identifizieren konnte. Zahnärztliche Unterlagen waren nutzlos, da von Kurts Mund so gut wie nichts mehr vorhanden war.

Niemand kann mit Sicherheit sagen, was Kurt Cobain in den Stunden vor seinem Tod durch den Kopf ging. Natürlich war es kein Geheimnis, daß er allem Anschein nach die Lust am Leben verloren hatte. Cobain war mit seiner musikalischen Entwicklung unzufrieden, und er zeigte wenig Sympathie für die nostalgischen Gefühle, die viele seiner Fans gegenüber seinen älteren Songs hegten. Einen Monat vor seinem Tod sagte er zu einem seiner Cousins: »Ich fühle mich, als würde ich in einem Zirkus auftreten.«

Auch ist bekannt, daß Cobain versucht hatte, gegen seine Drogensucht anzukämpfen, aber bereits zum wiederholten Male rückfällig geworden war. Der toxikologische Bericht bestätigte, daß sich neben Spuren von Valium auch Heroin in seinem Blut befanden, also die dreifache Menge einer bereits tödlichen Dosis. Darüber hinaus litt Cobain unter chronischen Magenkrämpfen, auch wenn diese bei der Autopsie nicht diagnostiziert wurden. Der bereits erwähnte Cousin des Rockstars glaubt, daß »Kurt es schlicht und einfach getan hat, um den Schmerzen ein Ende zu bereiten«. Und eine Verwandte namens Beverly Cobain, Krankenschwester in der Psychiatrie, fügt hinzu: »Kurt war ohne Zweifel manisch-depressiv – er litt an einer psychischen Störung, die dafür sorgte, daß er zwischen wilder Ekstase und tiefster Verzweiflung schwankte. Sein Versuch, sich mit Heroin praktisch selbst zu behandeln, verschlimmerte das Problem nur noch. Darin ist der Hintergrund für seinen Selbstmord zu sehen.«

Es bleibt die Frage nach dem Motiv für Cobains Suizid oder aber zumindest nach einem bestimmten auslösenden Moment; denn bekanntermaßen fällt die Entscheidung, ob man eine Selbstmordabsicht wirklich in die Tat umsetzt oder nicht, häufig innerhalb von nur wenigen Sekunden.

Die Kombination aus beruflicher Frustration, Depression und Drogensucht hätte womöglich auch einen weniger labilen Menschen darüber nachdenken lassen, seinem Leben ein Ende zu bereiten. Und doch gab es aller Wahrscheinlichkeit nach konkrete Anlässe, die Cobain gerade an diesem Tag seinen Vorsatz in die Tat umsetzen ließen. Man kann beispielsweise leicht erahnen, wie sich Cobain, der mehrfach öffentlich seine tiefe Abscheu vor Vergewaltigung und Kindesmißbrauch zum Ausdruck gebracht hatte und dessen Horror vor jeder Art organisierter Religion allgemein bekannt war, gefühlt haben muß, als er in der Morgenzeitung folgende Meldung las:

Kurt Cobain

PREDIGER VERGEWALTIGTE SEINE ENKELIN
Mit kaum vernehmbarer Stimme bekannte sich gestern ein Prediger aus Port Orchard des Verbrechens schuldig, seine neunjährige Enkelin entführt, mißbraucht und vergewaltigt zu haben.

Angesichts der Wahl zwischen einer Gefängnisstrafe von achtzehn Jahren oder einer Verhandlung, bei der er möglicherweise einem weiteren angeblichen Opfer gegenübergestellt worden wäre, unterzeichnete Frederick Aylward, 51, im County Superior Court von Kitsap ein Geständnis.

Aylwards Anwalt sagte, die Strafe bedeute für seinen Mandanten, der 375 Pfund wiegt, an Herzbeschwerden, Bluthochdruck und Diabetes leidet, praktisch ›lebenslänglich‹ ... Seine Frau Mary hat die Scheidung eingereicht.

Als Cobain am Nachmittag desselben Tages in seinem Arbeitszimmer vor dem Fernseher saß, hatte er die Wahl zwischen einer Reihe von Programmen, die er allesamt verabscheute. Auf einem der Kabelkanäle gab es einen rund um die Uhr laufenden »Fürbitten-Marathon«, bei einem anderen konnten sich die Zuschauer – gegen einen Betrag von 200 Dollar – ihr persönliches Gebet vorlesen lassen. Cobain hätte auch der Eröffnung der Baseballsaison beiwohnen können – einem Ritual, das er als Ausdruck männlicher Rivalität und Konformität seit jeher haßte. Tatsächlich aber entschied er sich, so geht jedenfalls aus dem Polizeibericht hervor, für einen Kanal, auf dem hauptsächlich Disney-Filme laufen. Um vier Uhr, kurz bevor er sich mit Heroin vollpumpte, einen recht konfusen Abschiedsbrief schrieb und nach oben ging, um sich zu erschießen, wäre auf diesem Sender die »Andy Griffith Show« zu sehen gewesen, eine Sitcom aus den Sechzigern, die Cobain so schwachsinnig fand, daß er nicht umhin kam, sie in einem seiner Songs zu parodieren (»Floyd The Barber«). Dies sei, so erzählte er seinem Cousin einmal, genau die Welt, vor der er davonlaufe.

Es ist nicht anzunehmen, daß Cobain die Skurrilität seiner Situation entgangen ist: ein millionenschwerer Drogenabhängiger, der allein in seinem Zimmer sitzt, konfrontiert mit den Dämonen und Schatten seiner Vergangenheit – bis er schließlich keinen anderen Ausweg mehr sieht, als sie mit der Waffe auszutreiben ...

Annähernd 6 000 Fans fanden sich mit Kerzen zu einer Totenwache für Cobain ein. Wie seine Witwe Courtney Love – sie war die lauteste von allen – nutzten sie die Gelegenheit, mit dem Ruf »You Fucker« dem bitteren Gefühl Ausdruck zu verleihen, von dem Toten verraten worden zu sein. Der Verlust, den Cobains Fans schmerzlich fühlten, war durchaus den Empfindungen vergleichbar, die eine frühere Generation durch die Tode von Jimi Hendrix und John Lennon hatte erfahren müssen. Ein von Schmerz ergriffenes Mädchen rief den anderen Trauernden zu: »Er starb für eure Sünden.« Ein Mann aus Cobains Nachbarschaft nahm sich dessen Selbstmord offenbar zum Vorbild und erschoß sich ebenfalls. Die zwölfjährige Helki Wald schrieb in einem Brief an den *Seattle Post-Intelligencer*: »Ihr mögt euch nicht für Kurt Cobain interessiert haben, aber wir, seine Freunde, seine Fans und seine Familie, werden mit der Gewißheit leben müssen, daß ein großer, großer Mann, ein Genie, für immer von uns gegangen ist ... Das Leben ist ein krankes Spiel – er hat uns geholfen, das auszudrücken. Viele sagen, daß er sich aus Schwäche getötet hat. Aber das stimmt nicht. Nein, Kurt war unsere Stimme, er hat uns mehr geholfen, als er das je wissen konnte.«

Cobains Fans waren durchaus keine einheitliche, in allen Fragen übereinstimmende Gemeinschaft. Zwar wußten viele von ihnen, was es heißt, depressiv zu sein, doch werden wohl nicht allzuviele die Meinung des zwölfjährigen Mädchens geteilt haben, das Leben sei ein »krankes Spiel«.

Abgesehen von denjenigen, die seinen Selbstmord leichtfertig als schiere Dummheit abtaten, gab es zwei sehr unterschiedliche Beurteilungen dieser Tat. Für viele, die Cobain persönlich gekannt hatten, war sein Suizid ein schockierendes, aber keinesfalls überraschendes Ereignis. Von dem rasanten Erfolg seiner Musik und seiner plötzlichen Berühmtheit überwältigt, möglicherweise auch ein wenig überfordert, hatte Cobain schon seit langem immer wieder von einer »künstlerischen Krise« gesprochen. Mehr als einmal ließ er durchblicken, wie sehr ihn die formelhafte Struktur der Songs, die ihn berühmt gemacht hatten, langweilte. Dem *Rolling Stone* gegenüber charakterisierte er sie bitter als »Vers-Refrain-Vers«.

Courtney Love erzählte einem Fernsehreporter, daß Cobain außerdem zutiefst unzufrieden mit seiner Band war. »Ich hasse es. Ich kann nicht mehr mit ihnen spielen«, habe er gesagt und sich nur noch auf eine mögliche Zusammenarbeit mit R.E.M.-Sänger Michael Stipe gefreut.

In dieser Betrachtungsweise war Cobain ein draufgängerisches, gleichzeitig aber auch sehr zerbrechliches Talent, das von den Anforderungen, die das Musikbusineß an ihn richtete, erdrückt wurde. Zuletzt wählte er, der ohnehin schon seit längerem auf dem schmalen Grat zwischen Originalität und Selbstkarikatur wandelte, den einzigen Ausweg, der ihm anscheinend noch blieb, wollte er seine Würde bewahren und seinen Ruf als Legende erhalten – den Freitod!

Es gab aber noch eine andere Reaktion auf Cobains Tod, die sehr persönlicher Natur war. Unter denen, die um ihn trauerten, befanden sich Kinder, zum Teil noch jünger als Helki Wald, die zum ersten Mal erlebten, was Verlust bedeutet. Für sie zerstörte die traurige Nachricht jenes Apriltages die Illusion, einen Freund fürs Leben gewonnen zu haben, raubte ihnen das Gefühl emotionaler Bindung und gleichzeitig auch die Hoffnung auf ein einigermaßen erträgliches Leben als Erwachsene.

Zu dem Gefühl, persönlich betrogen worden zu sein, kam ungläubige Wut, als die Fans Einzelheiten über die letzten Tage ihres Helden erfuhren. Fast zwei Jahre lang hatten sowohl seine Plattenfirma als auch sein Management, seine Freunde und seine Familie immer wieder vehement behauptet: »Kurt nimmt keine Drogen.« Dies entpuppte sich nun als eine einzige Lüge. Hinzu kam, daß der Mann, der angeblich einen alternativen Lebensstil verkörperte, tatsächlich wie ein Yuppie in einem anderthalb Millionen Dollar teuren Anwesen gewohnt hatte – in einem der nobelsten Viertel Seattles. So ist es nicht weiter verwunderlich, daß sich unter die vielen Stimmen, die bei Cobains Totenwache ihrer Trauer Ausdruck verliehen, auch ebensoviele zornige Rufe der Enttäuschten und Betrogenen mischten, die wie die vierzehnjährige Alison Coe nur eines dachten: »Kurt hat die ganze Zeit nur so getan als ob.«

Journalisten, PR-Agenten und Manager hatten den Fans vorgegaukelt, daß sich mit Cobains Hochzeit und der Geburt seiner Tochter letztlich alles zum Guten gewendet habe. Er war ihnen als »Sprecher einer ganzen Generation« verkauft worden. Von allen Seiten hatte man versucht, ein besonders verkaufsförderndes Bild von Kurt zu kreieren, wobei man den wahren Menschen Cobain völlig aus den Augen verloren hatte. Wie sonst hätte Gold Mountain – nur wenige Wochen vor Kurts Tod – behaupten können, die Tatsache, daß er fünfzig hochdosierte Rohypnol-Tabletten geschluckt und mit einer Flasche Champagner heruntergespült habe, sei »eindeutig kein Selbstmordversuch« gewesen, sondern »eine freudige Reaktion auf das Wiedersehen mit seiner Frau«. So müssen also die härtesten Vorwürfe denen gelten, die von Cobains Zustand wußten, aber dennoch tatenlos zusahen, wie der Rockstar systematisch sein Leben zerstörte.

Und die Enthüllung, daß Cobain an dem traditionellen Lebensstil eines Rock'n'Roll-Stars durchaus Gefallen gefunden hatte, hätte eigentlich niemanden mehr überraschen dürfen. Wie seine Frau bemerkte, hatte man versucht, die »nette, die Jimmy Stewart-Seite« seiner Persönlichkeit zu betonen. Kurt habe nie den Bezug zu den einfachen Leuten verloren, hieß es, und man wies darauf hin, daß er seinen Hund selbst ausführe, in Restaurants bar bezahle und ein ganz normales Sexualleben habe. Das Image, das aufgebaut werden sollte, war das eines Mannes, der mit sich und der Welt zufrieden war.

In Seattle herrschte allerdings schon seit langem die Meinung, Cobain sei unnahbar geworden. Als der Erfolg kam, äußerte Kurt immer wieder seine Verachtung für selbstgefällige Rockstars – und wurde doch selbst einer von ihnen. Er kaufte sich ein großes Haus und stellte zum ersten Mal Leibwächter ein. Bittbriefe und Autogrammwünsche blieben plötzlich unbeantwortet. Wenn Nirvana auf Tournee gingen, stieg Kurt in einem anderen Hotel ab als der Rest der Band, und er reiste in einer Limousine, neben der die von Mick Jagger vergleichsweise bescheiden ausgesehen hätte.

Cobain war in Wirklichkeit nie so unschuldig und selbstlos gewesen, wie seine PR-Manager und viele Fans das gerne gehabt hätten. Zwar hatte er einige zweifelhafte Größen des Rock-Establishments gegen sich aufgebracht, da er sein Talent für Satire und Parodie brillant einzusetzen verstand; ebenso war er mit seinem Auftreten sicherlich auch zur Identifikationsfigur für viele entwurzelte Jugendliche geworden – aber im Laufe der Zeit mußte er sich immer häufiger den Vorwurf gefallen lassen, daß all dies einzig nur noch dem Zweck diene, seine eigene Karriere voranzutreiben.

Daß Kurt Cobain außerordentlich begabt war, steht außer Frage, und doch schöpfte er diese Begabung nicht völlig aus, sondern schloß immer wieder Kompromisse. Zwar hatte er eine Stimme, die geradezu die Qualität eines eigenen Instruments besaß und mit der er sogar in der richtigen Tonart »schreien« konnte, aber letzten Endes griff er bei seinen Songs regelmäßig auf altbewährte musikalische Traditionen zurück. Und hinter seinen wilden Gitarreneinlagen und rätselhaften Texten verbargen sich nicht selten Variationen gängiger früherer Popmelodik. Ein Album wie *Nevermind* schuldet beispielsweise den Beatles ebensoviel wie all den Post-Punk-Bands der Achtziger. Worin Cobain eine glücklichere Hand bewies als andere, war die ganz spezielle Mischung seiner Musik aus melodisch eingängigem Hard Rock und knallhartem Punk, ergänzt durch sein einzigartiges Talent, dem Publikum »etwas rüberzubringen«. Doch auch wenn seine Musik schließlich immer abgedroschener und formelhafter wurde – »Ich arbeite schon so lange damit, daß es mich wirklich langweilt«, gab er selber gegen Ende seines Lebens zu –, war er doch für ein oder zwei Jahre eine der wenigen authentischen Stimmen in einer Industrie, die ansonsten von synthetischen Hitparadenklängen beherrscht wurde.

Aber Cobain war nicht nur talentiert, er war auch ausgesprochen anfällig für die Versuchungen des Erfolges. Kurt erlag ihnen so vollständig, daß er schließlich ein Verhalten an den Tag legte, das in seiner Maßlosigkeit auch in der Musikbranche bisher ohne Beispiel war. Auf dem Höhepunkt seines Erfolges behauptete Kurt allen Ernstes: »Ich kann mir nicht vorstellen, daß sich jemand meine Musik anhört, ohne anschließend nicht noch mehr von mir zu halten, als er es vorher schon tat.« Er brüllte Chauffeure und Mitarbeiter an, beleidigte Freunde, die ihm helfen wollten, und ließ einen bereits unterschriebenen Vertrag neu aushandeln, weil er der Meinung war, daß sein Anteil an den Nirvana-Tantiemen verdoppelt werden müsse – rückwirkend.

Selbst als Cobain bereits gewaltige Summen verdiente, klagte er dennoch ununterbrochen über zu geringe Einkünfte. Während er einerseits dafür sorgte, daß sein Image und seine Geldangelegenheiten in durchaus konventioneller Weise gemanagt wurden, gelang es ihm trotzdem, auf der Bühne ein hohes Maß an Unbekümmertheit auszustrahlen, ja fast schon weltentrückt zu wirken. »Er konnte durchaus bescheiden sein«, erinnert sich Charles Peterson, ein Mann, der Cobain während seiner ganzen Karriere begleitet hat, »aber er wußte genau, wohin sein Weg ging und was er wollte. Man wird schließlich nicht durch Zufall berühmt.«

Kurt Cobain, Kultfigur des Grunge und unfreiwilliger Sprecher einer ganzen Generation, ist auch heute noch von zahlreichen Geheimnissen umgeben, wobei eine Ursache sicherlich in seiner vielschichtigen und widersprüchlichen Persönlichkeit zu finden ist. Betrachtet man sein Image in den Medien und fügt alle Presseausschnitte und Nachrufe über seine Person zu einem Gesamtbild zusammen, so kristallisieren sich zwei völlig unterschiedliche Bilder heraus. Zum einen entsteht die Vorstellung von einer Musikerpersönlichkeit mit dem Sendungsbewußtsein eines John Lennon oder Bob Dylan. Zum anderen wird das Bild eines jungen, gequälten, weltlichen Christus entworfen, dessen früher Tod zu seinem von Leid und Gewalt geprägten Leben paßt – ein Image, das Cobain stets zornig von sich wies, dem er jedoch selbst auch immer wieder Nahrung gab.

Solch vereinfachende Glorifizierungen der Person Kurt Cobains riefen natürlich auch Gegenreaktionen hervor. Der Kritiker Bernard Levin fand es beispielsweise »sinnlos, den Fans von Cobain zu erzählen, daß er in ein oder zwei Jahren vergessen und sein Platz von einem ähnlich alkohol- und kokainsüchtigen Idol eingenommen werde, das an vergleichbarer Selbstüberschätzung leide«. Andy Rooney, ein weiterer Kritiker, meinte lakonisch: »Kurt Cobain war ein Verlierer.« Eine besonders in Seattle weit verbreitete Meinung besagt, daß Cobain zwar ohne Zweifel außergewöhnlich talentiert gewesen sei, seine radikalen Ideen und sein Talent jedoch dem Erfolg und Kommerz geopfert habe.

Der wirkliche Cobain hatte mit den Legenden, die sich um seine Person rankten, wenig gemein. Er war ein extrem schüchterner Mensch mit relativ geringer Bildung und einem Hang zu gerade den Eitelkeiten und Exzessen, die er bei anderen verurteilte. Wie alle Mitglieder seiner Familie war Kurt übersensibel und vergaß niemals ein Wort der Kritik. Er entwickelte eine seltsame Mischung aus Selbstbewußtsein und Unsicherheit, die häufig bei Menschen festzustellen ist, die mit dem Gefühl aufwachsen, anders als andere und intelligenter zu sein.

Einerseits wartete Cobain, der seit *Nevermind* auf beiden Seiten des Atlantiks die Charts anführte, nur auf den Tag, an dem man ihm sagen würde, er sei ein schlechter Musiker – er behauptete immer wieder, mindestens 50 Bands nennen zu können, die er für talentierter halte als Nirvana. Andererseits sprach Kurt nicht selten von sich selbst als dem »größten Dichter und Musiker der Welt«.

Cobains Hang zur Selbstdarstellung auf der Bühne war ein einziger Schrei nach Aufmerksamkeit. Es muß bitter für ihn gewesen sein, in späteren Jahren seine Ambitionen erfüllt zu sehen und trotzdem feststellen zu müssen, daß seine Gier nach Bestätigung bei weitem noch nicht gestillt war. Zwar kannte er ekstatische Begeisterung und erlebte die kurze Illusion des Glücks – zufrieden war er jedoch nie.

Cobain hatte Erfolg, weil er aktuelle Themen wie Frustration, Verwirrung und Zorn zur richtigen Zeit auf die richtige Weise zum Ausdruck brachte. So wurde er plötzlich für viele Jugendliche zu einer Leitfigur, von der sie sich verstanden fühlten. Als Kurt Cobain jedoch erkannte, daß ihn vollkommen fremde Menschen zum ersten Mal in seinem Leben nicht nur bewunderten, sondern geradezu vergötterten, keimten Selbstzweifel und Minderwertigkeitsgefühle wieder in ihm auf. Er fühlte sich mißverstanden. Und es war der unlösbare Widerspruch zwischen seinem Wunsch nach Erfolg und der Unfähigkeit damit umzugehen, an dem er schließlich zugrunde ging.

2

»Wie ›Twin Peaks‹, nur langweiliger«

Aberdeen, Washington, daran besteht kein Zweifel, ist eine häßliche Stadt.

Die Straße, die den Verkehr von Westen in den Ort hineinleitet, auf den Pazifischen Ozean zu, kreuzt ein Gelände mit Trödelmärkten und Wohnwagencamps, bevor sie durch ein Tal führt, das von Schmelzhütten, Schornsteinen, Kaminröhren und den rostigen Bauten des Weyerhaeuser-Holzlagers gesäumt wird. Die wenigen Geschäfte des Ortes sind in Baracken untergebracht, in denen Autoteile und Möbel verkauft werden. Stillgelegte Eisenbahngleise und Brücken durchziehen das Stadtzentrum, wo in den einzigen neuen Gebäuden Fast-Food-Restaurants und Bestattungsunternehmen untergebracht sind. Kurt Cobains Vater sagt über Aberdeen: »Wahrscheinlich ist hier der deprimierendste Flecken an der ganzen Westküste.«

Als Donald Leland Cobain am 31. Juli 1965 in Coeur d'Alene, Idaho, Wendy Fradenburg heiratete, waren beide noch keine einundzwanzig. Ein Jahr später zogen er und seine Frau Richtung Westen – auf der Suche nach einem Job. Für etwa zwei Jahre ließ sich das Ehepaar in Hoquiam nieder, einer Kleinstadt in der Nähe Aberdeens mit 17 000 Einwohnern, die vom Holzhandel lebt. Dort wurde am 20. Februar 1967, im Grays Harbor Community Hospital, das erste Kind der Familie geboren. Es erhielt den Namen Kurt Donald Cobain. Auch wenn die Cobains nur über ein geringes Einkommen verfügten – ihr Haus in Hoquiam hätte kaum bescheidener sein können –, überschütteten sie ihren Sohn doch mit Liebe und Fürsorglichkeit. »Ich war ganz vernarrt in ihn«, sagt Wendy. Ihre Freundin Francis Coughlin erinnert sich, daß sie »ein ziemlich übertriebenes Theater um den Jungen machte«. Ständig trug sie ihn in einer rosa Steppdecke mit sich herum, was unter den Nachbarn, die derbere Umgangsformen gewohnt waren, einiges Erstaunen hervorrief.

An dem Morgen, an dem Kurt Donald Cobain geboren wurde, klarte der Himmel über Aberdeen auf, nachdem es die letzten Tage ununterbrochen geregnet hatte. Die Temperaturen erreichten 10 Grad Celsius. Es war ein schöner, sonniger Wintertag. Die Montagsausgabe der *Daily World* brachte Nachrichten aus aller Welt: In Vietnam eröffneten US-Einheiten mit 25 000 Mann die »Operation Junction City«, die sich gegen eine Stellung des Feindes nördlich von Saigon richtete; in New Orleans bekräftigte ein Staatsanwalt namens Garrison seine Meinung, daß die Ermittlungen bald zur Festnahme des mutmaßlichen Kennedy-Mörders führen würden; in Washington bedrängte die Civil Rights Commission den Kongress, umgehend Maßnahmen einzuleiten, um die Rassentrennung an den Schulen zu beenden; in Kentucky wies ein Ausschuß den Antrag Cassius Clays ab, als Black-Muslim-Priester anerkannt zu werden, und verhinderte dadurch, daß er der Einziehung zum Wehrdienst entgehen konnte. Die Lokalnachrichten aus Aberdeen berichteten über Blaubeerfeste, Haustierausstellungen und Baumfällwettbewerbe.

Aberdeen war ein Ort, der eher noch im Amerika der fünfziger Jahre lebte, als daß er bereits den Siebzigern entgegengeblickt hätte. Schlagworte wie »Gegenkultur« und »Anti-Vietnam-Bewegung« oder wie »Drogenkonsum« und »Wehrdienstverweigerung« hörte oder erlebte man hier sehr selten. Sicher durften die Männer ihr Haar bereits etwas länger tragen als die Marinesoldaten mit ihren Bürstenschnitten. Auch schwebte ab und zu eine Marihuanawolke über den Lions City Park neben der High School – und dazu trug auch Don Cobain ein wenig bei. Manchmal kaufte er auf der Lincoln Street etwas, bei dem es sich nach Meinung eines Nachbarn »wahrscheinlich um Zigaretten« handelte. Doch im Grunde hielten die Menschen in Hoquiam noch an den traditionellen konservativen Werten fest, Begriffe wie Gott und Vaterland nahmen in ihrem Leben einen hohen Stellenwert ein. Hoquiam hätte noch gut in die Ära Eisenhowers gepaßt, in eine Zeit, in der man sich, so jedenfalls beschreibt es Francis Coughlin, die Freundin von Cobains Mutter, »nach dem Essen gemeinsam mit der Familie Pat Boone im Fernsehen ansah«. Das Kino auf der 7th Street zeigte bereits in der 99. Woche *The Sound Of Music* (»Meine Lieder – meine Träume«).

Für die Einwohner dieses Ortes strahlte schon das benachbarte Aberdeen, das immerhin einige Museen und Bowlinghallen aufweisen konnte, einen großstädtischen Glanz aus, und das 110 Meilen entfernte Seattle im Nordosten genoß fast schon den Ruf einer Metropole. Don Cobain erinnert sich: »Die Stadt steckte in einer Art Zeitschleife fest und litt noch immer unter den Folgen der Depression.« Alles, was draußen in der Welt vor sich ging, wurde hier nur langsam und eher widerwillig zur Kenntnis genommen.

Zu den Entwicklungen, die man in Hoquiam nicht wahrnehmen wollte, gehörte zum Beispiel der rasante Aufstieg der Popmusik. Am 20. Februar 1967, dem Tag, an dem Kurt Cobain geboren wurde, nahmen die Beatles in den Londoner Abbey Road Studios das Titelstück zu ihrem *Sergeant-Pepper*-Album auf. Drei Tage zuvor war ihre Single »Strawberry Fields« erschienen. Zwei der einflußreichsten britischen Bands, Cream und The Who, standen kurz vor ihren Debut-Konzerten in New York. Dort wurde im April, beim ersten Human Be-In des Jahres, der »Sommer der Liebe« ausgerufen. Jimi Hendrix absolvierte seine ersten Auftritte in der Clubszene Londons, wo Mick Jagger und Keith Richards gerade wegen illegalen Drogenbesitzes verhaftet worden waren. In einem Leitartikel der als liberal geltenden *Times* wurde zur Bekämpfung der mehr und mehr um sich greifenden »lockeren« Lebenseinstellung aufgerufen.

Man hätte glauben können, daß in Aberdeen und Hoquiam – beides Hafenstädte, wo traditionellerweise unterschiedlichste Lebensstile aufeinandertreffen – die Menschen offen für die neuen Strömungen gewesen wären. Tatsächlich machten sich die neuen Einflüsse dort aber zunächst so gut wie gar nicht bemerkbar. Niemand, betont Don Cobain, sei auch nur einen Fingerbreit von den alten Werten abgerückt, »obwohl es an jungen Leuten nicht mangelte, die eigentlich für die neuen Ideen hätten empfänglich sein müssen«.

Es dauerte eben etwas länger, bis sich die neuen Tendenzen auch dort bemerkbar machten. Nach zwei Jahren wurde *The Sound Of Music* im Kino an der 7th Street endlich abgesetzt, und kurz darauf folgten *Blow-up* und *The Knack* (»Der gewisse Kniff«). Der Song »Break on Through« von den Doors, der heute als ein Meilenstein der Rockmusik gilt, wurde von den Schülern der Hoquiam High zur besten Single des Jahres gewählt. Und der Besitzer von Rosevear's Music Shop in Aberdeen bestätigt, »daß die Kids plötzlich anstatt Geigen und Flöten nur noch elektrische Gitarren haben wollten«. Doch im Winter und Frühjahr 1966/67 verschwendete niemand auch nur einen Gedanken an die Möglichkeit, daß in naher Zukunft elementare gesellschaftliche Veränderungen bevorstehen könnten oder gar eine wie auch immer geartete Revolution.

Kurts Cousin sagte einmal: »Er hat das Glück gehabt, zu einer Zeit geboren zu werden, als die Dinge allmählich in Bewegung gerieten. Außerdem hatte er Eltern, die Rockmusik nicht nur duldeten, sondern selbst hörten. Nicht, daß er das jemals zugegeben hätte: Kurt wäre der Letzte gewesen, der von sich gesagt hätte, er habe Glück gehabt.«

Kurt Cobain

Im August 1967 zog die Familie Cobain nach Aberdeen, wo Don bei einer Chevron-Tankstelle Arbeit gefunden hatte. Sie bewohnten ein grünes Vier-Zimmer-Haus an der 1210 East 1st Street – in einer Gegend mit altmodischen schachtelförmigen Holzhäusern und Graffiti-Schmierereien an den Wänden.

Bereits 1969 gab es ein erstes Anzeichen dafür, daß Kurt in Zukunft mit seinen Mitmenschen nicht immer sehr pfleglich umgehen würde. Der achtundsiebzigjährige Nachbar der Familie Cobain beschwerte sich, Kurt habe versucht, ihm ein Ohr abzubeißen. Im selben Winter rief ein Polizist in der East 1st Street an, um der Anzeige einer Frau nachzugehen, deren Katze gequält worden war.

Schon im zarten Alter von drei Jahren zeigte Kurt eine ausgeprägte Abscheu gegenüber Autoritäten im allgemeinen und der Polizei im besonderen. Wann immer er ein Polizeiauto sah, schrie er: »Steine auf die Bullen!« Und nicht selten unterstrich er seine Worte damit, daß er tatsächlich eine Flasche oder einen Stein nach ihnen warf.

Auch Cobains Umgang mit gleichaltrigen Kindern war von Gewalt geprägt. »Ich habe sie fertiggemacht«, erinnerte Kurt sich später einmal – ein Geständnis, das deutlich macht, daß er schon sehr früh Verhaltensauffälligkeiten zeigte. Einige der besonders haarsträubenden Anekdoten aus Cobains früher Kindheit sind jedoch gewiß nur erfunden. Dennoch sind die Nachbarn in Aberdeen übereinstimmend der Meinung, daß Kurt schon als Kind ein Einzelgänger und ein kleiner Tyrann war.

Doch Cobain hatte auch eine andere Seite, die er selbst später einmal als charakteristisch für das Tierkreiszeichen des Fisches bezeichnete. Er hatte die Mentalität eines schwachen, sich anklammernden Kindes, das zugleich neugierig und in sich gekehrt ist. Kurt malte häufig und widmete diese Bilder dann seiner Mutter, zu der er eine ungewöhnlich starke emotionale Beziehung hatte.

Doch schon bald wurde Cobain von seiner Mutter schwer enttäuscht. Sie »verriet« ihn – Kurt nannte es jedenfalls so – am 24. April 1970, als seine Schwester Kimberley geboren wurde. An diesem Abend lief er von zu Hause weg. Später wurde er von einem Nachbarn entdeckt, der den Dreijährigen laut weinend unter einer Brücke sitzend fand.

In den folgenden Jahren zog sich Cobain immer mehr von seiner Umwelt zurück und »versank quasi in sich selbst«, wie es seine Großmutter Iris ausdrückte. Er erfand einen unsichtbaren Freund, den er Boddah nannte. Diesem wurde sogar ein eigener Platz am Essenstisch der Familie eingeräumt, und bei den Mahlzeiten starrte Kurt ständig zu ihm hinüber. Manchmal spazierte er mit ihm an den Ufern des Wishkah River entlang, in der festen Überzeugung, in Begleitung zu sein. »In jener Zeit begannen wir uns ernsthaft Sorgen um den Jungen zu machen«, erinnert sich Dons Bruder James. »Zu allem Überfluß gab sich Kurt bald auch noch der Wahnvorstellung hin, ein Außerirdischer zu sein, der auf die Erde geschickt worden sei, um die Menschen zu studieren, ohne sich nach deren Moral und Spielregeln richten zu müssen.« »Er hat zwanzig Jahre gebraucht, um sich von diesem Gedanken zu lösen«, sagt Beverly heute.

Cobains Neigung, sich von seiner Umwelt zurückzuziehen und bewußt die Rolle eines Außenseiters zu wählen, setzte sich auch später fort. Barbara Mellow, eine Aushilfskraft im Robert-Gray-Kindergarten in Aberdeen, erinnert sich an einen eher introvertierten Jungen, der gerne malte und reimte. Ein Schüler der benachbarten Schule, der ungenannt bleiben möchte, sagt, daß von Cobain »immer etwas Bedrohliches ausging. Wenn er einen mit seinen stechenden Augen ansah, dann war es wie im *Exorzist* oder einem anderen dieser Filme, in denen Satan gehuldigt wird.«

Diese Einschätzung Cobains wird von vielen bestätigt, die ihn damals kannten. Sein schmales, blasses Gesicht ließ den Jungen oft zornig wirken, auch wenn er es gar nicht war. Seine Augen waren nach Aussage seines Cousins »kalt und ohne Glanz«, und diejenigen, die von Cobain mit diesen Augen angestarrt wurden, hatten das unbehagliche Gefühl, einem Röntgenblick ausgesetzt zu sein. Kurts blondes Haar schien übergangslos in seine helle Haut überzugehen. Die milchig gefleckten Schultern und die feingliedrigen Hände hätten die eines Mädchens sein können.

Als Cobain auf die Junior High School wechselte, hatte sich sein Ruf als Sonderling bereits gefestigt. Er galt als typisches »Problemkind«, menschenscheu und seinen Lehrern gegenüber feindselig. Gleichwohl ließ Kurt auch eine sanftere Seite seines Charakters erkennen, die sich besonders deutlich in seiner großen Liebe zu Tieren äußerte. Er schaffte sich mehrere Haustiere an und bewies im Umgang mit ihnen erstaunliche Fähigkeiten. Auch freundete er sich mit streunenden Hunden und Katzen an, Vögel fraßen ihm aus der Hand und auch Kaninchen und Eichhörnchen konnte er zu dem Haus seiner Eltern locken. Viele dieser Tiere verewigte Kurt auf einem Zeichenblock, den er damals ständig bei sich trug.

»Die künstlerische Neigung kam von Don«, glaubt sein Cousin Ernest Cobain. »Die ganze Familie väterlicherseits versuchte sich in der Malerei und der Fotografie – wahrscheinlich weil dies eher Hobbies sind, die man allein ausübt.« Auch Ernests Ex-Frau Toni bestätigt, daß »Kunst der verborgenen weichen und sensiblen Seite Kurts entgegenkam. Oft verschwand er für Stunden, und wenn er zurückkam, hatte er zum Beispiel einen Mann gezeichnet, der allein in einem Boot sitzt, oder einen Leuchtturm in einer wild tobenden See. Die düsteren Bilder, die Kurt schuf, waren nicht so wie die der anderen Kinder«, meint Toni Cobain. Kurt wurde von der ganzen Familie mit Malsachen nur so überschüttet. Sein Zimmer sah bald aus wie ein Atelier, bis er, wie Wendy selbst zugibt, »beinahe darin erstickte. Wir hätten ihm fast den Spaß daran verdorben.«

Eine andere Eigenschaft, die Kurt möglicherweise von seinem Vater geerbt hatte, war seine Musikalität. Beverly Cobain erinnert sich, daß ihr Cousin mit wahrer Leidenschaft Hawaii-Gitarre spielte und wie Don eine Vorliebe für alte Beatles- und Monkees-Hits hatte. Aber auch in der Familie der Mutter war man musikbegeistert. Wendy zum Beispiel liebte Popmusik. Ihr Bruder trommelte eine Zeitlang in einer semiprofessionellen Band, die in den Billardhallen von Aberdeen und in den Ferienorten an der Küste Hits der fünfziger Jahre nachspielte. Ihre Schwester Mary Fradenburg spielte Gitarre und belegte einmal sogar den zweiten Platz in einem örtlichen Talentwettbewerb. Cobains Großmutter väterlicherseits meint: »Man kann schon sagen, daß Kurt sein Talent für bildende Kunst von uns hat und seine Liebe zur Musik von den Fradenburgs. Aber seine Mutter ermunterte ihn zum Malen und sein Vater mochte Musik. Es standen ihm alle Türen offen.«

Den leicht überspannten, zerbrechlichen Teil seiner Persönlichkeit und seine innere Unausgeglichenheit verdankte Kurt allerdings eindeutig seiner Mutter. Claude Iosso, ein Reporter aus Aberdeen, erinnert sich, daß »ein Interview mit Wendy einer Fahrt in einem Auto ähnelt, das nur zwei Gänge hat – Overdrive und Rückwärtsgang. Entweder redet sie wie ein Wasserfall oder sie sagt gar nichts. Sie reagiert ungeheuer empfindlich auf Kritik. Es bedarf keiner großen Psychologiekenntnisse, um zu erkennen, von wem Kurt diesen Teil seiner Persönlichkeit hatte.«

Wendy wie auch Kurt glaubten unbeirrbar an die eigenen Talente. Damit einher ging bei beiden jedoch auch die Überzeugung, daß diese Fähigkeiten von anderen niemals richtig eingeschätzt würden. Ein Lehrer in Aberdeen erinnert sich, daß »Kurt einmal ein anderes Kind wütend anfuhr, weil es seine Zeichnungen nicht gebührend bewunderte«. Als Cobain im Oktober 1973 mit einer Ausgabe der Schülerzeitung nach Hause kam, deren Titelblatt von einer seiner Zeichnungen geziert wurde, fiel ihm dazu nichts Besseres ein, als sich darüber aufzuregen, daß dies Bild »nichts tauge«. »Alle erzählten ihm, wie sehr sie seine Kunst schätzten, aber er selbst war nie zufrieden mit ihr. So wurde Kurt skeptisch und begann dem Urteil anderer Menschen zu mißtrauen«, erklärt Wendy.

Von seinen Eltern wurde Kurt in der Überzeugung, seine Eltern und also auch er seien »anders« als alle anderen, nur bestärkt. Don renovierte das Haus der Familie – in einem »furchtbaren, auf europäisch gemachten Stil«, wie sich ein Besucher mokierte –, so daß es sich von den düsteren, etwas heruntergekommenen Häusern der Nachbarschaft auffällig abhob. Und Wendy riet ihrem Sohn, wie Cobain später einmal erzählte, »sich von armen Kindern fernzuhalten«. Nach Ansicht eines Nachbarn »hielten sich die Cobains wohl für etwas Besseres. Sie hätten nur sehen sollen, wie Wendy Kurt für die Schule herausputzte. Er sah aus wie der kleine Lord Fauntleroy.«

Wendy, die sieben Geschwister hatte, war eine äußerst attraktive Blondine, die auch in späteren Jahren noch als die beschützende ältere Schwester ihres Sohnes hätte durchgehen können. »In Kurts Gegenwart schmolz sie einfach dahin«, sagt sein Vater. Da sich neun Tanten und Onkels sowie zwei in das Kind völlig vernarrte Großelternpaare darum stritten, wer den Babysitter spielen durfte, überrascht es nicht weiter, daß Kurt völlig verzogen wurde. Don, ein eher typischer Amerikaner, der auf seinen Job stolz war und Baseball mochte, merkte schon 1974, daß Kurt sich mehr zur Mutter als zum Vater hingezogen fühlte. Auch der weiteren Familie blieb dies nicht verborgen. Der Brief eines Cousins, den dieser in jenem Winter an einen anderen Cousin schrieb, beginnt mit den Worten: »Kurt scheint mehr denn je Mamas Liebling zu sein«; der Rest des Briefes geht im gleichen Tenor weiter.

Mitte der Siebziger, nach der Schließung der Sägewerke, war Aberdeen praktisch zu einer Geisterstadt geworden und von einer seltsamen Düsternis befallen. Es war hier, wie Cobain später formulierte, »wie ›Twin Peaks‹, nur langweiliger«. In jeder Bar hingen heruntergekommene und verlorene Gestalten herum, gestrandet in einer vergessenen Stadt, in der es fast immer regnete, so daß einem kaum etwas anderes übrig blieb, als die Langeweile im Alkohol zu ertränken. Aberdeen wies nicht umsonst eine der höchsten Selbstmordraten des Landes auf. Für einen Jungen, der Sport haßte und sich für einen Außerirdischen hielt, waren die Aussichten hier alles andere als rosig.

Cobains Großmutter vertritt wie viele die Meinung, daß »Aberdeen Kurt für den Rest seines Lebens prägt« und daß die »aufregenden lokalen Aktivitäten«, von denen in der örtlichen Presse berichtet wurde – Haustierausstellungen, Backwettbewerbe und Amateur-Mißwahlen – genau das darstellten, »wovor er sein ganzes Leben lang davonlief«. Der Lokalreporter Claude Iosso schreibt: »Irgend etwas passiert immer in Aberdeen. Diese Woche ist es der Regen; in der nächsten Woche – wieder der Regen ... Man kann sich hier sicherlich niederlassen und seine Kinder großziehen, aber für jeden, der sich schnell eingeengt fühlt, ist es die Hölle.«

Cobains lebenslange Drogenabhängigkeit nahm ihren Anfang bereits 1974, als er, im Alter von knapp sieben Jahren, zum ersten Mal Ritalin verschrieben bekam – ein Amphetamin, das mit Sedativa versetzt ist und als Schlafmittel dient.

Sein Lehrer in Aberdeen berichtet, daß »Kurts Gesundheit schon damals Anlaß zur Sorge gab«. Er war angewiesen auf seine Medizin und mußte jede sportliche Aktivität meiden. Don und Wendy entschlossen sich, bei der Zubereitung seiner Mahlzeiten auf Zucker völlig zu verzichten. Irgendwann kam Cobain dann vermutlich der Gedanke, daß »jede Schwierigkeit im Leben mit einer Tablette zu überwinden sei«. Später nahm er dann immer öfter Drogen als Ersatz für Medikamente zu sich.

Es läßt sich nicht ausschließen, daß eine Fehldiagnose der Auslöser für Kurts Drogensucht war. Seine Cousine Beverly erinnert sich, daß immer nur das Zauberwort »Konzentrationsmangel« fiel, wenn von seinem Zustand die Rede war. »Es wurde innerhalb der Familie beinahe zu einem Glaubenssatz, daß Kurt durch Tabletten geheilt werden könne«, sagt sie, »doch er bekam einfach die falschen.«

Kurts Hauptproblem bestand darin, daß er an extremen Stimmungsschwankungen litt. Sein Gemütszustand konnte sich innerhalb kürzester Zeit von Euphorie zu tiefer Depression wandeln. Das Ritalin und die Sedativa halfen da nicht, sondern die Pillen machten alles nur noch schlimmer; denn sie prägten ein Verhaltensmuster, dem Kurt auch in späteren Jahren weiterhin folgte.

Über die Frage, ob Cobain als Kind glücklich war oder nicht, gehen die Meinungen auseinander. Wendy behauptete einmal gegenüber Cobains Biographen Michael Azerrad, daß »Kurt jeden neuen Tag voller Freude begrüßte«. Und Cobain selbst bestätigte ihm: »Ich war ein extrem glückliches Kind ... ich habe den ganzen Tag nur herumgetobt und gesungen.« Jahre später bemerkte er allerdings gegenüber der *Times* in Los Angeles: »Ich war ein wirklich depressives Kind.« Seine Cousine Beverly glaubt, daß »Kurt in Wirklichkeit Ausgelassenheit mit Glück verwechselte«, und fügt hinzu: »Im Grunde war er ein fröhlicher Junge, aber es steckte auch eine Menge Wut in ihm.«

Wenn Cobain zu Hause war, liebte er es, auf Töpfen und Pfannen herumzutrommeln. Er benutzte Löffel als Perkussionsinstrumente und machte dabei einen Radau, auf den, wie seine Großmutter Iris meint, »selbst

Ringo Starr stolz gewesen wäre«. Schließlich hatten seine Eltern ein Einsehen und kauften ihm eine Baßtrommel. Der Junge war wie verwandelt. Ein Jahr lang, so Iris, »sah man Kurt nur noch mit umgehängter Trommel herumlaufen.« Eine Nachbarin, Megan Kern, erinnert sich, daß »er trommelnd und singend die 1st Street hinauf- und hinuntermarschierte.«

Zu Kurts weiteren Lieblingsbeschäftigungen gehörte es, eine billige Plastikgitarre zu malträtieren und den Stuntman Evel Knievel nachzuahmen. Kern sieht in diesem Verhalten den Ausdruck »einer manischen Persönlichkeit, die von den Eltern mißverstanden und von den Verwandten in gutmeinender Absicht in ihrer Fehlentwicklung bestärkt wurde«.

In Aberdeen stieß Cobains Verhalten zunehmend auf Ablehnung. »Er wurde allgemein als Plage betrachtet«, sagt Kern. Cobains Großmutter Iris ist noch heute davon überzeugt, daß Kurt mit der Trommel nicht nur herumlärmte, weil es ihm Spaß machte, sondern weil er damit die Erwachsenen ärgern wollte – was ihm in den Straßen Aberdeens auch problemlos gelang.

1976 wurde für Kurt alles andere als ein gutes Jahr. Mit der Ehe seiner Eltern ging es bereits seit Monaten steil bergab. Auch wenn die offiziellen Scheidungsdokumente lediglich von »gewissen Differenzen« zwischen den Eheleuten sprachen und Don sich auch heute noch nicht über die Angelegenheit äußern möchte, ließ Wendy gegenüber Azerrad doch keinen Zweifel darüber aufkommen, daß sie sich von ihrem Mann trennte, weil er sich kaum noch zu Hause aufhielt. Ein anderes Familienmitglied glaubt, daß die Ehe von Anfang an ein Fehler war, da sie zwar einige Jahrzehnte früher vielleicht noch gehalten hätte, nicht jedoch zu einer Zeit, in der »Frauen wie Wendy begannen, ein neues Selbstbewußtsein zu entwickeln. Es waren eben die Sechziger.« Weshalb auch immer die Cobains letztlich auseinandergingen – für Kurt wurde ihre Scheidung zu einem traumatischen Erlebnis. »Plötzlich«, so erinnerte er sich, »war ich nicht mehr derselbe, ich fühlte mich völlig wertlos.« Er entwickelte einen starken Minderwertigkeitskomplex, und seine Mutter glaubt heute, daß durch die Trennung sein Leben zerstört wurde.

Am 1. März 1976 verließ Don Cobain Aberdeen und zog in ein Junggesellenapartment auf der 410 1/2 6th Street in Hoquiam, ganz in die Nähe jenes Hauses, in dem die Familie 1967 gelebt hatte. Das Domizil in der East 1st Street überließ er Wendy. Sein Schätzwert betrug 20 000 Dollar, abzüglich der 5 775 Dollar Restschulden, die bei der Rainier Mortgage Company noch abzuzahlen waren. Don erhielt ein Pfandrecht auf das Haus in Höhe von 6 500 Dollar, »fällig, wenn die Klägerin das Haus verkauft, wieder heiratet oder das jüngste Kind volljährig geworden ist«.

(Die Summe wurde 1984 ausbezahlt.) Zusätzlich wurde vereinbart, daß Don den 1965er Ford-LKW behielt und Wendy den 1968er Camaro bekam.

Bei den peniblen Verhandlungen um Eigentumsrechte und Hypotheken waren die beiden Kinder beinahe vergessen worden. In dem endgültigen Scheidungsvertrag vom 9. Juli 1976 wurde Wendy das Sorgerecht für Kurt und Kimberley zugesprochen. Don erhielt das Recht zugestanden, seine Kinder regelmäßig besuchen zu dürfen, und mußte für jedes monatlich 150 Dollar Unterhalt zahlen, den er von der Einkommensteuer absetzen konnte.

Die Vorkehrungen, die die Eltern für Kurt und seine Schwester trafen, hatten stark den Charakter unliebsamer Verpflichtungen und finanzieller Belastungen, was nicht ohne Einfluß auf Kurts Selbstwertgefühl blieb. Kurt war in jenem Sommer ein »wahres Monster«, berichtet ein Familienmitglied. Wenn er nicht gerade vor sich hinbrütend in irgendeiner Ecke herumsaß, ließ er seinem Frust freien Lauf, indem er stundenlang wie besessen auf seiner Trommel herumschlug. Die Musik wurde für Cobain immer öfter ein Mittel zur Flucht vor der tristen Realität des Alltags. Eine Zeitlang war sie sogar seine engste Verbündete gegen den Rest der Welt.

Obwohl Wendy das Sorgerecht für ihren Sohn erhalten hatte, wohnte er nur noch drei Monate bei ihr. (In einem Buch, an dem sie selbst mitarbeitete, wurde daraus später ein Jahr.) Kurt entwickelte nicht nur ein gespanntes Verhältnis zum neuen Freund der Mutter, er fühlte sich auch von beiden Elternteilen verraten. »Dad ätzt« und »Mom ätzt« schrieb er an die Wand seines Zimmers. Er machte eine Phase emotionaler Verwirrung durch, wie sie sicherlich nicht ungewöhnlich ist für einen Neunjährigen, dessen Familie gerade auseinanderbricht. Seine Großmutter nennt diese Zeit noch heute »Kurts Jahr im Fegefeuer«. Sie glaubt jedoch, daß die ganze Sache zumindest ein Gutes hatte: »Er merkte, daß sein Vater auch positive Seiten besaß.« Denn Dons Vorstellung von einer verantwortungsvollen Erziehung basierte auf festen moralischen Grundsätzen: »Ich muß selbst glauben können, was ich den Kindern sage.« Iris meint, daß »Don einfach versuchte, Kurt so zu erziehen, daß er glücklich werden würde.«

Als Cobain im Oktober zu seinem Vater zog, hatte Don die besten Vorsätze, und beide kamen gut miteinander aus. Aber alles wurde anders, als Don zu Beginn des nächsten Jahres in ein Wohnwagencamp in Montesano zog, einem Holzfällerort 15 Meilen östlich von Aberdeen am Highway 12. Über diese Zeit gibt es widersprüchliche Angaben. Don sagt: »Ich habe alles getan, damit er sich wohl fühlte – als ein Teil der Familie.« Sein Sohn allerdings meinte: »Ich habe es gehaßt wie die Pest.« Kurts

Hauptproblem lag darin, daß er sich nichts sehnlicher wünschte, als zu seiner Mutter zurückzukehren, die ihn aber, so Don, »nicht haben wollte«. Die Arbeit seines Vaters bei der Holzfirma fand Kurt abstoßend, auch dann noch, als Don versuchte, ihm das Leben im Camp dadurch schmackhafter zu machen, daß er ihn auf sein »Büro aufpassen ließ, während er selbst Holzstämme zählte«. Manchmal nahm Don seinen Sohn mit auf die Jagd, doch Kurt demonstrierte jedesmal stumme Abneigung gegen dieses Hobby, indem er einfach im Wagen sitzen blieb.

Es ist nicht schwer, Sympathie für Don zu empfinden. Selbst Angehörige von Wendys Familie bestätigen, daß er alles tat, um seinen Sohn glücklich zu machen. Ein teures Minibike wurde gekauft, die Wochenenden verbrachte man beim Camping oder am Strand. Um die Illusion eines Familienlebens aufrechtzuerhalten, traf man sich sogar zu gemeinsamen Abendessen mit Wendy in einem Restaurant auf der East 1st Street. Kurt bekam ein neues Schlagzeug und andere teure Spielsachen, aber nichts davon schien ihm viel zu bedeuten. Einer seiner Cousins sagt: »Gemessen an Kurts Zorn waren all die Geschenke, die er bekam, nichts als ein Tropfen auf den heißen Stein.«

Die Art, wie Cobain – verwöhnt wie nur wenige seiner Altersgenossen – die Zuneigung seines Vaters immer wieder zurückwies, entbehrte nicht einer gewissen Methode. Er spielte den Vater hemmungslos gegen die Mutter aus und verstieg sich schließlich sogar zu der Überzeugung, er sei ein adoptiertes Kind, da er im Gegensatz zu seinen Eltern künstlerisch veranlagt sei. Auch in späteren Jahren protestierte Cobain immer wieder vehement gegen guten Willen, Großzügigkeit und falsche Rücksichtnahme, und er zeigte die Neigung, seine Stimme um so lauter zu erheben, je weiter er das eigentliche Ziel seiner Wut bereits aus den Augen verloren hatte. Als der Biograph Azerrad ihn gegen Ende seines Lebens fragte, warum er denn so große Probleme mit seinem Vater habe, antwortete Cobain: »Ich weiß es eigentlich gar nicht.«

Auch in der Schule litt Kurt an einem tiefen Gefühl der Frustration. Kurz nach der Scheidung seiner Eltern kam er auf die Beacon Elementary School in Montesano. Seine Lehrerin in der vierten Klasse, Sheryl Nelson, erinnert sich an ihn als einen »verwirrten kleinen Jungen«. »Kurt wollte nicht in meiner Klasse bleiben. Er wollte auch nicht in Montesano bleiben. Ich glaube, er wollte einfach nur, daß alles wieder so wie früher würde.« Don und Wendy kamen zu einem gemeinsamen Entschluß: Ihr Sohn sollte eine Schule in der Nachbarschaft besuchen. So sah man Cobain morgens am nahegelegenen High-School-Gebäude vorbei die Wheeler Street hinauftrotten und in dem Backsteinhaus verschwinden, in dem sich sein Klassenzimmer befand. Immer wenn er von dort aus einen Blick aus dem Fenster warf, konnte er das genau gegenüber angebrachte Schulemblem – eine stilisierte Bulldogge – bewundern. »Dieses Ding haßte Kurt mehr als alles andere«, erinnert sich einer seiner Klassenkameraden. Dieses Emblem, gleichzeitig das Logo des Footballteams, »löste extreme Reaktionen bei ihm aus. Unablässig verfluchte er es und tüftelte sogar komplizierte Pläne aus, um es in die Luft zu sprengen.« Auch der Trophäenschrank der Schule, der im Eingangsbereich direkt hinter den Schwingtüren stand, war ihm ein Dorn im Auge. »Das Perverseste, was es gibt«, sagte er einmal zu einem Freund.

Wenn Kurt gefragt wurde, ob er Football spielen oder an Wettläufen und anderen organisierten Freizeitaktivitäten teilnehmen wolle, lehnte er jedesmal wütend ab. Ein ehemaliger Mitschüler namens Scott Cokeley erinnert sich an Cobain als einen launischen und sarkastischen Jungen, der sich, »um es vorsichtig auszudrücken, darüber im klaren war«, daß er sich von den anderen Montesano-Schülern unterschied. Ein weiterer Klassenkamerad erzählt, daß »Kurt Weltmeister darin war, wenn es darum ging, sich vor irgend etwas zu drücken. Dann hatte er plötzlich Magenschmerzen oder versprach ein ärztliches Attest, das aber nie vorgelegt wurde.« Auf Drängen Dons trat Cobain schließlich unter Murren dem Ringkampfteam der Schule bei. Es überrascht nicht weiter, daß er dieser Art der körperlichen Ertüchtigung nichts abgewinnen konnte und sein Gastspiel damit beendete, daß er sich bei einem Kampf aus Protest einfach auf den Boden fallen ließ.

In der Schülerzeitung *Puppy Press* wird Musik als Kurts Lieblingsfach angegeben und außerdem erwähnt, daß er im Schulorchester die Trommel spielte.

1977 zeichnete sich allmählich der Aufstieg des Punk ab, einer Musikrichtung, die musikalisches Können bestenfalls als Möglichkeit betrachtet, nicht aber als notwendige Voraussetzung. Mit der langsam herüberschwappenden Welle neuer Bands aus England entstand auch in Seattle endlich eine Alternative zu den Klängen von Pink Floyd und Yes. Ein Club mit dem Namen Bird öffnete seine Tore für »heavy/light Punks, Ausgeflippte, Gangs, Penner« und wen sonst es noch dorthin verschlagen mochte. Für Cobain war es ein ausgesprochenes Glück, daß gerade zu dieser Zeit, als sich seine eigene Protesthaltung entwickelte, ein Phänomen um sich griff, daß ihm zu einer Möglichkeit verhalf, seinem Zorn Ausdruck zu verleihen.

Am 5. März 1977 spielten die Ramones in Aberdeen, und ein unbekannter Fan sprühte den, wie Cobain sagte, »simplen, aber wirkungsvollen« Slogan PUNK RULES OK auf die Wohnwagen im Camp bei Skookum. Es wäre übertrieben zu behaupten, daß sich Cobains Abkehr vom Mainstream-Pop über Nacht vollzog, aber von diesem Tag an sog Kurt alle Berichte über Konzerte der Ramones in sich auf, in der Hoffnung, mit dieser Musik eine Möglichkeit gefunden zu haben, seine Gefühle ausdrücken zu können. Nach Meinung von Musiksoziologen ist es vor allem der Punkbewegung und der damit einhergehenden »Entmystifizierung« des Mediums Schallplatte zu verdanken, daß es für viele junge, aufstrebende Bands leichter wurde, in das Musikgeschäft einzusteigen. Punk konnte jeder spielen, er mußte es nur wollen. Es war unvermeidlich, daß sich der Einfluß dieser neuen Bewegung bald auch auf Jugendliche wie Cobain erstreckte, die unter anderen Umständen vielleicht niemals ein Aufnahmestudio von innen gesehen hätten. Ende 1977 beherrschte noch der Mainstream das internationale Musikgeschäft, aber die Generation der alternativen Musiker wartete bereits ungeduldig auf ihre Chance.

Cobains Behauptung, er habe schon 1977 die LP *Never Mind The Bollocks* von den Sex Pistols besessen, erscheint rückblickend als äußerst fragwürdig. Don kann sich an ein Album dieses Titels nicht erinnern, und die Vorstellung, daß Cobain bereits mit elf Jahren ein überzeugter Punk-Anhänger gewesen sein soll, ist absurd. Wenn er damals überhaupt etwas über diese Bewegung wußte, dann höchstens durch Artikel oder das ein oder andere Graffiti. Cobains Lieblingsmusik zu jener Zeit waren das Queen-Album *News Of The World* und die Hits von Jimi Hendrix, Led Zeppelin und Boston, die er sich über den Columbia-House-Schallplattenclub seines Vaters monatlich nach Montesano schicken ließ. Er entdeckte Kiss, deren an Comic-Helden erinnerndes Bühnenoutfit »Kurt völlig umhaute«, wie Cokeley, ein Freund Cobains, erzählt. Er näherte sich Gruppen wie Genesis oder King Crimson, ohne jedoch seine erste Liebe, die Beatles, ganz aufzugeben. Einem Klassenkameraden zufolge war sein Musikgeschmack zu dieser Zeit »ziemlich konservativ«. Noch zog er melodiöse Töne solchen Klängen vor, die sich nach Avantgarde oder irgendwie schräg anhörten. In einem Porträt, das in der Schülerzeitung *Puppy Press* zu lesen war, gab Cobain an, sein Lieblingssong sei »Don't Bring Me Down« von ELO, und Meat Loaf nannte er »eine echt geile Band«.

Nachdem Kurt den ersten Schock über die Scheidung seiner Eltern überwunden hatte, folgte eine Phase der Versöhnung zwischen Vater und Sohn. Auch Iris Cobain meint, daß sich Kurt, anders als dieser später gerne behauptete, »im großen und ganzen ziemlich wohl fühlte«. Ein Lehrer an der Montesano Elementary bestätigt, daß Kurt »die meiste Zeit okay war«, trotz »einer nicht zu übersehenden Neigung zum Fatalistischen und dem vagen Gefühl, daß alles böse enden werde«. Tatsächlich war es in Cobains Leben so, daß immer dann, wenn sich die Dinge zum Besseren zu wenden schienen, meist doch nur ein neuer Rückschlag bevorstand.

Als Don im Februar 1978 wieder heiratete und seine neue Frau zwei Kinder mit in die Ehe brachte, erlitt Kurt einen Schock, der demjenigen, der auf die Scheidung seiner Eltern gefolgt war, ähnelte. Mochte er früher schüchtern gewesen sein, so wurde er nun auf fast krankhafte Weise menschenscheu. »Kurt zog sich in seine eigene Welt zurück«, sagt seine Großmutter. Don erzählte Azerrad später: »Er konnte nie aus sich herausgehen und aussprechen, was ihn wirklich bedrückte. Er war wie ich und sagte sich: ›Rede nicht darüber, vielleicht geht es dann ja einfach vorbei; und erkläre nichts.‹ Man frißt erst alles in sich hinein, und irgendwann kommt dann plötzlich alles auf einmal heraus.« Kurt selbst kommentierte die Zeit nach der zweiten Hochzeit seines Vaters lapidar: »Ich kam bei ihm an letzter Stelle.«

Cobain ging mit einer ganzen Reihe belastender Eigenschaften in die Pubertät wie z. B. Sensibilität, Unbeständigkeit, die Überzeugung, anders und überlegen zu sein, leichte Anflüge von Paranoia, gepaart mit dem unbeirrbaren Glauben, von der Umwelt mißverstanden zu werden. Er vervollkommnete sein Talent, sich um lästige Pflichten herumzudrücken – eine Fähigkeit, für die er schon an der Montesano Elementary berühmt war. Bereits mit zehn Jahren sah er sich – erklärtermaßen – als Botschafter des Negativen. Kurt war ein Dissident, der seine Stimme gegen Sport, Schule, Religion, Familie und Konventionen erhob. Jegliche Form von Konformität lehnte er ab. Die Menschen hielt er für unzuverlässig. Die Vorstellung, daß es eine echte emotionale Bindung zu Eltern oder Freunden geben könne, erschien ihm lächerlich. Das einzige, was er für sich erhoffte, waren kurze Momente der ungeteilten Aufmerksamkeit, die man ihm entgegenbringen sollte. Nur so konnte er sein Credo »Menschen taugen nichts« vorübergehend vergessen. Wie ein ehemaliger Schulfreund berichtet, machte Cobain »praktisch eine Religion daraus, aus der Reihe zu tanzen ... Wenn es jemanden gab, der sich vor dem Footballtraining drückte oder sein Lunch alleine in der Cafeteria aß, dann war es Kurt.« Zielstrebig arbeitete Cobain daran, sein Image als Einzelgänger zu festigen, und nahm dabei auch in Kauf, die Unterstützung seiner Familie zu verlieren. Zwischen Kurt und seiner Stiefmutter kam es zu immer größeren Spannungen, obwohl sie ihm meistens sehr viel Aufmerksamkeit entgegenbrachte. Ein Bekannter der Familie erinnert sich, daß Cobain zudem seinen kleinen Stiefbruder und seine Stiefschwester böse drangsalierte.

Sachlich betrachtet war die Heftigkeit seines Protests eindeutig übertrieben. Von seiner Familie wurde Kurt sehr viel mehr Geduld und Zuneigung entgegengebracht, als er selbst je für sie aufgebracht hat. Die Verhältisse in Montesano mögen nicht luxuriös gewesen sein, ärmlich waren sie allerdings auch nicht. Cobain hatte sein eigenes Zimmer, durfte ein Motorrad fahren, besaß eine Stereoanlage und konnte das Schallplattenclub-Abo seines Vaters nutzen. Außerdem verfügte er über reichlich Taschengeld. Dennoch nahm Cobain – wie es schien aus Prinzip – keine Rücksicht auf andere Kinder, auch nicht auf seine eigenen Geschwister. Über die Kochkünste seiner Stiefmutter beschwerte er sich einmal in einer derartigen Lautstärke, daß dieser Wutausbruch zu einer echten Zerreißprobe für seine Stimmbänder wurde. Der Verdacht, daß seinem Protest etwas Aufgesetztes anhaftete, wird auch durch einige Vorkommnisse in seiner Schule bestätigt. Mit zunehmendem Alter legte sich Kurts Abneigung gegen Sport, und er begann sogar – mehr oder minder heimlich – ein wenig zu trainieren. Ein Mitschüler, der anonym bleiben will, erinnert sich, daß Cobain gelegentlich einige Jogging-Runden um die Sporthalle drehte – voller Sorge, von anderen Außenseitern der Schule, für die er eine Art Held war, dabei gesehen zu werden. Derselbe Mitschüler entdeckte Kurt auch beim Training für das Babe Ruth League Baseballteam, »in einem niedlichen, fast mädchenhaften Trikot«.

Als Cobain 1991 eine wenn auch verspätete, so doch mit Wohlwollen aufgenommene Hinwendung zur Familie vollzog, gab es kaum jemanden in seiner Verwandtschaft, der sich nicht irgendwann einmal seinen Zorn zugezogen hätte. Bisher hatte er seine Familie in Briefen nicht selten als »Spießer«, »Abschaum« oder »Pack« bezeichnet. Ein Freund Cobains äußerte einmal: »Kurt hatte nie eine Beziehung ohne den krankhaften Zwang, sie auf die Probe zu stellen.« Sein Cousin Ernest glaubt: »Er war nicht annähernd so rebellisch, wie jeder meinte, aber weil er mit Beziehungen nicht zurechtkam, zog Kurt sich in seine eigene Welt zurück. Er konnte furchtbar still sein. Die Leute hielten das für Starrsinn.«

Am 14. Juni 1979 beantragte Don vor dem Grays Harbor Superior Court das Sorgerecht für seinen Sohn. Wendy erhob keinerlei Einspruch, nicht zuletzt wohl auch deshalb, weil sie, wie es juristisch heißt, die »tatsächliche Aufsicht« über den Jungen schon seit drei Jahren nicht mehr ausgeübt hatte.

Als praktisch denkender Mensch hatte Don den stark ausgeprägten Wunsch, seine Familie zu beschützen – ein Wesenszug, der, wie ein Verwandter glaubt, seine Ursache darin hatte, daß Don in jungen Jahren einen seiner Brüder verlor. Toni Cobain meint: »Er hat das Sorgerecht für Kurt übernommen, da es ihm absurd erschien, daß der Junge auf dem Papier immer noch bei Wendy wohnte. Er wollte ihm beweisen, daß er ihn liebte.« »Don hatte von jeher ein Faible für sentimentale Ausbrüche, einen Hang zum Theatralischen«, sagt ein Freund der Familie. Auch während der Debatte um das Sorgerecht kam diese Neigung immer wieder zum Vorschein. »Ich beantragte das Sorgerecht für Kurt, damit er sich als Teil der Familie fühlen konnte«, erklärt Don seinen Entschluß.

Er erreichte das genaue Gegenteil. Sein Sohn reagierte auf den Gerichtsbeschluß mit heftiger Ablehnung. In den nächsten fünf Jahren wohnte Kurt bei drei verschiedenen Onkeln und Tanten, außerdem bei seinen Großeltern väterlicherseits. Kurts Großmutter Iris Cobain hält es noch heute für erstaunlich, daß sich ihr Enkel trotz der andauernden Probleme mit sich ständig streitenden Eltern so gut entwickelte. »Das Beste, was Don je für Kurt getan hat, war ihn nach Hause zu holen«, sagte sie. Ein Nachbar aus Aberdeen erinnert sich allerdings an ein »völlig verstörtes Kind«, dessen Eltern »jedesmal aufeinander losgingen, wenn es um die Zukunft ihres Sohnes ging«. Einmal lud Wendy ihren Ex-Ehemann zu einer Fahrt mit dem Camaro ein, aber Dons Freude darüber verflog spätestens in dem Augenblick, als sie in die Einfahrt des Community Hospital einbog und ihn aufforderte, sich doch in psychiatrische Behandlung zu begeben. Ein Mitglied von Dons Familie meint dazu: »Es wurde viel geschrien und gestritten. Kurt, der von Pflegeeltern zu Pflegeeltern weitergereicht wurde, fühlte sich hin- und hergerissen. Er entwickelte sich zu einem schweigsamen, mürrischen Jungen, der sich zurückgewiesen fühlte. Aber wer hätte unter solchen Umständen nicht ebenso empfunden?« Der gleiche Verwandte erzählt, daß Kurt praktisch in dem Bus, mit dem er zwischen den Verwandten in Aberdeen und in Montesano pendelte, »zu Hause war«. Die beiden Orte, an denen er sich am liebsten aufhielt, waren die Timberland Bibliothek – ein Angestellter erinnert sich, daß »er sich in der Abteilung für Musikbücher einnistete« – und die Tierklinik von Aberdeen, wo er einmal anbot, »sich um alles zu kümmern, was kein Zuhause hat«.

Cobains Vater gibt zu, daß Kurt so gut wie keine Freunde hatte. Je häufiger er den Wohnort und die Schule wechselte, desto weniger Gelegenheit hatte er, Kontakte zu Gleichaltrigen zu entwickeln. In der achten Klasse wurde er an die Miller Junior High School versetzt. Ein Klassenkamerad, Lee Hansmann, erinnert sich, daß Cobain bei den Proben mit dem Schulorchester immer »irgendwo alleine in einer Ecke« saß.

»Wie ›Twin Peaks‹, nur langweiliger«

Zu Beginn des darauffolgenden Jahres wurde Cobain zu einem Kinderpsychologen gebracht, der ihm den Rat gab, sich mehr anzupassen. Die ohnehin geringe Wahrscheinlichkeit, daß Kurt dieser Empfehlung nachgekommen wäre, wurde vollends zunichte gemacht, als Wendy ihren Sohn noch während der Fahrt zur Psychiatrie darauf hinwies, die Hauptsache sei, daß »er sich selbst verwirkliche«. Wendy meint: »Das letzte, was ich für Kurt wollte, war, daß er sich anpaßte, sich einfügte.« Doch sie war in der Erziehung ihres Sohnes in keinster Weise konsequent. Der ohnehin schon verwirrte Dreizehnjährige wurde hin- und hergerissen zwischen einer Mutter, die ihrem schwierigen Sohn ein möglichst ungezwungenes Leben ermöglichen wollte, und einem Vater, der sich bemühte, ihm Disziplin beizubringen. »Es ist kein Wunder, daß er verdreht war«, sagt Ernest Cobain. Ernests Ex-Frau Toni erinnert sich: »Kurt hatte etwas Zerbrechliches, Gehetztes an sich. Er besaß aber auch eine unbewußte Sanftmut. Als ich in die Familie einheiratete, gab es niemanden, der so freundlich zu mir war wie er. Ich werde nie diese Party vergessen: Da saß so ein linkischer, sechs oder sieben Jahre alter Junge ganz allein in einer Ecke und blickte ziemlich unglücklich drein.«

Der einzige Mensch, den Cobain neben seiner Großmutter Iris verehrte, war sein Onkel Chuck Fradenburg, der in der Aberdeener Club-Band Fat Chance Schlagzeug spielte. Durch ihn lernte Kurt den Gitarristen der Gruppe, Warren Mason, kennen. »Damals war an ihm nichts Ungewöhnliches«, meint Mason. »Kurt war ein stiller, aber aufgeweckter Junge, der ausgesprochen lebendig wurde, wenn es um Musik ging.« Im Februar 1981 bot Fradenburg seinem Neffen an, ihm eine Gitarre zu kaufen. Er wandte sich an Mason, der für ihn eine gebrauchte sechssaitige Lindell von einem Elektriker namens Jeff Sanford erstand, für den diese Gitarre nur noch »Schrott« war. Nachdem Mason neue Saiten aufgezogen und das Instrument lackiert hatte, verkaufte er es für 125 Dollar an Fradenburg, der es schließlich Cobain schenkte. »Es hat ihn umgehauen«, sagt Cobains Großmutter, die sich an den ohrenbetäubenden Lärm erinnert, der in jenem Frühling aus dem oberen Zimmer ihres Hauses drang. »Kurt war wie verzaubert«, bestätigt Mason. »Auch wenn die Gitarre nichts taugte, so sah sie doch toll aus: feuerrot, mit einer silbernen Scratchplatte und verchromten Pick-ups. Mason erzählt weiter: »Was er damit anstellte, klang ein bißchen wie Jimmy Page. Ich war beeindruckt, genauso wie Chuck. Er bat mich, Kurt Unterricht zu geben.«

Nach Masons Eindruck hatte Cobain damals in erster Linie das Ziel, den zu dieser Zeit sehr populären Led Zeppelin-Song »Stairway To Heaven« zu lernen. Auch wenn er das Stück nie ganz beherrschte, so erinnert sich Mason doch an einen Schüler, der äußerst schnell spielen lernte und ein echtes Gespür für die Dynamik der Rockgitarre besaß. »Technisch war er sicherlich nicht der Begabteste, aber er hatte ein wirkliches Gefühl für gutes Timing und für Phrasierung. Kurt wußte, daß die Pausen zwischen den Noten genauso wichtig sind wie die Musik selbst. Er hatte ein instinktives Gespür dafür, was bei einem Song funktionieren kann und was nicht.« Mason beschreibt Cobain außerdem als einen »aufmerksamen Zuhörer«, dessen schwierige, introvertierte Persönlichkeit für seine Musik möglicherweise sogar ein Vorteil war. Cobain bestand darauf, als Linkshänder die Gitarre auch linkshändig zu spielen, obwohl dies technisch schwieriger ist.

Nur selten las Cobain die renommierten Musikmagazine wie den *Rolling Stone* und *Creem*. Statt dessen lauschte er eifrig den eher bodenständigen lokalen Radiosendern. Daher wußte er genausoviel über Country and Western, Hillbilly, Bluegrass, Folk und Blues wie über Rock und Punk. »Das war ein wichtiger Punkt«, sagt Mason. »Er hörte sich jede Art von Musik an, und weil er jung genug war, eher mit dem Herzen als mit dem Kopf zu entscheiden, kamen all diese Stilrichtungen in seinen späteren Songs wieder zum Vorschein. Es gibt in seiner Musik einen starken Unterton von Folk und Blues bei all dem Punk und Speed Metal ... Es war ein Problem für Kurt, daß er in die Heavy-Rock-Ecke gedrängt wurde, die seiner ›musikalischen Heimat‹ eigentlich gar nicht entsprach.«

»Für mich war dies die beste Möglichkeit, Dampf abzulassen«, sagte Cobain selbst über seine frühen musikalischen Versuche. »Ich sah es als eine Art Job, als einen Auftrag ... Kaum hatte ich die Lindell bekommen, war ich wie besessen von ihr.« Toni Cobain berichtet, daß »Kurt jedesmal leuchtende Augen bekam, wenn er die Gitarre in die Hand nahm.«

Da Kurt nur wenige gleichaltrige Freunde besaß, scheint es nicht allzuweit hergeholt, wenn man vermutet, daß die Musik dieses Defizit an zwischenmenschlichen Beziehungen ausgleichen sollte. Nach wie vor wurde sein Leben beeinflußt durch die ewigen Streitigkeiten zwischen seinen Eltern. Sehr zum Ärger Dons verbot Wendy ihrem Sohn, nachdem sie im Mai 1981 dessen Zeugnis gesehen hatte, rigoros jeden weiteren Musikunterricht. »Das hat ihm wirklich wehgetan«, sagt Jeannie Richards, eine Freundin Cobains. »Die Gitarre war für ihn die einzige Möglichkeit, sich auszudrücken.« »In Kurts Augen war dieses Verbot ein weiterer Versuch, ihn zu erniedrigen«, fügt Mason hinzu.

Im Alter zwischen vierzehn und sechzehn Jahren festigte sich Cobains Selbstbild. Er sah sich als kreatives Genie, das lediglich von dem Druck, den seine Eltern auf es ausübten, behindert wurde. Auch wenn seine musikalische Ausbildung bisher keine drei Monate gedauert hatte, so waren die Würfel für Cobains Karriere doch bereits gefallen. Die Einmischung seiner Mutter hatte Kurt zutiefst getroffen, aber sie konnte seinen Willen nicht brechen. Unterstützung bekam er von seinem Onkel und von Mason. Außerdem entdeckte er den Rosevear's Music Store. Les Blue, heute der Manager des Geschäfts, erzählt: »Kurt zog praktisch in den oberen Übungsraum ein.« Alle Beteiligten stimmen darin überein, daß trotz des abrupten Endes der Gitarrenstunden in jenem Sommer das Instrument bereits ein ganz wesentlicher Bestandteil von Kurts Leben geworden war.

Unermüdlich erweiterte Cobain sein Repertoire. Mit fünfzehn konnte er »Black in Black« von AC/DC spielen, »My Best Friend's Girl Friend« von den Cars, »Communication Breakdown« von Led Zeppelin und das populäre »Louie Louie«. Nach Masons Eindruck hatten es ihm diese Bands und die »Schreihälse wie Ozzy Osbourne« besonders angetan. Aber Kurt mochte auch alte Hendrix-, Beatles- und Carpenter-Songs, von deren melodiösen Klängen er – wie er Chuck Fradenburg gestand – sehr beeindruckt war. Später verleugnete Cobain diese Einflüsse, nur um sie gegen Ende seines Lebens wieder aufzugreifen. Sein Selbstporträt als »harter Punkrocker«, das er in den Achtzigern gerne von sich entwarf, ließ bewußt außer acht, was Mason als einen »50-prozentigen Anteil« populärer Einflüsse wie Country und Pop bezeichnet. »Die Vorstellung, er sei ein musikalischer Purist gewesen, ist Unsinn«, sagt Toni Cobain dazu. »Es war die Musik als Ganzes, die ihn faszinierte, nicht nur ein bestimmter Stil. Wenn Kurt oben in seinem Zimmer war, dann wurde die Gitarre zu seiner Verbündeten, die ihn alles andere vergessen ließ. Dann war es ihm sogar egal, wenn er von Don oder Wendy Stubenarrest bekam.«

Schließlich lernte Cobain einen Teenager namens Matt Lukin kennen. Lukin spielte Bass bei den Melvins, einer Band aus Aberdeen, die sich damals noch auf das Nachspielen von Led-Zeppelin- und Jimi-Hendrix-Nummern beschränkte. Später wurde diese Gruppe Wegbereiter einer Musikrichtung, die sich »Grunge« nannte – eine Kombination aus Punk und Heavy Metal. Cobain lernte auch den Sänger der Melvins kennen, Buzz Osborne, zwei Jahre älter als Kurt und weitaus erfahrener in jeder Art von Rebellion. Osborne, der Tacoma und Seattle kannte, war der erste, der Cobain mit neuen, alternativen Bands bekanntmachte – Gruppen wie Flipper, MDC und Butthole Surfers. Von ihm bekam er auch die ersten Lektionen, wie man sich als Punk zu benehmen habe. »1982 fand eine *große* Veränderung mit Kurt statt«, sagt Beverly Cobain. »Aus dem schwierigen aber stillen Kind wurde dieser *zornige* junge Mann. Es schien, als habe er endlich etwas gefunden, mit dem er sich identifizieren konnte.«

Cobains soziales Umfeld beschränkte sich in zunehmendem Maße auf die kleine, aber ständig wachsende Zahl der Fans, die es zu den Melvins zog. Zu ihnen gehörte auch Dale Crover, der später der Drummer von Nirvana wurde. Kurt versuchte selbst ein Melvin zu werden und spielte vor. Aber er war so nervös, daß er keinen Song richtig spielen konnte. Trotz dieses Mißgeschicks blieben Osborne und Lukin mit ihm befreundet und nahmen ihn zu Konzerten in Tacoma und Seattle mit. Cobain, der solche Freundschaftsbeweise nicht gewohnt war, wich von nun an kaum noch von ihrer Seite.

Im August 1984 besuchten Cobain und Osborne ein Konzert von Black Flag im Mountaineer Club in Seattle. Ein Bekannter, der sich Cobain und Osborne an jenem Abend angeschlossen hatte, meint: »Kurt hörte damals noch alles querbeet. In einer Woche waren die Cars und die Psychedelic Furs in der Stadt und außerdem Chuck Berry. Cobain ließ keines dieser Konzerte aus. Ich glaube, es war die Live-Atmosphäre, die ihn faszinierte, und die Vorstellung, es vielleicht ebenfalls einmal zu schaffen. Er war schon immer etwas ehrgeiziger als andere. Er fand Black Flag grandios, keine Frage, aber gleichzeitig schien er zu denken: ›Wenn es so ein Rock 'n' Roll-Opa wie Berry kann, dann kann ich es auch.‹«

Lukin und Osborne bestärkten sein Interesse an den Sex Pistols und führten ihn zu den Wurzeln des Punk, indem sie ihn mit der Musik von Richard Hell, Patti Smith, den New York Dolls und Velvet Underground bekanntmachten. Kurt erfuhr erstmals von Gruppen wie den Standells und den Shadows of Knight. Cobain war wie elektrisiert. Hatte er bis 1976 seine Energie hauptsächlich darauf verwendet, sich zurückzuziehen und sein Ego eher zu verbergen – was bei einigen den Eindruck erweckte, es mangele ihm an Ehrgeiz –, so legte er jetzt eine schon fast exhibitionistische Neigung an den Tag, wenn es darum ging, sich in Szene zu setzen. Cobain kaufte sich eine neue Gitarre und einen Verstärker, änderte ständig seine Frisur, kleidete sich ausgefallen. Der durch Wendy beeinflußte David-Cassidy-Look – flauschige Pullis und flaumweiches Haar – gehörte der Vergangenheit an. In Rosevear's Music Store verkündete Kurt jetzt, sein oberstes Ziel sei es, »sich zuzukiffen und Satan zu ehren«. Ersteres war nicht allzu schwer. Die Nachbarin Megan Kern erinnert sich, daß er mit einer »Tonne Gras«, eingenäht in das Futter seiner Steppjacke, nach Aberdeen kam. Damals sang Cobain noch im Kirchenchor, und seine Stimme fand allgemeine Beachtung.

Kurts Familie vermutet, daß er sich an Lukin und Osborne klammerte, weil er sie als so etwas wie Ersatzväter ansah – ohne aber, um mit Beverly Cobains Worten zu sprechen, »wirklich hinter ihrer Punk-Botschaft zu stehen«. Warren Mason bestätigt, daß Kurt »immer noch Mainstream-Radio und Gruppen wie Cheap Trick hörte«, die er wegen der »ironischen Distanz« ihrer Texte bewunderte.

Kurt machte nun erste Erfahrungen mit richtigen Bandproben, denn er durfte mit den Melvins zusammen üben. Cobains Zeugnisse spiegelten bald seine wachsende Hinwendung zu Jugendlichen wie Lukin – für die Schule nichts weiter war als eine »unorganisierte Verwahranstalt« – deutlich wieder. In einer seiner Beurteilungen stand: »unruhig, desinteressiert und unkooperativ«. Cobain zog es vor, selbst zu entscheiden, was für seine Bildung wichtig sei und was nicht. In der Timberland Bibliothek entdeckte er Autoren wie S. E. Hinton und William Burroughs, deren Werke später einen immer größeren Einfluß auf sein Leben bekamen. Voller Bewunderung las er auch Burgess – Salinger dagegen ließ ihn relativ kalt. Scott Fitzgerald haßte er, Faulkner, den er nicht verstand, mochte er nicht, und über Hemingway konnte er kaum sprechen, ohne die Beherrschung zu verlieren. Kurt entwickelte eine große Vorliebe für Dichter wie Rupert Brooke und Siegfried Sassoon.

Das letzte Kapitel von Cobains schulischer Laufbahn begann 1983, als er auf die Aberdeen High wechselte. Der weitläufige, aus der Jahrhundertwende stammende Bau erstreckte sich über vier Blocks an der North I Street. Durch die räumliche Nähe zu Wendy, die noch immer in dem etwa eine halbe Meile östlich gelegenen Haus wohnte, in dem er seine Kindheit verbracht hatte, wurde der Kontakt zu ihr zunächst wieder enger. Doch dann brachen die alten Konflikte zwischen Mutter und Sohn wieder auf. »Er wollte nicht zur Familie gehören«, erzählt Wendy einem Journalisten, »wohl aber in ihrem Haus wohnen. Er beklagte sich jedesmal, wenn ich ihn um etwas bat, was ohnehin nur äußerst selten vorkam.« Sowohl Wendy als auch Kurts Stiefmutter unternahmen immer wieder Versuche, ihn dazu zu bewegen, ernsthaft über seine Zukunft nachzudenken. Sie besorgten ihm Teilzeitjobs und schickten ihn zu Vorstellungsgesprächen. Doch keine der beiden Frauen konnte auch nur das geringste ausrichten. »Kurt war einfach unausstehlich«, berichtet ein Familienmitglied, »ausfallend, obszön und egoistisch. Er tanzte Don und Wendy auf der Nase herum, indem er sie gegeneinander ausspielte.«

Auch in der Schule bekam Cobain immer mehr Probleme. Er ignorierte seine Mitschüler und wetterte gegen die angeblich »apokalyptisch-rassistischen« Ansichten seiner Lehrer. »Er war ein absoluter Besserwisser, machte auf ›sensibler Künstler‹«, erinnert sich ein ehemaliges Mitglied des Lehrerkollegiums. »Fiel man jedoch auf diesen Quatsch nicht herein, dann war er nicht mehr als ein unverbesserlicher Narziß, der in der ganzen Stadt schätzungsweise gerade mal zwei Freunde hatte.« Einer davon war Chris Novoselic, Sohn kroatischer Emigranten, zwei Jahre älter und mehr als zehn Zentimeter größer als Cobain.

Novoselic wurde am 16. Mai 1965 in Kalifornien geboren. Seine Eltern, Krist und Maria Novoselic, waren 1963 aus Jugoslawien ausgewandert und hatten sechzehn Jahre an der Westküste gewohnt, bevor sie mit ihren beiden Söhnen nach Aberdeen zogen, wo eine große kroatische Gemeinde eine neue Heimat gefunden hatte. Mr. Novoselic hatte dort einen Job als Maschinist bekommen. Sein Sohn, der durch seine Größe – er war schon damals über ein Meter neunzig groß – und einen stark vorstehenden Unterkiefer auffiel, teilte Cobains Einstellung zur Schule (»alles Arschlöcher«). Es schien nur eine Frage der Zeit zu sein, bis er Kurt kennenlernen würde. Angeblich hingen die beiden, zunächst noch ohne einander zu kennen, regelmäßig im Proberaum der Melvins herum, wo sie dann irgendwann ihre gemeisame Vorliebe für Punk und Anarchie entdeckten. Der Verkäufer in Rosevear's Plattenladen beharrt indes auf seiner eigenen Version: »Sie lernten sich hier im Laden kennen. Chris führte sich bei Kurt mit den Worten ein: ›Wie wär's mit was zu rauchen?‹« Wie auch immer – fest steht jedenfalls, daß sich Cobain und Novoselic 1983 kennenlernten, daß sie sich beide gegen Autorität auflehnten und in der Musik ein Mittel zur Flucht vor dem eintönigen Leben in Aberdeen fanden.

Im darauffolgenden Mai heiratete Wendy den Hafenarbeiter Pat O'Connor, der seinen Stiefsohn am liebsten zum Teufel gejagt hätte. Als trinkfreudiger Mensch mit rüpelhaftem Benehmen war O'Connor nicht gerade das, was man einen angenehmen Zeitgenossen nennt. Brachte er bereits wenig Verständnis für die Gefühle seiner jüngeren Frau auf, so galt das erst recht für die ihrer Kinder. Für Kurt hatte die neue Ehe seiner Mutter zur Folge, daß man ihn nun Woche für Woche, manchmal jeden Tag, zwischen den Verwandten in Aberdeen, Montesano und Hoquiam herumreichte. Er fühlte sich in seinem Eindruck bestätigt, in einer feindlichen Welt allein gelassen und auf sich selbst gestellt zu sein. Als Reaktion darauf rief er monatelang immer wieder bei Wendy und O'Connor an, weinte und drohte, sich umzubringen. Nach Ansicht seiner Cousine wurde diese »pubertäre Identitätskrise« endlich ein wenig gelindert, als Kurt im Sommer bei Mutter, Schwester und Stiefvater in der East 1st Street gewissermaßen auf Probe einziehen durfte. Der Versuch als Familie zusammenzuleben, scheiterte jedoch gründlich. Cobain ließ sich von keinem Erwachsenen Vorschriften machen, außerdem haßte er die Art, wie O'Connor seine Mutter behandelte. Nach einem besonders heftigen Streit mit ihrem Mann schnappte sich Wendy einmal so viele Waffen ihres Gatten (er besaß etliche), wie sie tragen konnte, und warf sie in den Wishkah River. In der darauffolgenden Nacht fischte Kurt die Waffen wieder aus dem Fluß heraus, verkaufte sie und legte den Erlös in Musikequipment und Drogen an. Seine Cousine glaubt, daß dies ein symbolischer Akt war, bei dem »Kurt, wenn auch nicht Schwerter zu Pflugscharen, so doch Pistolen zu Gitarren umwandelte«.

Auf der High School lernte Cobain einen weiteren Freund kennen: den selbsternannten Künstler und Led-Zeppelin-Fan Myer Loftin. Dieser beschreibt Cobain als einen »ungewöhnlich ruhigen« Jungen, der sich »nur für Musik interessierte«. Gleichzeitig wuchs jedoch auch sein Interesse an Marihuana und LSD. »Es gab unzählige Abende in Wendys Haus, an denen Kurt völlig stoned war. Dann schwafelte er davon, daß er ein Rockstar werden würde«, erzählt Loftin. »Ich erinnere mich, wie er diese Led-Zeppelin-Riffs spielte und auf mich einredete, daß ich auch anfangen solle Gitarre zu spielen. Kurt sprach dauernd davon, daß Musikmachen die größte Sache der Welt sei. Wenn ich schon nicht selbst mitmachen wolle, dann sei es zumindest meine Aufgabe, ihn zu unterstützen und ihm zu sagen, wie brillant er sei.«
Ein Grund für Cobains Interesse an Loftin war sicherlich auch, daß dieser als Mitglied der, wie er selbst es nennt, »sogenannten Schwulengemeinde« die unterschwelligen sexuellen Phantasien seines Freundes berührte. Cobain hatte bereits früher einmal einen Homosexuellen gekannt, einen Mann aus Aberdeen namens John Phalen. Kurt hatte sich Phalen gegenüber immer höflich und zurückhaltend verhalten, vielleicht auch deshalb, weil zwischen ihnen ein Altersunterschied von 20 Jahren lag. Loftin hingegen war im gleichen Alter wie Cobain – und er besaß schon vor seiner Bekanntschaft mit Kurt den Ruf eines zügellosen Wüstlings. Bald wurde er zu »Kurts Liebling«.
Cobain war 1984 auf sexuellem Gebiet noch sehr unerfahren. Er sammelte Soft-Pornos und erging sich in wilden Spekulationen über die »Schlampen mit den dicken Titten«, die Wendy in der East 1st Street besuchten oder in Tolson's Country Mart ihre Einkäufe erledigten. Kurts Reaktion auf Loftins Homosexualität läßt eine Mischung aus Naivität und Schuljungenprüderie erkennen. Eine Zeitlang waren die beiden unzertrennlich. Sie liebten es, den Weg von der High School zu Wendys Haus Arm in Arm zu gehen. Kurts Stiefvater brachten sie absichtlich in Rage, indem sie sich am Essenstisch verheißungsvolle Blicke zuwarfen. Für Co-

bain hatte Homosexualität nichts Verbotenes an sich. Sie war für ihn ein interessantes Phänomen, eine Möglichkeit, anders zu sein als andere, und ein Mittel, »ordentliche« Bürger zu schockieren. Cobain erzählte Azerrad, »ich war stolz darauf, schwul zu sein, obwohl ich es gar nicht war. Mir gefiel einfach die Provokation.«

Schließlich ließ er Loftin aber doch fallen und machte ihm auf unschöne Art und Weise klar, daß er keinen weiteren Kontakt wünsche. Kurt konnte sehr unbeständig sein. Ebenso leicht, wie er aus heiterem Himmel seine Meinung ändern konnte, ließ er auch Menschen im Stich und wechselte die Seiten. Loftin berichtet, daß »Cobain eines Tages auftauchte und erklärte, daß er zu viele Schwierigkeiten bekomme, wenn er der Freund einer ›Schwuchtel‹ sei. Das war das Wort, das er benutzte. Dann umarmte er mich kurz und unverbindlich, drehte sich auf dem Absatz um und ging davon. Danach habe ich ihn drei Jahre nicht mehr gesehen.«

Als in den Neunzigern bekannt wurde, daß Cobain Heroin nahm, wurde von allen Seiten versucht, seine Sucht herunterzuspielen. So hieß es beispielsweise, sein Verhältnis zu Drogen sei kaum mehr als ein »kurzzeitiger« Flirt gewesen. Er habe das Zeug nur »gelegentlich« genommen, und alles in allem könne »von einer Abhängigkeit nicht die Rede sein«. Cobain selbst behauptete, er habe nur ein Jahr lang mit Drogen »herumgespielt«. Einer seiner Freunde, Dana James Bong, erzählte der *Seattle Times* sogar: »Kurt war der einzige Junge, den ich kannte, der kein Bier trank und weder Zigaretten noch Pot rauchte.« Loftin glaubt jedoch, daß »Kurt zu dieser Zeit bereits seit längerem mit Drogen experimentierte«. Vermutlich umfaßte Cobains Drogenkonsum 1984 – vorsichtig geschätzt – bereits Marihuana, Amylnitrat, LSD und halluzinogene Pilze. 1986 war Cobain von Percodan abhängig, einem Schmerzmittel auf der Basis von Opiaten, und im Sommer des gleichen Jahres spritzte er zum ersten Mal Heroin. Als er sich entschloß, einen Job als Hausmeister in einer Zahnarztpraxis anzunehmen, tat er dies sicherlich nicht nur wegen des Geldes oder der Möglichkeit, berufliche Erfahrungen zu sammeln. Wichtiger dürfte für Kurt die Hoffnung gewesen sein, leichter an Medikamente heranzukommen. Es ist verständlich, daß Cobain am Ende seines Lebens die lange Geschichte seiner Drogenkarriere zu leugnen versuchte – wahrscheinlich aus dem gleichen Grund, aus dem er auch seine Haltung gegenüber Homosexuellen und Feminismus änderte. Längst war aus dem ehemaligen Aberdeener Freak ein reicher und berühmter Rockstar geworden, der zwischen seinen Wohnungen in Los Angeles und Seattle hin- und herjettete. Eine kosmetische »Korrektur« seiner Vergangenheit schien ratsam, ja geradezu unumgänglich.

Cobain verbrachte den Winter 1984/85 damit, jede erdenkliche Art von Musik nicht nur zu hören, sondern auch nachzuspielen. Die schrägen Klänge von Scratch Acid und Flipper hörte er ebenso gerne wie den Sound von Deep Purple und Black Sabbath. Hinzu kam Cobains noch immer anhaltende Bewunderung für die Beatles. Die ganze Bandbreite von der melodischen Präzision eines McCartney bis hin zum hysterischen Geschrei der Melvins und der Butthole Surfers ordnete sich in Cobains Kopf zu einem, wie Warren Mason es nennt, »enzyklopädischen Zugriff auf die Popmusik – von Robert Johnson bis Johnny Rotten«.

Mason ist der Ansicht, daß Kurts Interesse an der Musik in erster Linie mainstream-orientiert war, ohne revolutionären Eifer an den Tag zu legen. Cobain, der sich ansonsten eher gelangweilt durch den Schulalltag schleppte, wurde erstaunlich lebendig, wenn eine neue Platte von Meat Loaf oder Billy Joel auf dem Campus gehandelt wurde. Bob Hunter, der Cobain in dessen letztem Jahr an der Aberdeen High unterrichtete, erinnert sich: »Während des Unterrichts schlief Kurt meistens«, aber wenn die Top Twenty im Radio liefen, wurde er hellwach. Jeden Song analysierte er auf Struktur und Melodie hin. »Schon mit siebzehn war er weniger Idealist und mehr Pragmatiker, als die Leute glaubten.«

Cobain zog es vor, seine kostbare Zeit lieber mit Musik als mit Schule zu verbringen. Auch traf man ihn des öfteren in der Raucherecke auf der Rückseite des Hauptgebäudes an. Ein Mitschüler erinnert sich: »Er hatte stets den dicksten Joint, die meisten Pillen und die seltsamsten Marotten.« Eine dieser besonderen Eigenheiten war seine Vorliebe für knapp sitzende Frauenunterwäsche. In Aberdeen, wo man sich noch an seine Beziehung zu Loftin erinnerte, kamen Gerüchte auf, daß Cobain seinen Körper auf der Heron Street verkaufe, sich möglicherweise für Drogen prostituiere. Zehn Jahre später beschrieb Hunter ihn so: »Kurt war ein stiller, düsterer Junge, der meiner Meinung nach mehr an Musik und Kunst interessiert war als an Sex. Schon damals hatte er eine Vorliebe dafür, alte Songs so umzuarbeiten, daß sie neu klangen. Er zeigte ein ungeheures Talent dafür, einen Song auseinanderzunehmen und ihn dann neu zu arrangieren ... Kurt hatte aber auch etwas Zorniges und Feindseliges an sich, das ich versuchte zu respektieren. Zwar konnte er intensive Gefühle für Musik entwickeln, von allem anderen aber schien er sich völlig abzuschotten. Ich habe in meinem ganzen Leben noch nie jemanden kennengelernt, der so wenig in seine Umgebung paßte wie Cobain. Sein Problem bestand darin, daß er eigentlich ein Großstadtmensch war, ein New Yorker oder jemand aus Los Angeles, der nur aus Versehen in Aberdeen aufwuchs.«

Cobains Familie ließ nichts unversucht, um sicherzustellen, daß Cobain seinen High-School-Abschluß doch noch schaffen würde. Hunter glaubt, daß Kurts Misere in der Schule keine Frage mangelnder Intelligenz war, sondern an seiner grundsätzlichen Einstellung lag.

Anfang 1985 hatten Wendy und Pat O'Connor Cobains Benehmen endgültig satt und schickten ihn wieder zu seinem Vater nach Montesano zurück. Dons erste erzieherische Maßnahme bestand darin, Cobain zum Verkauf seiner Gitarre zu zwingen – er durfte sie aber bereits eine Woche später wieder zurückholen. Außerdem sollte Kurt den Aufnahmetest bei der Navy machen. »Er wollte seinem Sohn eine letzte Chance geben, sich zusammenzureißen und einen Job zu finden, der ihn aus Aberdeen rausbringen würde«, so glaubt ein Mitglied von Dons Familie. »Sowohl Cobain als auch seine Schwester legten ein zunehmend unsoziales Verhalten an den Tag und verhielten sich abweisend gegenüber den Menschen, bei denen sie wohnten und von denen sie ihre Rechnungen bezahlen ließen«, erinnert sich ein anderer Verwandter. Dies galt besonders für Kurt. Je mehr sich seine Eltern über seinen verschwenderischen Umgang mit Geld, die schlechten Leistungen in der Schule und seine Gleichgültigkeit aufregten, um so aufsässiger schien er zu werden. Im Frühjahr 1985 zog Cobain seine Anmeldung bei der Navy zurück, verließ die Schule und quartierte sich wieder bei Wendy ein. Es dauerte sieben Jahre, bis er seinen Vater wiedersah.

Die O'Connors waren von dieser Entscheidung Kurts alles andere als begeistert. Wendy war wieder schwanger, und sie gesteht, daß ihr einige Male der Gedanke kam: »Ich habe mein erstes Kind verkorkst, was will ich eigentlich mit noch einem?« Auch ihrem Ehemann war Cobains neuerliche Anwesenheit in seinem Hause ein Dorn im Auge, da er »Schwule« und »Langhaarige« haßte und ihm der Umgang seines Stiefsohnes deshalb äußerst mißfiel. So ist es nicht verwunderlich, daß Cobains Aufenthalt in der East 1st Street dieses Mal kaum einen Monat dauerte. Als er eines Tages vom Proberaum der Melvins zurückkehrte, stand sein ganzes Hab und Gut in Kartons verpackt vor der Haustüre. Er sollte »die Konsequenzen seines Verhaltens am eigenen Leibe spüren«, so begründet Wendy diesen Schritt. Sie mochte zwar inkonsequent gewesen sein, was Disziplin und elterliche Aufsicht anbetraf – was ihr letzten Endes wahrscheinlich egal war –, doch ihr Sohn sollte endlich lernen, auf eigenen Füßen zu stehen. O'Connors Lohn und ihre Einkünfte als Angestellte in einem Kaufhaus deckten kaum die Unkosten, und jetzt, da ein weiteres Kind unterwegs war, sah Wendy nicht länger ein, weshalb sie ihren arbeitslosen, erwachsenen Sohn durchfüttern sollte. Nach den vielen vorübergehenden Abschieden, verließ Cobain nun endgültig das Haus in der East 1st Street. Seine Kartons schleppte er jedoch nur ein paar Häuser weiter – in ein Apartment, das er sich mit seinem Freund Jesse Reed teilte.

Kurt hatte im gleichen Jahr eine Zeitlang bei Reeds Familie gewohnt, weil die Streitigkeiten bei ihm zu Hause immer mehr eskalierten. Jesses Vater Dave, selbst Sänger in einer örtlichen Band, erinnert sich, wie sehr ihn Cobains Benehmen schockierte: »Er führte sich auf, als wäre er irgend so ein durchgedrehter Rockstar.« Mrs. Reed geht sogar noch einen Schritt weiter: Für sie war der neue Hausgast schlicht und ergreifend »krank«. Ihr Kommentar deckt sich mit der Meinung vieler Eltern von Kurts Freunden. Die Mutter von Greg Hokanson hatte das Gefühl, »den Teufel persönlich zu bewirten«, wenn Cobain zum Essen blieb, und Maria Novoselics erster Gedanke war: »Oh, mein Gott, was ist das für ein Junge?«

Nichtsdestotrotz beherbergten und versorgten Jesses Eltern Kurt mehrere Wochen, wobei sie lediglich darauf bestanden, daß er »zumindest etwas« auf sein Äußeres achten und ihren christlichen Glauben respektieren solle, worüber sich Cobain später in dem Song »Lithium« lustig machte. Dave Reed ist der Meinung, daß Kurts negativer Einfluß auf Jesse, der zu dieser Zeit gerade einen Amphetaminentzug durchmachte, noch heute spürbar sei. »Kurt stand immer nur auf der Seite von Kurt.«

Bald nachdem Cobain im Sommer 1985 gemeinsam mit Jesse Reed in ein Apartment gezogen war, hängte er folgende Notiz in der Polish Club Tavern aus: »Freiwillige für das Vergnügen gesucht, zwei begeisterten Partygängern die Bude putzen zu dürfen. Bezahlung: soviel Dope, wie sich finden läßt.« Eine Frau namens Donna Kessler wurde neugierig, doch als sie das Apartment betrat, erwartete sie eine böse Überraschung: »Es war ein ekelhafter Anblick ... überall lagen leere Bierflaschen, vergammeltes Essen und dreckige Unterhosen herum, dazu dieser schreckliche Gestank, als sei jemand gestorben.« Cobain selbst beschrieb es später ähnlich: »Es war das typische Apartment eines Punks, an der Decke hingen aufgeknüpfte Kinderpuppen voller Blut. Der Teppich war mit Bier, Blut und Kotze durchtränkt. In der Wohnung türmte sich der Müll von Monaten. Jesse und ich benutzten die Küche etwa eine Woche lang. Danach stellten wir das ganze fettige Geschirr in die Spüle, ließen Wasser reinlaufen, um es dann für den Rest der fünf Monate, die ich dort wohnte, einfach dort liegenzulassen.«

Solange Cobain zur Schule gegangen war und abwechselnd bei seinem Vater oder seiner Mutter gewohnt hatte, unterlag sein Verhalten zumindest noch einer gewissen Kontrolle. Doch jetzt gab es niemanden mehr, der ihm irgendwelche Vorschriften machen konnte. In den wenigen Monaten, die Kurt in diesem Apartment wohnte, nahm sein Drogenkonsum erheblich zu, und er erweiterte sein bisher in erster Linie theoretisches Interesse an Sex um einige praktische Erfahrungen. Cobains »Spezialität« waren Polaroidaufnahmen von masturbierenden Bettgenossinen. Die Fotos ließ er für jeden sichtbar im Zimmer herumliegen.

Ohne es zu wissen, war Cobain auf dem besten Wege, einen neuen Lebensstil zu kreieren – den der Grunge-Generation. Donna Kessler kam das Apartment »wie ein Stück zur Schau gestelltes Leben« vor und Maria Novoselic war der Meinung, daß »Kurt sich vor unseren Augen in ein Monster verwandelte«.

1985 entdeckte Cobain aufs neue eine alte Leidenschaft aus Kindheitstagen und begann wieder zu trommeln. Mit Novoselic, Osborne, Lukin und Crover gründete er die Stiff Woodies, aus denen bald die Sellouts wurden und schließlich Fecal Matter entstand. Daß man diese Band auch heute noch kennt, verdankt sie in erster Linie der Tatsache, daß Cobain mit ihr sein erstes selbstgeschriebenes Material umsetzte. Kurt übernahm die Vocals, die sich durch unauffälliges, aber erstaunlich überzeugendes Genuschel mit britischem Akzent auszeichneten. Ein von Mary Fradenburg aufgenommenes Band läßt bereits Cobains Talent erkennen, das sich auf weitaus mehr stützen konnte als nur auf Zorn. Die qualitativ schlechten Aufnahmen hören sich an, als seien sie der unmittelbare Vorläufer von *Nevermind*: treibende Drums, harte Gitarrenriffs, gemäßigt durch ein sicheres Gespür für einprägsame Melodien. Obwohl sich Novoselics Begeisterung für Fecal Matter in Grenzen hielt und die schnelleren Nummern der Band meist sehr bald zu bloßem Getöse verkamen, zeigten der dunkle Sound und die mit giftiger Feder geschriebenen Texte dennoch, daß mit Cobain ein mutiger, begabter Songwriter sowie ein leidenschaftlicher und zugleich äußerst kontrollierter Sänger die Bühne betreten hatte.

Arbeitslos und mit vier Monatsmieten im Rückstand zog Cobain schließlich im Dezember 1985 aus seinem Apartment aus. Den Rest des Jahres verbrachte er in der Timberland-Bibliothek, bei Novoselic oder einfach auf der Straße. Aus dieser Zeit stammt eine der hartnäckigsten Legenden um Cobain. Er soll – nun ohne feste Bleibe – für einen längeren Zeitraum unter der North Aberdeen Brigde geschlafen haben, einer düsteren Konstruktion aus Holz und Metall, die sich zwischen zwei heruntergekommenen Hüttenvierteln über den Wishkah River spannt. Dort habe sich Kurt einzig von Fisch, Beeren und Drogen ernährt. Cobain selbst beschreibt diese Episode auf *Nevermind* in dem Song »Something in the Way«. Tatsache jedoch ist, daß er nicht länger als eine Woche unter freiem Himmel lebte. Ein Mann, der ihn damals dort aufsuchte, erinnert sich: »Kurt hockte dort zwischen dem Müll und den Ginsterbüschen an einem Lagerfeuer, trank billigen Fusel und rauchte die unvermeidlichen Joints.«

Aus dieser mißlichen Situation half ihm Lamont Shillinger heraus, ein Englischlehrer der Aberdeen High. Shillinger und seine Frau nahmen des öfteren gestrandete Jugendliche bei sich auf, denn sie waren der Ansicht, »daß es bei sechs eigenen Kindern, auf ein weiteres hungriges Maul auch nicht mehr ankomme«. »Er war ein stiller Junge, der meistens zeichnete oder etwas in seine Notizbücher kritzelte. Mit Musik hat er sich eigentlich weniger befaßt. Kurt verabscheute Aberdeen hauptsächlich deshalb, weil es für einen sensiblen jungen Mann wie ihn in dieser Stadt nicht genügend künstlerische Möglichkeiten gab. Ich sagte zu ihm: ›Wenn du die ganze Zeit in Bars und schmierigen Restaurants rumhängst, ist es kein Wunder, daß du nur Spießer und Trucker kennenlernst‹ ... Für Don und Wendy hatte er in seinem Herzen nichts als Haß übrig. Während der ganzen acht Monate, die er bei uns war, haben sich seine Eltern nicht ein einziges Mal gemeldet«, erzählt Lamont Shillinger.

Cobains Freundschaft zu dieser Familie fand ein recht brutales Ende, als Kurt im Streit um eine Pizza solange auf einen ihrer Söhne einschlug, bis dieser ohnmächtig wurde. Am nächsten Morgen zog Cobain aus und wohnte abwechselnd bei seinen Freunden Crover und Novoselic. Ein weiteres Kind der Shillingers wurde von Kurt mit vollen Bierdosen beworfen, und er erzählte überall in Aberdeen herum, die ganze Familie bestehe nur aus Idioten. Dies war Cobains Dank für die Gastfreundschaft der Shillingers, denen er in der ganzen Zeit keinen Pfennig Miete hatte zahlen müssen. Als Geste der Versöhnung ließ Cobain 1993 auf *In Utero* eine Danksagung an die Familie abdrucken.

Nachdem Kurt auch mit Ryan Agnew und Myer Loftin gebrochen hatte, sprach er oft davon, daß er die Menschen nur noch hasse und unfähig sei, überhaupt noch freundschaftliche Gefühle für jemanden zu empfinden. Der gleiche Cobain schrieb Gedichte, zeichnete Geburtstagskarten und saß stundenlang bei den Kindern im North End Park. Er empfand echtes Mitgefühl für Einzelgänger und Außenseiter. Gerade darin bestand jedoch auch Kurts Problem – ihn interessierten nur die Schwächen der Menschen, und er setzte sich lieber mit ihren Fehlern auseinander, statt an ihre Stärken zu appellieren. Letztendlich führte dies, wie sein ehemaliger Lehrer Bob Hunter es einmal formulierte, zu der Gewohnheit, »seinen Haß auf sich selbst an anderen auszulassen«.

In späteren Jahren zog Cobain immer wieder das Interesse von Psychologen auf sich. Einer von ihnen schrieb, daß Cobains Haß das Resultat des Konflikts mit einem Vater sei, der seinen Sohn nie verstanden habe. Für Kurt verkörperte Don stets Werte wie Ordnung und Verantwortung. Außerdem hatte die anfänglich übertriebene Fürsorge Wendys ihm ein Gefühl von Einzigartigkeit vermittelt, verbunden mit der Überzeugung, daß ihm andere Menschen etwas schuldeten. Cobain hatte von sich selbst das Bild eines schwermütigen, nachdenklichen und empfindsamen jungen Mannes, der, von der eigenen Familie verstoßen, gezwungen war, von der Hand in den Mund zu leben. Er befand sich in dem festen Glauben, daß einzig das ablehnende Verhalten seiner Eltern ihn zu dem gemacht habe, was er nun war: ein innerlich verhärteter Außenseiter, der sein Vertrauen nur einigen wenigen Auserwählten entgegenbrachte. Zu dem kleinen Kreis seiner Freunde gehörten jetzt noch Novoselic und Osborne, mit denen Cobain eine Art Widerstandsgruppe gegen das Establishment von Aberdeen gründete. Die drei provozierten Schlägereien in der Pourhouse Tavern, versuchten eines Nachts ein Haus in Brand zu setzen und gingen auf Graffiti-Tour. Einmal sprayten sie GOTT IST SCHWUL auf eine Kirchenmauer – ein Unterfangen, das mit einer Geldstrafe von 180 Dollar und einer dreißigtägigen Gefängnisstrafe auf Bewährung endete.

Besonders Novoselic wurde für Cobain in dieser Zeit zu einer wichtigen Bezugsperson. Kurts sehnlichster Wunsch war es, mit ihm zusammen eine neue Band zu gründen. Nachdem er ihn lange genug bearbeitet hatte, hörte sich Novoselic endlich das Band von Cobains Auftritt mit Fecal Matter an. Cobain konnte ihn überreden, als Bassist einzusteigen und zusammen mit ihm selbst und dem Drummer Bob McFadden einige Stücke einzuüben.

Bald begann Cobain sich demonstrativ wie ein Mitglied der Arbeiterschicht Aberdeens aufzuführen. Er entwickelte eine Vorliebe für üppige Mahlzeiten, große Mengen Alkohol und schnelle Autos. Kurt hatte immer zwei Seiten: Neben dem radikalen Nonkonformisten gab es ebenso den Cobain, der ein echtes Gefühl für das provinzielle Amerika besaß und der den Werten der Arbeiterklasse mit Respekt begegnete. »Jeder«, sagt Lamont Shillinger, »der glaubt, daß Kurt sich bewußt von der Gesellschaft zurückzog und praktisch darauf wartete, daß seine Fans ihn riefen, hat nur eine beschränkte Sicht seiner Persönlichkeit. Er plante stets voraus und überließ nichts dem Zufall ... Zwei Dinge übersehen die meisten Leute an Cobain: erstens seinen Ehrgeiz und zweitens die Tatsache, daß immer noch ein großes Stück Aberdeen in ihm steckte.« Bob Hunter stimmt dem zu: »Es gab eine andere, eine konventionelle Ader bei Kurt, ganz zu schweigen von seiner Bereitschaft zum Kompromiß, wenn es um Geld ging.« Selbst als Cobain beinahe täglich über seinen Texten brütete und stundenlang Gitarre übte, nahm er eine Reihe von Jobs an, die keinen Zweifel daran lassen, daß er sich nicht scheute, völlig unspektakuläre Arbeiten zu verrichten. Im Laufe von zwei Sommern arbeitete er als Hausmeister, als Jugendberater des YMCA und schließlich als Aushilfe im Polynesian Ocean Front Hotel. Betty Kalles, die ihn einstellte, erinnert sich: »Ein junger, zurückhaltender Mann, der nie viel lächelte... Kurt war eher still und zurückhaltend und immer gut angezogen. Wenn man ihn erst einmal näher kannte, zeigte er sich sehr freundlich. Auch wenn er freitags und samstags nicht arbeitete, weil er mit seiner Gruppe proben mußte, erschien er am Sonntag doch immer pünktlich zur Arbeit. Es war, als lebe er in zwei verschiedenen Welten... Kurt leistete ausgezeichnete Arbeit, aber schließlich kündigte er mit der Begründung, die Chemikalien, mit denen er die Fenster putze, würden seine Fingernägel so weich machen, daß er nicht mehr Gitarre spielen könne.«

Manchmal besuchte Cobain sogar den Gottesdienst. Er erhielt auf Antrag eine Sozialversicherungsnummer und schloß bei der Prudential eine Lebensversicherung ab. Ein ehemaliger Klassenkamerad erinnert sich, daß Kurt sogar mit dem Gedanken spielte, doch noch zur Marine zu gehen – angeblich schrieb er sogar eine Bewerbung. Betty Kalles glaubt, daß für ihn »Rockmusik keine Philosophie war, sondern ein Möglichkeit, Karriere zu machen. Im Grunde wollte er immer nur sein Auskommen haben.«

Einige Zeit später leistete Cobains Mutter eine Anzahlung von 100 Dollar für ein leerstehendes, einstöckiges Haus an der 1 000 1/2 East 2nd Street, nur einen Häuserblock von ihrem eigenen Heim entfernt. Die Gegend galt als eine der schlechtesten Adressen Aberdeens mit ihren heruntergekommenen Holzhäusern und ungepflegten Rasenflächen, auf denen sich alte Möbel und kaputte Haushaltsgeräte türmten. Außerdem gab es dort einen Schönheitssalon, in dem bei einem Streit um Trinkgeld einmal ein Mord geschehen war. Weihnachten zog Cobain gemeinsam mit Matt Lukin in die neue Bleibe ein. Schon bald stapelten sich auch dort – ähnlich wie bei Kurts erstem Apartment – schmutziges Geschirr und dreckige Wäsche. Zudem hatte Cobain ein Terrarium für Schildkröten eingerichtet. In der ganzen Wohnung herrschte »ein wirklich penetranter Gestank«, wie er selbst zugab. Die Reptilien bewunderte Kurt vor allem wegen ihrer, wie er es nannte, »Leck mich am Arsch-Haltung« und ihrer Neigung, »sich bei Gefahr einfach zu verziehen«. Michael Schepp, Zeitungsjunge bei der *Daily World*, klingelte eines Tages in der East 2nd Street, um die fällige Rechnung zu kassieren: »Ich wartete, bis Cobain auftauchte. Er war nackt und sah aus, als habe er eine Woche lang nicht geschlafen. Der Gestank warf mich fast um. Auf dem Fußboden krochen Schildkröten herum, und von der Decke hingen am Hals aufgeknüpfte Puppen herunter – es sah aus, als wären sie mit Blut beschmiert. Ein nacktes Mädchen lag schlafend auf dem Sofa. Im Hinterzimmer hörte ich jemanden lachen . . .«

Schon seit über einem Jahr fuhr Cobain – allein oder zusammen mit Novoselic – regelmäßig nach Olympia, der Hauptstadt Washingtons, wo das Evergreen College für Angewandte Kunst seinen Sitz hatte. Außerdem gab es dort eine rege alternative Rockszene. Durch Buzz Osborne lernte Kurt in Olympia eine Frau namens Tracy Marander kennen – eine exotische Erscheinung mit gefärbtem Haar und einem Mantel mit Zebramuster. Wie Cobain hatte sie eine Vorliebe für Woolworth-Puppen, die sie mit zerbrochenen Möbeln, Unmengen von Zeitungspapier, Einzelteilen von Schaufensterpuppen und rostigen Autoteilen zu Kunstwerken kombinierte. Eine gemeinsame Bekannte meint: »Kurt war völlig hin und weg . . . Da gab es ein Mädchen mit feuerrotem Haar, das gerne auf Partys ging und noch dazu eine eigene Wohung in Olympia besaß!« Daß sie die Musik von Fecal Matter gut fand, war ein zusätzlicher Pluspunkt für sie. Nach einigen Wochen waren die beiden ein Paar. Kurt bewunderte ihren Musikgeschmack und ihre Kontakte in Olympia, sie bewunderte seine blauen Augen und das »echt coole« Kiss-Bild, das er auf den Bus der Melvins gemalt hatte.

3

Spannung und Ausbruch

In Olympia begann sich Cobains Ehrgeiz voll zu entfalten. Hier stieß er nicht nur auf einen aktiven und innovativen College-Radiosender, auf diverse Verlage von Musikzeitschriften, sondern auch auf zwei Independent-Schallplattenlabels – K und Kill Rock Stars. Kurts erste Reaktion auf Olympia ähnelte – mit den Worten seines damaligen Nachbarn Slim Moon – der »eines kleinen Jungen im Spielzeugwunderland«. Unter kulturell ambitionierten Studenten hatte die, wie Moon sie nennt, »brutale, materialistische Gesellschaft«, die sich während der Reagan-Ära entwickelt hatte, eine Gegenbewegung ausgelöst. Die Studenten lehnten Mainstream Rock ab, denn sie waren nicht dazu bereit, in irgendeiner Weise am Lebensstil der Yuppies zu partizipieren. Das Evergreen College gehörte zu jenen Institutionen, die Punk und New Wave nicht nur tolerierten, sondern aktiv förderten. Auf dem Campus eingerichtete alternative Plattenläden, Clubs, Studios und Kunstgalerien standen allen Interessierten offen, die zum Teil wie Cobain nur zufällig davon gehört hatten. »Natürlich war er beeindruckt«, sagt Moon. »Zum ersten Mal in seinem Leben fühlte er sich als Teil einer Gemeinschaft.«

Ein Jahr lang quartierte sich Cobain jedes Wochenende in Maranders Apartment ein, während er von montags bis freitags in dem Haus an der East 2nd Street wohnte. Nachdem er das brodelnde Leben in Olympia kennengelernt hatte, fiel es ihm immer schwerer, die Woche über in Aberdeen zu sein. Kurt wurde zusehends gereizter und aggressiver. Im Frühjahr gab es einen Zwischenfall in der Polish Club Tavern, der in einer handfesten Prügelei gipfelte. Ein anderes Mal verwüstete Kurt zusammen mit einigen Freunden ein leerstehendes Haus. Cobains Benehmen brachte einen seiner Nachbarn derartig zur Weißglut, daß er mit einem Baseballschläger bewaffnet vor Kurts Haustür auftauchte. Seine Abneigung gegen Aberdeen setzte der Musiker künstlerisch um. Bald konnte er auf ein umfangreiches Songrepertoire verweisen, in dem es inhaltlich immer wieder um Holzfäller, Friseure, Spießer und versagende Eltern ging.

Als 1987 ein neuer Drummer, Aaron Burckhard, mit Cobain und Novoselic zusammenzuarbeiten begann, mußte er zu seinem Entsetzen feststellen, daß »die beiden anderen jeden Abend proben wollten«. Cobain selbst erzählte später einem Journalisten: »Wir spielten das Programm komplett durch, und dann fing ich von vorne an, ohne mich darum zu kümmern, ob die anderen überhaupt wollten ... Ich zwang sie einfach dazu.« Der Kontrast zwischen dem lethargischen, ungepflegten Sonderling, der sein Wohnzimmer mit Schildkröten teilte, und dem Mann, der seine Proben wie ein Feldwebel organisierte, fiel auch Burckhard auf: »Kurt konnte ein wahrer Tyrann sein.« Burckhard, der einen Biker-Schnurrbart trug und mit dieser »Punkscheiße« eigentlich nichts zu tun haben wollte, war zu dem von Kurt erwarteten Zeitaufwand nicht bereit. Aber auch Novoselic, der gerade seine Hippie-Phase durchmachte, sah Cobains fanatischen Ehrgeiz mit wachsender Skepsis. Eine Person aus dem damaligen Freundeskreis der Band bestätigt: »Was für Aaron und Chris wenig mehr als ein Hobby war, betrachtete Kurt beinahe als eine Mission. Er nahm die ganze Sache fürchterlich ernst ... Kleinere Meinungsverschiedenheiten wurden zu grundlegenden Differenzen ... Kurt wollte mit dem Kopf durch die Wand und Erfolg um jeden Preis.« Während einer dieser Proben machte Cobain schließlich den Vorschlag, einen Song zu covern, der später Nirvanas Debutsingle wurde: »Love Buzz«, ursprünglich ein Stück der holländischen Band Shocking Blue. Ein erster geplanter Auftritt auf einer Privatparty scheiterte daran, daß diese von der Polizei bereits aufgelöst worden war, noch ehe die Band eintraf. Schließlich gab das Trio sein Debut in der GESCO Hall in Olympia. Neben obskuren Coverversionen von Songs wie »Love Buzz« oder Chers »Gypsies, Tramps And Thieves« standen einige Titel aus der Feder Cobains auf dem Programm (»Floyd The Barber«, »Aero Zeppelin« und »Spank Thru«). Tim Arnold war einer von »etwa zwanzig Freaks«, die diesem Auftritt beiwohnten: »Cobain sah echt irre aus mit seinem Blumenhemd, den hohen Plateausohlen und dem ganzen Make-up im Gesicht. Er hatte eine Schwäche für Glam-Rock und klang fast so beunruhigend wie David Bowie. Falls diese Siebziger-Jahre-Masche als Parodie gedacht war, dann wußte Kurt davon nichts. Er meinte es völlig ernst.«

Im April 1987 spielte die Band live bei Radio KAOS, dem Collegesender Olympias. Arnold hielt diesen Gig – verglichen mit der GESCO-Show – für eine »galaktische Steigerung«. Im Verlauf der neun dargebotenen Songs setzte Cobain seine Stimme auf die unterschiedlichste Art und Weise ein: Neben dem, wie Arnold es nennt, »tuntigen Anthony-Newley-Stil«

waren Schreie in Ozzy-Osbourne-Manier und die Parodie eines trägen Südstaatentonfalls zu hören. Dann wieder überraschte er durch einen weichen Akzent, der mitunter den Eindruck entstehen ließ, Cobain habe seine Kindheit auf den Straßen New Yorks zugebracht. Manchmal wirkte seine Stimme schläfrig, fast trunken, und selbst bei langsameren Nummern schien er dem Beat stets leicht hinterherzuhinken. Zu dieser Zeit deutete in seinen Texten noch nichts auf den selbstquälerischen, boshaften und vor Zorn bebenden Sänger späterer Jahre hin.

Als Cobain, Novoselic und Burckhard in einem Kino in Tacoma auftraten, dachten sie sich spontan den Namen Skid Row für ihre Band aus. (Skid Row ist jener Teil Seattles, wo zu Beginn des Jahrhunderts die gefällten Holzstämme auf Boote verladen wurden.) An einem anderen Abend traten die drei Musiker als Ted El Fred auf, später auch als Bliss, Pen Cap Chew, Throat Oyster und Windowpane. Schließlich entschied sich Cobain für den Bandnamen Nirvana. »Ich wollte eine Bezeichnung, die nett und schön klang, keinen bösen, rauhen Punkrocknamen wie Angry Samoans oder so etwas«, verriet er Michael Azerrad.

Die letzten Wochen, die Cobain in dem Haus an der East 2nd Street zubrachte, bevor er ganz nach Olympia ging, lebte er in völlig heruntergekommenen Verhältnissen. Elektrizität und Wasser waren schon vor Wochen abgestellt worden. Cobain konnte sich weder waschen noch die Toilettenspülung betätigen, und der Gestank, den die Schildkröten im Sommer verbreiteten, nahm ungeahnte Ausmaße an. Kurt ernährte sich von Hackfleischresten und Eiern, die er aus dem Kühlschrank seiner Mutter mitgehen ließ, und von altem Brot, das er aus dem Müllcontainer hinter Tolson's Country Mart klaute. Wenn er nicht gerade mit Proben oder Songschreiben beschäftigt war, verbrachte er seine Zeit damit, Gedichte zu verfassen, die er, wenn er mit dem Ergebnis nicht zufrieden war, vor dem Portal der Open Bible Church verbrannte. Nachdem dort nicht nur das hölzerne Mitteilungsbrett, sondern auch ein kostbares Kruzifix und andere sakrale Gegenstände zerstört worden waren, klopfte die Polizei an die Türe der East 2nd Street und machte Cobain unmißverständlich klar, daß seine Anwesenheit in Aberdeen nicht länger erwünscht sei. Über Nacht war aus dem Außenseiter ein Outlaw, ein Kirchenschänder und Brandstifter geworden – Zeit für Cobain, dieser Stadt endgültig den Rücken zu kehren.

Im September 1987 zog Cobain zu Tracy Marander, in deren Apartment in der 114 North Pear Street in Olympia, einer kaum respektableren

Wohngegend als jener, die er gerade verlassen hatte. Das Gebäude selbst, ein Holzhaus, an dem die gelbe Farbe bereits abblätterte und das Plastikplanen anstelle von Fensterscheiben besaß, war in einem völlig desolaten Zustand. Der Vorgarten bestand aus einem wild wuchernden Rasen. Der Blick auf das Haus wurde von der Straße aus durch einige Platanen versperrt. In der Nachbarschaft lagen das Washington State Lotteriegebäude, der Jackpot Food Mart und eine alte Kirche, die irgendwann einmal in ein Aufnahmestudio umfunktioniert worden war. Die Miete, die von Marander bezahlt wurde, betrug 137 Dollar im Monat. Obwohl arbeits- und mittellos, widmete sich Cobain weiterhin seiner Musik und der Kunst. Er »lud ständig irgendwelche Leute ein, um ihnen seine Arbeiten zu präsentieren und selbst von neuen Projekten zu erfahren«, berichtet sein Nachbar Moon.

Moon war dabeigewesen, als Cobain im Jahr zuvor zusammen mit Dale Crover und Buzz Osborne in Olympia aufgetreten war – damals unter dem Bandnamen Brown Towel. »Ich kannte Kurt als einen zerlumpten Burschen, der mit den Melvins herumhing«, erzählt Moon. »Als er die Bühne betrat, erwartete ich wirklich nichts . . .« Eine Stunde später war Moon eines Besseren belehrt worden. Zu seiner Überraschung stellte sich heraus, daß »Kurt wirklich Talent hatte – er konnte nicht nur spielen und singen, er konnte seine Songs auch wirklich gut rüberbringen, hatte Charisma.« Durch Moon und dessen Freund Dylan Carlson – beide unmittelbare Nachbarn von Marander – verbreitete sich die Kunde von dem exzentrischen Neuankömmling aus Aberdeen schnell. »Kurt war hochmotiviert«, sagt Moon. »Trotzdem lebte er in seinem ersten Winter in Olympia noch vergleichsweise zurückgezogen.« Es ist sehr wahrscheinlich, daß Cobain, dessen Drogenkonsum in dieser Zeit dramatisch anstieg, das ihm und seiner Musik entgegengebrachte Interesse kaum mitbekam.

Wie Moon erzählt, sah das Apartment an der North Pear Street aus, als sei es »einem Roman von Dickens entnommen«. Auf dem Boden verstreute Plastiktüten zeugten von Einkäufen bei Jackpot und Woolworth, an den Wänden hingen grelle Poster von Queen und den Rolling Stones, Gemälde Cobains sowie riesige Collagen aus zerfetzten Seiten verschiedener Zeitschriften. Zu den ständigen Mitbewohnern des Paares zählten Katzen, Kaninchen, Schildkröten und Ratten. Ihre Bleibe teilten sie zudem mit einem Plastikaffen namens Chim Chim. An der Kühlschranktür klebte das Foto einer entzündeten Vagina.

Mit wahrer Hingabe widmete sich Cobain seinen autodidaktischen Beiträgen zur Konzept-Kunst. Besonders bei der Herstellung seiner Tonpuppen ließ er einen bemerkenswerten Eifer erkennen. Er verbrachte ganze Tage damit, die richtige Tonqualität zu finden, formte dann Figuren von menschlicher Gestalt und brannte diese so lange im Backofen, bis sie eine knochenbleiche Tönung annahmen. Anschließend hängte er sie mit einem Strick um den Hals an der Zimmerdecke auf oder befestigte sie mit einem Messer an der Wand. Immer wieder malte er einen Fötus, der in der Gosse liegt, oder gynäkologische Motive. »Alles, was mit Geburt zu tun hatte, übte auf ihn eine magische Anziehungskraft aus«, erinnert sich Moon.

Cobains Kunstwerke, darunter auch skurrile Objekte aus Wegwerfartikeln, Kinderspielzeug und zweckentfremdeten Haushaltsgegenständen, stießen auf wenig Anerkennung. Charles Peterson vertritt die Ansicht, daß sich schon »viel früher jemand die Mühe hätte machen sollen, Kurt klarzumachen, daß er nicht zum bildenden Künstler berufen sei«. »Er neigte zu maßloser Selbstüberschätzung«, bestätigt auch Moon.

Mittlerweile hatte sich Cobain zu einem kompetenten Rockgitarristen und Songwriter entwickelt, der sein Instrument hervorragend beherrschte, ein gutes Gehör besaß und dem die Melodien seiner Songs nur so zuzufallen schienen. Ein Gast, der Kurt in der North Pear Street besuchte, war einigermaßen verblüfft, als dieser ihm ein Dutzend verschiedene Gitarrenstile vorführte – Angus Young, Rick Nielsen, Eric Clapton – und seinem Gast dann geduldig erklärte, wie jeder Musiker die für ihn charakteristischen Effekte erziele. Auch Moon ist der Meinung, daß »Cobains größte Stärke in seinem beachtlichen Repertoire lag – er konnte alte Blueslicks genausogut spielen wie Punk«. Selbst Chuck Berry, der nicht gerade dafür bekannt ist, andere Musiker übermäßig zu loben, meinte: »In der Art, mit der er seinem Instrument die unterschiedlichsten Klänge entlockte, lag etwas, für das die meisten Gitarristen getötet hätten.«

Tracy Marander mußte recht bald entdecken, daß die Auffassung ihres Freundes von einer gemeinsamen Beziehung nicht viel mit gleichberechtigter Partnerschaft zu tun hatte. Obwohl er schon mit verschiedenen Gigs in Olympia Geld verdient hatte – einmal sogar 600 Dollar für einen einzigen Auftritt –, dachte er nicht im Traum daran, seinen Teil zu den Lebenshaltungskosten in der North Pear Street beizutragen. Wenn seine Freundin ihn aufforderte, sich einen Job zu suchen, reagierte er lediglich mit dem Angebot, auszuziehen und in seinem Wagen zu wohnen. Es bedurfte erst eines »lautstark gestellten Ultimatums« von Seiten Maranders, bevor Cobain schließlich einen Job bei einer Hausmeisterfirma annahm. Von da an schrubbte er abends die Fußböden von Arztpraxen und steckte dabei alles an Pillen ein, was ihm unter die Finger kam.

In den ersten selbstgeschriebenen Songs hatte der Musiker seine alltäglichen Erlebnisse in Aberdeen verarbeitet. Das neue Material, das er in Olympia schrieb, verband spöttische Arroganz mit selbstzerfleischendem Humor. Eingängige Melodien wurden von harten Mainstream-Gitarrenriffs kontrapunktiert, und wenn Novoselic, Burckhard und Cobain in ihrem winzigen Proberaum übten, dann klang es, so Moon, »wie eine Mixtur aus Blue Oyster Cult und den Beatles«. Schon damals offenbarten Cobains Songs eine kompositorische Eigenart, die er nie ganz ablegte: Er kannte die Welt von Black Flag und Flipper, aber seine eigenen Melodien beruhten auf einer erzkonservativen Vers-Refrain-Tradition.

Tim Arnold glaubt, daß Cobains vorrangiges Ziel darin bestand, mit seiner Musik ein möglichst großes Publikum zu erobern, ohne dabei seine Seele verkaufen und an Glaubwürdigkeit verlieren zu müssen. Diese scheinbare Naivität konnte jedoch nie darüber hinwegtäuschen, daß Ehrgeiz die wahre Antriebskraft seines Handelns war. Ende 1987 begann Kurt Geld zu sparen, um ein professionelles Demoband aufnehmen zu können. Einer der noch recht wenigen Besucher, die damals den Weg in die North Pear Street fanden, war ein Diskjockey und Journalist namens Bruce Pavitt – der spätere Boss von Sub Pop, Nirvanas erstem Label.

Anfang 1988 verließ Burckhard die Band und gab den Rock 'n' Roll zugunsten einer verheißungsvollen Karriere als Produktionsmanager bei Burger King auf. Cobain und Novoselic überredeten Crover, wieder als Drummer bei ihnen einzusteigen. Mit Kurts Ersparnissen und einem Darlehen von Marander buchte die Gruppe sechs Stunden in den Reciprocal Aufnahmestudios in Seattle. Drei der zehn Nummern, die sie dort am 23. Januar 1988 aufnahmen, erschienen auf Nirvanas erster LP, die anderen auf dem retrospektiven Sampler *Incesticide*. Bereits diese frühen Songs zeugten deutlich von Cobains unbeirrbarem Glauben, daß er der Welt etwas zu sagen habe, und lieferten den Beweis dafür, daß man auch sehr intensive Texte mit lautem elektrischem Rock'n'Roll verbinden kann.

Die Session in den Reciprocal Studios brachte Nirvana mit Jack Endino zusammen, einem sympathischen Marineveteranen mittleren Alters, der sich nun der Förderung der in Seattle neu entstehenden Musikszene widmete. Zu einer Zeit, als andere Produzenten sich auf Effekte und Studiotechniken konzentrierten, hatte Endino es sich zur Aufgabe gemacht, eine Gruppe so unverfälscht wie möglich aufzunehmen. Als Mensch verkörperte Endino eine einnehmende, ausgewogene Mischung aus humorvollem Optimismus und tiefsinniger Melancholie. Als Produzent versuchte er Beatles-beeinflußte Melodien um einen R.E.M.-Alternativsound zu weben und die Musik dabei dennoch vor allem simpel zu halten. Grant Alden, Journalist aus Seattle und ein guter Bekannter Endinos, meint: »Jack hat die klassische Punkeinstellung. Seiner Ansicht nach sollte jeder die Möglichkeit haben, ein Studio zu nutzen. Er weiß auch, wie man eine Band zügig und ökonomisch aufnimmt ... Diese Songs, die Cobain in den Reciprocal Studios einspielte, gehören mit zum Besten, was die Achtziger musikalisch hervorgebracht haben.«

Endino war von Cobain beeindruckt. Seine Texte waren nachdenklich, introvertiert und frei von dramatischen Übertreibungen. Und wenn es Cobain einmal gelang, sich von seinem Lieblingsthema – dem eigenen Leid – loszureißen, dann konnte er ausgesprochen ironisch sein. »Floyd The Barber« verbindet einen spöttischen Kommentar zur Provinzialität Amerikas mit einem Sweeney-Todd-Alptraum, in dem ähnlich wie im gleichnamigen Film (*Sweeney Todd, The Demon Barber Of Fleet Street*) jemand gefesselt und mit einem Rasiermesser aufgeschlitzt wird. »Paper Cuts« ist eine Horrorpersiflage à la Addams Family.

Voller donnernder Gitarren und mit beinahe rauschhaften Rhythmen, zeigten Cobains Songs bereits eine erstaunliche Eigenständigkeit und musikalische Reife. »Ich habe immer versucht, Kurt beizubringen, daß es bei guter Musik um Spannung und Ausbruch geht«, sagt Warren Mason. »Schon in dem ersten Song, den er schrieb, erzeugte er diese Spannung, indem er Heavy Rock gekonnt mit anderen Einflüssen vermischte. Was immer man über Kurt sagen mag, er hatte jedenfalls ein gutes Ohr.«

Darüber hinaus hatte er eine ausgesprochen ausdrucksstarke Stimme. Wenn man bedenkt, daß in den Reciprocal Studios jegliche moderne Technik fehlte, mit der in fortschrittlichen Studios die Stimme eines Sängers aufpoliert werden kann – die Musiker konnten schon froh sein, wenn mehr als ein Mikrofon funktionierte –, dann zeigte Cobain eine wirklich erstaunliche Fähigkeit, mit seinen Vocals nicht nur Persönlichkeit, sondern auch rauhe, elementare Kraft auszudrücken. Bei den langsameren Stücken bewies er ein Gespür für feine Nuancen und gutes Timing; bei schnelleren Nummern schlug seine Stimme in heisere, orgiastische Schreie um. Endino hielt diese Stimme für Nirvanas Geheimwaffe. »Wenn Kurt sang, lief es einem kalt den Rücken hinunter.« Seine Songs trug er jetzt nicht mehr mit einem nasalen britischen Akzent vor, sondern preßte sie mit einem bösen bluesartigen Knurren hervor.

Bereits damals profitierten Nirvana von einer sorgfältig geplanten Arbeitsteilung innerhalb der Band – Novoselic gab den Bandsprecher und Witzbold ab, Crover kümmerte sich um Auftritte und Logistik, so daß Cobain, aller lästigen Verpflichtungen enthoben, sich voll und ganz auf seinen Gesang und das Schreiben der Songs konzentrieren konnte.

Von Musikgruppen, insbesondere von Punkbands, erwartet man im allgemeinen, daß sie sich um die Vermarktung ihrer Karriere nicht sonderlich kümmern. Cobain tat 1988 genau das Gegenteil. Er erwies sich als Meister in der Kunst der Selbstpromotion und genoß die Aufmerksamkeit, die er in Seattle so rasch auf sich gezogen hatte, in vollen Zügen. Die Journalistin Dana Skene erinnert sich an ein Interview, das sie im Frühling 1988 mit Cobain führte, bei dem dieser sie zu überreden versuchte, auf den eigentlich geplanten allgemeinen Beitrag über die lokale Musikszene zu verzichten und statt dessen »ein ausführliches Feature nur über Nirvana« zu bringen. Er zeigte sich geschmeichelt, als ein anderer Journalist schrieb: »Mit etwas mehr Erfahrung könnten Nirvana besser werden als die Melvins.« Beverly Cobain fiel auf: »Nachdem er Aberdeen verlassen hatte, entwickelte er einen fast krankhaften Ehrgeiz. Kurt wollte unbedingt etwas Besonderes sein, jemand, den die Leute beachten und bewundern.« Wie es schien, war er zu diesem Zeitpunkt von der Aussicht auf Erfolg eher berauscht als beunruhigt. Kaum hatte er das Reciprocal Studio verlassen, vervielfältigte er die aufgenommenen Bänder und schickte sie an alle ihm bekannten Plattenlabels – stets versehen mit einem kleinen Geschenk sowie einem persönlichen Brief mit der freundlichen Aufforderung, man möge sich doch bitte bei ihm melden. Während der erhoffte Anruf aus Chicago oder New York auf sich warten ließ, lernte Cobain einen Mann namens Daniel House kennen, Chef des Independent-Labels C/Z in Seattle. Dieser bot Nirvana einen Platz auf seiner *Teriyaki-Asthma*-EP an, die im folgenden Jahr erschien.

Etwa zur gleichen Zeit lernte Cobain auch Jonathan Poneman kennen – wie Bruce Pavitt ein ehemaliger Diskjockey und Plattenhändler –, der davon träumte, ein eigenes Label zu gründen. Poneman war von Endino auf Nirvana aufmerksam gemacht worden. Sein erstes Treffen mit Kurt fand im Café Roma in Seattle statt, einem Lokal mit Frauenakten an den Wänden und einem Publikum, das hauptsächlich aus Taschendieben und halbseidenen Gestalten zu bestehen schien. Ungeachtet dieses eher unangenehmen Ortes war Poneman von den ehrgeizigen Ambitionen des Musikers zutiefst beeindruckt. Auch Cobain wirkte gegen Ende des Treffens »selbstsicher, hoffnungsvoll und überzeugt«. Poneman erhielt Kurts private Telefonnummer in Olympia, mit der Bitte, sich bei ihm zu melden. Während dieses Gesprächs saß Novoselic betrunken am Tisch, Crover war gar nicht erst erschienen.

In den letzten Wochen hatte Cobain seine Kenntnisse über das Musikgeschäft im allgemeinen und die mächtige Schallplattenindustrie Seattles im besonderen enorm erweitert. Er ging, ungeachtet seiner Bewunderung für Soundgardens Album *Screaming Life*, mit der Bandszene Seattles nicht gerade zimperlich um. Dem Sänger einer beliebten Gruppe warf er vor, dieser könne »ums Verrecken nicht singen«, und schimpfte eine örtliche Kultfigur einen »kranken Typen.« Cobain war sich jedoch darüber im klaren, daß brennender Ehrgeiz und Spott für die Konkurrenz nicht ausreichen würden, um seine Karriere voranzutreiben. Weiterhin nur Songs aufzunehmen und auf die große Chance zu warten würde ihn auf Dauer nicht weiterbringen. Er erkannte, daß er eine gute Presse brauchen würde, um erfolgreich zu sein. »Wenn es damals jemanden mit einem grenzenlosen Ego gab, dann war es Kurt«, meint Beverly Cobain.

Während er fleißig an seiner Karriere bastelte, führte er ein ausgesprochen chaotisches Privatleben. Er ging weiterhin seinem Job als Hausmeister nach. Von seinem Lohn steuerte er einen eher symbolischen Anteil zum Leben mit Marander bei, der Rest ging für LSD und Heroin drauf. Kokain war Cobain zuwider, da es den von ihm nicht gewünschten Nebeneffekt hatte, ihn »zu gesellig« zu machen. Marander und er zogen es vor, einen Joint nach dem anderen zu rauchen. Bald verwandelte sich ihr Apartment in eine Müllhalde. Selbst ihr Nachbar Slim Moon, dem man gewiß keinen Hang zur Spießigkeit nachsagen kann, spricht von einem »Schweinestall«. Immer häufiger stand die Polizei vor der Tür, weil sie Beschwerden wegen Verstoßes gegen die allgemeinen Gesundheitsbestimmungen nachgehen mußte.

Um mit seinen Nachbarn besser »kommunizieren« zu können, befestigte Cobain eine alte Autohupe am Fensterbrett, von der er ausgiebig Gebrauch machte. Ein anderes Mal demolierte Kurt gemeinsam mit Novoselic und Dylan Carlson einen parkenden Wagen, indem sie mit Gartenstühlen auf ihn einschlugen. Zuweilen bedauerte er sein Benehmen, jedoch nur, weil er fürchtete, derartige Aktionen könnten seiner Karriere abträglich sein. Dale Poore, ebenfalls ein Nachbar Cobains, erinnert sich an einen überaus zerknirschten Kurt, der sich bei ihm für einen angerichteten Schaden entschuldigte und ihn bat, die Sache nicht der Polizei zu melden, aus Angst, sein Plattenlabel könne etwas davon erfahren. Slim Moon glaubt, daß Cobain »fast alles getan hätte, nur um sich seine Chancen nicht zu verbauen«. Tatsächlich schickte er einer Radiostation in San Francisco sogar einen Brief mit der besorgten Nachfrage, ob die Texte der in den Reciprocal Studios aufgenommenen Songs vielleicht zu hart für eine öffentliche Ausstrahlung seien. Ein Sender in Chicago erhielt ein fast rührendes Schreiben, in dem Cobain an sein Leben am Rande des Existenzminimums erinnerte. Der Programmdirektor von KCMU in Seattle entsinnt sich, daß »Kurt von beinahe unterwürfiger Dankbarkeit« war, als der Sender zum ersten Mal »Floyd the Barber« spielte.

1988 bot sich Cobains ehrgeizigen Ambitionen endlich die passende Gelegenheit. In der relativ überschaubaren Szene Seattles war es beinahe unvermeidlich, daß zwei Musikbesessene wie Cobain und Pavitt über kurz oder lang aufeinandertreffen mußten. Pavitt hielt sehr bald große Stücke auf Cobain, der seiner Meinung nach »nicht nur wußte, wie man auszusehen und sich zu geben hatte, sondern sich darüber hinaus auch auf der Bühne zu präsentieren wußte«. Schnell entwickelte sich eine fast schon symbiotisch zu nennende Beziehung zwischen Nirvana und dem Label Sub Pop Ltd. Hier stießen Musikalität und Ehrgeiz auf Enthusiasmus, ein sicheres Gespür für wirksame Publicity und eine hervorragende Kenntnis des Marktes. Patrick MacDonald, Korrespondent der *Seattle Times*, schrieb über Sub Pop: »Pavitt und Poneman haben den richtigen Riecher für neue Talente, und nach all den Jahren, in denen sie als Diskjockeys fürs Radio gearbeitet hatten, lag es nur nahe, ein eigenes Label zu gründen – von ihrem außergewöhnlichen Sinn fürs Geschäftliche einmal ganz abgesehen.« Dieser Einschätzung schließt sich auch Grant Alden an: »Jahrelang hatten Pavitt und Poneman die Höhen und Tiefen anderer Independent-Labels mitbekommen und aus deren Fehlern gelernt. Sie wußten beide genau, was sie wollten.« Vor allem aber wußten sie die Strömungen des Marktes richtig einzuschätzen. So verkaufte Pavitt auf dem Höhepunkt der Yuppie-Ära T-Shirts mit der trotzig-stolzen Aufschrift »LOSER«. Außerdem teilte er mit Cobain ein Faible für die Verschmelzung von Hardcore Punk mit altmodischem Pop-Sentiment.

Sub Pop gaben sich alle erdenkliche Mühe, neue Bands aus Seattle und Umgebung aufzuspüren. Sie versuchten dem Ende der Achtziger Jahre weitverbreiteten Glaubenssatz gerecht zu werden, der besagte, jede Band solle Zugang zu einem Studio haben. Pavitt vereinbarte mit Endino, daß dieser innerhalb eines Jahres etwa hundert Sessions aufnehmen solle. Die daraus resultierende Flut von Bändern – einige gut, andere weniger beeindruckend – spiegelt die Zweckgemeinschaft anschaulich wider, die bald zwischen dem neu gegründeten Label Sub Pop und den Reciprocal Studios entstand. Eine besondere Stärke des Labels lag im Bereich der Imagepflege und des Marketings. Poneman verpflichtete den Fotografen Charles Peterson, der ihm Bilder von Live-Auftritten in flackerndem Licht und düsterer Beleuchtung liefern sollte – körnige, verwaschene Aufnahmen –, unverzichtbar, um den Bands ein Image zu verleihen von, wie Peterson selbst es formulierte, »haarigen, verschwitzten Neandertalern«.

Sub Pop gaben der aufstrebenden, sich neu entwickelnden Szene Seattles eine Art Zusammenhalt. Plötzlich boten sich Veröffentlichungsmöglichkeiten für Bands wie Soundgarden, Mudhoney, TAD oder Nirvana, die alle mehr oder weniger das Potential hatten, Hitsingles herauszubringen. Mit diesem Label konnten sie zusammenarbeiten, ohne ihre Glaubwürdigkeit in der Punkszene zu verlieren. Cobain profitierte von dieser Möglichkeit am meisten. Seine Entdeckung durch Poneman 1988 ließ die Insider der Plattenindustrie hoffen, in ihm den kommenden Star des Northwest Rock gefunden zu haben. In den Musikmagazinen *Backlash* und *Rocket* wurde er als Wunderkind gefeiert, als herausragendes Talent der alternativen Musikszene. Ein angesehenes New Yorker Blatt bezeichnete ihn als »Sänger mit Zukunft«, während KCMU Radio ihn pries als jemanden, dem der Erfolg garantiert sei und der spätestens 1990 als ein Anwärter auf den Titel eines Superstars zu gelten habe. Seattles Szene bekam allmählich Profil, und Cobain war zu einem ihrer bedeutendsten Vertreter avanciert.

Die relative Überschaubarkeit Seattles und die geographische Lage der Stadt begünstigten das Entstehen einer regionalen Kulturszene, machte diese besonders empfänglich für die kommende Grunge-Bewegung und führte schließlich dazu, daß die dort entstandenen Trends den gesamten Nordwesten beeinflußten. Noch heute gilt Seattle als die »Freakhauptstadt Amerikas«, als Drogenparadies par excellence und Auffangbecken für Außenseiter.

Schon in den fünfziger und sechziger Jahren galt der rauhe, gitarrengetriebene Sound der Sonics, der Wailers und der Kingsmen – von denen der aus nur drei Akkorden bestehende Klassiker »Louie Louie« stammt – als typisch für die Region. Aus der »wilden, verrückten und ungezügelten Tradition des Northwest Rock« – wie Patrick MacDonald von der *Seattle Times* sie nennt – entwickelte sich in den Siebzigern unter dem Einfluß des DJs Pat O'Day in dieser Region eine besondere Vorliebe für Heavy Metal und Gruppen wie Kiss oder Led Zeppelin. Für Cobain und viele seiner Aberdeener Freunde hatte diese Musik eine Menge Vorzüge. Zunächst einmal konnte man damit seine Eltern zur Raserei bringen. Außerdem boten Heavy-Metal-Songs die Möglichkeit, Texte zu singen, die ein nicht geringer Teil der erwachsenen Bevölkerung für »Satanswerk« hielt. Jimmy Page und Gene Simmons wurden für Cobain zu Vorbildern, deren Einfluß er sich nie ganz entziehen konnte und die ihn schon früh die heimliche Frage stellen ließen: »Wie kann *ich* es auch schaffen?«

1988 war die populäre Musik ein großes, wenn auch risikoreiches Business geworden. Sub Pop war nur eines von vielen Labels, die aus der idealistischen Absicht heraus entstanden waren, marktbeherrschenden Bands wie Bon Jovi, Van Halen oder Poison etwas Unverbrauchteres und Innovativeres entgegenzusetzen. Pavitt und Poneman verbrachten den größten Teil des Jahres damit, sich in der örtlichen Szene nach neuen Talenten umzusehen und ihnen Demoaufnahmen in den Reciprocal Studios anzubieten. In diesen Genuß kamen zum Beispiel der Produzent und Musiker Steve Fisk wie auch die Band U-Men. Schließlich veröffentlichten Sub Pop die EP *Dry As A Bone* von der Band Green River aus Seattle.

Von Beginn an waren Schallplattenfreaks der potentielle Käuferkreis, auf den Pavitt und Poneman abzielten. Ihr Firmenimage festigten sie durch die Gründung eines Single Clubs, der auf Subskriptionsbasis Singles in limitierter Auflage vertrieb. Pavitts Rechnung ging auf. »Es war Bruces größter Coup«, findet Patrick MacDonald. »Einen Club zu gründen war so einfach wie genial. Durch die starke Betonung der Firmenidentität wurde den Sammlern das Gefühl vermittelt, zu einer Elite zu gehören.« Charles Peterson meint: »Die Art, wie Sub Pop einen bestimmten Sound untrennbar mit einer bestimmten Stadt verknüpfte, läßt einen unwillkürlich an Motown denken.«

Der Erfolg von Soundgarden und anderen Bands, die von Sub Pop populär gemacht worden waren, führte schon bald dazu, daß Schwärme von Talentsuchern in Seattle einfielen, auf der Suche nach Gruppen, die auch für die großen Labels kommerziell interessant sein könnten.

Anfang 1988 verließ Dale Crover Nirvana und wurde von Dave Foster ersetzt. Foster, ein ruhiger und ausgeglichener Mann, der ursprünglich Jazz gemacht hatte, bekam vom ersten Tag an Schwierigkeiten mit Cobain. »Er ließ den Punker raushängen«, so Fosters Kommentar. Cobain begann sich in Olympia und Seattle so vehement sein eigenes Selbstbild zu kreieren, daß es Foster fast unheimlich wurde. Drogen und Alkohol nahmen in Kurts Leben einen immer größeren Raum ein. Er sprach von sich selbst als einem »Künstler« – angesichts seiner eigenartigen Skulpturen eine Anmaßung sondergleichen – und probte ohne Unterlaß. Schließlich wurden seine Bemühungen belohnt: Poneman besorgte ihm und seiner Band einen ersten Gig in einem der etablierteren Clubs der Musikszene Seattles. Im Winter hatten Nirvana ihr Debut im Vogue, einer Musikkneipe mit langer Theke und kleiner Bühne. Das bunt zusammengewürfelte Publikum hatte nicht mehr gemeinsam als Piercings und Tätowierungen. Cobain betrat den Raum und setzte sich auf die Theke, um mit seinem Publikum zu sprechen: »Warum, denkt ihr, haben einige Leute so viel Angst vor uns?« fragte er die Anwesenden. »Ich meine, warum hassen sie uns?« Während er das sagte, huschte sein Blick nervös durch den Raum, dann wurde er gefragt: »Glaubst du wirklich, daß sie vor *dir* Angst haben?« »Aber ja!« anwortete Cobain mit einem überraschend jungenhaften Grinsen im Gesicht. »Ungebildete Hinterwäldler unterwandern den Kapitalisten-Mainstream. Sie haben verdammte Angst vor mir.« »Machst du etwa Mainstream?« wollte jemand wissen. »Ich weiß nicht, ob ich noch den alten Ehrgeiz habe, Schreiben verschlingt so viel Zeit«, erwiderte Kurt daraufhin nur. »Das über den Friseur (»Floyd The Barber«) hat mir gefallen!« rief jemand. Das war, was Cobain hören wollte. Er strahlte. »Natürlich hat es dir gefallen!« rief er. »*Ich* hab's geschrieben!«

Der Auftritt, der folgte, war eine Katastrophe. Charles Peterson war so enttäuscht, daß er sich weigerte, auch nur ein einziges Foto zu machen. »Die Band war praktisch gar nicht da«, lautete sein vernichtendes Urteil. »Kurt mag sich schon damals für einen großen Star gehalten haben, aber für mich war er an diesem Abend einfach nur abgrundtief schlecht.« Auch Poneman erinnert sich, daß Nirvanas Auftritt »nicht besonders aufregend« war. Abgesehen von einer nicht richtig funktionierenden technischen Anlage, die Foster später endgültig entsorgte, lag die Ursache für das Mißlingen bei Cobain selbst. Seine Posen und der auf der Bühne zelebrierte Narzißmus wirkten vollkommen aufgesetzt. Jeden Song illustrierte er durch eine Art »spastischen Tanz« und reckte zusätzlich immer wieder seine Faust in die Luft – eine Geste, die ihre Wirkung auf das ohnehin nicht zahlreiche Publikum völlig verfehlte. »Am Anfang war Kurt furchtbar«, sagt Peterson. »Er war viel zu aufgeregt und gab ein seltsames Bild ab. Er kam rüber wie eine Mick-Jagger-Parodie. Es dauerte Monate, bis er das abgestellt hatte.« Noch im Juni 1989 schrieb der Journalist Johnny Renton, daß Cobain sich bei den Konzerten »die meiste Zeit völlig unmotiviert auf dem Boden herumwälzt«. Poneman beurteilte Cobains Bühnenshow damals mit den schlichten Worten: »Total blöd.«

Immer wieder betonte Cobain mit missionarischem Eifer den Aspekt der »Glaubwürdigkeit« seiner Musik und schimpfte auf all jene, denen es »nur ums Geld geht«. In Anbetracht seiner idealistischen Einstellung zur Punkethik ist es nicht verwunderlich, daß es für ihn sehr bald unerträglich wurde, mit einem Musiker zusammenzuarbeiten, für den Punk kaum mehr als ein Hobby war. Früher oder später mußten Cobain und Foster ernsthaft aneinandergeraten. Als der Drummer in Aberdeen in eine Schlägerei verwickelt wurde, war es soweit: Cobain nahm dieses – wie er es nannte – »typische Redneck-Verhalten« Fosters zum Vorwand, Aaron Burckhard in die Gruppe zurückzuholen. Doch auch dieser wurde kurze Zeit später ersetzt, nachdem eine Anzeige mit dem Text »Punk Rock Band, heavy, light, sucht Drummer«

im *Rocket* erschienen war. Sein Nachfolger hieß Chad Channing. Er reiste mit seinem Schlagzeug im Gepäck per Fähre an. Cobain bezeichnete ihn einmal als »einen der nettesten Menschen«, den er je kennengelernt habe.

Musikalisch jedoch machten Nirvana mit Channing einen Schritt in Richtung Mainstream. Dieser orientierte sich an Bands wie Aerosmith und Vanilla Fudge, und so mischte sich unter Kurts Lärm-Experimente bald etwas von der rohen Kraft des Hard Rock. Laut Peterson »besann sich Kurt auf seine Wurzeln und entdeckte Bands wie die Sonics und die Wailers«. 1988 war das Jahr, in dem er verschiedene Stilelemente zusammenfügte und seinen eigenen Sound kreierte. Darauf nahmen nicht zuletzt Elemente des Folk-Blues-Stils von Huddie Ledbetter (Leadbelly) ganz wesentlichen Einfluß, dessen Verbindung von hintergründig-ironischen Texten mit eingängigen R & B-Rhythmen später zum Markenzeichen Nirvanas wurde. Slim Moon erinnert sich, Cobain einmal die LP *Leadbelly's Last Session* geliehen zu haben, und daran, daß »Kurt sie in Olympia immer und immer wieder auflegte . . . Die Kombination von Text und Musik haute ihn völlig um.« Sehr viel später, im Jahr 1993 erklärte Cobain einem Journalisten: »Leadbellys Musik ist eines der wichtigsten Dinge in meinem Leben. Ich bin völlig besessen von ihr.«

Zu der Zeit, als Cobain auf der Bühne noch »wie eine Mick-Jagger-Parodie rüberkam«, gehörte »Love Buzz« zu Nirvanas Standardrepertoire, ein gradliniger Popsong mit einem theatralischen Gitarrensolo. Als die Entscheidung getroffen werden mußte, welcher Titel als erste Single Nirvanas veröffentlicht werden solle, zog Cobain erstaunlicherweise diesen gecoverten Song seinen eigenen Stücken vor. Ein Toningenieur bei Reciprocal erinnert sich, daß »Poneman die Empfehlung gab, eine kommerzielle Single herauszubringen, und Kurt war damit einverstanden«. Zusammen mit »Love Buzz« nahm die Band als B-Side Cobains Eigenkomposition »Big Cheese« auf. Poneman hatte zwar keinen offiziellen Vertrag, trat aber schon damals de facto als Nirvanas Manager auf. Auf seine Order hin mußte sich Kurt ein zweites Mal ins Studio begeben, um die Vocals neu aufzunehmen. »Zuerst machte er einen Riesenaufstand«, erinnert sich der Toningenieur, »aber schließlich siegte bei ihm die Einsicht, daß Poneman die größere Erfahrung habe«. Cobain wäre zu fast allem bereit gewesen, um einen Hit zu landen. Kurt begnügte sich widerspruchslos mit seiner Rolle als Bandleader, Sänger und Songwriter, überließ Poneman und Pavitt den Bereich des Managements und Endino gemeinsam mit Novoselic die mühevolle Kleinarbeit der Koordinierung im Studio. Der Toningenieur im Reciprocal Studio hatte bisweilen den Eindruck, daß »Kurt ohne Endinos

Anweisungen völlig aufgeschmissen war«. Alle seine Kollegen sahen in Cobain das begabte, wenn auch launische Kind, das im Studio Tobsuchtsanfälle bekommt, wenn es seinen Willen nicht durchsetzen kann. Schon bald erhielt er den sarkastischen Beinamen »Zuckerwatte-Kid«, nicht zuletzt auch deshalb, weil Poneman – voller Sorge um Cobains kreative Schaffenskraft – sorgsamst darauf bedacht war, seinem Schützling die Medien so weit wie möglich vom Hals zu halten. Zu einem mit einer Musikzeitschrift verabredeten Interview erschien Kurt erst, nachdem bereits die Hälfte der zugesagten Stunde verstrichen war. Ein äußerst nervöser Kurt erschien – das freundliche »Hallo« des Journalisten beantwortete er lediglich mit einem aggressiv herausgeschleuderten »Leck mich«.

Bis zur Veröffentlichung von »Love Buzz« vergingen – bedingt durch Streitigkeiten über die Kosten – noch ganze fünf Monate. Als Nirvanas erste Single schließlich die Subskribenten von Sub Pop erreichte, hatte die Band an der Westküste bereits eine beträchtliche Fangemeinde. Neben dem Erfolg von Gruppen wie R.E.M. oder Sonic Youth war es nicht zuletzt Nirvanas wachsender Popularität zu verdanken, daß der Alternative Rock innerhalb kürzester Zeit neues Gewicht bekam. »Love Buzz« stellte einen beachtlichen Fortschritt dar, verglichen mit dem Material, das die Band erst sechs Monate zuvor aufgenommen hatte. Etwas von dem typischen Nirvana-Stil späterer Jahre war bereits deutlich erkennbar – die Hard-Rock-Drums und die bohrende Gitarre sowie Cobains Experimente mit dem Tempo, seine stetig vorwärtstreibenden Upbeats. Auch Peterson sah in »Love Buzz« eine unglaubliche Steigerung gegenüber früherem Material der Band. Sein Kommentar lautete: »Für eine Band, der ›Let It Be‹ genausogut gefällt wie ›Revolution‹, hatte ›Love Buzz‹ genau die richtigen Zutaten: Die Melodie ließ die Led-Zeppelin- oder Stones-Fans aufhorchen, während die rauhe Abmischung, der Sound, das Interesse der Indie-Freaks weckte.« »Die Art und Weise, wie Kurt Lethargie und Aggression verband, gepaart mit seinem exaltierten Gesang, das war es, was Nirvana ausmachten«, glaubt Grant Alden.

Als der Radiosender KCMU zum ersten Mal »Floyd The Barber« spielte, war Cobain völlig aus dem Häuschen. Neun Monate später, während er mit Marander von Seattle nach Olympia fuhr, hörte er den gleichen Sender und hoffte darauf, sie würden »Love Buzz« bringen. Azerrad schreibt: »Kurt ließ Tracy an einer Telefonzelle anhalten, rief bei der Radiostation an und bat dort, man möge den Song spielen. Wären die beiden weitergefahren, hätten sie den Sender nicht mehr empfangen können. Also blieben sie zwanzig Minuten im Auto sitzen, bis der Song endlich kam ... Kurt war begeistert.«

Im November 1988 veröffentlichte Sub Pop »Love Buzz« als »Single des Monats«, eine Marketingstrategie, die es Pavitt und Poneman erlaubte, für die Limited-Edition-Exemplare der Platte astronomische Preise zu verlangen. Der *Record Collector* gibt den Wert eines neuwertigen Exemplars mit 200 Dollar an. Danach folgte *Sub Pop 200,* ein Sampler, auf dem unter anderem Soundgarden, TAD und Mudhoney zu hören waren. Nirvanas Beitrag bestand aus dem Titel »Spank Thru«, einem brutalen gesanglichen Kraftakt mit krachenden Gitarren, der noch recht unfertig wirkt. John Peel bewertete die LP im *Observer* als eine »Zusammenstellung von Aufnahmen, an der sich alle nachfolgenden Kompilationen zu messen haben werden«.

Mit Poneman hatte Cobain einen brillanten Publizisten mit Radioerfahrung an seiner Seite, der ihn ermutigte und förderte. Dieser hatte bereits Mudhoney und Soundgarden unter seine Fittiche genommen und gab nun bekannt, daß Nirvana es durchaus ernst damit meine, »die Musik endlich wieder zurück auf die Straße zu bringen«.

1980 entstand, als eine Weiterentwicklung progressiver Punkmusik, die »Hardcore«-Bewegung, mit Bands, die sich vor allem durch wild verzerrte Gitarrenklänge auszeichneten und die Tradition der Garagenbands mit ernsthaften politischen Ambitionen verbanden. Gruppen wie Gone, Dinosaur Jr. und The Meat Puppets zählten dazu. Der Journalist Grant Alden sieht die Gründe für die Entstehung dieser neuen Punkströmung in dem Präsidentenwechsel, der Anfang der Achtziger in den USA stattfand: »Hardcore formierte sich als Protest gegen politische Unterdrückung. Unter Nixon hatten wir *Sticky Fingers* und *Blood On The Tracks*, unter Carter die Bee Gees. Auch als Reagan Anfang 1981 an die Macht kam, taten sich Musiker, Schriftsteller und Dichter zusammen, die entsetzt waren, daß ein 70jähriger erzkonservativer Politiker das Land regieren solle. *Das* war der Anfang von Hardcore.«

Auch in Seattle fand diese Bewegung zahlreiche enthusiastische Anhänger. Einige von ihnen gründeten nicht nur Bands, sondern auch Schallplattenlabels, wie C/Z, PopLlama und schließlich auch Sub Pop. Der C/Z-Sampler *Deep Six* von 1985 enthält zwar keinen Song Cobains, war aber der erste hörbare Beweis für einen typischen »Seattle-Sound« und ein Vorläufer dessen, was man später »Grunge« nannte. Kaum jemand erinnert sich heute noch an The Shemps, Uncle Bonsai, The Fucks oder Throat Oyster – und doch waren es gerade diese Bands, die den Weg bereiteten für Soundgarden, Alice In Chains und Nirvana.

Die Hardcore-Bewegung eröffnete Cobain nicht nur die Möglichkeit, in Studios wie dem Reciprocal zu arbeiten, sondern sorgte auch dafür, daß er in der boomenden Clubszene Seattles hinreichend Gelegenheit fand, sein Handwerk zu perfektionieren. Mitte der Achtziger veranstalteten Läden wie das Vogue, Central, Skid Row, Off Ramp und das Canterbury zweimal in der Woche »Pop/Punk-Abende«, hauptsächlich um neue Talente vorzustellen. Die traditionelle Distanz zwischen Publikum und Künstler wurde bewußt vermieden, und oft genug kamen die Musiker, die auf die Bühne kletterten, geradewegs von der Theke. Grant Alden hält diese Clubs, in denen Musiker wie Cobain in nur wenigen Nächten lernten, wie man ein Publikum unterhält, für ein Produkt des politischen Aktivismus, der als Reaktion der Intellektuellen auf die Wahl Reagans zum neuen Präsidenten der USA entstand. Ein Netzwerk von Clubs und Treffpunkten entwickelte sich, die mit Performances, Dichterlesungen, alternativen Musikveranstaltungen und einem eigenwilligen Kleidungsstil versuchten, eine alternative Kulturszene aufzubauen. Alden räumt jedoch ein: »Alle Welt denkt, daß die sogenannte Punk- und Grunge-Bewegung praktisch aus dem Nichts heraus entstanden ist. Tatsächlich war alles unglaublich gut organisiert. Vieles wurde genauestens geplant – immer unter den allgemeinen Vorzeichen politischen Widerstands.«

Patrick MacDonald hält jedoch noch eine weitere Erklärung parat. Seiner Ansicht nach entstand der plötzliche Boom in Seattles Clubszene einerseits als Reaktion auf die in den Achtzigern schlagartig explodierende Anzahl von Bands, andererseits jedoch auch als Antwort auf die strengen Jugendschutzgesetze des Staates. »Rockmusik und konventionelle Bars passen nicht zusammen, hauptsächlich weil es immer noch verboten ist, unter 21 auch nur an einem Drink zu riechen«, schreibt er. »Die neuen Gruppen arbeiteten außerhalb des Systems, sie suchten sich Lokalitäten wie leerstehende Wohnhäuser oder alte Lagerhallen. Dort fanden Leute jeden Alters Einlaß, man konnte soviel Lärm machen, wie man wollte, und bis zum Morgengrauen feiern. So seltsam es klingen mag, aber die Behörde zur Kontrolle des Alkoholausschanks hat die Szene Seattles praktisch miterschaffen. In diesen alten Hallen wurde der Grunge geboren.«

Das Publikum, das dort verkehrte, war die sogenannte Generation X, auch »Twentysomethings« oder »Slackers« genannt. Der Journalist Douglas Coupland charakterisiert sie als »Millionen Nörgler«, die sich vom Leben betrogen fühlen und ebenso verbittert wie teilnahmslos in ihr Schicksal ergeben. »Ihre Musik ist der düstere Seattle Rock und ihre Kleidung eine schäbige Uniform aus karierten Flanellhemden und zerrissenen Jeans. Zahlreiche ›Slacker‹ schmücken ihren ganzen Körper mit Piercings, als provozierendes Symbol ihrer Verweigerung und ihrer Ablehnung aller gesellschaftlichen Normen und Konventionen«, schreibt Coupland.

Die »Kids« sahen sich mit einer wirtschaftlichen Rezession und einem dadurch hervorgerufenen, erschreckenden Mangel an Arbeitsplätzen konfrontiert. Ihre ersten sexuellen Erfahrungen mußten sie im Zeitalter von Aids machen.

Als Sprecher und Stellvertreter dieser Generation war Cobain im Grunde denkbar ungeeignet. Abgesehen von Solidaritätsbekundungen für Feministinnen und Homosexuelle hielt er sich auffallend bedeckt, wenn es um konkrete politische Stellungnahmen ging. Er war stets mehr an seinem persönlichen Erfolg als Rockmusiker denn an gesellschaftlicher Veränderung interessiert. Weit davon entfernt, sein Leben als »Slacker« zu fristen, arbeitete Cobain so fieberhaft an seiner Karriere, daß Peterson nicht umhinkam, von »Besessenheit« zu sprechen. Am Ende seines Lebens stellte Kurt mit seiner 1,5 Millionen Dollar teuren Villa fast selbst das Musterexemplar eines Yuppies dar. Dennoch hatte Cobain etwas, das von vielen »Twentysomethings« sehr geschätzt wurde. Sein Vater glaubt, daß ihn seine Vertrautheit mit der »Psychologie des Außenseiters« so populär machte. Auch Patrick MacDonald ist der Ansicht, daß Cobain, indem er »in seinen Songs die Probleme einer ganzen Generation artikulierte ..., all denen Hoffnung gab, die sich in der Gesellschaft, in die sie hineingeboren worden waren, nicht zurechtfanden«. Heutzutage muß ein Mittzwanziger damit leben, daß Familien ohne Vater ebenso häufig vorkommen wie andere, muß sich damit abfinden, daß ein Drittel der Collegeabsolventen laut amerikanischem Bundesamt für Statistik direkt in die Arbeitslosigkeit entlassen wird und Teenager bereits Feuerwaffen tragen, die nicht selten verheerender sind als die der Polizei.

Für Cobain war ein »Slacker« ein jugendlicher Nonkonformist, der sich angesichts scheinbar unüberwindlicher Probleme als pragmatisch und erfindungsreich erweist. 1989 definierte Kurt in einem Interview die Vorzüge seiner Generation. Er nannte Verantwortungsbewußtsein für die Zukunft, Toleranz gegenüber Andersdenkenden und abweichenden Subkulturen, Selbstbewußtsein und die Bereitschaft, sich auch mit grundsätzlichen Themen wie Hunger und Armut auseinanderzusetzen. Cobain verstand eine Menge von den Träumen und Hoffnungen seiner Anhänger.

Wie schließlich der Begriff »Grunge« entstand, ist weitgehend unklar. Niemand weiß so recht, wer dieses Wort zum ersten Mal benutzte. Einige meinen, daß Poneman diese Bezeichnung prägte – was Cobain einmal als »kompletten Blödsinn« bezeichnete. Andere behaupten, sie sei eine Erfindung britischer Journalisten. Meist fällt in diesem Zusammenhang der Name von Everett True, einem Reporter vom *Melody Maker*. 1988 wurden in der Dezemberausgabe der Zeitschrift *Sounds* die musikalischen

Kurt Cobain im Alter von fünf Jahren. Das gleiche Bild wurde, zweiundzwanzig Jahre später, bei seiner Beerdigung an die Trauergäste verteilt.

Die 1000 ½ East 2nd Street in Aberdeen: Hier wohnte Cobain zwischen übereinandergestapeltem dreckigem Geschirr, schmutziger Wäsche und in Gesellschaft einiger Schildkröten. *(J. Prins)*

Aberdeen, Washington: »Wie ›Twin Peaks‹ – nur langweiliger« *(J. Prins)*

Die North Aberdeen Bridge: Cobain machte sie mit dem Song »Something In The Way« unvergeßlich. *(J. Meyersahm)*

Die 114 North Pear Street, Olympia: Hier wohnte Cobain in den Jahren von 1987 bis 1991 – und hier schrieb er auch die meisten der Songs, die später auf *Nevermind* erschienen. *(W. Larkins)*

Zu dem Titel seines größten Hits »Teen Spirit« wurde Cobain durch den Namen eines Deo-Rollers für weibliche Teenager inspiriert. *(J. Meyersahm)*

Nirvana 1989:
Kurt Cobain, Chad Channing, Jason Everman,
Chris Novoselic
(Ian Tilton/Retna)

Einer der anarchischen Live-Auftritte Nirvanas im Jahr 1990: kraftvoll und mit großer Leidenschaft vorgetragene treibende Gitarrenriffs, gepaart mit melodischen Pop-Melodien
(Ian Tilton/Retna)

Das Crocodile Café in Seattle.
(C. Sandford)

Einer der glücklichsten Momente im Leben Cobains: die Premiere von *Nevermind*
(Chuck Pulin/Starfile)

Eine neue Gitarre, bezahlt mit den Einnahmen aus *Nevermind*. Kurt »verzierte« sie mit einem Aufkleber, auf dem zu lesen war: »VANDALISMUS: SO SCHÖN WIE EIN STEIN IM GESICHT EINES POLIZISTEN«.
(Niels van Iperen/Retna)

Der »König des Grunge«
(Ed Sirrs/Retna)

Courtney Love bei einem Auftritt mit ihrer Band Hole. »Sie kommen über einen, wie der Krieg«, schrieb ein Kritiker.
(Mick Hutson/Redferns)

They've got money & fame but no damn heart

ROCK STAR'S BABY IS BORN A JUNKIE

Nirvana singer's pregnant wife boasted they took heroin — now tiny tot pays the shocking price!

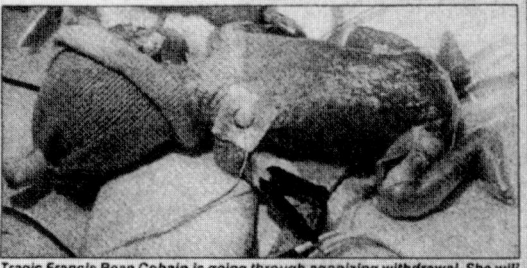

Tragic Francis Bean Cobain is going through agonizing withdrawal. She will suffer shivering, cramps and muscle spasms — just like this drug baby

Singer Kurt Cobain has also battled drugs, says an insider

Rocker mom Courtney Love was totally incoherent the hospital, the source says. "She was spaced o

By ROBIN JAMES

THE drug addict rocker wife of Nirvana singer Kurt Cobain has given birth to a tragic baby junkie, a source close to the couple reveals.

Little Francis Bean Cobain was born three weeks premature fighting for her life, with mom Courtney Love's $100-a-day heroin habit eating away inside her, the insider says. Doctors at 'edars Sinai Hospital in Los Angeles immediately put the tiny tot in a special rehab program.

"The baby had to go cold turkey, helped along by sedatives. She will go through withdrawal like anybody else coming off a powerful drug," says the insider.

"At the moment, she is high on methadone, a heroin substitute. Slowly, the doses will get less and ess. She will suffer cold sweats, shivering, cramps and muscle spasms, but she should live.

"She's lucky she is in Cedars Sinai, which is one of the best hospitals in the world for treating babies like this. In many other hospitals, her chances of survival would be slim indeed."

Platinum-blonde Courtney — whose hubby Kurt has also battled drug problems — outraged America when she boasted she was still taking heroin even though she was pregnant.

But just two weeks before her child was born, she checked into the hospital to try and kick her drug habit, says the insider. Courtney was so rowdy, she had to be moved to a special area.

"For an expectant mother, she was not acting responsibly," the source says.

'Confused and disruptive'

"She was on a $100-a-day heroin habit, and was even doubling up on the prescription methadone she was buying on the black market.

"She was confused and disruptive. Both the drug treatment and the gynecology units refused to take her, saying she was too tough to handle.

"Eventually, she was taken to six south-west, an area specializing in kidney failures,

where her baby could not be monitored fully. Courtney was a real handful. She was so spaced out she had no idea what she was doing.

"It seemed so weird to see a heavily pregnant woman behaving that way. Normally, they are so cautious.

"But Courtney was totally incoherent. You couldn't make out what she was saying and she couldn't understand what you were saying. Her room was a complete pigsty with clothes strewn everywhere and food all over the walls and floor.

"She would demand food, eat some and then throw the rest against the wall.

"She didn't know what was happening. She would even leave tips for the nurses on her food trays, thinking they were waitresses. She was still sm ing, but compared to the ot ways she was abusing her bo the smoking was minor.

"When her rock and friends came around, th would sit around cross-leg and chant.

"A few times, there wa frantic alert after she w dered off barefoot in her nig gown."

Quantum Leap's Scott Bakula

QUANTUM LEAPS INTO KENNEDY KILLER'S SHOES!

● QUANTUM LEAP star Scott Bakula will be gunning for John F. Kennedy in the shocking season opener when the time machine puts him in Lee Harvey Oswald's body.

The astounding story line was developed by producer Don Bellisario, who met Oswald while they were both in the Marines.

Lee Harvey Oswald

Ein Bericht des *Globe* über die Familie Cobain.

Merkmale des Grunge aufgezählt: extrem verzerrte Gitarren, ohrenbetäubende Lautstärke und eine Betonung der Rhythmussektion gegenüber Gitarre und Gesang. Die dazugehörige Mode – Flanellhemden und verkehrt herum getragene Baseballkappen – wurde in *Harper's* vorgestellt. Für die *New York Times* war Grunge »genau das, was passiert, wenn Kinder geschiedener Eltern Gitarren in die Hände kriegen«.

Der Enthusiasmus, mit dem sich die britischen Pop-Medien um den Aufbau und den Erhalt des Grunge-Mythos bemühten, war um so bemerkenswerter, als er nicht einer gewissen Naivität entbehrte. Während Sub Pop versuchte, auch »ortsfremde« Gruppen wie Sonic Youth unter Vertrag zu bekommen, präsentierten sie sich nach außen als ausgesprochenes Stadt-Label. »Die Engländer stiegen darauf ein, weil wir eine regionale Identität und ein ganz eigenes Flair zu bieten hatten«, glaubt Pavitt. Peterson sieht dies ähnlich: »Wir haben Grunge-Musik ganz bewußt als ›Szene‹ verkauft, weil man sie im Ausland so leichter einordnen konnte.« In Anbetracht der Promotionarbeit, die Poneman und Pavitt leisteten, war es unvermeidlich, daß die britischen Journalisten dieses Phänomen früher oder später entdeckten. Im Winter 1988/89 erlebte Seattle eine Invasion von Soziologen und Trendforschern. Journalisten fielen in die Clubs ein, um Antworten zu finden, eine neue Ästhetik zu entdecken oder auch nur ein paar bezahlte Urlaubstage dort zu verbringen. Die Presse beeilte sich, die Kellerlokale als »die neuen Cavern-Clubs« zu bezeichnen, und verrenkte sich bei dem Versuch, Grunge »zu erklären«. Einige Bemühungen fielen eher absonderlich aus. Laut Brad Morrel, Verfasser des Buches *Nirvana And The Sound Of Seattle*, »fand man in Seattle den letzten Außenposten einer Vor-Zivilisation ... eine unschuldigere, ursprünglichere Gesellschaft, abgeschnitten von den kulturellen Strömungen, die den Rest der Nation bewegen«. In einem Artikel, der in Seattle für einige Belustigung sorgte, schrieb der Korrespondent einer nationalen Tageszeitung davon, »echte Indianer« auf den Straßen Seattles entdeckt zu haben. »So lächerlich vieles davon war«, sagt Peterson, »es war ein Geniestreich, die Engländer einzuladen und manchen sogar den Flug zu bezahlen. Es gab der Strömung Zusammenhalt und einen glaubwürdigen Rahmen. Einige Bands wurden dadurch erst richtig motiviert. Man hat schließlich erst das Gefühl, Teil einer Szene zu sein, wenn sie auch überall so genannt wird.«

»Kurt hat immer gewußt, daß er erfolgreich sein würde«, sagt seine Cousine. Das hinderte ihn jedoch nicht daran, die Möglichkeit seines Scheiterns ständig zu dramatisieren. Freunden in Seattle erzählte er, er würde sich eher umbringen als einem normalen Job nachgehen. Nach wie vor kehrte er regelmäßig nach Aberdeen zurück, um mit Novoselic und Channing zu proben. Meistens arbeiteten sie neun oder zehn Stunden durch und unterbrachen die Probe nur für einen mitternächtlichen Imbiß. Am 21. Dezember 1988 gaben Nirvana ein Konzert in der Hoquiam Eagles Lodge. Dana James Bong, die diese Gelegenheit dazu nutzte, Videoaufnahmen von der Band zu machen, spricht von einem »Kult-Status dieses Gigs in Aberdeen«. Novoselic spielte in Unterhosen, während Cobain mit blutrot bemaltem Hals über die Bühne tobte. Nach dem Konzert tauchten die beiden Musiker unerwartet im Pourhouse auf, wo sie spontan alte Beatles-Hits zum besten gaben und ein paar Mädchen zum Tanzen auf die Bühne holten. Nach dem Konzert ließen sie einen Hut herumgehen, eine Aktion, die ihnen die eher klägliche Summe von 11 Dollar einbrachte. Cobain, offenbar berauscht von seinem eigenen Erfolg, goß einem der anwesenden Mädchen einen Krug Bier über den Kopf und versuchte ihr das Kleid auszuziehen. »Er machte sich schon an ihrem BH zu schaffen«, sagt Linda Fetz, die hinter der Bar arbeitete, »als es einem Hundert-Kilo-Kerl zu dumm wurde. Das letzte, was ich von Kurt sah, war, daß er zu seinem Wagen rannte und schrie: ›Nicht schlagen! Bitte, nicht schlagen!‹ Dabei kicherte er wie ein kleines Mädchen.«

Die Stücke, die Nirvana in dieser Zeit in dem Zimmer über »Maria's Hair Design« und manchmal in Novoselics Keller probten, erschienen auf ihrem ersten Album. Zwischen Weihnachten und Neujahr arbeiteten sie insgesamt dreißig Stunden in den Reciprocal Studios, wobei die Tatsache, daß die dafür erstellte Rechnung an die Band selbst ging und nicht an ihr Label, zu einem höchst intensiven Arbeitstempo führte. Cobain schrie seine Texte atemlos ins Mikro, während die anderen wie von wilden Furien gehetzt auf ihre Instrumente eindroschen. Schnelle Ergebnisse waren gefragt.

Wider Erwarten mußte Cobain selbst letztlich jedoch keinen Cent für die Studiomiete zahlen. Kurz bevor die Rechnung fällig wurde, hatte sich ein Freund Channings bei Nirvana als Musiker beworben. Er hieß Jason Everman und wurde Anfang 1989 Bandmitglied, wenn auch nur für kurze Zeit – schon ein halbes Jahr später war die Zusammenarbeit wieder beendet. Immerhin hatte er zu diesem Zeitpunkt bereits 600 Dollar für die Studiorechnung abgedrückt. Auf dem Cover des Albums wird er zwar erwähnt, doch sein Geld bekam er nie zurück. Es war keinesfalls bloße Imagepflege, als Cobain Jahre später darauf hinwies, daß er noch 1991 »völlig pleite« war, seine Rechnungen »schwindelerregende« Höhen angenommen hatten und sein Telefon abgeschaltet werden sollte, weil er die

Rechnungen nicht bezahlen konnte. Erst der Erfolg von *Nevermind* brachte ihm einen, wie er es nannte, gewissen »Mindestlohn«. Schon immer hatte Cobain ein äußerst lockeres Verhältnis zu Schulden gehabt.

Neben dem Zeitdruck, unter dem die Aufnahmen stattfanden, hatte Cobain mit einem weiteren Problem zu kämpfen. »Kurt war jeden Tag high«, erinnert sich Endinos Toningenieur. »Ich habe sogar gesehen, wie er sich einmal Deo in den Hals sprayte.« Wenn Cobain in den Reciprocal Studios eintraf, hatte er normalerweise eine kleine schwarze Aktentasche unter dem Arm. Darin bewahrte er nicht nur seinen hochprozentigen Hustensaft und diverse Pillen sowie einen ganzen Vorrat weiterer Drogen auf, sondern auch diverse Gegenstände, die einige Rückschlüsse auf seine sexuellen Vorlieben zuließen: Gummiunterwäsche, seine Pornosammlung, Polaroidaufnahmen von gesunden oder entzündeten Vaginas und einen Bildband mit viktorianischen Aktaufnahmen. Wann immer sich ihm die Gelegenheit bot, bei Pharmalieferanten Nachschlagewerke über Gynäkologie und Geburtshilfe zu erstehen, griff er zu.

Cobain glaubte sich das extravagante Verhalten, das er in den Reciprocal Studios an den Tag legte, leisten zu können, denn er war davon überzeugt, sein musikalischer Ehrgeiz werde bald Früchte tragen. Ende 1988 war er von der Presse entdeckt worden, und aufgrund der Förderung durch John Peel und der positiven Resonanz, auf die »Love Buzz« bei den Kritikern gestoßen war, sah er sich als kommender Star der alternativen Musikszene. Peterson bestätigt, daß sich »Cobains Selbstvertrauen in nur sechs Monaten verdoppelt zu haben schien«.

Im Februar 1989 verstauten Nirvana ihr Equipment in Novoselics Bus und begaben sich auf ihre erste Tournee, die sie entlang der Westküste bis hinunter nach Los Angeles führte. Hatten sie in den Reciprocal Studios bereits wichtige Erfahrungen sammeln können, so lernten sie nun in den zahlreichen Clubs und Bars der West Coast, wie man ein Publikum mitreißt.

Bedauerlicherweise gab es während dieser Tour jedoch einige unerfreuliche Zwischenfälle. In San Francisco wurde Cobain von einer Frau mit einer täuschend echt aussehenden Spielzeugpistole bedroht, und ein Mann, der vorgab, »Stimmen« gehört zu haben, unternahm angeblich wegen Cobain einen Selbstmordversuch. Außerdem kam es zu einem Streit mit Heroindealern. Cobain rannte aus Angst, verprügelt zu werden, zum Wagen und ließ Channing und Everman allein zurück.

4

Größer als die Beatles

Das Interesse der britischen Medien am Northwest-Rock und speziell an Sub Pop hatte mit John Peels Artikel im *Observer* begonnen. Die Kunde von Amerikas neuer alternativer Musikszene schwappte wie eine Welle durch die Lifestyle- und Reiseseiten der Magazine, bevor erneut eine Flut von Journalisten, die zum Teil sogar von Sub Pop bezahlt wurden, Ende 1988 über Seattle hereinbrach. Zwei Reporter, die aus London angereist waren, hingen an Kurts Lippen wie aufmerksame Schüler, als er ihnen die Bedeutung von Grunge erklärte. Sie versprachen, nach ihrer Rückkehr in die Fleet Street für »Titelseiten« zu sorgen. Schließlich war es aber Everett Trues Bericht im *Melody Maker*, der Cobain endlich auch einen gewissen internationalen Bekanntheitsgrad verschaffte. True wandte sich, nachdem er Mudhoney seine aufrichtige Bewunderung ausgesprochen und Gruppen wie Run, Swallow, Green River und Beat Happening nur beiläufig erwähnt hatte, Nirvana zu und schrieb: »Um es kurz zu machen, diese Band ist ein absolutes Highlight. Vier Typen aus dem Staat Washington, Anfang zwanzig, die einfach nur abrocken wollen und die, müßten sie etwas anderes tun, in irgendeinem Supermarkt oder Holzlager arbeiten würden, anderenfalls als Automechaniker. Keine Rockstaralluren, keine intellektuellen Verrenkungen, kein Weltherrschaftsplan. Kurdt Kobain (sic) ist ein großartiger Rockmusiker, auch wenn er für einen Songwriter noch relativ jung ist. Er spielt seine Riffs mit *Leidenschaft*.«

Dieser Artikel, dem weitere im *New Musical Express* und *Sounds* folgten, erzeugte eine gewaltige unmittelbare Nachfrage nach Sub-Pop-Produkten und festigte Cobains Platz als Aushängeschild der Grunge-Bewegung. Von nun an wurde Cobains Name bei jeder Gelegenheit von den Medien in das Bewußtsein der Öffentlichkeit gehämmert. Nur vier Monate zuvor hatten Nirvana noch in einem Interview behauptet: »Grunge?

Wir wissen gar nicht, was das ist.« Im Juni 1989 jedoch bezeichnete auch Cobain selbst seine Musik mit diesem Ausdruck, unter dem bald all das eingeordnet wurde, was die Gesellschaft bislang als abweichend, obskur oder anarchistisch abgetan hatte.

Die Werbestrategie von Sub Pop, »Love Buzz« als »Pop-Morast von dieser mörderischen Band aus Olympia« zu vermarkten, war bei Cobain durchaus auf Akzeptanz und Unterstützung gestoßen. Als das Label jedoch bald darauf versuchte, die Band zudem als »analphabetische Redneck-Kids« zu verkaufen, war Kurt zutiefst verletzt.

Im August 1988 hatte Alice Wheeler, eine Fotografin aus Seattle, unter der Tacoma Narrows Bridge Aufnahmen von Nirvana gemacht, die als Promotionmaterial zu deren erster Single dienen sollten. »Alle waren nervös«, erinnert sie sich, »alle außer Pavitt, der die Arbeiten mit kritischem Blick überwachte und ausdrücklich darauf hinwies, daß er die Fotos so grobkörnig und häßlich wie möglich haben wolle.« Sechs Monate später schoß Wheeler im Anschluß an ein Nirvana-Konzert im diffusen Licht der Backstage-Beleuchtung eine weitere Serie düsterer, wenig schmeichelhafter Fotos. »Dieses Mal«, erzählt sie, »kam es zu einem handfesten Streit zwischen Kurt und Bruce. Pavitt mochte die Aufnahmen, da sie seinen Vorstellungen von genau der Art »Neandertal-Look« ziemlich nahekamen, den er sich für das Image der Band in den Kopf gesetzt hatte. Kurt haßte die Fotos, denn er befürchtete, man könne seine Akne sehen.« Peterson vermutet, daß »Kurts Eitelkeit verletzt war, weil er als genau das vermarktet werden sollte, was er niemals sein wollte – als Hinterwäldler.« Cobain äußerte gegenüber einem Journalisten: »Daß man von mir denken sollte, ich sei einer von diesen saudummen Rockertypen aus Aberdeen, der sich rein zufällig nach Seattle verlaufen habe, war einfach nur erniedrigend.« Schließlich wurde für das Cover von *Bleach* ein Foto verwendet, das Marander aufgenommen hatte – und für das sie nie bezahlt wurde.

Weitaus tragischer jedoch war, daß das Management von Sub Pop darüber hinaus versuchte, Einfluß auf die Musik Nirvanas zu nehmen – nicht ohne Erfolg. Die Songs auf *Bleach* waren düster und klaustrophobisch, mit sparsam, aber gezielt eingesetzten Texten und ohne die wilden Ausbrüche der Live-Auftritte. »Die ganze Platte war viel zu eindimensional, ›rockiger‹ als sie eigentlich hätte sein sollen«, gab Cobain zu. »Sub Pop verlangte von uns, das Album möglichst simpel zu halten, damit es der Musik von Aerosmith ähnlicher wurde.« Cobain wollte schon 1989 eine komplexere und differenziertere Seite seiner Musik repräsentiert wissen, die aber von Sub Pop nicht gewünscht wurde. Mit seiner Rolle als

»König des Grunge« war er ebenso unzufrieden wie mit dem Image des musizierenden Automechanikers, das ihm die Presse immer wieder anzuhängen versuchte. Wenn die Journalisten lange Berichte über seine »echten Holzfällerhemden und seine häßlichen gemusterten Pullover« verfaßten und sie darin ein Beispiel für »Low-Couture-Chic« entdeckten, dann übersahen sie, daß diese Kleidung bei dem Klima Seattles nur zweckmäßig und pragmatisch war. Als Kurts Outfit zur Mode wurde und die Fashion-Abteilungen der Kaufhäuser eroberte, kommentierte Cobain die Absurdität der Entwicklung: »Ich habe nie die Absicht gehabt, einen neuen Modetrend ins Leben zu rufen oder für einen Haufen von Idioten irgendeinen schwachsinnigen Lifestyle zu kreieren. Die karierten Hemden waren kein Statement. Sie waren nur eben meine Klamotten.«

Während seiner Aufenthalte in Seattle konzentrierten sich Cobains Aktivitäten auf drei Orte: das Reciprocal Studio, das Universitätsviertel, wo er sich mit Drogen eindeckte, und die örtlichen Clubs wie das Vogue, Off Ramp und später das Crocodile Café, dessen Inneneinrichtung er sogar mitgestaltete. Auf den häßlichen grün-weiß gemusterten Boden und vor die Doppelglasfenster kamen Fellstücke, an die Wände montierte er Laternen und merkwürdige Schrottobjekte, die er aus der North Pear Street mitgebracht hatte. Der Konzertbereich des Crocodile sah bald aus wie die Hinterzimmer drittklassiger Aberdeener Cafés. Er bestand aus zwei Räumen, jeder davon mit einer niedrigen Bühne, auf die aufdringliches, blau-violettes Scheinwerferlicht fiel. Als Sitzmöbel dienten schwarze Kunststoffsofas. Direkt nebenan befand sich das hauseigene Restaurant, wo, wie Patrick MacDonald versichert, das »Essen erstaunlich gut war«. Die großen, amateurhaft mit Graffiti besprühten Fenster zur Blanchard Street waren mit Konzertplakaten örtlicher Bands beklebt – Blood Circus, Girl Trouble, Thrown Ups, Cat Butt, Nirvana. Feste Anfangszeiten für Konzerte gab es nicht. Wenn die Musiker einer Gruppe die Zeit für gekommen hielten, das Publikum nun endlich mit ihrem Auftritt zu beglücken, schlenderten sie oft direkt vom Restaurant in den Musikbereich. Cobain kam einmal mit einer Schüssel Reis und Bohnen auf die Bühne.

Ein typischer Nirvana-Auftritt sah so aus: Drei ähnlich gekleidete Gestalten stöpselten ihre Instrumente ein, zündeten sich Zigaretten an und stiegen mit einer solchen Gewalt in »Love Buzz« ein, daß der Lärm zu explodieren und von den feuchten Wänden abzuprallen schien. Cobain nannte diesen Sound »Low-Fidelity«. Nirvanas eigene Stücke entwickelten sich oft anspruchsvoller, mit Texten über Schule, Scheidung und verlorene Elternliebe, die Cobain mit seiner beeindruckenden Stimme gefühlvoll darbot. Auf lautstark gehämmerte Stücke folgten häufig ruhige Balladen, wie jene, in der Cobain fast zärtlich über ein Mädchen (»About A Girl«) sang, bevor die Band wieder zu einem Medley aus Rock-, Blues- und Pop-Standards überging und dabei die Verstärker bis an die Schmerzgrenze aufdrehte. Bei einem Auftritt im Paramount unterbrach Kurt den Song »Spank Thru«, um eine Flasche in die Ränge zu werfen und dem Publikum zuzubrüllen: »Ich arbeite nur für Geld! Ich schere mich einen Dreck um die Fans!« Danach spielte er ein Gitarrensolo mit den Zähnen.

Wer zu Nirvana-Konzerten im Crocodile, Vogue oder ähnlichen Underground-Clubs kam, konnte eine eigenwillige Mischung aus Punkrock, Lärm und spontaner Provokation erleben. Cobain starrte seine Zuhörer an und fragte sie: »Wozu seid *ihr* eigentlich gut?« Für Wheeler war er »unschlagbar, wenn es darum ging, das Publikum herauszufordern«. Ein Nirvana-Konzert konnte anstrengend, aufregend, gewalttätig, widersprüchlich sein, eines jedoch war es nie – gemütlich. Der Teil von Cobain, der Struktur und Musikalität liebte, haßte das »allgemeine Chaos«, das seine eigene Show auslöste. Seine anarchische und aufsässige Seite jedoch hatte nichts gegen die »Trash Metal Revolution« einzuwenden, die der *Melody Maker* in den Auftritten der Band zu entdecken glaubte und in deren Zentrum die elfenhafte Gestalt mit den blauen Augen und dem entwaffnenden jungenhaften Lächeln stand.

Im Sommer 1989 war Grunge bereits weit verbreitet. Der *Rolling Stone* berichtete nicht mehr nur über Dire Straits und Eric Clapton, sondern auch über Soundgarden und Mother Love Bone. Der »Grunge-Look« war bereits bis nach Los Angeles und San Francisco vorgedrungen. Laut Peterson hatte sich wirklich einiges geändert. Es gab »Möglichkeiten für neue Bands«, denen es, von einigen Ausnahmen abgesehen, »wirklich nicht ums Geld ging ... Niemand hatte irgendeinen persönlichen Ehrgeiz, außer vielleicht dem, Spaß zu haben und alte Männer wie Mick Jagger aufzuschrecken. In diesem Sinn *war* es eine Revolution.«

Die politische Grundhaltung der Grunge-Bewegung war die des Widerstands – etwa gegen die Benachteiligung von Homosexuellen durch den Staat, gegen eine Verschärfung der Drogengesetze, gepaart mit der Befürwortung eines radikalen Feminismus. Die Vorstellung von einer durchaus gebildeten, aber weitgehend ausgegrenzten Generation war aus soziologischer Sicht nicht uninteressant. Schon bald fanden sich lokale Politiker, die Grunge zum Thema ihrer Reden machten. Ein Vortrag über den »Neuen Hedonismus« zog zweitausend Menschen in eine vorstädtische Gemeindehalle. Die Stadtverwaltung Seattles druckte in der Neuauflage ihres Stadtführers die Adressen Sub Pops und des Crocodile Cafés ab.

Cobain blieb jedoch auch in Seattle ein Außenseiter. »Ich finde die Stadt inzestmäßig klein, alle haben ihre Clique und kennen einander. Sie sind so festgefahren und tun, als hätten sie alles schon gesehen«, erzählte er seinem Biographen Azerrad. Ein Musiker, der in diesem Sommer mit Cobain spielte, ergänzt, daß »Kurt befürchtete, von der kulturellen Elite« für deren Zwecke »ausgenutzt zu werden«. »Er hatte das Gefühl, er solle verheizt werden«, sagt Wheeler.

Bei all dem Presserummel, den Interviews und den seitenlangen Berichten in englischen Musikzeitschriften vergaß man leicht, daß Nirvana tatsächlich erst drei Songs veröffentlicht hatten. Ein immenser Aufwand wurde betrieben, um den Namen Nirvana bekannt zu machen. Pavitt und Poneman wußten, daß ein von langer Hand geplanter Imageaufbau und das unermüdliche Stricken am, wie Peterson es nennt, »Mythos vom wilden Mann aus Aberdeen« unweigerlich zu einer großen Nachfrage führen würden. Sie wußten aber auch, daß es, um wirklich von dieser Strategie profitieren zu können, dringend nötig sein würde, so bald wie möglich ein Nirvana-Album herauszubringen.

Bleach kam am 15. Juni 1989 auf den Markt. Trotz der exzentrischen Abmischung gab es einige vertraute Klänge: Die gnadenlos sägenden Gitarren und der schweißtreibende Rhythmus hätten ebensogut auch auf ein Cheap-Trick-Album gepaßt, während Cobains Gesang, obwohl er dumpf hallend aus den Tiefen eines unauslotbaren Brunnens emporzukriechen scheint, bisweilen an die *Rubber-Soul*-Ära der Beatles erinnert. Es gibt noch andere, offensichtlichere Reverenzen: Der Gitarrenriff von »Love Buzz« entstammt dem Sparks-Album *Kimono My House*, während die Drums von »Floyd The Barber« an »My Obsession« von den Stones denken lassen. Bei »Paper Cuts« bringt Cobain seine Stimme fast in die hohe Stimmlage Robert Plants. Die Parallelen zu den Sparks, den Stones und Led Zeppelin sind eine Anleihe beim kommerziellen Rock, ansonsten verbreitet *Bleach* eine eher düstere Atmosphäre. Die wild verzerrten Gitarren und die wühlenden Rhythmen mischen sich zu einem Sound, den ein Kritiker als »Retro-Punk« bezeichnete. Das bewußt einfach gehaltene Coverdesign sorgt für einen ähnlich unmittelbaren Thrill wie das Cover des ersten Sex-Pistols-Albums.

Bleach, sagt Grant Alden, »hat beinahe die Atmosphäre eines Live-Albums«. Auch wenn sich Cobain später über diese LP abwertend äußerte, so mußte selbst er zugeben, daß Endino eine optimale Mischung zwischen Studio- und Bühnensound gefunden hatte. Obwohl die meisten Stücke in einem nahzu halsbrecherischen Tempo gespielt wurden, klangen sie doch nie gehetzt. »Es war die Struktur der Songs, die mich aufhorchen ließ«, sagt Peel. »Sie entwickeln sich, anstatt nur plump ihre Intention zu verkünden und diese dann unverändert durchzuziehen.« Alden nennt *Bleach* »ein klassisches Beispiel für ein Album, das mit den Jahren immer besser wird«. Slim Moon meint: »*Nevermind* wirkte überholt, kaum daß es in den Plattenläden auftauchte. *Bleach* klingt noch heute aktuell.«

Die besten Songs auf dem Album waren »School« – mit nur vier Verszeilen, dafür aber mit einem bemerkenswerten Refrain, der wie eine wütende Attacke klingt, »Scoff«, eine Abschiedssalve in Richtung Wendy und Don, und »Negative Creep«, bei dem es um Kurt selbst geht. Bei dem Titel »About A Girl« gelang Cobain das Kunststück, Zärtlichkeit und Zorn zu einer einnehmenden Melodie zu verschmelzen. Die Zeile »I can't see you every night for free« (»Ich darf dich nur gegen Bezahlung jede Nacht sehen«) bezieht sich auf Maranders Aufforderung an Kurt, sich endlich einen regelmäßigen Job zu suchen.

»Paper Cuts« erinnert mit seiner folkbeeinflußten Melodie und den hämmernden Drums an frühe Led-Zeppelin-Nummern; »Mr. Moustache« richtet sich gegen männliches Machogebaren; »Downer« läßt eine nicht zu überhörende Verachtung für das Publikum erkennen. Diese drei Stücke sowie »Big Cheese« und »Blue« waren charakteristisch für Nirvanas Musik: ein düsterer schwerer Downbeat, zu dem Headbanger-Gitarren heulen, die das Pop-Potential, das in den dreiminütigen Songs steckt, unter sich begraben. Avantgardistische Tendenzen wurden duch Top-Forty-Anwärter wie »Love Buzz« ausgeglichen.

Bleach erreichte jedoch nur die unteren Regionen der Alternative Charts und wurde zunächst ein finanzieller Flop. Die Kritiker waren in zwei Lager gespalten. Für den *Seattle Rocket*, der als das Sprachrohr der Grunge-Szene galt, besaß das Album »eine unüberhörbare Power, die selbst jene erreicht, die sich nicht trauen, den Lautstärkeregler ihrer Stereoanlage über ›2‹ zu drehen«. Grant Alden sah in dem Album »einen Startschuß« und »musikalischen Quantensprung«. Der Radiosender KCMU setzte *Bleach* auf seine interne Liste regelmäßig aufzulegender Alben, ebenso wie John Peel und Charlie Gillett in London. Der *Rolling Stone* dagegen ignorierte das Album zunächst vier Monate und tat es schließlich als »unspektakulären Siebziger-Jahre-Aufwasch« ab. Die Plattenbesprechung in der Zeitschrift *Conflict* endete mit dem Ratschlag: »Wenn ihr eine Rockband für schlichte Gemüter werden wollt, dann macht doch wenigstens was Amüsanteres als diese Scheiße.« Für Patrick MacDonald war *Bleach* lediglich »ein weiteres Beispiel für den üblichen Sub-Pop-Trash«. Eine Notiz im *Playboy* zielte allzu offensichtlich darauf ab, Nirvana zum Aushängeschild einer Bewegung zu machen: »Hardcore Punk von seiner subversivsten Seite.«

Von seiten des Labels wurden gezielte Anstrengungen unternommen, der Band eine Aura des Rätselhaften zu geben. Als Grant Alden im Sommer ein Interview mit Nirvana verabredete, wurde er lediglich von Novoselic und Grohl empfangen, »mit der fadenscheinigen Entschuldigung, Kurt sei zu Hause und baue Gitarren«. Außerdem wurde der Name des Sängers sowohl auf »Love Buzz« als auch auf *Bleach* mit »Kurdt Kobain« angegeben – die erste einer ganzen Reihe von falschen Schreibweisen, die als Druckfehler erklärt wurden, in Wahrheit, so Skese, jedoch »keinem anderen Zweck dienten, als die Öffentlichkeit zum Narren zu halten und die Band geheimnisvoll wirken zu lassen«.

Ende 1989 hatte Cobain eine Affäre mit einer Frau namens Julia Levy, einer Malerin mit extrem kurz geschnittenem Haar, einer zarten, feenhaften Figur und Gesichtszügen, die denen von Kurts Freundin Tracy Marander nicht unähnlich waren. Julia Levy war erst vor kurzem nach Olympia gezogen, um »etwas zu erleben«, und Cobain erfüllte ihr diesen Wunsch. »Warum er gerade mich ausgesucht hat, weiß ich nicht. Vielleicht weil meine Schallplattensammlung so toll war oder weil niemand besser im Bett war als ich.«

1990 freundete sich Cobain mit der Musikerin und Journalistin Tobi Vail an, die die »Riot-Grrl«-Bewegung – eine feministische Splittergruppe des Punk – ins Leben gerufen hatte. Alice Wheeler meint, daß es »Frauen wie Tobi zu verdanken war, daß Kurt feministische, politisch korrekte Ansichten entwickelte. Tracy sagte immer, er sei ein typisches Produkt Aberdeens.« Wenn Cobain betrunken war, Drogen genommen hatte oder sich in Gesellschaft seiner männlichen Freunde befand, dann bezeichnete er Frauen jedoch noch immer verächtlich als »bitches«.

Im Februar 1989 waren Nirvana noch eine Gruppe unter vielen gewesen, die aus dem Nordwesten Amerikas kam, seit drei Jahren mehr oder weniger fest zusammenspielte und wenig mehr vorzuweisen hatte als eine örtliche Fangemeinde sowie zwei Veröffentlichungen bei einem Independent-Label. Sechs Monate später wurde sie als *die* Band von morgen gehandelt und genoß Kultstatus.

Ein Zeichen für Cobains wachsendes Selbstvertrauen war sein Beharren auf einem offiziellen Vertrag mit Sub Pop, mit denen bisher lediglich mündliche Vereinbarungen bestanden. Obwohl Nirvana bereits seit der Veröffentlichung von »Love Buzz« eine schriftliche Regelung verlangt hatten, mußte Cobain »Bruce Pavitt erst anbrüllen«, um seiner Forderung Nachdruck zu verleihen. Peterson findet es »typisch, daß es Kurt war, der die Initiative ergriff, obwohl sich eigentlich Chris ums Geschäftliche kümmerte«. Man kam schließlich zu einer Einigung, nachdem Novoselic betrunken vor Pavitts Büro randaliert hatte: »Ihr Arschlöcher, wir wollen einen Vertrag!« Die festgelegten Bedingungen und Vereinbarungen unterschieden sich schließlich kaum von denen üblicher Verträge. Dennoch »herrschte ein Gefühl gegenseitigen Mißtrauens«, sagt Wheeler. »Der Vertrag bestärkte Kurt in seiner Furcht, ausgebeutet zu werden.«

Pavitt und Poneman leiteten aus ihrer Überzeugung, Cobain sehr gut zu vermarkten, das Recht ab, an der Zugkraft seines Namens wie auch an seinen Einkünften mitzuverdienen. In einer großen Anzahl ständig gleich ablaufender Interviews bezeichneten sie sich selbst immer wieder großspurig als »Starmacher« und »Rock-Mogule«. So zogen sie langsam, aber sicher die Aufmerksamkeit anderer Label auf sich – schon 1989 versuchte Island Records Sub Pop aufzukaufen –, während sie gleichzeitig ihre »Independent«- und »Alternative«-Glaubwürdigkeit betonten. »Bruce und Jon hatten ein intuitives Gespür dafür, wie sie nicht nur Nirvana promoten konnten, sondern auch sich selbst«, bemerkt Alice Wheeler.

Sub Pop residierte zu dieser Zeit in Seattle in einer Dachgeschoßwohnung im Terminal-Sales-Gebäude, in der Nähe des Crocodile Cafés. Laut Orth herrschte in dem Büro »völliges Chaos – es gab keine richtige Buchhaltung, und die Platten stapelten sich im Badezimmer«. Ein Designer, der 1989 für das Label arbeitete, erinnert sich, daß ununterbrochen versucht wurde, der Plattenfirma ein »anarchisches Image zu verpassen, das die wahren Ambitionen der beiden Bosse übertünchen sollte«. Orth ist davon überzeugt, daß »sich hinter Jons und Bruces chaotischer Fassade zwei skrupellose Persönlichkeiten verbargen ... Sie waren nicht nur permanent pleite, sondern pumpten auch noch dauernd ihre Mitarbeiter an.« Pavitt spielte den Idealisten, dem Geld nichts bedeutete, beschäftigte sich jedoch oft stundenlang mit der Buchführung.

Ende der Achtziger waren die Geschäftsräume des Labels zu einem florierenden Umschlagplatz für Drogen geworden. »Immer wieder stolperten benommene Gestalten durch die Gegend und fragten nach dem Klo«, erinnert sich ein Nachbar. Patrick MacDonald erzählt: »Wenn eine Band von außerhalb bei Sub Pop vorstellig wurde, waren die Leute oft völlig verblüfft, wie selbstverständlich man dort mit Dope umging.« Auch Orth konnte sich des Eindrucks nicht erwehren, daß »Drogen bei Sub Pop ganz einfach dazugehörten«.

Am 22. Juni 1989 begannen Nirvana ihre erste größere USA-Tournee. Die vier Musiker reisten in einem alten Dodge-Bus und spielten für hundert Dollar pro Abend in einschlägigen Clubs und kleineren Hallen. Doch in den Rock-Clubs von Minneapolis, Pittsburgh und Newark war man an Hardcore Punk gewöhnt. Nirvanas poplastiges Repertoire wurde, wenn nicht mit offener Feindseligkeit, so doch zumindest mit Verwunderung aufgenommen. Bei einem Konzert in Chicago begrüßte Cobain – nicht ohne sich zuvor mit einer Flasche Bourbon gehörig Mut angetrunken zu haben – das Publikum als einen »Haufen von Arschlöchern«. Backstage verschaffte er seinem Ärger Luft, indem er die improvisierte Künstlergarderobe auseinandernahm und seine Gitarre durch die Gegend warf. Als er ein großes Kruzifix kaufte und es wie eine Galionsfigur an der Kühlerhaube des Dodge befestigte, wurde es Novoselic zuviel. Der Streit, der daraufhin ausbrach, endete mit Cobains Hinweis auf das, was er den »Sex-Pistols-Test« nannte: »Egal, wie großartig, wundervoll und brillant eine Show gewesen sein mag, wir müssen uns immer fragen: ›Hätte es den Sex Pistols gefallen?‹ Und wenn die Antwort ›Ja‹ lautet, haben wir's verpatzt.«

Vier Wochen lang reisten sie in Richtung Osten. Cobain und Novoselic begannen einen regelrechten Wettstreit, wer von ihnen beiden betrunkener auf die Bühne gehen könne. Ihrem zweifelhaften Ehrgeiz wurde ein jähes Ende gesetzt, als Cobain von einem drei Meter hohen Boxenturm fiel, sich aber glücklicherweise nur eine blutige Nase und eine aufgeplatzte Lippe einhandelte. Der Drogenkonsum der Band nahm in dieser Zeit ein bisher noch nicht gekanntes Ausmaß an. Wie Heide Stern, eine Frau, die Nirvana in Pittsburgh kennenlernte, berichtet, »trat Kurt wie ein verwöhnter Mittelschichtsprößling auf, der auf Proll macht«. Bald eilte Nirvana ein übler Ruf voraus. Wenn sie in Hotels abstiegen oder in Raststätten etwas essen wollten, konnte es vorkommen, daß die vier Musiker – selbst der stille, zurückhaltende Everman – mehr oder weniger offen angestarrt oder zur Zielscheibe unverhohlener Aggression wurden. Als man sie in einer Bar in New Jersey nicht bedienen wollte, pinkelte Cobain gegen die Eingangstüre, um seine Wut darüber abzureagieren. Anschließend machte er sich auf die Suche nach einem »Killerfrettchen«, das er in die Küche schmuggeln wollte.

Zumindest auf kommerzieller Ebene erreichte die Tour ihre bescheidenen Ziele. Nirvana begriffen langsam, daß sie auf dem Weg zum Erfolg waren, auch wenn sie dessen Ausmaß noch nicht erahnen konnten. Collegesender spielten Songs wie »School« und »About a Girl«, und die Verkaufszahlen von *Bleach* konnten sich langsam sehen lassen. Die Metamorphose von der regionalen Erfolgsgruppe zur nationalen Kultband vollzog sich »schleichend«, so Channing. Cobain fand bei seinen Zuhörern, auch wenn er sie weiterhin immer wieder beschimpfte, endlich die Anerkennung, die er so lange gesucht hatte. Nach acht Jahren des Schuftens und des Wettbewerbs mit anderen Bands – zunächst in Aberdeen und dann in den Clubs von Olympia und Seattle – sah Kurt endlich die Chance, ein echter Star zu werden. In New York, wo die Tournee am 18. Juli endete, nahm Kurt staunend zur Kenntnis, daß Nirvanaposter neben Tourneeplakaten von den Rolling Stones und U2 klebten. »Wir waren völlig pleite«, erzählte er Azerrad. »Aber wir tourten zum ersten Mal quer durch die Vereinigten Staaten und verdienten immerhin genug Geld, um zu überleben. Es war phantastisch, einfach großartig.«

Als Cobains Erfolg und seine Selbstsicherheit wuchsen, baute er immer häufiger parodistische Elemente in seine Bühnenauftritte ein. Eines Abends erschien er in einem rosa Jackett und einem schwarzen Hemd. Während des gesamten Konzertes bewegte er sich vor seiner Band wie ein Discotänzer. Ein anderes Mal legte er seine Gitarre ab und humpelte wie ein Krüppel über die Bühne, trat gegen den Mikrofonständer und fing ihn, gebückt wie Quasimodo, wieder auf, kurz bevor das Mikro auf den Boden knallte. Etwa bei jedem zweiten Konzert demolierte er seine Gitarre. Entweder warf er das Instrument auf den Boden und sprang darauf herum, oder er schleuderte es auf Channings Schlagzeug. Für Novoselic waren derartige Einlagen echter »Rock 'n' Roll«, und das johlend applaudierende Publikum schien das ähnlich zu sehen. Andere zeigten sich weniger beeindruckt. Als Dale Crover 1990 für kurze Zeit in die Gruppe zurückkehrte, warnte er Cobain: »Was immer du machst, spring ja nicht in meine Drums. Tu's nicht!« Crover empfand den sich stets wiederholenden Abgang Cobains als »lächerlich ... Der kleine Kurt, der versucht, seine Gitarre kaputtzumachen – er braucht jedesmal eine Viertelstunde dazu.«

Mit wachsendem Ruhm wurde es für Cobain immer leichter, an Drogen zu kommen. Dealer, die davon profitierten, daß ein »Prominenter« bei ihnen kaufte, ließen ihm »Pröbchen« zukommen. »Die Kids auf der Straße«, wie Cobain sie nannte, fühlten sich geehrt, wenn sie ihren Stoff mit ihrem Helden »teilen« konnten. In späteren Jahren verdienten Kurts Lieferanten wahre Vermögen an ihrem prominenten Kunden.

Am 22. Juli 1989 kehrten Nirvana nach Seattle zurück. Innerhalb von nur sechs Monaten hatte sich die Band musikalisch erheblich weiterentwickelt, die Grundlagen für ihren späteren Kultstatus geschaffen, die Aufmerksamkeit der *Village Voice* erregt und ein beeindruckendes Album herausgebracht. Angesichts der Beachtung, die man seiner Person entgegenbrachte, war Cobain davon überzeugt, bereits ein Star zu sein. In einem Brief, den er in diesem Sommer schrieb, bezeichnete er sich selbst als heißen Anwärter auf den ganz großen Erfolg, als den nächsten Iggy. Kurt prophezeite, daß Nirvana bald Millionen Anhänger haben werde. Aber noch geschah nichts dergleichen. Im Gegenteil, die Verkaufszahlen von *Bleach* gingen zurück, und die Gruppe mußte wieder für einen Kasten Bier und ein paar Dollar am Abend durch Seattles Clubszene tingeln.

Die ablehnende Haltung Cobains gegenüber Everman wurde immer mehr zu einem Problem, das sich auch auf die anderen Bandmitglieder auswirkte. Die beiden Musiker waren sich nur in einem einig: Sie haßten sich. Der Grund war, wie nicht selten, wenn in Bands von unüberwindlichen »musikalischen Differenzen« die Rede ist, eine unterschwellige Rivalität. Schon zu Beginn der Amerika-Tournee war Cobain aufgefallen, daß sein zweiter Gitarrist mehr Aufmerksamkeit bei weiblichen Fans erregte als er selbst. Cobains Abneigung war kaum zu überhören, als er Azerrad erzählte: »Everman benahm sich wie ein Pfau, der Amphetamine genommen hat. Er war so affektiert, ich konnte es kaum glauben ... Alles an ihm war Pose, reine Anmache.« Alice Wheeler glaubt noch heute, daß »Kurt das Originalcover von *Bleach* auch deshalb so sehr haßte, weil Jason Everman auf den Fotos besser aussah als er selbst.« In der Folge bestand Cobain trotzig darauf, daß ausschließlich seine Songs gespielt wurden. Beiträge anderer Bandmitglieder waren nicht erwünscht. Der Disput endete damit, daß Everman Anfang August gefeuert wurde – eigentlich war es allerdings so, daß er irgendwann einfach aufhörte, ein Bandmitglied zu sein. »Niemand hat Everman jemals offiziell gefeuert«, erinnert sich Peterson. »Die Entscheidung wurde nicht getroffen, sie ergab sich.« »Wir waren einfach zu feige, es ihm ins Gesicht zu sagen«, meint Novoselic. Everman glaubt allerdings erstaunlicherweise, sich vage erinnern zu können, daß er selbst es war, der gekündigt habe.

Im September nahmen Nirvana in den Music Source Studios in Seattle neues Material auf. Cobain beseitigte direkt mit den ersten Worten, die er an den Produzenten Steve Fisk richtete, jegliche Zweifel an der musikalischen Richtung, die die Band mit den neuen Aufnahmen einschlagen würde: »Wir brauchen einen Top Forty Drum Sound.« Zu Novoselic gewandt, murmelte er: »Verdammt, ich will was, wo die Leute mitsummen können.« So entsprachen dann auch die Songs »Stain« und »Been A Son«, der bereits vertrauten Mischung aus Pop-Anklängen und schroffem Punk. Beide Stücke wurden zusammen mit zwei neu eingespielten Titeln von *Bleach* als EP (*Blew*) veröffentlicht. Nirvana zeigten sich darauf verändert – direkter, weniger in Düsternis schwelgend. Die Diskrepanz zwischen Cobains Texten und den offensichtlichen Popanleihen ließen die

Songs jedoch seltsam zusammenhanglos klingen. Oft genug wurde die Botschaft der Texte durch die Melodie abgeschwächt und verwässert.

Europa liebte Nirvana. Von Oktober bis Dezember 1989 gab die Gruppe sechsunddreißig ausverkaufte Konzerte in Deutschland, Holland, Belgien, der Schweiz und Italien. Hier kamen »normale Kids« zu den Gigs, nicht nur Musikjournalisten. Besonders durchschlagend war der Erfolg in Großbritannien, wo *Bleach* sogar die Rolling Stones in den Charts überholte. In ganz England tauchten in Studentenwohnheimen und Freizeiträumen der Universitäten Nirvana-Poster auf. In Fachjournalen wurde Cobain gerne und stets mit Bewunderung zitiert. Mit zwanzig war Cobain nicht mehr als ein exzentrischer Provinz-Musiker gewesen. Nun, knapp drei Jahre später, war er weltberühmt, wurde als »König des Grunge« verehrt, von der Kritik mit Lob überhäuft und auf beiden Seiten des Atlantiks als Mann der Stunde gefeiert.

Bei dem Eröffnungskonzert in Newcastle war dieser enorme Erfolg noch nicht zu erwarten gewesen. Der Auftritt selbst war durchwachsen, die Beurteilungen eher verhalten. Laut *News* hatten die Songs von *Bleach* keinen Charme, ein Kritiker bemängelte, daß Cobain mehr kreische als singe, und zwar ein Repertoire, das »fast ausschließlich von ihm selbst« handele. Von ein oder zwei Ausnahmen abgesehen, zeigte sich die Presse während der gesamten ersten Tourneehälfte von Nirvanas Auftritten relativ unbeeindruckt. Pro Gig erhielt die Band nur einen Betrag zwischen 50 und 100 Pfund. Gemeinsam mit den Musikern ihrer Vorgruppe TAD und drei Roadies reisten sie in einem zehnsitzigen Fiat-Bus, der sich quälend langsam über die Autobahnen und Landstraßen Europas schleppte. Cobain verbrachte die Zeit während der manchmal tagelangen Fahrten damit, massenweise Hustensaft in sich hineinzukippen und eine Zigarette nach der anderen zu rauchen. Ein Musiker, der dabei war, beschreibt die Szene: »Nachdem wir eine Woche in dem Bus getrunken und geraucht hatten, waren die Fenster permanent beschlagen, und es stank nach etwas Üblerem als Scheiße ... Alle hielten zusammen, teilten sich das Hasch und knallten sich damit den Kopf zu. Alle außer Kurt. Er saß einfach nur da, trank seinen Hustensaft und sah aus wie der leibhaftige Tod. Er war definitiv ein Einzelgänger.«

Beim zweiten Konzert der Tour zertrümmerte Cobain nach dem sechsten Stück seine Gitarre und verließ die Bühne. Kurt war nicht nur erschöpft, mutlos und krank, er litt auch an Heimweh und hatte Sehnsucht nach seiner Freundin Tracy. Auf eine Postkarte an Marander schrieb er achtmal hintereinander »Ich liebe dich«. Sogar für Telefonate mit seiner Mutter in Aberdeen gab Cobain einen Teil seiner mageren Einkünfte aus. »Ich ertrage es hier nicht«, erklärte er in Rom. »Hier gibt es nicht einmal anständige Hamburger.« Als Teenager hatte sich Kurt Europa vorgestellt als eine Fluchtmöglichkeit vor den »Arschkriechern und Langeweilern« des pazifischen Nordwestens. Jetzt, als er den Kontinent kennenlernte, kam er ihm exzentrisch, fremd, beunruhigend und alles in allem sogar schlimmer als Aberdeen vor. Beim abendlichen Konzert in Rom erlitt Cobain einen Nervenzusammenbruch. Eine Viertelstunde lang turnte er an den Dachbalken herum, hängte sich an Vorhänge und vorübergehend sogar an einen Kronleuchter, der die Decke des Saales schmückte. Wie ein Affe gestikulierte er in die Menge. Azerrad berichtet: »Schließlich landete er hinter der Bühne. Dort stritt sich der Tourneemanager gerade mit jemandem von der Veranstaltungsleitung herum – es ging um zwei Mikrofone, die Cobain beschädigt haben sollte. Kurt schnappte sich die Mikros, warf sie auf den Boden und trampelte auf ihnen herum. ›Jetzt sind sie wirklich kaputt!‹ kreischte er.« Dann verkündete der aufgebrachte Musiker, er werde die Band verlassen, brüllte Channings an und brach anschließend in Tränen aus. Ein Reporter, der die Szene beobachtet hatte, wurde von Novoselic mit den Worten »Verpiß dich, du Wichser!« zur Seite gestoßen. Dies hätte sicherlich noch länger so weitergehen können, wäre nicht Poneman aufgetaucht, der, wie es ein anwesender Journalist beschrieb, »Millionen Volt synthetischen Charmes« versprühte und seine aufgebrachten Schützlinge mit den Worten beschwichtigte, »es sei doch alles halb so schlimm«. Als Kurt schließlich dazu überredet werden konnte, die Halle zu verlassen, spuckte er einem zufällig am Bühnenausgang vorbeikommenden Passanten mitten ins Gesicht.

Seinen persönlichen Tiefpunkt erlitt Cobain in der Schweiz. Während der Zugreise im Rom-Genf-Express gingen dem völlig bekifften Kurt auf mysteriöse Weise seine Kleider, seine Brieftasche und sein Paß verloren. Es war einzig und allein Pavitts vortrefflichen Überredungskünsten zu verdanken, daß die Zollbeamten sich nach anfänglichem Zögern schließlich doch bereit erklärten, seinen unrasierten, wimmernden und schwer unter Drogen stehenden Schützling ins Land zu lassen. »Ich glaube, ich habe noch nie einen Menschen gesehen, der so jämmerlich aussah wie Kurt Cobain in diesem Augenblick«, meint auch Poneman. Das Konzert, das am Abend stattfinden sollte, wurde in letzter Minute abgesagt, allerdings auf eine solch unsensible, schroffe Art und Weise, daß die Enttäuschung des Publikums in Wut umschlug. Der Wagen, mit dem Cobain ins Hotel gebracht werden sollte, wurde von aufgebrachten Fans umringt, die mit den Fäusten drohten und ihm Obszönitäten zubrüllten.

Der Auftritt in London dagegen wurde ein voller Erfolg. Am 3. Dezember, bei ihrem letzten Konzert im Astoria, wechselten die Musiker mit größter Selbstverständlichkeit zwischen Cobains Teenagersongs und *Bleach* hin und her. Die Eröffnungsnummern spielten Nirvana mit halsbrecherischer Geschwindigkeit. Und schließlich bei »About A Girl« mit seiner gefühlvollen Melodie und dem ironischen Refrain wuchs die Gruppe über sich selbst hinaus. Alles paßte perfekt zusammen – Cobains Stimme und die einfache, aber effektive Gitarre, die über dem gigantischen Beat dröhnte. Während der letzten Nummer unterbrachen die Fans die rüden Rempeleien untereinander und lauschten andächtig der Musik. Eine Frau warf Cobain Blumen auf die Bühne. Keith Cameron schrieb in *Sounds*: »Es war elektrisierend, und es war aufregend ... Von der ersten bis zur letzten Minute gab es keinen Augenblick der Entspannung.« Poneman war begeistert und bezeichnete dieses Konzert als »einen der stolzesten Momente« seines Lebens.

John Peel traf Nirvana in London, um ihnen das Angebot zu unterbreiten, »Love Buzz«, »Spank Thru«, »About A Girl« und »Polly« für Radio One aufzunehmen. »Mir kamen diese frühen Songs schon sehr komplett vor«, erklärte Peel später. »Man hätte sie nicht besser machen können. Innerhalb der Grenzen dessen, was sie sein wollten, waren sie perfekt.«

Am 28. Dezember erschien Cobain auf der Party zur Veröffentlichung des Samplers *Sub Pop 200*. Zwei Tage später heiratete Novoselic in Tacoma. Auch Cobain war eingeladen. Kurz nach seinem Erscheinen tauchte eine Frau auf, die die Anwesenden mit Amylnitrat, Kokain und Heroin versorgte. Nachdem das Kokain geschnupft, etliche Flaschen Jack Daniel's geleert und weitere Drogen geschluckt waren, verschwanden Braut und Trauzeuge im Badezimmer. Novoselic und zwei Freunde begannen eine wilde Rauferei. Cobain verbarrikadierte sich mit einer Frau im Schlafzimmer, von der er einen Monat lang behauptete, daß er sie »wirklich liebe«. Nachdem er das Schlafzimmer wieder verlassen hatte, ging er zu Marander, die noch immer wartete, und teilte ihr mit, er sei verliebt und werde sie verlassen. Er wußte nicht, daß er für die Siebzehnjährige nur eine weitere ihrer Eroberungen unter den Rockstars der Stadt war. Vor Kurt hatte bereits ein Mitglied von Mudhoney wie auch ein zu Besuch weilender englischer Gitarrist das zweifelhafte Vergnügen ihrer Bekanntschaft gehabt.

Vom 1. April bis zum 17. Mai 1990 tourten Nirvana durch Amerika. Mit nunmehr dreiundzwanzig Jahren lernte Kurt, den Erfolg zu seinem eigenen Vorteil zu nutzen. Er begann bessere Unterbringung und Reisemöglichkeiten zu verlangen. Die Veranstalter wurden aufgefordert, seinen Namen besonders hervorzuheben. Mehr als einmal stand auf den Plakaten: »Willkommen Kurdt Kobain. Willkommen Nirvana.«

Die Band beschäftigte mittlerweile einen Road Manager und zwei Assistenten. Der Tourneealltag war für Cobain aber noch immer eine einzige Tortur. »Er haßte es, irgend etwas teilen zu müssen«, erinnert sich ein ehemaliger Kollege. »Die Romantik der Straße war Kurt völlig fremd.« Bereits 1990 versuchte er sich von dem ganzen Ärger, der mit solchen Unternehmungen in der Regel verbunden war, fernzuhalten und akzeptierte die gelegentliche Notwendigkeit solcher Reisen nur, weil er hoffte, dadurch nach oben zu kommen.

Nicht zuletzt durch *Bleach,* aber auch durch neuere Songs wie »Sliver« und »Dive« wurde Cobain von einer Reihe Westcoast-Fanzines zum »populärsten Punk« gewählt – in sich schon ein völliger Widerspruch.

Einen weiteren Beweis für seine Berühmtheit erhielt Cobain in New York. Im Pyramid Club befanden sich im Publikum nicht nur ein Talentscout von Geffen Records, sondern auch berühmte Fans aus Kollegenkreisen: Kim Gordon und Thurston Moore von Sonic Youth waren gekommen, und Iggy Pop, der »Pate des Punk«, rief Kurt und dessen Band aufmunternde Worte zu. Als Cobain im Frühjahr von New York nach Seattle zurückkehrte, schienen all seine Wünsche in Erfüllung gegangen zu sein: Er verdiente genug zum Leben, und seine Glaubwürdigkeit als Musiker war noch immer intakt.

Cobain sprach immer wieder von »Glaubwürdigkeit« als einem maßgeblichen Kriterium für gute Musik, aber der Eindruck idealistischer Hingabe, den er zu vermitteln suchte, wurde immer wieder getrübt durch seinen offenkundigen Willen zum kommerziellen Erfolg. »Meine Songs«, räumte er im Oktober 1989 ein, »werden immer poppiger ... Manche Leute glauben, da finde eine Veränderung statt, aber ich bringe damit nur etwas zum Ausdruck, was immer schon latent vorhanden war.« Sechs Monate später erklärte er: »Auf der neuen Platte wird es keine Songs mehr geben, die so heavy sind wie ›Paper Cuts‹. Das ist mir zu langweilig. Ich ziehe mittlerweile eine gute Hookline vor.« Das Material, das Cobain kurz nach der Veröffentlichung von *Bleach* schrieb – das ungemein eingängige »Stain« oder das beatleshafte »Been A Son« –, zeigte einen »gezielten Vorstoß in Richtung Charts« an, wie Arnold glaubt. Hinter den Kulissen bereitete Kurt schon seinen Absprung von Sub Pop vor. Anfang 1990 entschlossen sich Nirvana, ihr neues Material auch anderen Plattenfirmen anzubieten. Cobain liebäugelte mit einer Mitarbeit bei MCA und Columbia. Er kontaktierte den auf den Musik- und Entertainmentbereich spezialisierten Anwalt Alan Mintz, flog extra zu diesem Zweck nach Los Angeles. All dies geschah hinter dem Rücken Pavitts und Ponemans. Privat beklagte sich Cobain: »Wir wissen überhaupt nicht, wie viele Platten wir verkauft haben oder wie hoch eigentlich die Auflage von *Bleach* ist. Und auch die Promotion ist unter aller Sau. Ich wette, kein Mensch findet irgendwo eine Werbeanzeige für *Bleach*.« In der Öffentlichkeit behauptete er dagegen: »Alles läuft bestens mit Sub Pop.«

Daß Cobain immer unzufriedener mit seinem Label wurde, ließ sich an der Zahl seiner Fremdprojekte ablesen. Im August 1990 kam seine Coverversion von Kiss' »Do You Love Me« auf C/Z's Sampler *Hard To Believe* heraus. Er spielte auf der Single »Bikini Twighlight« der Band Go Team aus Olympia mit, die bei K-Records erschien. Im August 1989 arbeitete er mit Mark Lanegan von den Screaming Trees zusammen; das Ergebnis waren die beiden Songs »Ain't It A Shame« und »Where Did You Sleep Last Night« – letzterer erschien auf Lanegans LP *The Winding Sheet*.

5

Ins Schwarze

Zu Beginn der Neunziger wurde Cobain von der Presse immer wieder für seine »anarchische Freistil«-Bühnenshow gelobt. Bei Auftritten der Band gab er seine Ambitionen, sich in den Vordergrund zu spielen, manchmal mit aller Deutlichkeit zu erkennen, während er sich zu anderen Zeiten überraschenderweise zurückhielt und damit begnügte, kaum sichtbar im Hintergrund zu wirken. Selbst dann war allerdings klar, daß er sich als den Fels empfand, auf dem Nirvanas ganze Karriere aufbaute. Und je mehr Cobains Reputation wuchs, desto größer wurde seine Entschlossenheit, allein im Rampenlicht zu stehen.

Auch Cobains innere Zerrissenheit trieb zu dieser Zeit einem Kulminationspunkt zu. Einem Freund gegenüber gestand er ein, das Unmögliche zu wollen: Der Rockstar erträumte sich, ein durchschnittliches, »normales«, unkompliziertes menschliches Wesen sein und in schlichter Zufriedenheit leben zu können. Aber da seine komplexe Persönlichkeit zugleich die Hauptquelle seines Erfolges war, hatte er wenig Anlaß zu glauben, daß sich diese Träume jemals realisieren würden.

Was seine Unzufriedenheit mit dem Management betraf, war es für Cobain wieder einmal typisch, daß er nicht direkt an Pavitt, Poneman und Channing herantrat. Ein Grund hierfür war gewiß seine ausgeprägte Furcht vor offenen Konfrontationen. Und außerdem verstand er sich mehr und mehr als Meisterstratege – er verwendete hierfür mit Vorliebe das Wort Genius –, der längst dem Alltag des »Busineß« entrückt war, als Ideengeber, der sich um die Umsetzung von Plänen nicht mehr zu kümmern hatte. Die Tatsache, daß er längst zu einem nationalen Star aufgestiegen war, führte keineswegs dazu, daß sich die schroffen Seiten seines Charakters abschliffen – im Gegenteil, Cobains Auftreten wurde noch spröder, sein Egoismus noch ausgeprägter, und seine Reaktionen auf alle, die ihm in die Quere kamen, gerieten zunehmend gehässiger. Pavitt und Poneman bekamen von Cobains Abwanderungsplänen nur durch Gerüchte etwas mit, da sich ihr Star vor klaren Aussagen drückte. Pavitt reiste zu einer Aussprache nach Olympia, das er nach fünf Stunden wieder verließ, »mit Schweißperlen auf der Stirn«. Doch er hatte den Eindruck, daß Nirvana weiterhin fest zu Sub Pop standen. Poneman traf etwa zur gleichen Zeit in Seattle mit der Band zusammen und wurde mit einem beunruhigenden Charakterzug seines Stars konfrontiert: Cobain reagierte mit einer unerklärlichen Boshaftigkeit auf jene Menschen, die ihm helfen wollten. Allerdings gelang es ihm immer wieder, seine wahren Gefühle unter einer, wie Skene es beschreibt, »Oberfläche gespielter Freundlichkeit« zu verbergen. Und so hatte auch Poneman nach dieser Unterredung den Eindruck, daß trotz aller Differenzen »zwischen Kurt und Sub Pop alles in Ordnung sei«.

Diese Fehleinschätzung machte den Schlag, den dann Novoselic ausführte, für die Manager der Band nur um so härter. »Mir fallen nur sehr wenige Dinge in meinem Leben ein, die meine Gefühle stärker verletzt haben«, sagt Pavitt. »Das alles brachte mich eine ganze Weile verdammt durcheinander.«

Von seiner Drogenabhängigkeit abgesehen, war dies der vielleicht unangenehmste Teil von Cobains Charakter – seine Unaufrichtigkeit, ja Doppelzüngigkeit, die auch von Kollegen und Freunden vielfach kritisiert wurde. Ein Künstler aus Seattle, der anonym bleiben möchte, meint zu diesem Thema: »Die zwei größten Schwierigkeiten im Umgang mit Kurt waren, daß er sich grundsätzlich für denjenigen hielt, der von anderen verletzt wurde, und daß er *nie* offen sagte, was er wirklich dachte.« Cobain selbst sah darin allerdings kein Problem, denn einem Journalisten gegenüber äußerte er: »Ich verstehe einfach nicht, wieso man von irgend jemandem erwarten kann, daß er hingeht und einem anderen offen ins Gesicht sagt, was ihm nicht paßt. Wahrscheinlich ist es sogar richtig, jemandem zu sagen, daß man nichts mehr mit ihm zu tun haben will, aber das ist verdammt schwierig. Ich habe meine Jobs immer ohne Vorankündigung aufgegeben. Ich höre einfach eines Tages auf und komme nicht mehr.«

Freunde machte sich Cobain mit dieser Einstellung natürlich nicht. Obwohl er an den meisten Nachmittagen im Café Roma am Broadway regelrecht Hof hielt, war sein Tisch doch nie umlagert. Dafür hatte er zu viele Menschen befremdet, war er zu freimütig über die Schwächen von Leuten hergezogen, die ihm vertrauten, und hatte er sich vor allem auch zu abfällig über die Musikszene Seattles geäußert.

Das Spiel, sich von Freunden und Kollegen durch die Hintertür zu trennen, hatte Methode. Als Cobain Aaron Burckhard und Dave Foster feuerte, erfuhren die beiden Schlagzeuger zuerst durch Gerüchte beziehungsweise durch eine Ankündigung im *Rocket* davon. Jason Everman erlitt ein ähnliches Schicksal. Kurts nächster Taschenspielertrick traf Channing, den er offiziell als engagiert und originell lobte, während er im privaten Kreis klagte: »Chad schafft den Sprung zu einer großen Plattenfirma nicht.« Die unangenehme Aufgabe, aus Cobains Unmut Konsequenzen zu ziehen, blieb schließlich an Novoselic hängen. Nachdem sich das Lamento um seinen erzwungenen Ausstieg gelegt hatte, gab Channing, der öffentlich einräumte, daß es musikalische Differenzen in der Band gegeben hatte, ein letztes Interview, in dem er unter anderem äußerte: »Ich habe wirklich gehofft, stärker partizipieren und die Entwicklung der Band beeinflussen zu können ... Ich wollte mich noch mehr engagieren und hatte das Gefühl, auch tatsächlich etwas zu bewirken. Doch dann merkte ich, daß alles in Wirklichkeit nur Kurts Show war und nur das passierte, was er sagte; damit hatte es sich dann, keine weitere Fragen mehr.«

Channings Abgang zwang Nirvana, eine zweite für dieses Jahr vorgesehene Europa-Tournee kurzfristig abzusagen. In Großbritannien, wo die »missionarischen« Aktivitäten von Everett True, John Peel und Keith Cameron der Band zu einem Kultstatus verholfen hatten, wurde die Frage, wie der Schlagzeugerposten bei Nirvana neu zu besetzen sei, in etwa so heftig diskutiert, wie man zu Zeiten der Beatles über die Talente und Verdienste von Pete Best und Ringo Starr debattiert hatte. Die Leserbriefseiten des *Melody Maker* waren gefüllt mit kontroversen Kommentaren zu diesem Problem. Peel beschäftigte sich sogar via Äther mit dieser Angelegenheit, und *Sounds* wartete am 7. Juli mit einer überraschenden Überlegung auf: »J Macsis, Dinosaur Jr's wichtigster Mann, könnte bei Nirvana einsteigen und Chad Channing am Schlagzeug ersetzen! Quellen, die sowohl Nirvana als auch J Macsis nahestehen, erzählten *Sounds*, daß Macsis der Band aus Seattle definitiv vorgespielt hat und ›wirklich bei Nirvana spielen möchte‹.«

Tatsächlich hatte Cobain aber zu dem Zeitpunkt, als das Blatt gedruckt wurde, längst Dan Peters von Mudhoney angeheuert – eine Aktion, die er mit den Worten kommentierte, es sei »ein gutes Gefühl, mit jemandem zu spielen, der rhythmisch kompetent ist«.

Als Peters jedoch nicht in der Lage war, mit Nirvana auf Tour zu gehen, wurde er kurzerhand durch Dale Crover ersetzt.

Inzwischen hatten Nirvana in den Smart Studios in Wisconsin unter der Leitung von TAD's Produzent Butch Vig neues Material eingespielt. Fünf der sieben hier einstudierten Songs erschienen später in ähnlicher Form auf *Nevermind*, das zu dieser Zeit noch unter dem Arbeitstitel *Sheep* firmierte. Vig war der ideale Partner, um Cobains Ideen umzusetzen. Jedenfalls zeichnet sich das Smart-Material dadurch aus, daß das Tempo von »Love Buzz« und einiger der melodischeren Stücke von *Bleach* stärker in Richtung eines energischen Hardrock getrimmt wurden.

Die Smart-Songs geben darüber hinaus einen deutlichen Hinweis auf Cobains in dieser Phase bevorzugten Songschreibstil: Immer wieder trifft man auf die Formel eines einschläfernden Eingangsverses, der in einem peitschenden Refrain explodiert, wobei die Emotionalität der Texte sich in zu ihr passenden, ungeschliffenen Rhythmen spiegelt. Wenn es jemals eine Absichtserklärung gab, in welche Richtung sich Nirvana in Zukunft bewegen würden, dann war das *Sheep*.

Slim Moon, Cobains Nachbar in Olympia, erinnert sich an »den Enthusiasmus«, mit dem sein Freund über diese neuen Songs sprach. »Kurts große Gabe war sein Gehör ... Ihm war die Fähigkeit angeboren, seine eigenen musikalischen Vorstellungen so geschickt zu modifizieren, daß seine Songs sich dem Mainstream näherten.«

Ein Beweis für Cobains Ambitionen, *erfolgreiche* Pop-Musik zu machen, war zum Beispiel die Wahl des Songs für die zweite Nirvana-Single, die am 11. Juli 1990 aufgenommen und im September veröffentlicht wurde: »Sliver« ist einerseits ein eher simpler Rocksong, andererseits eine vehemente Breitseite gegen Cobains Familie – voll vernichtender Wut, gespeist aus Gehässigkeit und Rachsucht und doch, wie Peel konstatiert, sehr melodisch, geradezu zum Mitsummen. Doch es gibt auch einige neue, für Nirvana bis dahin untypische Anklänge. Schon die Kombination von »Sliver« mit dem B-Song »Dive« aus der Smart-Session erwies sich im nachhinein als Vorbote jener Mischung eines satten, schwingenden Gitarrensounds mit »schrägen« Texten, der ein Jahr später *Nevermind* prägen sollte.

»Es war wie eine Grundsatzerklärung«, kommentierte Cobain diese Zusammenstellung. »Ich mußte einen echten Popsong schreiben und auf einer Single herausbringen, um die Leute auf den kommenden Sound vorzubereiten. Und ich wollte noch mehr Songs wie diesen schreiben.«

»Sliver« fand schnell Fans, darunter Patrick MacDonald, der Nirvanas Annäherung an den Mainstream-Geschmack generell begrüßte und speziell dieser Single »echte Genialität, nicht nur technisches Flair« zusprach. Leute wie MacDonald konnten sich nur schwer vorstellen, daß »Sliver« oder »Dive« in den Regalen der Szeneclubs Seattles verstauben würden. Für sie hatte die Musik von Nirvana weiterhin etwas »Natürliches und Ehrliches«. Laut MacDonald beriefen sich die Bandmitglieder wie früher schon Velvet Underground »auf den Hardcore, aber sie vergaßen dabei nie, daß sie Popsongs schrieben«. Cobain selbst bestätigte indirekt diesen Vergleich, indem er später im Jahr Velvet Undergrounds »Here She Comes Now« für das Sammelalbum *Heaven And Hell Vol. 1* aufnahm. Puristen jedoch waren erbost über Cobains Vorliebe, eine bedrohliche Botschaft mit einer eingängigen Melodie zu verschweißen.

Seine Vorliebe für gitarrenlastige Rocksongs hatte Cobain im Grunde nie verleugnet. Dennoch überraschten »Sliver« und »Dive« durch ihre kompakt komponierten Arrangements, die zugunsten von Beatles-ähnlichen Harmonien auf theatralische Riffs verzichteten. Von unverfälschtem Punk konnte man deshalb nicht mehr sprechen – und Cobain gab dies auch offen zu: »Ich hatte schließlich den Punkt erreicht, wo ich Pop und unsere Heavy-Seite zur richtigen Formel zusammenmixte. Es klappte wirklich gut, das bewiesen auch die Kommentare unserer Freunde und anderer Bands. Alle sagten, daß das Material wirklich gut sei. Und ich konnte auch erkennen, daß es eindeutig fortschrittlicher war als das von *Bleach*.«

Cobains Gier nach Aufmerksamkeit wurde immer offensichtlicher. Für viele seiner alten Fans war es nur schwer zu akzeptieren, von einer Punk-Ikone – und eine solche war er spätestens mit *Bleach* geworden – negative Kommentare über die Seattle-Szene oder Kritik an einer Plattenfirma, bei der die Band gerade mal ein Jahr unter Vertrag stand, hören zu müssen. Und doch war ihm Sub Pop »nicht mehr gut genug«. Nach dem Treffen mit Pavitt in Olympia fing er an, noch aggressiver auf einen »großen Deal« zu drängen und seine frühere Feindseligkeit gegenüber dem industriellen Rock abzuschwächen. »Es ist nicht schwer, seine Würde zu bewahren und bei einem großen Label zu unterschreiben. Sonic Youth ist da wirklich clever vorgegangen. Ich glaube, wir sind erfahren genug, jetzt damit umgehen zu können. Wir verändern uns ein bißchen, wir haben uns in den letzten beiden Jahren mehr auf eingängigeren Pop verlegt ... Deshalb haben wir uns gesagt, daß wir genausogut ins Radio gehen und Geld damit verdienen können.«

In der Öffentlichkeit gab sich Cobain vergleichsweise zurückhaltend, wenn von Geld die Rede war: »Mir wäre es recht gewesen«, erklärte er, »vor tausend Leuten zu spielen. Im Prinzip war es unser Ziel, diese Clubgröße zu erreichen, eine der populärsten Bands des alternativen Rock zu werden, so wie Sonic Youth.« Im privaten Kreis jedoch wütete er regelrecht gegen die Beschränkungen, die Sub Pop und die Verwurzelung in der Seattle-Szene der Band auferlegten. Seiner Auffassung nach hatte sein Label es vor allem versäumt, *Bleach* adäquat zu vermarkten. Die Wut darüber ließ ihn, wie ein Verwandter sich erinnert, »fast den Verstand« verlieren.

Gerade ein Jahr zuvor hatte Cobain noch »unterwürfig« bei Sub Pop unterschrieben, froh darüber, daß er überhaupt bezahlt wurde. Und den Leuten von KCMU war er »sklavisch dankbar« vorgekommen, weil seine Songs bei ihnen über den Äther gingen. Jetzt aber, wo er mit der »richtigen Formel« auf dem Weg zum Star war, gewann einmal mehr sein ausuferndes Ego die Oberhand – mit der Konsequenz, daß er für andere immer unerträglicher wurde. Zwar fragte er Novoselic und selbst Pavitt und Poneman auch weiterhin nach ihrer Meinung, doch er war immer weniger bereit, auf ihre Ratschläge einzugehen. Wer immer ihm in die Quere kam – ob wirklich oder nur in seiner Einbildung –, mußte damit rechnen, schikaniert zu werden und unstillbare Rachegelüste zu wecken. Selbst Slim Moon registrierte, daß er einen anderen Kurt als den zurückhaltenden Einzelgänger von früher vor sich hatte.

Je mehr musikalische Kompromisse Cobain zu dieser Zeit einging, desto heftiger berief er sich zugleich auf seine Prinzipientreue – ganz im Sinne von Alice Wheeler, die den Punkethos als den Zusammenschluß der »Mißachteten im Protest gegen den organisierten Rock« charakterisierte. Wie Moon meint, herrschte auch in Olympia das Gefühl vor, »sich gegen die Menge verteidigen zu müssen«, gab es hier »eine Art Belagerungsmentalität und den gemeinschaflichen Gedanken, daß wir drinnen saßen und nach draußen blickten«. (Das Haus, in dem Marander vor dem Umzug in die North Pear Street wohnte, hatte bezeichnenderweise den Namen »The Alamo«.)

Aus der Distanz sah Nirvanas ganze Karriere wie eine Fallstudie aus, die die Verführung einer Outsider-Band durch den Mainstream dokumentiert. Einer der ersten Namen der Gruppe hatte geradezu prophetisch Sellouts, Verräter, gelautet, und ihre Debutsingle war ein eingängiger, wenn auch etwas schräger Popsong gewesen. Auch stritt Cobain nie ab, daß er auf *Bleach* seine melodischen Neigungen gezügelt hatte, weil sein Label »nicht damit umgehen konnte«. Und doch waren die meisten Nirvana-Songs fest im Pop verankert, wie scharf auch immer die Texte sein mochten.

Für das Publikum hatten Nirvana ohnehin nie nur eine Bedeutung. Für harte Punkfans zählten in erster Linie die anarchische Bühnenschau und die Hemmungslosigkeit der drei Akteure, Kritiker achteten auf die exzeptionelle Stimme und das schroffe Gitarrenspiel des Band-Leaders, und wer einfach nur gute Songs hören wollte, reagierte auf den Powerpop, der den Stil von Bands wie Knack und Cheap Trick weiterführte. Nur die vertrauensseligsten unter den Fans glaubten ernsthaft, daß Nirvana aus »Mißachteten, die sich zusammengetan hatten«, bestanden. Sie übersahen geflissentlich, daß die drei Bandmitglieder kommerzielle Musiker waren, wobei Cobain den Ton angab, und zwar in jeder Hinsicht. Patrick MacDonald brachte dies auf den Punkt, indem er erklärte, man habe es bei Nirvana mit »einem einzelnen Genie und zwei talentierten, aber passiven Mitläufern« zu tun.

Marander zog im Juni 1990 aus dem Haus aus und gab Cobain so die Möglichkeit, sich mit Tobi Vail und den, wie sein Cousin es ausdrückte, »auf reizende Weise betörten jungen Männern« zu beschäftigen, die seine Zeit zwischen Aufnahmen und Konzerten ausfüllten. Bei einer Kostümparty in Olympia erschienen Cobain und ein Verehrer in diesem Sommer auf identische Weise als Zirkusfreaks verkleidet, weder von Vail noch von Julia Levy begleitet. Eine einheimische Frau war »außer sich vor Zorn und vor peinlicher Berührtheit«, als Cobain in ihrem Haus mit einem Magazin voller »Bilder von eingeölten Muskelmännern« erschien, die er herausriß und ihren Kindern gab. Während einer Party »ließ er seine Hose fallen und machte diesen Trick mit seiner Injektionsspritze, die er hin und her schob wie eine Posaune«. Am Ende des Abends fanden Cobain und seine männlichen Freunde nichts dabei, sich gemeinsam an einer der Sykomoren in der North Pear Street zu erleichtern.

Einen großen Teil der aus sieben Auftritten bestehenden Tournee im August verbrachte Cobain jedoch gemeinsam mit Randi Edlin, die sich selbst als »Grunge-Freak« bezeichnete. Auf sie wirkte Kurt wie »ein sensibler, überempfindlicher Bursche« mit »keiner großen Leidenschaft für Sex«, jedoch »einer kindhaften Neugier in bezug auf den weiblichen Körper«.

Als Cobain am 23. August nach einem Konzert den Melody Ballroom in Portland verließ, traf er einen Fan namens Geraldine Hope. Sie begleitete ihn in ein Schnellrestaurant, »wo Kurt die Milliarden-Kalorien-Platte bestellte und sechs Bier trank«. Daß er die ältere Kellnerin laut anrülpste, überraschte Geraldine Hope, schockierte sie aber nicht sonderlich – ebensowenig wie die Tatsache, daß er in ihrem Beisein mit einer Bierflasche eine Fellatio simulierte. Dann bestand Cobain darauf, daß sie mit nach Seattle kam, und so fand sich Hope plötzlich unter den abmarschbereiten Nirvana-Leuten wieder.

Nach dem Auftritt am nächsten Abend hatten Cobain und Hope in einem geparkten Van hinter dem Theater Sex – ein Ereignis, von dem der

Ins Schwarze

jungen Frau nur zwei Dinge nachhaltig in Erinnerung geblieben sind: Cobains morbide Wünsche – »Er sagte, er wollte meine Periode verursachen und dann das Blut trinken« – und, noch typischer, der Umstand, daß er »in der Sekunde, in der er seinen Reißverschluß zumachte, schon wieder über Sub Pop schimpfte und sagte, daß Nirvana zu gut für sie seien.«

Nur einen Monat später schien Cobain am Ziel seiner Träume zu sein: Nirvana erreichte den Status einer Starband.

Das Konzert beim Motor Sports International am 22. September 1990 markiert den Höhepunkt des Seattle-Sounds, der fünf Jahre zuvor unspektakulär mit *Deep Six* begonnen hatte. Als nach den Derelicts, den Dwarves und den Melvins schließlich Nirvana auf die Bühne kamen und das Publikum im vollgepackten Saal kreischend hin und her schaukelte, wurde offenkundig, daß die einst spontan entstandene Bewegung Teil eines Busineß geworden war; von einer Alternative zum Mainstream-Rock konnte wahrlich keine Rede mehr sein. Dies bewiesen nicht zuletzt die zahlreichen Talentsucher, die sich in den Kulissen aufreihten und allen anwesenden Musikern versicherten, sie hätten »es geschafft«.

Als Nirvana »Dive« anstimmten, verwandelte sich das Publikum in eine Armee karierter Hemden, die jedes Wort der getragenen Textzeilen mitsang und beim Refrain in Raserei ausbrach. »Es war das Pandämonium«, sagt Charles Peterson. »Es war der absolute Gig, um auf die Bühne zu klettern und mit der Band zu tanzen.« Und für Tim Arnold war dies »die Nacht in der alles zusammenkam, in der Jungs wie Kurt erkannten, daß sie tatsächlich eine Halle füllen konnten« – und zugleich die Nacht, in der sie sich entschlossen, jene Kids »zu verlassen, die sie überhaupt erst dahin gebracht hatten«.

Während des eigentlichen Konzerts hatte Cobain noch eine jungenhafte Fröhlichkeit zur Schau gestellt, wie man sie von früheren Auftritten her kannte. Eine Stunde später erlebte man in einer Bar auf der gegenüberliegenden Straßenseite einen ganz anderen Cobain – den introvertierten Grübler, der an seinem Drink nuckelte und sich weigerte, Autogramme zu geben, der zusammenzuckte, wenn Fremde an ihn herantraten; der aber auch seine alten Mentoren, die Melvins, kränkte, indem er ihnen »deutlich zu verstehen gab, daß er jetzt eine große Nummer war«.

Am Tag nach der Motor-Sports-Show wurden Cobain, Novoselic und Peters von Keith Cameron für *Sounds* interviewt. Der Umgangston war angemessen respektvoll und ging nicht nur auf Nirvanas musikalische Darbietung ein, sondern auch auf ihre Zweifel im Hinblick auf Sub Pop: »Mit unerhört eingängigen Popsongs in Verbindung mit monströsen Heavy-Rock-Riffs sticht Nirvana hervor. Temperamente schäumen über, Instrumente fliegen. Sie sind echt. Sie sind das Fleisch in der Suppe. Wenn eine der aufstrebenden Underground-Bands der Vereinigten Staaten den Durchbruch in den Mainstream schafft, dann wird das Nirvana sein, wie schon seit einiger Zeit offensichtlich ist. Ihre Plattenfirma weiß das ... Geld, das geben die Nirvana-Leute freimütig zu, ist der Hauptgrund, aus dem sie danach trachten, das Sub-Pop-Nest zu verlassen.«

Cobains finanzielle Ambitionen waren eine Sache, seine Drogenabhängigkeit, sein unkonventionelles Sexleben, sein übersteigertes Ego, seine Taktlosigkeit und das willkürliche Umspringen mit Freunden eine andere. Die Titelgeschichte in *Sounds* wurde illustriert mit Fotos, die Nirvana lächelnd und scherzend in Novoselics Haus zeigten. Peters wußte jedoch nicht, daß nur wenige Meter entfernt ein Mann saß, der nicht lange Zeit später vorspielen und nächster Schlagzeuger der Band werden würde. Ohne sich mit Sub Pop, offiziell noch immer sein Label, abzustimmen, hatte Cobain beschlossen, den Mann zu ersetzen, den er vor nicht allzu langer Zeit als »tollen Jungen und wunderbaren Schlagzeuger« bezeichnet hatte. Darüber hinaus verhökerte er das Smart-Material an eine fremde Plattenfirma – in Pavitts Augen Cobains größte Gemeinheit überhaupt.

Sounds plazierte die Nirvana-Story ironischwerweise neben einen ganzseitigen Artikel über Johnny Rotten – und bestätigte damit unbeabsichtigt den Zwiespalt, in dem sich Cobain befand: Wie Camerons Assistentin bemerkte, versuchte »Kurt verzweifelt, sich als Punk auszugeben, obwohl er wußte, daß er auf dem besten Weg war, zur Karikatur eines Punk zu werden«.

Peters' Ersatzmann war der einundzwanzigjährige David Eric Grohl aus Virginia, der wie Cobain vorzeitig die Highschool verlassen hatte und dessen Eltern ebenfalls geschieden waren. Grohl war 1990 bereits ein Veteran, der in einem halben Dutzend Gruppen gespielt hatte. Durch die Melvins wurde er schließlich mit Nirvana bekannt. Was danach im einzelnen geschah, darüber kann man nur spekulieren. Fest steht nur, daß Peters am 25. September abgelöst und durch Grohl ersetzt wurde – in den Augen des Neuen ein folgerichtiger Schritt: »Ich hatte alles mit Kurt gemeinsam, bis hin zur Kindheit und dem Musikstil. Ich paßte.«

Grohl hatte recht! Denn Drummer wie Channing und Peters hatten bei ihrer Interpretation des wahren Grunge oftmals die innovativen Pionierleistungen von Bands wie Led Zeppelin und Cream übersehen, so daß ihre Arbeit am Schlagzeug hinter den schwindelerregenden Erwartungen zurückblieb, die die Melodien Cobains geweckt hatten. Bei Grohl, der leicht als Double für John Bonham oder Ginger Baker hätte auftreten können, gab es diese Mängel nicht, mit ihm fügten sich, wie Peterson richtig feststellte, »die letzten Teile des Puzzles zusammen. Er *rockte.*«

Die neue Besetzung – Cobain, Novoselic und Grohl – reiste zur Promotion von »Sliver« abermals nach Europa, bekam im *Melody Maker* glänzende Kritiken und nahm für John Peel eine zweite Session auf, die ausschließlich aus Coverversionen bestand. Diese Seite Cobains, sich selbst großzügig in den Hintergrund zu stellen, sollten nur wenige seiner Kollegen kennenlernen. Indem er für Peel die schrägen Stücke von Bands wie den Vaselines und Wipers aufnahm, bewies er seine durchaus ernstgemeinte Loyalität gegenüber dem Punk, machte er nicht nur für Nirvana und sich selbst Werbung, sondern für die »ganze Szene«. Zu Cobains »Schützlingen« zählten auch die Raincoats, deren Erfolg nicht zuletzt auf diese Unterstützung und Freundschaft zurückzuführen war. Die Meat Puppets, eine schon lange existierende, aber obskure Band aus Phoenix, wurden ebenfalls von Cobain enthusiastisch promotet und spielten später sogar mit Nirvana bei deren *Unplugged*-Auftritt im Jahr 1993 zusammen.

Daß Cobain mit solchen Aktionen sein Festhalten am Punk-Ethos dokumentierte, hieß jedoch nicht, daß er seine Star-Ambitionen aufgegeben hätte. Während er noch für Peel arbeitete, verhandelte er bereits mit Gold Mountain Entertainment, dem Label von Bonnie Raitt und Belinda Carlisle, über einen Plattenvertrag. Wenn er unbedeutendere Gruppen förderte, geschah dies einmal aus dem Wissen heraus, daß er die Rolle eines Wortführers in einer breiten Bewegung spielen mußte; außerdem zweifelte er nicht daran, daß die Vaselines oder die Wipers niemals zu einer Bedrohung für ihn werden würden. Cobain war von seinem Erfolg überzeugt, also konnte er es sich erlauben, großzügig zu sein.

Nirvanas 89er-Tour war noch ein Zug durch die Hinterzimmer britischer Provinz-Clubs gewesen – ein Jahr später reisten sie als kleine Armee, mit einem Tourneemanager, zwei Tontechnikern und einem eigenen Bus, in dem ständig Videos von Monty Python und *Spinal Tap* liefen. Während ihr Publikum früher aus einer kleinen loyalen Elite bestanden hatte, spielten sie jetzt in vollen Sälen vor tausend und mehr Leuten. Doch denen wurde für ihr Geld etwas geboten. Ein Nirvana-Konzert begann in der Regel so: Cobain schlang sich eine Gitarre um, kreischte und warf sich dann in die Menge; danach ging es weiter. Die Uhr wurde scheinbar zurückgedreht, insbesondere von den Tontechnikern, die es schafften, den schaurigen Soundmix der Sex-Pistols-Ära wiederherzustellen. Cobains Stimme klang so klar wie bei einer Sendestörung im Radio, und die Verstärker waren aufgedreht bis zur Schmerzgrenze. So fetzten Nirvana los mit »Love Buzz«, »School« sowie dem melodischeren Teil von »Sheep«, eine atemlose Eröffnungsbreitseite, wie sie sich Punk-Fans besser nicht wünschen konnten. Danach legte Cobain mit dem beinahe geflüsterten »About A Girl« kurzzeitig einen langsameren Gang ein, um dann mit »Sliver« und »Dive« wieder aggressivere Töne anzuschlagen. Anschließend kamen »Lithium« aus der Smart-Session sowie eine regelrecht herausgeschriene Version von »Pay To Play«, das später in »Stay Away« umbenannt wurde.

Der Auftritt dauerte anderthalb Stunden, und die Songs, aus deren Texten kochender Zorn oder düsterer Zynismus – oft beides zusammen – sprachen, wirkten auf das Publikum wie ein ununterbrochenes Trommelfeuer, jedoch immer gemildert durch Cobains untrügliches Gefühl für Melodik. Nirvana begeisterten, ohne in unmotivierte Theatralik zu verfallen. Der Band gelang es, eine Atmosphäre von Gefahr, Wut und erregendem Wahnsinn auf die Bühne zu bringen, die ihresgleichen vergeblich suchte. Nirvana waren die aktuelle Antithese zu purer Unterhaltungsmusik, niemand hätte sich vorstellen können, mit Songs wie »Love Buzz« oder gar »Pay To Play« im Fernsehen Reklame für Bier zu machen. Am Ende eines jeden Konzerts hatte sich das Publikum im Saal in ein erschöpftes, zukkendes Gewirr von Körpern verwandelt – und Cobain ließ zum ersten Mal am Abend ein Lächeln erkennen.

Nach der Tournee war Cobain hauptsächlich mit der Trennung von Vail beschäftigt, was ein langwieriges, häßliches, ihn emotional auslaugendes Unternehmen war. Allen Beziehungen Cobains lag sein Sehnen nach Geborgenheit zugrunde, das ihm seine eigene Familie nicht gewährt hatte.

Seine Misere war, daß er diese Sicherheit nirgendwo finden konnte, nicht zuletzt aufgrund seiner eigenen Zerrissenheit. Vail beschrieb Cobain als einen Mann, der vom Selbsthaß verzehrt wurde. Wie schon vor ihr Marander, verwirrten sie Cobains ständig wechselnde Stimmungen und war sie nicht in der Lage, hinter den »zehn oder zwanzig Masken«, die er in seiner seelischen Garderobe aufbewahrte, sein wahres Gesicht zu erkennen. Womöglich war es aber auch nur so, daß sich Vail mit ihren zwanzig Jahren noch nicht dauerhaft auf einen Mann einlassen wollte, der nur an beiläufigem Sex oder aber an einer sehr langfristigen Beziehung interessiert war – ohne Zwischenstufen.

Nach der Trennung von Vail litt Cobain erneut an Anfällen von Depression. Weihnachten zog Grohl in das Apartment in der North Pear Street ein, das er als »klein, vollgestopft, schmutzig, übelriechend« beschreibt.

Ins Schwarze

Wheeler hat es von einem ihrer Besuche her als »voll mit Tieren und verrückt« in Erinnerung, und ein dritter Besucher erlebte hier einen »Kurt außer Sinnen«, der aus Wut – oder Trauer – über die Verluste von Marander und Vail »die ganze Nacht Songs von Leonard Cohen auf der Gitarre spielte«.

Wie sich Slim Moon erinnert, tauchte Cobain zu dieser Zeit wieder öfter in Olympia auf: »Dies war die letzte Chance, die Kurt hatte, auszugehen, Musik zu hören, Teil einer Szene zu sein ... Ich wußte, daß es nicht lange anhalten würde. Er war eindeutig auf dem Weg in den Norden.«

Cobain selbst gab zu, daß er es »müde war, in Olympia zu leben, ohne etwas zu tun zu haben«, und daß »ein Wechsel längst überfällig« war. In Seattle hatte es viele seit jeher überrascht, daß der Mann, den man halb scherzhaft den König der Szene nannte, sich noch immer hundert Kilometer südlich in einem obskuren, wenn auch von der Boheme bevölkerten Hinterwäldlerstädtchen herumtrieb, das in vielerlei Hinsicht an Aberdeen erinnerte.

Angesichts der Tatsache, daß Seattle »plötzlich heiß« war, wie es *Billboard* ausdrückte, war es um so merkwürdiger, daß er seinen Wohnsitz in der North Peer Street beibehielt. Im November 1990 porträtierte die *New York Times* vier Rockgruppen aus »Amerikas jüngstem Musikmekka« – Mother Love Bone, Alice In Chains, Soundgarden und Nirvana –, und auch der *Melody Maker* setzte seine Promotion für den »phantastischen Seattle-Sound«, der vielleicht in Übersee noch öfter zu hören war als in der Stadt selbst, unerbittlich fort. Der Lohn für diese Kampagnen waren neun Grammy-Nominierungen für Gruppen aus dem Nordwesten im Winter 1990/91 – ein Beweis dafür, daß aus der einst lokalen Idee ein internationales Phänomen geworden war. Spätestens als Londoner Journalisten und New Yorker Talentsucher mit gezückten Scheckbüchern in Seattle eintrafen, wurde offenkundig, daß die Grunge-Welle ihren Siegeszug angetreten hatte. Selbst Pavitt registrierte: »Jetzt ist die Sache nicht mehr zu stoppen. Sie wird ganz einfach wie eine Rakete abgehen.«

Doch der Underdog-Stil war längst zu einem Klischee verkommen. Der Mythos der »Provinz-Rocker« geriet mehr und mehr zur Karikatur: Alkohol- und Drogenmißbrauch waren längst nicht mehr Ausdruck einer Protesthaltung, sondern simple Routine. Doch als Andrew Wood von Mother Love Bone als erstes Mitglied der Seattle-Szene im März 1990 an einer Überdosis Heroin starb, wurde dies von *Sounds* als Beweis dafür interpretiert, daß der Grunge »die Kunst der Gleichgültigkeit des einzelnen gegenüber sich selbst perfektioniere«.

Weshalb also blieb Cobain selbst jetzt noch in Olympia? Darauf angesprochen, erklärte er: »Es gab nichts Extremes, das ich tun konnte, um da rauszukommen ... Es war nicht wie bei all den anderen Malen, wo ich mich mit jemandem anlegen konnte und rausgeschmissen wurde.« Außerdem hatte er sicher nur wenig Lust, sich einer Clique anzuschließen, der er in künstlerischen Fragen zum Teil sehr kritisch gegenüberstand. Von Beginn seiner Karriere an hatte er sich als Außenseiter verstanden, und entsprechend verhielt er sich auch. Während weniger talentierte Musiker Plattenverträgen hinterherjagten, ließ er Gold Mountain in aller Ruhe zu sich kommen und spielte in der North Pear Street Gitarre oder kritzelte teilnahmslos vor sich hin. Julia Levy fand eines Morgens in diesem Winter eine frisch hingekleckste Botschaft an der Wand von Kurts Schlafzimmer: KURT SMELLS LIKE TEEN SPIRIT (KURT RIECHT WIE TEEN SPIRIT).

David Geffen, der Freund von Stars wie Cher und Barbra Streisand und Liebhaber der Songs von Jackson Browne oder den Eagles, war wohl kaum der »Erzpunk-Szenegänger«, den Cobain sich als idealen Schallplattenmanager gewünscht hatte. Außerdem war er so reich, daß er sich damit brüsten konnte, Amerikas größter Steuerzahler zu sein. Als Chef eines milliardenschweren Unternehmens der Unterhaltungsindustrie und Besitzer eines Passes, der ihm jederzeit den Zutritt zum Weißen Haus gestattete, verkörperte er im Grunde genau jenen Typus einer Berühmtheit, die Cobain zutiefst verabscheute. Dennoch war genau dieser »Kapitalistenknecht« der erklärte Favorit, wenn die Frage diskutiert wurde, wer Nirvana von Sub Pop übernehmen sollte – wenn auch nur, weil Geffens Label so überaus erfolgreich war. Und in Cobains Augen gab es für Erfolg keinen Ersatz.

Im November 1990 unterschrieben Nirvana offiziell bei Gold Mountain, und dieser wählte Geffen beziehungsweise Charisma als die Labels aus, die den Qualitäten der Gruppe am ehesten entgegenkamen. Cobain hätte sich keinen angenehmeren Monat als den folgenden wünschen können. Auf Basis des Smart-Materials und extensiver Promotionmaßnahmen ihres Managements wurden Nirvana regelrecht versteigert. Cobain spielte den finanziellen Aspekt der Verhandlungen herunter, da Gold Mountain ihn gebeten hatte, gegenüber der Presse keine Beträge zu nennen. Nach außen hin kam Cobain diesem Wunsch nach, doch Julia Levy hatte Journalisten längst unter der Hand erzählt, daß die Transaktion im Multimillionen-Dollar-Bereich liegen würde. Als bei einer Pressekonferenz eine Summe von zwei Millionen Dollar genannt wurde, wiegelte Cobain zunächst ab: »Ich frage mich, wo das herkommt.« Und als der Korrespondent der *Alternative Press* hartnäckig blieb, erwiderte er: »Ich weiß nicht, ob das stimmt oder nicht. Ich sagte lediglich, daß ich nicht weiß, wo es herkommt.«

Cobain genoß auch die »kleinen« Annehmlichkeiten, die Manager von Plattenfirmen potentiellen Mandanten zukommen lassen. Eine Firma begrüßte ihn mit einem speziell angefertigten Video über sein Leben und einem Armband, in das sein Name eingraviert war, eine andere hatte als Geschenk ein Täschchen Kokain von bester Qualität parat. Und als er sein Hotelzimmer in Los Angeles betrat, hatte ihm eine hoffnungsvolle Plattenfirma zwei nackte Frauen dorthin geschickt, die sich mit einem Vibrator und einer Flasche Champagner in aufreizenden Posen vor ihm präsentierten.

Wo immer die Band auftrat, es hatte sich alles grundlegend geändert. Zwölf Monate zuvor hatte Cobain in der Schweiz vollgepumpt mit Drogen wimmernd in einem Zug gelegen – und jetzt schlürfte er in Geffens Direktionszimmer Wein und flog Erster Klasse nach New York, um mit den Leuten von Charisma zu verhandeln. »Wir fühlten uns wie eine ganz große Nummer«, sagt Grohl.

Am Ende überzeugte die Fürsprache von Sonic Youth sowohl Nirvana als auch Geffen, sich auf einen Vertrag zu einigen. Mark Kates, Direktor für alternative Musik bei Geffens Label – allein schon dieser Titel beeindruckte Cobain schwer –, attestierte der Gruppe, »das Potential für Hitsongs zu haben und gleichzeitig doch der renitenten Szene anzugehören« – eine bemerkenswerte Würdigung von Cobains Anpassungskunst.

Von nun an waren Kates und Gary Gersh von Geffen sowie Danny Goldberg und John Silva von Gold Mountain Cobains Verbindungsglieder zur Außenwelt. Bleibt die Frage, ob Cobain die Kehrtwendung, die er vollzogen hatte, tatsächlich auch in allen Konsequenzen erkannte. Sein einziger Kommentar Geffen gegenüber klang eher gezwungen: »Sie haben alternatives, junges Personal. Sie besitzen im Underground einige Glaubwürdigkeit.« Zutreffender ist da wohl doch der Eindruck eines Geffen-Managers: »Alle drei flogen ganz einfach auf die Dollars.« Cobain aber saß am Abend dieses Tages, der ihm die Aussicht eröffnet hatte, Millionär zu werden, mit Julia Levy in seinem Hotelzimmer und weinte.

Cobains Tränen waren allerdings im Vergleich zu den Emotionen, die diese Trennung bei den Leuten von Sub Pop auslöste, ein Witz. Obwohl alle Beteiligten nach außen hin den Eindruck zu erwecken versuchten, die Angelegenheit sei ohne Animositäten über die Bühne gegangen, berichten

Alice Wheeler und Lisa Orth übereinstimmend, daß Poneman und Pavitt bestürzt und außer sich vor Wut waren. Durch den Vertrag zwischen Nirvana und Geffen wurden diese Reaktionen jedoch etwas gemildert: Nirvana wurde eine Vorauszahlung in Höhe von 290 000 Dollar und ein außergewöhnlich großzügiger Tantiemensatz zugestanden, und Sub Pop sprach man eine Abstandszahlung in Höhe von 75 000 Dollar und eine prozentuale Beteiligung an zukünftigen Verkäufen der Gruppe zu. »Ohne diese Übereinkunft«, sagte Poneman, »hätten Bruce und ich vermutlich Geschirr spülen müssen.«

Nachdem sich die erste Aufregung gelegt hatte, herrschte in Seattle laut Peterson eine »fast philosophische Stimmung vor: ›Sie mußten gehen, und sie sind gegangen‹«, hieß es. Es gab jedoch auch andere Stimmen, die behaupteten, Cobain habe Sub Pop durch seinen Egoismus und seine »Fahnenflucht« an den Rand des Ruins getrieben. Und 75 000 Dollar seien eine lächerlich niedrige Belohnung dafür, daß Sub Pop die Band überhaupt bekannt gemacht habe.

Anfang 1991 wurde diskutiert, ob die Ablösesumme, die selbst Geffen für minimal hielt, angehoben werden sollte. Cobain nahm an diesen Gesprächen nicht teil und verkündete öffentlich, daß Sub Pop am Ende sei – eine Reaktion, die von Pavitt und anderen als Beweis für seine Undankbarkeit und seinen Größenwahn gewertet wurde. Doch es kam noch schlimmer: Wenige Tage nach dem Abschluß mit Geffen verlangte Cobain von seinem alten Label aktuelle Tantiemenabrechnungen, und als diese ihm nicht schnell genug vorgelegt wurden, holte er sich als »Entschädigung« höchstpersönlich ganze Stapel von Platten aus dem Sub-Pop-Lager – und dazu noch jede Menge Drogen.

Zweifellos goß Cobain mit all diesen Aktionen Wasser auf die Mühlen derer, die meinten, Nirvana habe jedweden Anspruch auf Glaubwürdigkeit gegen einen Scheck mit vielen Nullen eingetauscht. Mit dieser Kritik mußte sich die Band seit dem Erscheinen von »Sliver« häufig auseinandersetzen. Cobain schien dies nicht sonderlich zu stören, er war längst auf einem anderen Trip. Anton Brookes, Nirvanas englischer Public-Relations-Agent in England, erinnert sich an sein erstes Treffen mit der Gruppe im Herbst 1991, in dessen Verlauf Kurt äußerte, »daß ihr Album in die Top Ten käme und daß es Stücke gäbe, die als Singles großartig einschlagen würden. Man sah es seinem Gesicht an, daß er wirklich daran glaubte. Er wußte es.« Ebensowenig schien er es zu bedauern, daß Gruppen wie TAD und Mudhoney inzwischen seinen Platz in der Seattle-Szene eingenommen hatten: »Ich wüßte gar nicht mehr, wie ich ein Punk-Album machen sollte, genausowenig, wie ich Texte schreiben könnte, die etwas verändern«, gestand er bereits 1991 offen ein. Statt dessen zielte er mehr und mehr auf mainstreamfähige Musik, ganz im Einklang mit Geffens Credo, erfolgreichen Künstlern sei kommerziell am besten mit Aufnahmen gedient, die ein breites Publikum nicht verprellen. Und so wurden seine Songs zunehmend zu Mixturen aus Grunge und Rock, mit Melodien, die von T. Rex beeinflußt schienen.

War Cobain auch fraglos die stärkste Persönlichkeit der Band, so beruhten die Tiefe und die Dynamik von Nirvanas Musik doch auf dem subtilen Zusammenspiel von Gitarre und Baß sowie einem treibenden Beat. Novoselic und Grohl waren also für das Endprodukt unverzichtbar, wurden aber von Cobain ziemlich rüde und rücksichtslos behandelt. Dies fiel vielen auf, die die drei Musiker kannten, und wurde offen diskutiert, wenn auch unter Ausschluß der Öffentlichkeit. Cobain galt allgemein als ein Egoist, der seine Kollegen ausnutzte, um seine Rockstar-Ambitionen zu verwirklichen. Niemand mißgönnte ihm den Erfolg. Doch es befremdete, daß er ständig von einer »Punkethik« redete, tatsächlich aber nur sein eigenes Ego im Blick hatte.

Cobain selbst versuchte die Spannungen innerhalb der Band herunterzuspielen: »Unsere Schwierigkeiten sind unbedeutend«, behauptete er später, »wir haben uns nie angeschrien.« Doch laut Levy wurde Cobain von »tiefem Neid« zerfressen, weil »Chris die Fähigkeit hatte, die Leute zum Lachen zu bringen, und Kurt nicht«; immer wieder sei er über Novoselic hergefallen, weil er dessen Lockerheit bei Proben nicht ertragen konnte, und auch Grohl habe er mehrfach »heruntergeputzt«, wenn ihm irgendwas nicht paßte.

Auch in anderer Hinsicht konnte von Punkethik schwerlich die Rede sein. Patrick MacDonald etwa bemerkt zu Cobains »Führungsstil«: »Bei jeder Entscheidung setzte sich letztlich Kurt durch, niemand sonst.« Und Peterson kommentiert sogar, daß Cobain die Band geführt habe wie ein General seine Armee. Noch schlimmer: Cobain entwickelte sich mit wachsender Popularität immer mehr zu einem Tyrannen, der allen Ruhm für sich beanspruchte, dessen Credo lautete: »Ich habe das alles allein gemacht.«

Aber das stimmt nicht – und in letzter Konsequenz schadete es sogar seinem Ego, daß er die Loyalität seiner Mitstreiter und deren Arbeit immer wieder abwertete. Denn immer mehr Leute in Seattle gelangten allmählich zu der Einsicht, daß sich der »alte Kurt« zu einem unausstehlichen Egomanen gewandelt hatte, der seinen Erfolg als Waffe gegen jeden einsetzte, von dem er sich bedroht fühlte. Tatsächlich führte er die Band spätestens 1991 für jeden nachvollziehbar als ein De-facto-Diktator unter demokratischem Deckmantel – und wie ein *Rolling-Stone*-Interview belegt, machte er sich auch gar nicht mehr die Mühe, das abzustreiten. »Frage: Du hast also das Sagen? Anwort: Ja. Ich frage sie aber nach ihrer Meinung. Letzten Endes ist es jedoch meine Entscheidung ... Es ist nicht so, als hätten sie Angst ... Ich frage sie, und wir reden darüber. Und schließlich kommen wir alle zu dem gleichen Ergebnis.«

Wenn es bei dem Versuch, sich selbst für eine unglückliche Kindheit zu entschädigen, so etwas wie einen Sättigungsgrad gibt, hätte Cobain zu dieser Zeit eigentlich befriedigt sein müssen. Alles, was er seit 1990 unternommen hatte, war ein einziger Kampf um Anerkennung gewesen – und schließlich hatte er ihn gewonnen. Aber anstatt zufrieden zu sein, suchte er nur noch mehr Zuspruch, indem er sich öffentlich damit brüstete, es »geschafft« zu haben, und den Geffen-Vertrag gegenüber jedem, der es hören wollte, als »das große Ding« anpries. Selbst seine alten Saufkumpane aus Aberdeen unterrichtete er höchstpersönlich davon, daß nun niemand »Kurt mehr herumschubsen« konnte. Jener Mann, der einst Slogans wie »Gott ist schwul« oder »Homoliebe Nr. 1« gesprayt hatte, schrieb nun seinen eigenen Namen in Großlettern auf die Wände, damit »die Leute sich daran gewöhnen«.

Mit zunehmendem Erfolg bestand Cobain zugleich immer entschiedener auf ständige Proben. Grohl zeigte sich überrascht davon, wie sorgfältig Cobain Texte und Melodien überarbeitete und sein Material auf Hochglanz polierte.

Eines der neuen Projekte Nirvanas war die letzte Sub-Pop-Single, die bei der Abwerbung vereinbart worden war, eine Coverversion von Vaselines »Molly's Lips«. Doch selbst dieses scheinbar unkomplizierte Projekt dokumentierte einmal mehr, mit welch rüden Methoden die Spannungen zwischen einer scheidenden Band und ihrem Label künstlich verschärft werden konnten. Pavitt, der ursprünglich natürlich auf eine Originalkomposition Cobains gehofft hatte, mußte sich nun zu allem Überfluß auch noch anhören, daß sein Ex-Star das Stück als Wegwerfsong bezeichnete und schließlich gar von Poneman verlangte, es nicht zu veröffentlichen. Tatsächlich erschien »Molly's Lips« dann in einer begrenzten Auflage von 7 500 Stück, 4 000 davon in grünem Vinyl.

War es nur gesundes Selbstbewußtsein oder schon ein Anzeichen von Größenwahn, wenn er einem Journalisten gegenüber erklärte: »Jedes Plattenlabel sucht nach einem Kurt Cobain«?

Freilich trug die Öffentlichkeit das ihre dazu bei, Cobains Ego weiter aufzublasen. 1992 charakterisierte man ihn als »Propheten«, als einen

»Seher«, als jemanden, dessen Lieder »die Gefühle der Menschen ausdrückten, noch bevor sie überhaupt wußten, was sie fühlten«. Die Kritiker von *Sounds* wählten Nirvana zur Nummer eins unter den »vielversprechendsten Newcomern«, vor Gruppen wie den Pixies und den Spin Doctors.

Ironischerweise lebte Cobain, der überall als das heißeste Talent im Rock-Busineß gehandelt wurde, zu dieser Zeit noch immer von der Hand in den Mund. Geffen verlangte eine juristische Prüfung, ehe Nirvanas Vertrag aufgesetzt werden sollte. Die endgültige Unterzeichnung wurde aufgrund dieser und weiterer Verzögerungen schließlich von Weihnachten auf Ostern verschoben. Die dazwischenliegenden Monate verbrachte Cobain gemeinsam mit Grohl in der North Pear Street. Sie ernährten sich von »corn dogs« (Würstchen im Teigmantel), Wein und allen möglichen Drogen. In einem Interview erinnerte sich Grohl an diesen Winter als »die schlimmste Zeit seit Jahren«. Cobain empfand dies ähnlich: »Ich wurde fast wahnsinnig«, erzählte er. »Ich hielt es nicht mehr aus. Ich war so gelangweilt und so arm. Wir waren offiziell schon seit Monaten bei Geffen und hatten doch kein Geld.« Es war allerdings typisch für Cobain, daß er bei seinem Lamento eine Tatsache nicht erwähnte: Jedes Mitglied der Band bekam 1 000 Dollar im Monat als Vorschuß – für viele Einwohner Seattles ein normaler Monatslohn. Kurze Zeit später schwärmte er von demselbem grauenvollen Winter als einer »goldenen Zeit«, einer »Atempause« auf dem Weg vom Sektierer, der er war, zu dem Bühnenstar, der er werden sollte.

Der Aufbruch in die Zukunft war privat zugleich eine Rückkehr in die Vergangenheit: Cobain versöhnte sich mit Tracy Marander, mit der er nach seiner Trennung von Julia Levy und Tobi Vail eine Reihe von Nächten in Tacoma und Seattle verbrachte. Die beiden genossen nostalgische Wochenenden in der North Pear Street, doch praktisch jedem, der sie kannte, fiel auf, daß Marander, seit sie wieder mit Cobain zusammen war, unglücklicher wirkte als früher. Auf jeden Fall nahm sie wieder größere Mengen Drogen. Nach Moons Auffassung war Kurt zu dieser Zeit schon »so sehr in seiner Arbeit gefangen, daß es schwierig war, eine Beziehung zu pflegen ... Schreiben und Proben interessierte ihn mehr.«

In diesen letzten, relativ ruhigen Wochen, bevor der Ruhm mit aller Macht über ihn hereinbrach, polierte Cobain die Smart-Aufnahmen auf jenen epochemachenden Hochglanz, der dann *Nevermind* auszeichnete. Außerdem nahm er mit »Dumb« und »Pennyroyal Tea« zwei Stücke auf, die später auf *In Utero* erschienen, und schrieb mindestens einen Text, nämlich den von »Opinions«, der unmißverständlich klarmachte, daß er niemals mehr nach Aberdeen zurückkehren würde, wohin auch immer sein Weg ihn führen mochte.

Weihnachten 1990 hatte Cobain damit begonnen, die früher eingesetzten »Haushaltsrauschmittel« wie Hustensaft und Klebstoff durch Schmerzmittel und schließlich Heroin zu ersetzen. Marander erzählte er, diese Droge mache ihn geselliger: »Er hatte das Gefühl, ausgehen und Spaß haben zu können, mit Leuten zu reden, ohne sich unbehaglich zu fühlen.« Und ein Freund aus Olympia bestätigt: »Kurt nahm das Zeug sieben Tage in der Woche. Er glaubte, daß es ihn von seinem Einsiedlertum wegbringen würde.«

Tatsächlich aber wurde Cobain nur zu einem Süchtigen, der sich durch seine Abhängigkeit sowohl von Marander als auch den anderen Bandmitgliedern entfremdete. In dieser Zeit fielen die Würfel für Kurt. »Mich hat das umgehauen«, sagt Novoselic. »Es war schockierend ... und das habe ich ihm gesagt.« Doch die Proteste seines Freundes nutzten nichts. Je mehr Novoselic und andere ihn kritisierten, um so trotziger flüchtete Cobain zur Spritze. Seine Exzesse sind gut dokumentiert, und in den Monaten nach seinem Tod erschien er in den Kommentaren vieler Kritiker nur mehr als ein »krankes Kind«, das sich nicht anders zu helfen gewußt hatte. Doch dieses Bild wurde dem Mann nicht gerecht. Cobain glaubte gute Gründe zu haben, Drogen zu nehmen, und er nahm sie bewußt. Außerdem gelang es ihm oft, seine Sucht geschickt vor der Öffentlichkeit zu verbergen. Allerdings enthüllte seine Heroinabhängigkeit die psychischen Wahnvorstellungen, unter denen er litt. Gefestigtere Persönlichkeiten hätten diese womöglich besser unterdrücken können – in dieser, aber auch nur in dieser Hinsicht war Cobain tatsächlich ein Opfer.

Später erklärte Cobain, er habe das Heroin 1990 »entdeckt«, bis zur Geburt seiner Tochter aber lediglich ein paarmal dazu gegriffen. Die Wahrheit ist, daß er mit seinem Drogenmißbrauch bereits in Aberdeen begonnen hatte und bis zu seinem Tod nie wirklich davon losgekommen war. Verantwortlich für jede Sucht war in Cobains Augen jedoch nicht das Individuum, sondern die Gesellschaft. Immer wieder protestierte er gegen die Auffassung, er selbst würde bewußt darauf hinarbeiten, seine eigene Existenz zu vernichten.

Einer der Gründe, weshalb Seattle für Grunge und Heroin berühmt wurde, hieß Kurt Cobain, das vermeintliche Opfer von Dealern und untätigen Cops. Daß er vorgab, Heroin als Arznei gegen seine Magenschmerzen zu benutzen, war nur der letzte verzweifelte Versuch, seine Sucht zu verharmlosen. Da Heroin das zentrale Nervensystem und auch

Ins Schwarze

den Darm betäubt und so jedes Hungergefühl unterdrückt, mag tatsächlich eine Spur Wahrheit an Cobains Behauptung sein, er habe es nur »wegen der schmerzstillenden Eigenschaft genommen« – doch eben nur eine Spur.

Ende des Jahres 1991 verlangte Cobain von seiner Freundin bereits zwei Injektionen am Tag und setzte so einen bizarren Kreislauf von Gewaltausbrüchen und romantischen Zwischenspielen in Gang. Einmal trat er die Tür eines Apartments ein und schrie nach »Stoff – sofort!«. Die völlig verwirrte Bewohnerin verwies ihn an einen Dealer nebenan. Ein anderes Mal wurde er aus einer Wohnung geworfen, nachdem er deren Eigentümern die Bedeutung seines beliebten Spitznamens »Hurler«, »Kotzer«, demonstriert hatte, indem er sich in sein Abendessen erbrach. Sein eigener Dealer mußte ihn durch eine Mund-zu-Mund-Beatmung retten, als er während einer »geschäftlichen Transaktion« plötzlich blau im Gesicht wurde und zusammenbrach. Und das *BAM*-Magazin berichtete in jenem Winter: »Kurt ... schlief mitten im Satz ein. Seine »Stecknadelpupillen«, die eingefallenen Wangen und die unreine, bleiche Haut deuten auf mehr als Erschöpfung hin.« Cobain selbst fürchtete nur eines: von der Polizei »zur Seite gewunken zu werden und im Gefängnis einen kalten Entzug machen zu müssen«. Diese Gefahr beschwor er freilich regelmäßig herauf. Percodan, Kokain und Heroin waren längst seine ständigen Begleiter, und manchmal nahm er in einem Club oder in einer Bar vor aller Augen seine Flaschen und Fläschchen aus der Tasche, zählte sie und redete mit ihnen, als seien es gute Freunde.

Neben der ihm selbst bewußten »Ekelhaftigkeit«, die unter Drogen verstärkt zum Vorschein kam, gab es auch kurze Augenblicke, in denen er große Liebe empfand – für seine Kollegen, seine Musik und selbst für die Frauen, mit denen er die Zeit zwischen den Proben ausfüllte. Eine von ihnen sagt: »Wenn alles zusammenpaßte, konnte Kurt der netteste Mensch der Welt sein. Wenn nicht, war er ein Scheißkerl.« Eine andere Ex-Geliebte hält jedoch dagegen, daß »selbst Dope nichts daran ändern konnte, daß er ein schüchterner, im Grunde freundlicher Mann war. Er war echt.«

Später trat Cobain als Mahner auf, der andere vor dem Elend warnen wollte, das er selbst durchgemacht hatte. Doch einer dringend erforderlichen Behandlung, die ihn von jener Abhängigkeit befreit hätte, verweigerte er sich.

Daß die Sucht Kurt nicht umgänglicher machte, davon kann insbesondere Chad Channing ein Lied singen. In den zwei Jahren, die er bei Nirvana spielte, wurde der Drummer fast jeden Abend das Opfer von Cobains Attacken, verbal wie auch handgreiflich. Angebliche spielerische Mängel

Channings wurden mit dem Wurf einer Gitarre kommentiert, doch manchmal schmiß sich Cobain auch mit seinem ganzen Gewicht auf Channings Set. 1990 endete kein Nirvana-Konzert ohne eine dieser rituellen Gewaltszenen – und einem blauen Auge für Channing. Bei nicht wenigen Fans aus der Punkrock-Szene riefen diese Attacken allerdings ekstatische Begeisterung hervor und ließen sie nach mehr Blut schreien. Der zurückhaltende Channing und seine Familie waren weniger begeistert, sie betrachteten Kurts Ausfälle keineswegs als notwendige Versuche, im Rahmen eines traditionellen Bühnenauftritts der Punkethik Rechnung zu tragen, sondern nahmen blaue Flecken, Schürfwunden und den von Cobains Spucke besudelten Channing lediglich als Beweis dafür, daß »Kurt krank war«.

Doch Channing war gewiß nicht der erste und ebensowenig der letzte, der unter Cobains Ausbrüchen zu leiden hatte. Stimmungsverändernde Drogen verstärkten seine Unberechenbarkeit, sorgten dafür, daß er in der einen Sekunde ebenso abstoßend wie in der nächsten liebenswürdig und anziehend sein konnte. Doch das wahre Ausmaß seines Zustandes kannte kaum jemand. Kaum eine Woche nach seiner Rückkehr in die North Pear Street wurde die Polizei von einem Nachbarn alarmiert. Als die Beamten eintrafen, fanden sie Cobain auf dem Rasen sitzend unter einer Platane und mit einem Baseballschläger in der Hand. In seiner Nähe war ein weinendes junges Mädchen – einer jener Vorfälle, die den Gerüchten Nahrung gaben, Cobain schlage seine Freundinnen regelmäßig. Derselbe Nachbar schreckte in einer Winternacht Anfang 1991 aus dem Schlaf auf, als ein Mädchen, das nur ein regendurchnäßtes T-Shirt und Strumpfhosen trug, gegen seine Tür schlug und schluchzte: »Er wird mich umbringen!«

Ein andermal sah man Cobain im Weathered Wall, einem scheunenartigen Club in Seattle, wie einen Fötus zusammengerollt unter einem Tisch liegen und hörte ihn schluchzend jammern, seine Mutter habe ihn »gefickt«. Seine ständige Unzufriedenheit war spätestens zu dem Zeitpunkt, als er als erwachsener Mann an der Schwelle zum Erfolg stand, nicht mehr nachvollziehbar. Daß er sich immer noch über seine Mutter beklagte, war ein Beweis dafür, daß das Klagen über seine Kindheit zur Obsession geworden war.

»Kurt fehlte völlig die Fähigkeit, ein Unglück mal auf die leichte Schulter zu nehmen oder Trauer zu etwas Positivem zu verarbeiten«, sagt seine Cousine. Und laut Julia Levy war es »geradezu pervers, wie er sich an seine Kindheit klammerte. Für ihn war es eine Auszeichnung, stets leiden zu müssen.«

Spätestens 1991 entsprach Cobain dem Klischee eines »kaputten« Stars. Von den ersten Wochen des Jahres an wurde er zum Stereotyp des gewalttätigen Punk und drogengebeutelten Außenseiters, der betrunken und high durch Olympia oder Seattle schwankte und jeden vor den Kopf stieß, der freundlich zu ihm war. Levy wurde brutal fallengelassen, Marander abermals zum Teufel gejagt. Ein Verwandter, der Cobain in der North Pear Street besuchen wollte, wurde an der Tür »von einem nackten Kurt« empfangen, »der mir mit der Faust drohte und mich lautstark beschimpfte, ich würde ihn belästigen«. Eine Delegation des New-Wave-Labels K-Records wurde mit einem Warnschuß aus einem Luftgewehr von der Veranda vertrieben.

Im Herbst des Jahres 1992 zogen die britischen Journalisten Victoria Clarke und Britt Collins Cobains nie versiegenden Haß auf sich, weil sie die Frechheit besaßen, ein Buch über Nirvana schreiben zu wollen. Laut einer Anzeige, die Clarke am 26. Oktober bei der Polizei machte, hatte Cobain sie angerufen und »eine lange, aggressive und drohende Nachricht auf ihrem Anrufbeantworter hinterlassen«. Auf dem Band hört man, mit welchen Worten Cobain seiner Sorge Ausdruck verleiht: »Wenn in diesem Buch irgendwas steht, das meine Frau verletzt, dann wird euch was Beschissenes passieren ... Ich schneide euch eure verdammten Augen raus, ihr Schlampen ... Nutten ... schmarotzerische kleine Fotzen ... Ich scheiß drauf, wenn hier aufgenommen wird, daß ich euch drohe.«

Schon als Kind hatte Cobain keinen Mangel an Feinden gehabt, aber es waren Feinde, für die ihn andere Außenseiter respektierten: Eltern, Lehrer, Priester, Polizisten ... Von diesen Leuten und anderen herumgeschubst zu werden machte ihn in den Augen von Gleichgesinnten zum verehrten Underdog. Doch Cobain lebte selbst zu Beginn der Neunziger, auf der Schwelle zum Ruhm, noch immer seine Kindheit nach und kämpfte die alten Schlachten. Fünf Jahre nachdem er Aberdeen verlassen hatte, wütete er gegen seine Heimatstadt ... und er reagierte absurderweise auf Kritik ebenso überempfindlich wie damals. Als *Vanity Fair* oder die britischen Biographinnen Interesse an seiner Karriere zeigten, gehörte er längst zu den respektiertesten und erfolgreichsten Gestalten der Rockszene. Und doch machten ihn künstlerische Bestätigung und finanzielle Sicherheit offensichtlich nicht glücklich, änderten nichts an seiner inneren Zerrissenheit. Vergleichbares hatte es in der Grunge-Szene zuvor nicht gegeben: ein Möchtegern-Outsider, der die alternative Ethik verkörperte, aber stundenlang über das Kleingedruckte eines Vertrages stritt; ein ehemals lärmender Punker, der seine immer noch aggressiven Texte jetzt durch Popmelodien glättete, die ohne weiteres von Squeeze hätten stammen können; ein vermeintlich friedliebender Feminist, der immer wieder durch gewalttätige und sexistische Haßtiraden von sich reden machte ...

Eine weitere Eigenart, mit der sich Cobain zunehmend von der Außenwelt isolierte, war seine seltsame Zeiteinteilung. Fast schien es so, als würde er bei Tage schlafen und nachts arbeiten, um den Feinden zu entgehen, von denen er sich in seiner Paranoia allgegenwärtig umringt sah. 1991 traf man ihn tagsüber meistens im Pyjama an. »Ich schlafe gerne«, erklärte er. »Manchmal schlafe ich einfach ein, wenn ich die Leute leid bin oder sie mich langweilen ... Ich habe schon seit Jahren das Gefühl, als sei meine Fähigkeit zur Konversation erschöpft. Es gibt nicht mehr viel, auf das ich mich freuen kann. Die alltäglichen kleinen Freuden wie ein Gespräch zu führen oder über etwas Unwichtiges zu plaudern empfinde ich als total langweilig, also schlafe ich lieber.«

Als ein Fotograf namens Kirk Weddle in diesem Sommer eine Aufnahmesession mit Nirvana in einem Schwimmbad machte, sah er zu seiner Verwunderung, daß sich Cobain einfach an den Rand des Beckens legte und sofort einschlief. Miti Adhikari, Toningenieur bei der BBC, machte ähnliche Beobachtungen, als die Band im November in London war: »Alle kamen herein, packten ihr Equipment aus, stimmten Gitarren und schlugen auf den Drums herum. Nur Kurt lag schnarchend in einer Ecke.«

Damals kam die Behauptung auf, Cobain würde an Narkolepsie leiden und deshalb regelmäßig vom Schlaf übermannt werden, manchmal mitten im Satz. Einer anderen Version zufolgte tickte seine innere Uhr nach einem Zeitplan, der von seiner Drogenabhängigkeit diktiert wurde. Wie es hieß, betäubte er sich mehr, als daß er schlief. Vielleicht empfand Cobain den Schlaf auch nur als die simpelste Lösung dafür, daß er im Grunde überhaupt nichts mehr zu sagen hatte – oder daß er fürchtete, seine Glaubwürdigkeit zu verlieren, wenn er mit seinen Fans in einen kritischen Dialog treten würde. Er kannte deren Gefühle und wurde von ihnen als *ihre* Stimme empfunden – selbst jetzt noch, da er sich meilenweit von ihnen entfernt hatte. Also sprach er besser *für* sie als *mit* ihnen. Und noch etwas kam hinzu: Es schmeichelte Cobains Ego, als scheu und zurückhaltend zu gelten. »Kurt hatte etwas zutiefst Schüchternes, Zögerliches an sich«, sagt seine Cousine. »Ein Teil von ihm setzte diese Charakterzüge ein, um aufzufallen und sein lebenslanges Motto zu illustrieren: ›Ich bin anders als ihr‹.«

Cobains Gesundheit, die schon seit seiner Kindheit angegriffen war, verschlechterte sich im Erwachsenenalter nochmals. Er litt erneut unter Asthmaanfällen und chronischen Magenschmerzen. In den ersten Mona-

Ins Schwarze

ten des Jahres 1991 wurde öffentlich bekannt, daß er sich Heroin spritzte, angeblich, wie er selbst sagte, um gegen die Schmerzen anzugehen. David Fricke gegenüber äußerte er über diese Zeit: »Fünf Jahre lang wollte ich mich wegen meiner Magenschmerzen jeden Tag am liebsten umbringen. Sehr oft war ich nahe dran ... Das ging so weit, daß ich manchmal, wenn wir auf Tour waren, auf dem Boden lag und Luft kotzte, weil ich nicht mal Wasser bei mir halten konnte.«

Cobains Abschiedsbrief endete mit den Worten: »Danke vom Grunde meines brennenden, kotzüblen Magens.« Schon in den Jahren zuvor führte er einen großen Teil seiner mentalen Probleme darauf zurück, daß er jeden Tag mit Aussichten auf quälende Schmerzen aufwachte. An vielen dieser Tage mußte er Konzerte durchstehen, Videos drehen oder Interviews über sich ergehen lassen. Rückblickend ist es schon erstaunlich, daß sein schmächtiger Körper – Cobain wog nur 65 Kilo – den Dauerstreß und die Exzesse so lange ausgehalten hat.

Allerdings gibt es nicht viele, die glauben, Cobains Magenschmerzen seien nicht Ursache, sondern Folge seiner Sucht gewesen. Levy etwa meint: »Kurt übertrieb es ... die Lösung wurde zum Problem.« Novoselic und Grohl bestätigen dagegen, daß Kurts Beschreibung seiner Leiden durchaus zutraf.

Auch Cobains Mutter hatte laut eigener Aussage mit Anfang zwanzig an heftigen Magenschmerzen gelitten, und einer ihrer Brüder ebenfalls. Wie Beverly Cobain bemerkt, war »das Problem an sich schon schlimm genug, aber Heroin war nicht die richtige Antwort darauf. Lithium und eine Diät wären Kurt wohl besser bekommen.«

Cobains Erscheinung war seit jeher schon auffällig gewesen: klein, schmächtig, elfenhaft ... Ständig schienen ihm seine Kleider um den Leib zu flattern. Dieses Bild pflegte er, bis es, mit den Worten Levys, »ein weiterer Käfig wurde, aus dem er nicht ausbrechen konnte«. Meist trug er einen Mohairpullover, ganz egal, ob er nun in einem zerrissenen Schlafanzug oder ebenfalls zerrissenen Jeans auftrat. Und das Flanellhemd unter dem Pullover war nahezu ebenso unvermeidlich. Ein Beobachter, der Kurt in Seattle auf der Bühne sah, hätte Schwierigkeiten gehabt zu entscheiden, ob da nun ein Schauspieler einen Punk parodierte oder umgekehrt.

In Kombination mit seinen weiteren Markenzeichen – strähnigem, ungewaschenem, oft aber gefärbtem Haar, blutleerem Teint und erstaunlich großen Füßen in schwarz-weißen Turnschuhen – ließen diese Kleidungsstücke Cobain wie einen »Prankster«, einen Clown, erscheinen – was überraschenderweise nur wenige seiner Anhänger wahrnahmen. Cobain selbst erkannte die komische Seite seiner Persönlichkeit sehr wohl und spielte damit.

Was andere provokative Outfits und Auftritte bezweckten, ist hingegen weniger klar. Zu Besprechungen mit Geffen erschien Cobain oft in einem rosa Bademantel oder in Frauenunterwäsche. Wenn ein Fotograf ein »düsteres Image« wünschte, tauchte er zum Shooting in einer Pelzstola und einem Ballkleid aus der *Vom-Winde-verweht*-Epoche auf. Außerdem experimentierte er mit Make-up und Schmuck. Sollten das auch Jokes sein? Oder waren es bewußt hingeworfene Brocken für Journalisten, die beharrlich nach Erklärungen suchten, ohne sich je zu fragen, ob sie sich damit nicht lächerlich machten? Wie auch immer, so mancher Fan und so mancher Kritiker suchte bis zuletzt immer wieder nach Beweisen für Cobains »Androgynität« oder wie auch immer man seine spielerischen Versuche des Verwischens sexueller Unterschiede deuten mochte. Cobain selber wurde in dieser Hinsicht ziemlich deutlich: »Es war ein Witz«, sagte er.

Am 1. Januar 1991 trafen sich Nirvana in Seattle und nahmen die Songs »Aneurysm« und »Even In His Youth« auf, die im Sommer die B-Seite einer Single werden sollten, als deren A-Seite »Smells Like Teen Spirit« vorgesehen war. Beide Songs waren weitere Beweise dafür, daß Nirvanas Zukunft in einem eingängigen Sound und nicht mehr in rauhem Punk lag. Außerdem brachten diese Aufnahmen die Band erneut mit Butch Vig, dem Produzenten der Smart-Sessions, zusammen, der dafür sorgte, daß bei beiden Songs Echo, digitale Verstärkung und Spezialeffekte schließlich über den Geist des Grunge triumphierten.

Anfang 1991 hatten Nirvana in regelmäßigen nächtlichen Proben auch »Come As You Are« und »Smells Like Teen Spirit« einstudiert. Beide Songs waren ähnlich eingängig wie »Dive«, und es gab gute Gründe zu hoffen, daß sie den Massengeschmack ansprechen würden. »Wir wußten, daß unser Zeug eingängig und cool war, einfach starke Songs«, sagt Grohl.

Doch das neue Material wurde nicht nur von Cobains immer deutlicher hervortretenden Fähigkeiten zum Schreiben melodischer Songs geprägt: In eben der Woche, in der er an »Teen Spirit« arbeitete, begann der Golfkrieg mit der Bombardierung Bagdads durch die alliierten Streitkräfte. Und wenn selbst eine Band wie die Stones sich zu einem Protestsong bemüßigt fühlte, konnten Nirvana schon gar nicht umhin, sich an ihre Punk-Wurzeln zu erinnern und ihrem Zorn musikalisch Ausdruck zu verleihen. Tatsächlich sind Cobains Texte aus diesen Wochen voller spürbarer Wut.

»Als wir die Platte aufnahmen«, erinnert sich Novoselic, »hatte ich wieder dieses Gefühl des ›wir gegen sie‹, gegen all diese Leute, die Fahnen schwenkten und offensichtlich eine Gehirnwäsche durchgemacht hatten.«

Was auch immer Cobains wahre Motive für »Smells Like Teen Spirit« gewesen sein mögen, es ist zweifellos bezeichnend, daß er die Jugendhymne der Neunziger in genau dem Augenblick schrieb, als die amerikanische Gesellschaft – und nicht nur die amerikanische – polarisiert war wie nie wieder seit dem Jahr seiner Geburt. Noch Mitte der Achtziger hatte Cobain verkündet, der Vietnamkrieg sei trotz all des Leids, das er verursacht habe, doch kein komplettes Desaster für die Menschheit gewesen, da »er großartige Popmusik« hervorgebracht habe. Und, bei aller Kritik: Hatte er mit diesem zynischen Kommentar nicht irgendwie doch auch recht? Wie auch immer, jene kreative Kraft, die dem Rock der späten Sechziger zugrunde lag, war auch bei Nirvanas neuer Single spürbar. Es ist und bleibt eine Streitfrage, ob Cobain mit »Teen Spirit« wirklich die aktuelle politische Weltlage kommentieren wollte – doch daß er seine hehren Ideale musikalisch so »verpackte«, daß die Massen auf seinen Song fast zwangsläufig abfahren mußten, wird kaum jemand ernsthaft bestreiten können. Der Refrain, den Cobain während einer Autofahrt von Olympia nach Takoma auf ein Blatt Papier gekritzelt hatte, geriet in den frühen Neunzigern fast zu einer symbolischen Hymne des Jugendprotests. Cobain traf dies scheinbar völlig unvorbereitet: »Was mich betrifft«, erklärte er, »war es nicht mehr als ein Song. Ein Zeitzeichen. Ich wollte Geld machen und das Vertrauen der Leute mißbrauchen.«

Am 30. April 1991 unterschrieb er seinen Vertrag mit Geffen.

6

Nevermind

Im selben Monat, in dem die Gruppe ihren Vorschuß kassierte, machten Nirvana vor ausverkauften Häusern eine Tournee durch Kanada und hatten einen einmaligen Auftritt in Seattle, bei dem »Smells Like Teen Spirit« erstmals vorgestellt wurde.

An dieses Jahr seines Lebens sollte sich Cobain später immer wieder mit Nostalgie erinnern. Seine schlimmsten Familienprobleme lagen hinter ihm, er und Geffen waren zu einer Übereinkunft gekommen, und sein Ruhm als Rockstar – begründet auf einer Handvoll Singles und einem Kultalbum – wuchs in einem atemberaubendem Tempo. Tatsächlich reichte dieser relativ geringe Output aus, in Verbindung mit der grundsätzlichen Neugierde auf Cobains charismatische Persönlichkeit, um bei Magazinen und Fachzeitschriften in ganz Europa Interesse zu wecken und sogar in New York für verhaltenes beifälliges Gemurmel zu sorgen. Einem Artikel zufolge, der in diesem Sommer in der *Village Voice* veröffentlicht wurde, war Cobain ein »aufgehender Stern«, jemand, für den sich »Entfremdung ausgezahlt hatte«, und, was seinen familiären Hintergrund anging, »ein Rätsel«.

Tatsächlich hatten sich Cobain und sein Vater, als der Artikel erschien, versöhnt. Obwohl Don in einem Interview den Eindruck zu erwecken versuchte, als hätten sie »mehr als eine Stunde lang miteinander geplaudert, einfach nur so über dies und das«, gab er später zu, daß das Telefonat »schwierig« gewesen sei und keiner von beiden Anstrengungen unternommen habe, ein anschließendes Treffen zu vereinbaren. Einer anderen Darstellung zufolge ließ Kurt keine Gelegenheit aus, ihm, Don, unter die Nase zu reiben, daß er ihn falsch beurteilt hatte. In gewisser Weise gestand Cobain jedoch allein schon dadurch, daß er eine ganze Stunde mit seinem Vater sprach, ein, daß er in dem Maße, wie ihre Erfahrungen sich einander näherten, auch begann, seine Eltern mit anderen Augen zu sehen. Gerade weil er großen Wert auf ihre Anerkennung legte, machte ihn der Umstand, daß sie ihm diese immer wieder verweigert hatten, so wütend.

Cobains Verhältnis zu Don blieb ungeklärt, aber daß ihn dies auch weiterhin bedrückte, ließen die Andeutungen erkennen, die sich durch seine Texte zogen. Sowohl auf *Nevermind* als auch auf *In Utero* gibt es diverse Songs, die sich mit dem Thema Väter und Söhne beschäftigen. Sie zeigen die unterschwellige Präsenz von Problemen, die Cobain nicht direkt ansprechen konnte. Kurz vor seinem Tod räumte er ein, daß sein Verhältnis zu Don eine Angelegenheit gewesen sei, die sie »beide vermasselt hatten, und zwar gründlich«. Cobains Großmutter sagte zu diesem Thema: »Die beiden hätten es nie zugegeben, aber sie waren sich unheimlich ähnlich.«

Kurz darauf nahm die Band in Sound City ihr Debutalbum für Geffen auf – für 65 000 Dollar, etwa hundertmal mehr, als die Produktion von *Bleach* gekostet hatte. »*Nevermind* war besser«, urteilt John Peel. »Aber nicht *so* viel besser.«

Während der sechs Wochen in Kalifornien wohnte Cobain in einem möblierten Apartment, das Gold Mountain zur Verfügung gestellt hatte. Nachdem sie einige alltägliche Dinge geregelt hatten, zum Beispiel das Anmieten von Schlagzeug und Gitarren, und eine einwöchige Probe hinter ihnen lag, die von Vig überwacht wurde, wandte sich Cobain anderen Dingen zu: »Drogen, Drogen und nochmals Drogen«, so erinnert sich Tony Selmer, ein Nachbar in Van Nuys.

Doch auch Cobains voyeuristische Neigung kam nicht zu kurz. Eine ältere Frau im selben Wohnkomplex, die erfahren hatte, daß über ihr »echt verrückte Musiker« wohnten, lud Cobain eines Abends nach der Probe zu sich ein. Als er ihr Apartment betrat, fand er die Frau in einem Sessel sitzend vor – völlig nackt. Laut Selmer handelte es sich um eine »sechzigjährige alte Dame mit Brille. Splitternackt saß sie da, rauchte mit einer langen Zigarettenspitze und trank Schnaps, völlig entspannt! Darüber hinaus hat sich nichts abgespielt. Szenen wie diese gehörten zu Kurts Wunschvorstellungen, und diese alte Lady sorgte dafür, daß eine davon wirklich wahr wurde.«

Noch eine zweite seiner ständig wiederkehrenden Phantasien wurde in Sound City Wirklichkeit: Nach tagelangem Hin und Her konnte Cobain ein einheimisches Zwillingspaar dazu überreden, mit ihm ins Bett zu gehen. Das geplante Beisammensein zu dritt wurde allerdings durch die Existenz einer Videokamera im Raum erheblich beeinträchtigt, die eine der Frauen zu heftigen Protesten veranlaßte. Es kam zu einer tumultartigen Auseinandersetzung, in deren Verlauf ein Fenster zu Bruch ging und versehentlich im gesamten Gebäudekomplex Feueralarm ausgelöst wurde. Kurz darauf, so erzählt Selmer, »schoß dieses blonde Mädchen wie eine Rakete die Treppe hinunter und schrie: ›Er hat mich geschlagen! Er hat mich geschlagen!‹ Zirka eine Minute später folgte ihre Schwester, im matten Licht der Vorhalle nur schemenhaft erkennbar, und verschwand mit Kurts Kamera. Das war das letzte, was wir von den Zwillingen sahen.«

Trotz allem kam aber auch die Musik in diesen Tagen nicht zu kurz. Mehr als sechs Wochen lang übten und probten Nirvana täglich zehn Stunden. Nachdem sie bereits eine große Zahl von Takes verworfen hatten, nahmen die Musiker schließlich dreizehn brauchbare Tracks auf. Neben dem neuen Material griff Cobain auch verstärkt auf Stücke aus der Smart-Session vom vergangenen Jahr zurück; »Polly« und »Stay Away« existierten sogar schon seit *Bleach* in den unterschiedlichsten Fassungen.

Kritiker wiesen später immer wieder auf den offensichtlichen Konflikt zwischen den Bandmitgliedern im Zuge der Produktion hin. Während der impulsive Cobain den Ehrgeiz hatte, eine Nummer in nur einem Take unter Dach und Fach zu bringen, beharrten Vig und Andy Wallace auf dem ihnen eigenen Perfektionismus. Diese Widersprüche prägten auch *Nevermind*. Trotz einiger großartiger Melodien wirkt ein zu großer Anteil des Materials auf diesem Album gekünstelt und stereotyp. An den Stellen, an denen es eigentlich richtig abgehen sollte, tritt letztlich nur Wallaces überraschend seelenlose Abmischung hervor. »On A Plain« ist zwar brillant improvisiert, wurde jedoch völlig überproduziert. Mit »Territorial Pissings« kehrte Cobain zum Garagensound zurück. Er spielte seinen Gitarrensound – ganz im Stil der frühen Sex Pistols – direkt in ein Mischpult, das noch aus den siebziger Jahren stammte. Ein Song wie »Lounge Act« hingegen war so kompliziert konzipiert, daß er dadurch eher an Atmosphäre verlor.

Meistens konnten die Meinungsverschiedenheiten zwischen Kurt und dem Rest der Band im Studio behoben werden. »Wenn ich Kurt sagte, daß er etwas Bestimmtes machen sollte, dann tat er es meistens auch«, erinnert sich Vig. Obwohl der kommerzielle Erfolg von *Nevermind* unbestreitbar war, stellt sich Kritikern doch die Frage, was wohl passiert wäre, wenn Cobain und seine Produzenten am gleichen Strang gezogen hätten.

Einer der Gründe für den rasanten Erfolg dieser LP ist sicherlich, daß auf ihr eine Welt beschrieben wird, die öde und farblos geworden ist. Cobain drückte damit ein Lebensgefühl aus, das zu diesem Zeitpunkt viele seiner Landsleute mit ihm teilten. Nach einer Zeit voller Optimismus Mitte der Achtziger sahen sich die Amerikaner nunmehr einigen den Frieden bedrohenden Konflikten gegenüber. Europa war in den Golfkrieg verstrickt. In den USA erwiesen sich Millionen Wehrunwillige als ein dankbares Publikum für die Mischung aus pseudoanarchistischem Gefasel und zersetzendem Sarkasmus, die so charakteristisch für *Nevermind* ist. Cobains Texte trafen das Gefühl von Niedergeschlagenheit, das nicht zuletzt auch deshalb herrschte, weil erst wenige Jahre zuvor eine Präsidentschaftskampagne unter dem Motto »Frieden und Wohlstand« gewonnen worden war. *Nevermind* wurde zu einem Dokument: Das Album war eben nicht nur professionell gemacht, sondern artikulierte darüber hinaus auch die Sorgen der Menschen. Cobain war ein Meister der zeitgemäßen kalten Metapher, ein Virtuose, wenn es darum ging, den zeitlosen Wunsch einer jeden Generation nach einer eigenen Identität in Worte zu fassen.

Eine weitere Stärke Cobains war seine Kompromißfähigkeit. So stand es trotz seines ständigen Geredes über Improvisation im Studio immer außer Frage, daß Vig und Wallace die Freiheit hatten, mindestens der Hälfte der Aufnahmen ihren persönlichen Stempel aufzudrücken. So wurde »Teen Spirit« beispielsweise in wochenlanger Kleinarbeit aus fragmentarischen Arrangementansätzen zusammengebastelt und war alles andere als ein Paradebeispiel für spontanen Punkrock. Sobald eine Version des Songs das Licht der Welt erblickte, wurde sie eiligst zu Vig und Wallace geschafft – wie eine Frühgeburt zum Brutkasten. Als die Kritiker »Teen Spirit« (Erinnerungen an Bostons Hit »More Than A Feeling« aus dem Jahr 1976 wurden wach) in diesem Sommer zum ersten Mal hörten, rätselten sie viel über die Kluft zwischen der unbeschwerten Präsentation des Songs und seiner Botschaft. Die Musik war gefällig, der Text dagegen düster. Beide hatten aber auch etwas gemeinsam: Sie übertrafen alles, was Cobain bisher vorgelegt hatte, waren so durchdrungen von Schwermut und doch so reich an überschäumender Energie, daß es schien, als seien sie von zwei unterschiedlichen Personen geschrieben worden. In gewisser Weise traf dies auch zu. Die Textzeilen hatte Cobain eines Abends auf dem Weg zum Studio schnell hingekritzelt. Auf diese Weise einen Text zu schreiben war ihm erst seit dem langen und harten Winter in der North Pear Street möglich, wo er sich von seiner zwanghaften Vorstellung befreit hatte, wie ein Song zu entstehen habe. Dadurch gelang es ihm, von den klaustrophobischen Themen, die er noch auf *Bleach* behandelt hatte, loszukommen, und fand so zu seinem eigenen, unverkennbaren Stil.

Nirvana blieben jedoch bei »Teen Spirit« in vielerlei Hinsicht in den konservativen Traditionen des Rock 'n' Roll stecken, und die elektronische

Bearbeitung durch Wallace rückte den Song gnadenlos in die Nähe der Musik von Deep Purple und Aerosmith. Der Kontrast zwischen dem Thema des Songs und seiner Ausführung ließ ihn an einigen Stellen eigenartig zusammenhanglos erscheinen – möglicherweise der Grund dafür, daß Cobain die Produktion von »Teen Spirit« Jahre später als »Verrat« abtat.

Obschon Cobain gegenüber der Öffentlichkeit immer wieder den Eindruck zu vermitteln suchte, daß er selten trinke, entsprach sein Leben in Sound City durchaus den gängigen Klischees eines Rockmusikerdaseins. Neben seinem hochprozentigen Lieblingshustensaft kippte er im Studio Nacht für Nacht eine Flasche Jack Daniel's in sich hinein und verweigerte ansonsten jegliche Nahrungsaufnahme – es sei denn, er konnte sie mit einer angemessenen Menge Alkohol hinunterspülen. Nachdem er sich in seinem Apartment eingerichtet hatte, begann er, regelmäßig Antibiotika gegen seine Magenbeschwerden einzunehmen, die er mit Bourbon und Wein hinunterspülte. Sobald es dämmerte, traf sich Cobain mit Freunden wie Novoselic oder Vig und Gary Gersh zum Dinner, wo laut Selmer »der Schnaps den Niagarafällen vergleichbar die Kehle hinabstürzte«. Cobain ignorierte die wiederholten Warnungen der Ärzte vor den Risiken, die der gleichzeitige Konsum von Alkohol und Pillen mit sich bringt, denn er wußte, daß jeder seiner Freunde im Notfall ein bereitwilliger Krankenpfleger sein würde: Sollte er kollabieren, würde man sich um ihn kümmern und ihn versorgen – also trank er weiter.

In späteren Jahren stand Cobain in dem Ruf eines Asketen, dessen größte Laster Zigaretten und starker Cappuccino seien; er bekam das Image eines modernen Heiligen unter den Rocklegenden. Dieses glorifizierende Bild war eine ausgesprochene Simplifizierung und hatte mit der Realität wenig zu tun. Um dies zu erkennen, reicht vermutlich schon ein Blick auf die Geschichte von Cobains Jugend. So beschreibt ihn seine Großmutter väterlicherseits als einen »zerrissenen« Menschen und steht damit im Einklang mit den Äußerungen von Freunden und Zeitgenossen des Musikers. Das rebellische Kind, das immer schon in ihm geschlummert hatte, wurde zunächst noch durch seinen außerordentlich starken Ehrgeiz und, bis 1991, außerdem durch den ständig herrschenden akuten Geldmangel in Zaum gehalten. Diese beiden Umstände hinderten Cobain wenigstens für eine gewisse Zeit daran, zu tief in den Sog hemmungsloser Exzesse zu geraten.

In den Jahren nach *Nevermind* wurde der heilsame Einfluß dieser Faktoren immer schwächer, bis er schließlich gänzlich schwand. Berühmt und reich, kehrte Cobain zu den Gewohnheiten seiner Jugend zurück,

Nevermind

doch nun spielten sich seine Ausschweifungen in noch größerem Maßstab ab. Bald schon mußte er immer mehr Geld ausgeben für die unterschiedlichsten Mittel, die ihm seine Gesundheit erhalten sollten. Darüber hinaus führte die wachsende Abhängigkeit von Alkohol und Drogen allmählich zur Trübung seines Urteilsvermögens. Nicht nur im Studio trank Cobain hochprozentigen Hustensaft, Whisky und Wein, sondern seit August 1991 war sogar in den Verträgen der Gruppe festgelegt, daß für jedes Konzert Nirvanas jeweils eine Flasche Wodka und Glenfiddich bereitgestellt werden mußten. Dieses Pensum mag angesichts des Standards der Rolling Stones noch relativ bescheiden anmuten, ist aber durchaus bemerkenswert für eine Band, von der nur zwei Mitglieder tranken.

Die Party anläßlich der Veröffentlichung von *Nevermind* im Herbst feierte Cobain auf seine Weise – er orderte ein Fast-Food-Bankett, zu dem es massenhaft Bourbon und Bier gab. An Thanksgiving machten er und seine Freundin eine Heroin-Tour nach London und Amsterdam. Spätestens Weihnachten desselben Jahres mußte Cobain sich selbst und auch allen anderen eingestehen, daß er ohne Alkohol nicht mehr leben konnte und daß er ebenso abhängig war von den Medikamenten, die ihm seine Gesundheit notdürftig erhalten sollten.

Einer der Gründe für dieses Suchtverhalten ist wohl in Cobains Kindheit zu suchen. Als Junge hatte er gelernt, sich selbst mit Ritalin und Sedativa zu verarzten, und war dann sehr schnell über Marihuana und Tabletten zur Heroinabhängigkeit gekommen. Als Erwachsener suchte er Erfüllung in der Musik, war mit dem Ergebnis aber nie zufrieden, sondern verwarf es immer wieder. Ähnlich hatte er sich schon als Sechsjähriger verhalten, als er sich enttäuscht von seinen sogar preisgekrönten Kunstwerken abgewandt hatte. Der Druck, unter den er sich aufgrund des sensationellen Erfolges von *Nevermind* selbst setzte, riß alte Wunden der Kindheit auf – eine Auffassung, die sein Cousin teilt: »Der Erfolg ließ Kurt zu einem Gefangenen seiner eigenen Situation werden.« Cobain wurde dadurch auf krankhafte Weise unfähig, die Gegenwart einfach zu genießen und die Vergangenheit hinter sich zu lassen. Um seinen Alltag überhaupt ertragen zu können, mußte er also dringend nach einem Ausweg suchen, der es ihm möglich machen würde, alles Bedrückende zu vergessen. Er glaubte ihn in Alkohol- und Drogenexzessen zu finden. Selbstmord auf direktem Wege kam zu diesem Zeitpunkt für ihn noch nicht in Frage, aber der schleichende Verfall durch seine Sucht schreckte ihn offenbar wenig. Die Drogen schienen ihm das Leben zumindest kurzfristig zu erleichtern, und er bediente sich ihrer hemmungslos, zumal er jetzt auch das Geld dafür hatte. Cobain trank und nahm Drogen nicht um des Vergnügens willen, sondern um sich Erleichterung zu verschaffen. Laut Selmer wurde er »immer einsamer, je bekannter er wurde«.

Auch Cobains Liebesleben spiegelte diesen Hang zum Extremen wider. Als Nirvana 1989 in Portland im Satyricon Club spielten, machte die Band die Bekanntschaft einer Frau, die neben einer eindrucksvollen Punk-Frisur und einer Tätowierung auch noch einen jener unglaublichen Namen trug, wie sie sonst nur Musikerfrauen in Romanen von Jackie Collins ihr eigen nennen. Courtney Love, geboren am 9. Juli 1965, war der sehr unkonventionelle Sproß aus der Ehe zwischen einer Experimentalpsychologin und einem Mann, der mit Grateful Dead zusammenlebte. Als Love später einmal gefragt wurde, welche Assoziationen sie mit ihrer Kindheit verbinde, antwortete sie: »Kerle in gestreiften Hosen in einem Kreis um mich herum und meine Mutter, die mir sagt, daß ich mich benehmen soll wie der Frühling, dann wie der Sommer und der Herbst; Ausdruckstanz; Leute mit wilden Augen, die in Zelten hausen und mein Gesicht bemalen.«

Love selbst machte ihre erste Therapie bereits im zarten Alter von drei Jahren und geriet später immer tiefer in ein zwielichtiges Milieu. Sie reiste nach England, Neuseeland und schließlich nach Oregon, wo sie wegen Ladendiebstahls zu einer Haftstrafe verurteilt wurde. Da sie noch sehr jung war, mußte sie die Zeit in einer Besserungsanstalt absitzen. Sie schlug sich als Stripperin durch und sang in einigen nicht weiter erwähnenswerten Punkbands. Nachdem sie mit einem kleinen Gastauftritt in *Sid And Nancy*, in einer Rolle, die wie für sie geschaffen schien, die Aufmerksamkeit von Alex Cox erweckt hatte, bekam sie die Hauptrolle in dessen Western *Straight To Hell*. Anfang 1990 gründete sie die Hardcore-Band Hole.

Denjenigen, die Love in Los Angeles und Umgebung kennengelernt hatten, fiel es nicht schwer, sich an sie zu erinnern. Denn die junge Frau setzte gezielt und hemmungslos ihr auffälliges Äußeres – obligatorischer schwarzer Lidstrich, gebleichtes Haar – und die Attraktivität ihres Körpers ein, um Promotion in eigener Sache zu machen. Ende 1990 war sie nur von dem einen Gedanken erfüllt, sich trotz der Unstimmigkeiten innerhalb ihrer Band als Musikerin einen Namen zu machen. »Courtney war erfrischend unkonventionell«, berichtet Celia Grech, eine Frau, die Love in jenem Winter kennenlernte. »Sie war voller Energie und Selbstvertrauen und ziemlich theatralisch; ständig zog sie eine Show ab. Sie fühlte sich als etwas ganz Besonderes und machte daraus auch kein Geheimnis. Es gab nur zwei Möglichkeiten, auf Courtney zu reagieren: Entweder man nahm sie zur Kenntnis und liebte sie, oder aber man nahm sie zur Kenntnis und haßte sie. Im Gegensatz zu Kurt war Courtney nicht gleich am Boden zerstört, wenn man schlecht über sie sprach.«

Die einzige Möglichkeit, Love aus der Fassung zu bringen, bestand darin, sie zu ignorieren. Als sie Cobain 1991 in Los Angeles abermals begegnete, begrüßte sie ihn – eigenwillig, wie sie war – mit einem gezielten Schlag in die Magengrube. Trotz dieser nicht gerade vielversprechenden Begrüßung, blieben die beiden in Verbindung, während Nirvana ihr neues Album aufnahmen. Schon bald tauchte Love regelmäßig in dem Van-Nuys-Apartment auf, um mit Kurt Drogen auszutauschen. »Wir machten einen Deal mit unterschiedlichen Pharmazeutika«, erzählte sie Azerrad. »Ich hatte extra starke Vicodin-Pillen, und er hatte Hycomine-Hustensaft. Ich sagte: ›Du bist ein Idiot. Du solltest diesen Saft nicht trinken, er ist schlecht für deinen Magen‹.« Nach kurzer Zeit führte diese »Chemikalienbörse« zu weiteren Verabredungen, schließlich zu Sex und einer ausgewachsenen Liebesaffäre.

Die Beziehung mit Love hatte starken Einfluß auf Cobains Lebenseinstellung und wirkte sich mehrfach ganz unmittelbar auf seine Karriere aus. Courtney Love war für Kurt nicht einfach nur eines seiner eher zufälligen und halbherzigen Verhältnisse. Love machte auf ihn einen so nachhaltigen Eindruck, daß er, als das Verhältnis mit ihr immer intensiver wurde, sogar begann, seine Arbeit nach ihren Wünschen auszurichten – was schließlich in einer Diskussion darüber gipfelte, ob er Nirvana verlassen solle.

Man kann viele Dinge an Love kritisieren – ihre Tendenz zu Lügen und Halbwahrheiten, ihr Image als drogenschluckende Opportunistin, die sich gezielt in den Ruhm eingekauft hat –, aber es läßt sich nicht bestreiten, daß sie auch dann noch zu Cobain stand, als seine Familienangehörigen und Kollegen ihn bereits im Stich gelassen hatten. Daß ihre Beziehung zu Cobain ihrer eigenen Karriere dienlich war, läßt sich natürlich ebensowenig leugnen.

Als *Nevermind* dann veröffentlicht wurde, brach eine heftige und sehr kontroverse Diskussion über Kurts Fähigkeiten als bildender Künstler los. »Ich kann Kurt noch auf dem Fußboden sitzen sehen«, sagt Charles Peterson. »Um sich herum breitet er seine sogenannten Kunstobjekte aus – Plastikknochen, Eingeweide, Modelle von Föten – und verlangt triumphierend nach einem Fotografen.« Peterson gehört zu denen, die die Meinung vertreten, daß Cobain »visuell weit weniger begabt« war, als viele behaupten. Es ist Cobain immer zugute gehalten worden, daß er sich bereitwillig auch um das Design seiner Alben gekümmert hat, eine Arbeit, die von anderen Musikern eher ignoriert wird. Über sein tatsächliches Talent als Designer muß man jedoch sagen, daß es, wohlwollend betrachtet, in erster Linie eher von dem subjektiven Bemühen getragen wurde, die bittersüßen Geister seiner Kindheit heraufzubeschwören. Will man es weniger rücksichtsvoll ausdrücken, kann man Cobains kreative Versuche auch als Mittel zu maßloser Selbstbefriedigung deuten.

Immerhin trug Cobain aber ein aufschlußreiches Detail zu dem vielgepriesenen Cover von *Nevermind* bei: Es ist seiner Anregung zu verdanken, daß der fünf Monate alte Spencer Elden auf dem Unterwasserfoto ausgerechnet auf eine an einem Angelhaken befestigte Dollarnote zuschwimmt. Als das Album herauskam, beschäftigten sich die Rezensionen der Kritiker ebenso stark mit der Gestaltung und Symbolik des Plattencovers wie mit der Musik. Tatsächlich wurde sogar eine Doktorarbeit über die »Allegorien in Kurt Cobains bedeutendem Entwurf« publiziert, die sich mit der Frage beschäftigt, welche Bestandteile des Covers metaphorisch und welche real gemeint seien. Für Michael Azerrad symbolisiert das Cover »die Abkehr von den gewinnsüchtigen Yuppie-Achtzigern und gibt die Antwort auf einen Materialismus, der nur nach hinten losgehen konnte«. Selbst die *New York Times* meinte einen »transformierenden Übergang« von den überlebten Formen der Vergangenheit zu den neuen Themen der Gegenwart entdecken zu können. Offenbar entgingen aber allen Kritikern bei ihren wortreichen Interpretationen die drei schlichten Hauptmotive des Covers – die Inhalte nämlich, die auch sämtliche Texte Cobains dominieren: Heiligkeit der Jugend, Enttäuschung als unweigerliche Folge zu hoher Erwartungen und schließlich die Korrumpierung der Unschuld.

Der Gedanke, daß Soziologen und Autoren von Lifestyle-Magazinen tiefsinnige Gespräche über die Bedeutung seiner Werke führten, gefiel Kurt außerordentlich. Ein Besprechungsteilnehmer, der bei der Auswahl des *Nevermind*-Covers dabei war – es standen fünf Entwürfe zur Diskussion –, erinnert sich, daß »Kurt sich vor Lachen kugelte«. Nirvana selbst wollten eine Unterwasseraufnahme machen, die den Rock'n'Roll in bislang »ungeahnte Abgründe« führen sollte. Mit diesem Ziel folgten sie den Rutles und der bahnbrechenden Heavy-Metal-Parodie der Spinal Tap.

Auch im Alltag schien Cobain immer wieder zum Entsetzen anderer das Extreme zu suchen. Dies zeigt eine Episode, an die sich Robert Fisher, Art-director bei Geffen, erinnert: »Es war sehr stürmisch gewesen, und im Pool befand sich die reinste Schmutzbrühe. Da die Pumpe zwei Tage zuvor den Geist aufgegeben hatte, war das Wasser außerdem auch noch sehr kalt. Kurt war ernsthaft krank, und er wollte eigentlich nicht ins Wasser gehen. Schließlich tat er es doch – und es war ein Alptraum: Kurt verlor vollkommen die Orientierung. Er schlug und trat um sich, obwohl er sich die ganze Zeit nur an der Wasseroberfläche befand.« Anschließend kippte Cobain eine Dreiviertelliterflasche Jack Daniel's in sich hinein und stürzte, getrieben von dem plötzlichen Wunsch nach Abkühlung im Swimmingpool, durch eine Glasscheibe.

Eine zunehmende Tendenz zu chaotischen Situationen zeigte Cobain auch in seinem Liebesleben. So war es eine Ironie des Schicksals, daß Cobain eine Vorliebe für einen ganz bestimmten Frauentyp hatte. Er bevorzugte den aggressiven, selbstbewußten, physisch auffallenden Typ, der seiner eigenen, überaus reservierten Natur völlig widersprach. Auch seine Mutter war eine solche Frau. Mit vierundzwanzig Jahren hatte Cobain, läßt man seine in erster Linie voyeuristischen Episoden mit Frauen wie zum Beispiel Donna Kessler außer acht, etwa ein halbes Dutzend ernstzunehmender Affären hinter sich.

Als Kurt von Kalifornien nach Olympia zurückkehrte, ging er eine kurze Beziehung mit einer Sängerin namens Mary Lou Lord ein. »Es war ein sehr intensives Verhältnis«, sagt Alice Wheeler, aber leider wurde es schnell einseitig. Lord vermittelte das Bild einer unkomplizierten, extrovertierten und kontaktfreudigen jungen Musikerin. Ihre grundsätzlich rebellische Geisteshaltung fand ein Ventil in gesellschaftlichen Aktivitäten. Mit Cobain hingegen ging zu dieser Zeit eine Veränderung vor sich. Er versteckte sich hinter einer Maske, verbarg seine wahren Gefühle, machte allen etwas vor. Lord hingegen sagte offen, was sie dachte, öffnete sich den Erfahrungen des Augenblicks und genoß das Leben in vollen Zügen. Sie lebte für die Gegenwart, er spielte auf Zeit. Wie nicht anders zu erwarten, landete Mary Lou Lord bald auf der Liste der Verflossenen.

Im Sommer 1991 verließ Cobain schließlich die North Pear Street und lebte sechs Monate lang in Pensionen oder Hotels. Seine Nächte verbrachte er mehr als einmal in der Gesellschaft der meist ausgezehrten Obdachlosen, die sich für gewöhnlich am Pioneer Square herumtrieben.

»Während der Zeit, in der ich versuchte, mir die Hörner abzustoßen und ein Junggesellenleben im Rock'n'Roll-Stil zu führen, fand ich kaum Gelegenheit, mich zu amüsieren und mit Frauen rumzubumsen«, beklagte sich Cobain später. So erscheint es nicht weiter verwunderlich, daß seine Gedanken früher oder später zu Courtney Love zurückkehrten. Bereits als Junge hatte sich Cobain nach Aufmerksamkeit gesehnt, als Mann suchte er Mitgefühl. Love gab ihm beides und wurde damit bald zu einem für ihn unverzichtbaren Teil seines Lebens. Zwar hatte er mehr als einmal geäußert, daß nur die Musik ihm das Gefühl vermitteln könne, wirklich zu leben, doch war er sich natürlich der unabänderlichen Tatsache bewußt, daß ihm die Musik dieses Gefühl nur für ein paar Stunden in der Woche würde geben können. In der übrigen Zeit zog Cobain die anregende Gesellschaft einer Frau vor, die »wußte, was sie wollte« (was bei Love zweifellos der Fall war). Im August begleitete sie ihn auf der Tour durch England; seit dieser Zeit blieb das Paar für den Rest von Cobains Leben unzertrennlich.

Love sorgte für einen abrupten und nachhaltigen Wechsel in Cobains Lebensgewohnheiten. Die sexuellen Abenteuer und der wahllose Voyeurismus seiner Jahre in Olympia gehörten ab sofort der Vergangenheit an. Frühere Freundinnen wie Marander und Vail sahen bald von Besuchen ab, denn laut Wheeler hatte Love »immer Augen und Ohren offen, was Kurts Vergangenheit anbelangte«. Gnadenlos beargwöhnte sie alle alten Freunde und Freundinnen Cobains, die nun, nachdem sie jahrelang ungehindert bei ihm ein und ausgegangen waren, Kurts Tür verschlossen fanden. Streng achtete Love außerdem auf sein Aussehen, seine Kleidung, seine Ernährung und entschied sogar, welche Drogen er nehmen durfte. Es ist nicht weiter erstaunlich, daß diese starke Kontrolle schließlich auch Cobains Arbeit beeinflußte. So verloren seine Texte ab 1992 zunehmend an beißender Ironie zugunsten zynischer feministischer Anspielungen. Die einstmals so einnehmende Mischung aus empfindsamen Melodien und wilden, leidenschaftlichen Tönen wurde mehr und mehr abgelöst von dem benommenen Herumlärmen eines ständig alkoholisierten Cobain, der, um mit den Worten Peels zu sprechen, nur »Scheiße laberte«. Schließlich überwarf sich Cobain wegen einer Geldangelegenheit sogar mit Novoselic und Grohl. Diejenigen seiner Fans, die über Dreißig waren, zogen Parallelen zu John Lennon, einem Künstler, der ebenfalls ungewöhnlich stark von seiner Frau beeinflußt worden war. Obwohl es nur wenige offen aussprachen, hatte man in Seattle doch den Eindruck, daß sich Cobain in einer sexuellen wie auch psychischen Abhängigkeit von Courtney befand.

Zur gleichen Zeit genossen Love und ihre Band einen ähnlich rasanten Popularitätsschub wie Nirvana. Nachdem sie zunächst nur ein kleines, aber begeistertes Clubpublikum angezogen hatten, wurden sie nun von den britischen Wochenblättern entdeckt. 1991 schrieb der *Melody Maker* – mit etwas überholt anmutenden Phrasen – über Hole: »Sie zerfetzen einen Song mit *Leidenschaft*. Bei ›Dicknail‹ faßt sich Courtney an die Brüste, spreizt ihre Schenkel, atmet schwer und biegt ihren Rücken durch.

Eine männermordende Blondine, wie sie im Buche steht. Hole sind gefährlich, es gibt kein Entrinnen. Sie kommen über einen wie der Krieg, und niemand kann sich erklären – nicht einmal sie selbst –, warum sie so stark sind. Sie werden jedes Etikett, das man ihnen aufdrücken will – Pop, Rock, Punk, was auch immer –, akzeptieren, nur um es dann wegzuwerfen wie ein wertloses Stück Papier. Ja, ich glaube, sie können die Welt verändern; deshalb sind sie für mich mehr als einfach nur eine weitere Popgruppe.«

Einer der Gründe dafür, daß Cobain zwischen Juli 1991 und Januar 1992 praktisch keinen festen Wohnsitz hatte, war sicherlich der hektische Tourneeplan, den John Silva für Nirvana aufgestellt hatte. Im Juni, nachdem sie Sound City verlassen hatten, spielten sie in Mexiko, Kalifornien, Oregon und Colorado. Am 20. August gingen sie gemeinsam mit Sonic Youth auf eine Festival-Tournee durch Europa. Ab Ende September führte sie das sich einstellende Phänomen, das man »Nirvanamania« nannte, von Amerika nach Kanada, Europa, Australien, Neuseeland, Japan und schließlich über Singapur und Hawaii wieder zurück nach Hause.

Als Cobain reicher und berühmter wurde, setzte sich in seinem Kopf die Idee fest, mehr Zeit mit Menschen verbringen zu wollen, die nicht so viel Glück gehabt hatten wie er. Bei jeder Gelegenheit wies er stolz auf diesen Sachverhalt hin, in dem Glauben, so sein persönliches Renommee aufbessern zu können. Aber sein »Hang nach unten« und seine Vorliebe für Obdachlosenheime und Missionen wirkte wenig überzeugend, auch dann noch, als er sich schließlich entschloß, unter echten Obdachlosen zu leben. Hätte Cobain genauer darüber nachgedacht, wäre ihm wahrscheinlich klargeworden, daß seine Berühmtheit und sein Geld ihm immer eine privilegierte Stellung garantieren würden. So würde er zum Beispiel niemals in echter existentieller Not um einen Platz bei der Essensvergabe kämpfen müssen.

Tatsächlich brachte ihm die Entscheidung, während einer Tournee oder in Seattle »an der Basis« zu leben, bei seinen Fans einen unangefochtenen und konkurrenzlosen Kultstatus ein, den er, berücksichtigt man Bemerkungen, die er in Clubs und Bars gegenüber Freunden machte, keinesfalls wieder verlieren wollte. Im Gegenteil – Cobain genoß seine Sonderstellung.

In Europa ließ er in diesem Sommer verlauten, daß er sich nach einem Leben unter »richtigen Menschen« sehne. Die Veranstalterin Kate Rous, die Cobain im St. Henry's Club in Cork kennengelernt hatte, erinnert sich, daß er zunächst »in epischer Länge erklärte, er sei ›einfach nur ein Junge von nebenan‹, und im nächsten Augenblick einen Wutanfall bekam, weil der Whisky hinter der Bühne kein Glenfiddich war«. Tatsächlich gab sich Cobain alle Mühe, der Rolle des »Radaubruders« gerecht zu werden. Sein ganzes Leben lang stand er in dem Widerspruch zwischen dem – um mit den Worten von Rous zu sprechen – »bescheidenen Handwerker« und dem »arroganten Arschloch, dessen Ego sich mit jedem weiteren Tag auf Tournee verdoppelte«.

Während der achtmonatigen Tour wuchs auch Cobains Publikumswirksamkeit. Nach kaum einem Jahr war es nicht zuletzt seinem unnachgiebigen Beharren auf regelmäßige Proben zu verdanken, daß Nirvanas Darbietungen auf der Bühne nicht mehr nur voller Enthusiasmus, sondern tatsächlich brillant waren. Durch Cobains Art, die Melodien mit seiner Stimme zu akzentuieren, statt sie zu unterlaufen, durch seine wachsende Kompetenz als Gitarrist und vor allem durch seine vielgerühmte Fähigkeit, »sich rüberzubringen« (manchmal im wahrsten Sinne des Wortes, dann nämlich, wenn er in die Menge hineinhechtete), gelang es ihm, die Rockkultur mit seinen Live-Acts innerhalb weniger Monate so nachhaltig zu beeindrucken, daß er zur Legende wurde. Als *Nevermind* veröffentlicht wurde, erfreuten sich Nirvana bereits einer Fangemeinde, die in keinem Verhältnis mehr zu den bislang eher bescheidenen Plattenumsätzen stand. Während der Tournee durch Großbritannien wurde die Gruppe bejubelt als »der Beginn einer neuen Ära«, als »absoluter Top-Act« und als die nicht umsonst so gefürchtete »Zukunft des Rock 'n' Roll«. Wenn die Kritiker Sonic Youth ihren Beifall ausdrückten, fanden sie immer auch eine lobende Erwähnung für Nirvana als deren Vorgruppe. Ende August, als die Band beim Reading Festival auftrat, rühmte der *Melody Maker* das noch gar nicht erschienene Album bereits als die »aufrichtigste Rockplatte des Jahrzehnts« und bescheinigte Cobain »eine der schönsten ›schmerzerfüllten‹ Stimmen der aktuellen Rockmusik«. Mit den schlichten Worten von *The Times* hatten »Nirvana den Durchbruch geschafft«.

Diesen Abschnitt seines Lebens behielt Cobain immer in angenehmster Erinnerung. In einem Interview, das er kurz vor seinem Tod gab, erzählte er David Fricke: »Meine beste Zeit war die, als *Nevermind* herauskam und wir auf diese Clubtournee durch Amerika gingen. Die Tour war völlig ausverkauft, und die Platte schlug riesig ein. Und da war dieses *gewaltige* Feeling in der Luft, diese vibrierende Energie. Alle spürten: Hier geschah etwas ganz Besonderes.«

Cobain hatte es geschafft, das Interesse der Medien zu wecken, und war so nicht länger darauf angewiesen, seine Fans in den Vereinigten Staaten und in Europa über Mundpropaganda auf sich aufmerksam zu machen. Er erschien auf den Titelseiten des *Billboard* und des *Rolling Stone*, vermutlich aus dem gleichen Grund, aus dem auch die Zeitschrift *Forum* in Seattle bereits einen Monat vorher zwei Bilder von ihm abgedruckt hatte und ihm zudem einen ganzseitigen Artikel widmete: Cobain sah ungewöhnlich aus, er hatte die Ausstrahlung eines Menschen, der jederzeit für eine Schlagzeile gut ist. Mit dem Aussehen eines erschöpften und weltmüden Kindes, das schmollend zwischen seinen Tonpuppen und seinem Nippeskram sitzt, ließ Cobain so manchen Leser von *Forum* innehalten, bevor er die Seite umblätterte. Die meisten anderen Grunge-Musiker wie etwa Mark Arm, Chris Cornell und Jeff Ament hätten ebensogut eine Story über junge Footballspieler illustrieren können. Cobain wußte instinktiv, wie er sich richtig zur Geltung bringen konnte, wann er stehen und wann er sitzen mußte, wann er finster oder fragend blicken sollte. Die Redakteure bei *Forum* – anderen Journalisten sollte es später ähnlich ergehen – hatten keine Chance, seinen Drang nach Selbstdarstellung zu unterdrücken.

Ein weiterer Grund für Cobains Erfolg bestand sicherlich darin, daß er zur richtigen Zeit am richtigen Ort war. »Nach dem Golfkrieg warteten alle darauf, daß die nächste MC5-Stooges-Generation auf der Bildfläche erscheinen würde«, versucht Grant Alden das Phänomen zumindest teilweise zu erklären. »Deshalb wurde auch den Punks so viel Aufmerksamkeit zuteil und jedes neue Album, das auch nur annähernd aus dieser Ecke kam, als Ereignis gefeiert.« Die Fangemeinde von Nirvana wurde stetig größer, und Geffens Marketing-Abteilung rührte kräftig die Werbetrommel. Bald stand die Band sowohl zu Hause als auch in Übersee in dem Ruf, bezüglich ihrer Lebensphilosophie kein Blatt vor den Mund zu nehmen. *Nevermind* wurde zu einem Synonym für eine neue Alternativbewegung, ein Umstand, der entscheidend zum Erfolg der LP beitrug. Musikkritiker und Journalisten stürzten sich sofort auf dieses Phänomen und versuchten, »die Haltung der jungen Generation« zum Krieg zu erklären; der wird jedoch kein einziges Mal in den Texten der Band erwähnt. Andere Journalisten wiederum bemühten sich, das Album als das Manifest einer unzufriedenen Jugend herauszustellen.

Durch den Kultstatus, den die Gruppe seit *Bleach* erreicht hatte, ist es verständlich, daß Nirvana annahmen, ihr Wechsel zu Geffen würde sich nun endlich auch in finanzieller Hinsicht auszahlen. Cobain erzählte Azerrad, ganz entgegen seiner ansonsten außerordentlich reservierten Art: »Wenn ich auf die besten Tage mit dieser Gruppe zurückblicke, dann denke ich an die Zeit unmittelbar vor *Nevermind* ... Es war atemberaubend. Da war die Band am besten – wir gaben uns wirklich die größte Mühe, und es war so viel Begeisterung in der Luft, daß man glaubte, sie fast greifen zu können.«

Solche Worte aus Cobains Mund beweisen, daß selbst er anfällig war für die »Nirvanamania«. Freunde wie Peterson bestätigen, daß der Sommer und Frühherbst des Jahres 1991 »Kurts glücklichste Zeit waren« – getrübt lediglich durch immer wieder überfallartig auftretende gräßliche Magenschmerzen. Ein Manager, der für Geffen arbeitete, erinnert sich, daß Cobain wegen des Artikels in *Forum* »vor Stolz förmlich platzte«. Der gesellschaftsfeindliche Eigenbrötler rahmte den Artikel ein und hängte ihn in seinem Hotelzimmer auf. Damit fand eine erste Phase des Interesses der kommerziellen Medien an Cobains Leben seinen vorläufigen Abschluß.

Wie bei den Bands der frühen Sechziger, übten auch Nirvanas Tourneen eine gewaltige Anziehungskraft auf junge Leute aus, die nach neuen Vorbildern suchten. Für sie waren die Live-Auftritte der Band eine neue, richtungsweisende Ausdrucksform, ein neues Kommunikationsmedium, eine Bestätigung der rauhen, befreienden Kraft des Rock. Damit trugen die Konzerte Nirvanas mindestens ebensoviel zur Polarisierung der Gesellschaft ihrer Zeit bei wie die Äußerungen von Satirikern, Agitatoren oder politischen Aktivisten. Grunge-Rock, und damit auch die »subversive Bewegung«, zu der Nirvana aufriefen, breitete sich immer weiter aus, bis ihre »Botschaft« schließlich jede Stadt und jedes noch so kleine Dorf erreicht hatte.

In Los Angeles adoptierte die »Koalition gegen Kriege im Ausland« das schwimmende Baby vom *Nevermind*-Cover als Logo für ihre Werbung. Die »Aktionsgruppe Frieden«, die jeden Abgeordneten der Union für sich zu gewinnen versuchte, führte Cobain ins Feld als »jemanden, der ausdrückt, was Millionen Amerikaner heute fühlen«. Und in Seattle entschied sich die »Weltpartei der Arbeiter« dafür, ihr Manifest *Was muß jetzt getan werden?* mit einem Bild zu illustrieren, das Nirvana auf der Bühne zeigt.

Cobains Mut, seine leidenschaftliche Seite einer breiten Öffentlichkeit darzubieten, wurde allseits honoriert. Ein Teil des Reizes, der von diesem Rockstar ausging, hatte seine Ursache sicher in dem für ihn typischen Mangel an ironischer Distanz sich selbst und seiner Musik gegenüber. Darüber hinaus beruhte die von Cobain ausgehende Faszination aber gewiß auch auf seinem ungestümen Engagement für die Veränderung der Gesellschaft, was erklärtermaßen sein oberstes Ziel war. Immerhin unterstützte er, ausnahmsweise einmal in aller Stille, verschiedene Wohltätigkeitsorganisationen und spendete Tausende Dollars für soziale Randgruppen. Aber auch diese Bemühungen, einen echten, positiven Geist der Anarchie heraufzubeschwören, zeigten Cobains Hang zum Selbstbetrug. Die »Weltpartei der Arbeiter« feierte in ihrem Manifest mit dem Titel *Was muß jetzt getan werden?* Nirvanas letzten Bühnen-act als die »symbolische Freisetzung unterdrückter Wut und Ausdruck der Erbitterung über den kapitalistischen Apparat« – doch tatsächlich entsprangen Cobains Aggressionen, die so gewürdigt wurden, lediglich seinem spontanen Wunsch und Versuch, den Schlagzeuger der Band zum Krüppel zu schlagen.

Seit 1992 wurde das Zerschmettern von Instrumenten von Nirvana kunstvoll in Szene gesetzt. Zwar bauten sie das Equipment zunächst mit großer Sorgfalt auf, lockerten dabei aber bereits Bolzen an Gitarren und Trommeln, um sicherzugehen, daß diese auch sauber zu Bruch gehen würden. Es ist fraglich, ob es jemals wirklich ein Motiv für Cobains Zerstörungswut gegeben hat; ihre Ursache lag wahrscheinlich immer stärker in seiner Trunkenheit begründet als in der Absicht, auf notwendige gesellschaftliche Veränderungen hinzuweisen.

Im De Doelen-Club in Rotterdam trat Cobain, bekleidet mit pinkfarbener Damenunterwäsche und einer Flasche in der Hand, vor das Publikum und forderte es auf, »sich selbst zu ficken«; dabei wandt er sich demonstrativ hin und her. Sechs Wochen später stand er in Dallas auf der Bühne, wo er während der Nummer »School« seine Lieblingsgitarre im Monitorpult versenkte. Während er sich bei dieser Aktion offensichtlich köstlich amüsierte, erntete er von den Fans im Saal allerdings nur BULLSHIT-Rufe. Im Hollywood Palace ließ Cobain, schwankend und mit einer Flasche Brandy in der Hand, eine Haßtirade auf sein Publikum los, ließ seine Hose runter und machte sich daran, das Schlagzeug zu demolieren, indem er wild darauf einschlug und herumtrat. Schließlich lag er ziemlich hilflos zwischen den Trümmern und strampelte mit den Beinen in der Luft – wie ein Insekt, das auf dem Rücken liegt. Im August versuchte Cobain eine ähnliche Aktion beim Reading Festival, was damit endete, daß er sich die Schulter verrenkte.

Für einen darstellenden Künstler besteht immer die Gefahr, sich in Theatralik und übertriebenem Pathos zu verlieren. Cobains Selbstdarstellungsversuche halten auf diesem Gebiet durchaus Vergleichen mit den großen Stars des Rock'n'Roll stand. So ging er während der monatelangen Tourneen mit Nirvana beängstigend oft auf eine seiner üblichen Touren, bei denen er nichts aß, aber bis zur Bewußtlosigkeit Alkohol in sich hineinkippte. Nach solchen selbstzerstörerischen Aktionen mußte Cobain nicht selten von anderen Bandmitgliedern gerettet werden, die, glücklicherweise, immer rechtzeitig zur Stelle waren. Zwei seiner Freunde, Mike Coffey und Frank Medina, mußten ihn einmal von dem Sprungbrett eines Hotel-Swimmingpools ziehen, der außer Betrieb und für den Winter entleert worden war. In Seattle fand Julia Levy ihn bewußtlos in seinem Zimmer – unterernährt und zu schwach zum Gehen. Derartige Zustände wurden bald für seine Umwelt zu einem vertrauten Bild, vor allem während oder unmittelbar nach einer besonders langen und aufreibenden Tournee.

Obwohl einige von Cobains Sauftouren durchaus eine gewisse Neigung zur Selbstzerstörung erkennen ließen, lag es zu dieser Zeit gewiß nicht in seiner Absicht, sich umzubringen – der Drang nach musikalischer Selbstverwirklichung war noch zu mächtig, um ihn in dieser Phase seines Lebens endgültig aufzugeben. Für sein Überleben benötigte er allerdings hilfreiche Samariter wie Coffey und Medina. Jedoch konnte Cobain gerade zu den Menschen, die ihm treu zur Seite standen, ausgesprochen grob sein. Beim Reading Festival brach eine Frau hinter der Bühne in Tränen aus, nachdem er sie rüde beschimpft hatte. In der gleichen Woche verließ er in London einen Club in Begleitung zweier Mädchen, die – so ließ er Love schnell noch per Telefon wissen – »Titten wie Euter« hatten. In Bremen zerschlug Cobain nicht nur seine Gitarre, den Verstärker und den größten Teil der Künstlergarderobe, sondern ließ auch noch den Tourneebus in Flammen aufgehen. Diesmal wurde es selbst Nirvanas Manager John Silva zuviel. Sein Kommentar: »Ihr Jungs *müßt* es ruhiger angehen lassen.«

Als der Tantiemenfluß von *Nevermind* anstieg und sich Gold Mountain finanziell entsprechend großzügiger zeigte, feierte Cobain diese Entwicklung, indem er sich eine neue Gitarre kaufte, die verziert war mit einem Sticker, auf dem zu lesen stand: VANDALISMUS: SCHÖN WIE EIN STEIN IM GESICHT EINES POLIZISTEN. Da er es sich nun endlich auch finanziell leisten konnte und sein Publikum nichts anderes von ihm erwartete, war das Zerschlagen der Instrumente bald nur noch ein Zugeständnis an die Fans, ein allabendliches Ritual. Dies blieb Cobain offensichtlich nicht verborgen: Als Coffey seinem Freund einmal zu seiner fabelhaften Show gratulieren wollte, ging Cobain auf ihn los. Wenig später saß er dann, vor Zerknirschung schluchzend, da und beklagte sich, daß die Darbietung zu einer puren »Selbstparodie« verkommen sei.

Die Gefahren, die die Popularität und die unkritische Begeisterung des Publikums mit sich brachten, sprach Cobain auch gegenüber Azerrad an: »Mir fiel auf, daß ich während der *Nevermind*-Tournee übertrieben ekelhaft war; ich merkte, daß immer mehr durchschnittliche Leute zu unseren Shows kamen, und die wollte ich nicht dabeihaben. Sie fingen an, mir auf die Nerven zu gehen.«

Einen Eindruck von Cobains Umgang mit dem Ruhm vermittelt auch Monty Lee Wilkes, Nirvanas Tourneemanager von September bis Oktober 1991. Sein erster Gedanke, als er Cobain aus dem Flugzeug steigen sah, war: »Mit diesem Burschen stimmt irgend etwas nicht.« Und das wurde nicht besser, sondern nur noch schlimmer. Selbst Freunde wie Coffey fanden die genüßliche Art und Weise, mit der Cobain seine Kollegen quälte, »einigermaßen krankhaft«. Laut Frank Medina konnte Cobain, »gerade bei Leuten, die er kannte, ein Kotzbrocken sein«. »Sobald man etwas aufgebaut hat«, so Wilkes, »kommt so ein Bursche wie Kurt daher und macht es absichtlich wieder kaputt, nur weil er sich für ein besonders cleveres Kerlchen hält.«

Wie Cobain selbst einmal zugab, ließ sich sein Verhalten nur bedingt rational erklären. Zweifellos spielte sein Unterbewußtsein eine nicht unbedeutende Rolle. Erneut brachen psychische Probleme auf, die er bereits seit frühester Kindheit mit sich herumgeschleppt hatte. Obwohl er Aberdeen bisweilen in leuchtenden Farben ausmalte, sprach er doch engen Freunden gegenüber von diesem Ort häufig mit Bitterkeit.

Ebenso widersprüchlich war seine Einstellung gegenüber Fans und seiner Musik. Die Äußerung, er wolle »keine durchschnittlichen Leute in den Shows haben«, ist bezeichnend für die Unzufriedenheit, die sein späteres Verhältnis zum Publikum prägte. Ab 1991 beklagte er sich regelmäßig über die hohen Erwartungen, die seine Fans an ihn richteten. »Berühmt zu sein ist das letzte, was ich will«, betonte er damals immer wieder. Und doch hatte Cobain seit Jahren davon geträumt, berühmt, reich und respektiert zu sein. Außerdem wurde er mit zunehmendem Alter immer empfindlicher, wenn es um die Mißachtung seiner Privatsphäre ging; andererseits aber legte er den größten Wert darauf, daß über jeden seiner öffentlichen Auftritte ausgiebig und möglichst seitenlang berichtet wurde.

Gleichzeitig trat ihm immer klarer die quälende Erkenntnis vor Augen, daß Nirvana musikalisch nur durchschnittliche Qualität ablieferten, was ihm die öffentlichen Lobeshymnen unerträglich werden ließ. Wie dicht Erfolg und Lüge beieinanderliegen können, hatte Cobain schon in jungen Jahren erfahren, als er gegen seine Eltern rebellierte, die versuchten, ihn durch übermäßiges Loben in eine Richtung zu drängen, in die er selbst nicht wollte. Seine Neigung, andere zu seinem eigenen Vorteil auszunutzen und Freundschaft zu gering zu achten, ließ sich ebenfalls bis in die Jahre seiner Kindheit zurückverfolgen und war vermutlich eine Folge seiner frühesten Unabhängigkeitsbestrebungen.

Kurt wandelte sich zu dieser Zeit also immer mehr zu einem streitsüchtigen Trunkenbold, der Menschen wie Wilkes einfach nur benutzte (er sprach nur mit ihm, wenn er etwas von ihm wollte) und andere auf unverschämte Weise zurückwies – zum Beispiel Silva, der versuchte, ihn vor den Folgen seines Verhaltens zu warnen.

Eine weitere charakteristische Eigenschaft Cobains, die mit seiner Neigung zum Selbstbetrug einherging, war die Tendenz, für sein Verhalten keine Verantwortung zu übernehmen und die Konsequenzen daraus nicht zu tragen. So machte er beispielsweise »skrupellose Dealer« für seine Drogenabhängigkeit verantwortlich und drohte seinem Arzt sogar mit einer Klage, weil dieser ihn nicht ausdrücklich davor gewarnt hatte, starke Antibiotika in Verbindung mit Heroin einzunehmen.

Laut Coffey war »Kurts positive Seite seine kindliche Unschuld und seine Entschlossenheit, sich nicht von der Welt korrumpieren zu lassen. Seine häßliche Seite bestand aus einer infantilen Unselbständigkeit, verbunden mit der absoluten Weigerung, die Verantwortung für die Scheiße zu übernehmen, die er baute.«

Auch wenn Cobain es sich nicht gewünscht haben mag, berühmt zu sein, gab er sich doch die größte Mühe, ein Massenpublikum anzuziehen. Trotz all seiner Kämpfe mit Vig und Wallace zeigte er sich selten wirklich abgeneigt, bei der Produktion von *Nevermind* Kompromisse einzugehen. Die Geschichten über schwerwiegende »künstlerische Differenzen«, die später immer wieder die Runde machten, waren ein einziges, gezielt eingesetztes Gerücht, um angesichts des langsam schwindenden künstlerischen Formats Nirvanas Glaubwürdigkeit zu retten. Vig war in Wirklichkeit der ideale Partner für Cobain: zurückhaltend, arbeitsam, umgänglich und vertraut mit den Marotten schwieriger Musiker. Cobain selbst war der Ansicht, daß das in Sound City »produzierte Zeug nicht allzu schlecht klingt. Es ist schon größere Scheiße veröffentlicht worden.« Mit dieser Einschätzung lag er gar nicht mal so falsch: Es war in der Tat schon »größere Scheiße« veröffentlicht worden – aber auch schon bedeutend Besseres. Das Ergebnis der Produktion war ein glatter 70er-Jahre-Pop, mit einer Überbetonung der Vocals. Ein Kritiker verglich die Musik auf *Nevermind* einmal mit einem »schroffen Stein, der in Kunstharz gegossen wurde«,

Nevermind

und Cobain selbst sah eine »größere Nähe zu Motley Crue als zum Punk«.

Während das Album, das im Herbst 1991 erschien, von den meisten Kritikern gelobt wurde, waren jedoch auch Stimmen zu hören, die Cobain vorwarfen, er habe seine Grundsätze allzu bereitwillig dem Profit geopfert. »Es ist lächerlich und entwürdigend für uns, daß so etwas als Grunge Rock bezeichnet wird«, tönte die *Source*. Nach Meinung von Slim Moon, Cobains Freund und Nachbar in Olympia, »wirkte *Nevermind* schon veraltet, als Kurt noch daran arbeitete«. Ohne die »kathartische Energie« der Single wäre die LP seiner Meinung nach ein Flop geworden.

Als *Nevermind* in die Läden kam, starteten die amerikanischen Medien – Magazine, Zeitungen und MTV – eine große gemeinsame Werbekampagne, die auf nur eine einzige Person zugeschnitten war: auf Kurt Cobain. Und im großen und ganzen genoß dieser den Medienrummel und zeigte sich ungewöhnlich entgegenkommend. Schon während des Reading Festivals im Sommer 1991 hatte er gegenüber Courtney Love geprahlt: »*Ich werde bald ein Star sein.*« Ein Reporter des *Post-Intelligencer* aus Seattle, der sein Interview mit Cobain während eines gemeinsamen Abendessens führte, erinnert sich: »Es fiel Kurt schwer, das Essen durchzustehen. Er war wie ein kleiner Junge, dem man ein Telefonbuch auf den Stuhl gelegt und ihn dann an den Tisch geschoben hat. Er stocherte in seinem Essen herum und redete nonstop über sein Lieblingsthema – sich selbst.« Für Alice Wheeler steht außer Zweifel, »daß ein Teil von Cobain ein Rockstar alter Prägung sein wollte«. Randi Hubbard, eine Bekannte aus Aberdeen, erfuhr von Wendy O'Connor, daß »Kurts größter Held John Lennon war, nicht nur wegen dessen politischer Überzeugung, sondern weil er darüber hinaus auch phantastische Popmusik machte«. Einem anderen Journalisten, der »nach dem absinkenden Niveau seit *Bleach*« gefragt hatte, antwortete Cobain wütend: »Was ist falsch daran, wenn man einen Hit hat? Was ist falsch daran, wenn man die Beatles mag?« Er ging in diesem Sommer sogar noch einen Schritt weiter und hörte sich im Tourbus pausenlos *Abba's Greatest Hits* an.

Später bezeichnete Cobain die Produktion von *Nevermind* dagegen als »Verrat« und meinte bekümmert, daß er besser »weniger hoch gegriffen und die Kirche im Dorf gelassen hätte«. Trotz derartiger Rechtfertigungsversuche ließ das Album doch eindeutig auf die Richtung schließen, in die Cobain sich bewegte, zumal gerade diese LP als sein ganz und gar persönliches Werk angesehen wurde – auch wenn sein Name nicht auf dem Cover stand (auf ein Pseudonym verzichtete Cobain). John Peel äußerte über Cobains musikalischen Standort: »Seine unermüdliche Konzentration auf Details und die Zielstrebigkeit, mit der er seine Vorstellungen durchsetzte, ließen ihn mehr Paul McCartney als John Lennon ähneln.« Miti Adhikari, ein BBC-Techniker, der Cobain in diesem November bei Aufnahmen in London kennenlernte, meinte: »Kurt mag als Mensch träge und unentschlossen gewesen sein, aber als Musiker war er zielbewußt, bestimmend und von klarem Verstand. Alles, was er wollte, bekam er, und nichts geschah ohne sein Einverständnis.« Und tatsächlich: Trotz aller Gerüchte über Produktionsprobleme, von denen Nirvana immer wieder (von *Bleach* bis *In Utero*) verfolgt wurden, stand außer Frage, daß so gut wie nichts ohne Cobains Einverständnis gemacht wurde. Sein Wunsch nach kommerziellem Erfolg war demnach eine bewußte Entscheidung, die er entschlossen in die Tat umzusetzen versuchte. Die Gründe hierfür liegen einmal mehr in seiner Biographie: Als Kind war Cobain ein Außenseiter gewesen, er hatte von seiner Familie weder finanzielle noch soziale Sicherheiten bekommen. Das bedeutete, daß sein Status in der Öffentlichkeit wie auch seine Selbstachtung völlig von den eigenen Leistungen abhing. Deshalb strebte er, obwohl er gewöhnliche Arbeit verabscheute, nach persönlicher Profilierung, und *Nevermind* schien ihm hierfür die geeignete Chance zu bieten. Später bemerkte er selbst, daß er im Mai 1991 »die Gelegenheit erkannt und beim Schopf ergriffen habe«. Grant Alden vertritt, wie andere auch, die Meinung, daß »Kurt dazu neigte, sich von jedem Album, das er machte, ein Jahr später zu distanzieren. Dennoch hatten sie aber alle zum Zeitpunkt ihrer Entstehung durchaus ihren Sinn.«

Als er die Arbeiten an dem Video für die erste Singleauskopplung aus *Nevermind* überwachte, kam Cobain seine »unermüdliche Konzentration« sehr zustatten. Zwar zerstritt er sich später mit dem Regisseur Sam Bayer, gab aber zu, bei »Smells Like Teen Spirit« von der Collage aus wirbelnder Kameraführung, schnellen Schnitten, sich überlagernden Effekten und verwirrenden Nahaufnahmen regelrecht »umgehauen« worden zu sein. Er sei ausgesprochen »beeindruckt« gewesen. Das fertige Produkt – von Grohl liebevoll als »Ralley durch die Hölle« bezeichnet – war produziert in der Tradition von *Blackboard Jungle* (»Die Saat der Gewalt«), einem Teenagerdrama, in dem es um studentischen Anarchismus ging. Das gleiche Thema wurde später in *Rebel Without A Cause* (».. . denn sie wissen nicht, was sie tun«) noch einmal aufgegriffen.

Musikalisch schöpft »Teen Spirit« ausgiebig aus dem Repertoire von Cobains persönlicher Rock'n'Roll-Erfahrung: Neben den vertrauten Bezügen zu Boston und Aerosmith zeigt der Song eine mehr als flüchtige

Verwandtschaft zu den Pixies und erinnert so manchen an den Beginn des gesamten Northwest-Rock. »Teen Spirit« hat eine einfache, improvisiert wirkende Melodie – Grohl und Novoselic begleiteten die Vocals mit einem sich ständig wiederholenden Thema –, getragen von einem brillanten Gitarrenriff im Stile Led Zeppelins. So entstand ein schwungvoller Refrain, der zum Mitsingen einlädt und für den weinerlichen Text voll und ganz entschädigt. Der fünfzigjährige Patrick MacDonald erinnert sich, daß er »herumgetanzt habe wie ein kleiner Junge«, als er die ersten Akkorde des Songs hörte.

»Smells Like Teen Spirit« ist ein Song, der die Grenze zwischen Mainstream und Punk fließend werden läßt. Mit MacDonalds Worten gesprochen: »Es war klassischer, altmodischer Rock mit New-Wave-Anklängen.« Seinen Reiz gewinnt der Song nicht zuletzt aus seiner pop-sinfonischen Diszipliniertheit und aus dem mit Bedacht eingesetzten einfallsreichen Arrangements. Einen weiteren Teil der Faszination macht der ungewöhnliche Text aus. Cobain selbst beschrieb ihn als »verrückt, andersartig und abgehoben« – womit er nicht ganz unrecht hatte. Die improvisiert und wie zufällig zusammengewürfelt wirkenden Worte hatte Cobain, quasi während der Fahrt, auf dem Armaturenbrett seines Wagens zusammengekritzelt. So ist die Botschaft von »Teen Spirit«, trotz des vielversprechenden Titels, in erster Linie vage, eine zufällige Sammlung surrealistischer, scheinbar unzusammenhängender Verse ohne Handlung oder Schauplatz. Bezüge wie »A mulatto/An albino/A mosquito/My libido« hätten auch von Edward Lear stammen können. Wenn sich Cobain tatsächlich einmal zu einem erklärenden Kommentar seiner Zeilen hinreißen ließ, dann befaßten sich seine Ausführungen meist mit Begriffen aus der Dämonologie. Er benutzte mit Vorliebe das klassische Schema von Gut und Böse, das er Bezugnahmen auf die komplexe menschliche Natur vorzog. Der Song erinnert erstaunlicherweise an einigen Stellen an frühere Vorstellungen Cobains vom American Dream, die er eigentlich glaubte längst hinter sich gelassen zu haben.

»Smells Like Teen Spirit« ist eine rauhe, vitale und gut gemachte Rockhymne. Außerdem beweist der Song, wie Cobains Karriere insgesamt, ein bewundernswertes Gespür für Timing. In den Wochen vor Weihnachten 1991 war MTV ein Tummelplatz für Jason Donovan und Kylie Minogue, für seichte Neuauflagen von Phil-Collins- und Rod-Stewart-Songs. Auch wieder ausgegrabene Schwarzweiß-Clips aus den Sechzigern standen hoch im Kurs. Dazu bildete »Teen Spirit« – das Video ebenso wie der Song – einen herben Kontrast und schlug auf Anhieb beim Publikum ein. Im September stellte MTV die Nummer erstmals in der Sendung »*Buzz Bin*« vor, und im Okober ging sie bereits elf- oder zwölfmal täglich über den Sender.

In der Vergangenheit hatten sich, etwa bei Songs wie »My Generation« oder »Layla«, die im allgemeinen auf Lob und Beachtung gestoßen waren, immer auch einige streitbare Kritiker gefunden, die, um ihre Unabhängigkeit unter Beweis zu stellen, fieberhaft nach Schwächen suchten. Bei »Teen Spirit« war das nicht so – der Song und das Video erhielten einhellig so anerkennende Besprechungen, wie sie sich Cobain nicht besser hätte wünschen können. MTV machte die Single mit Programmen wie *Video Soul* und in enger Zusammenarbeit mit den Printmedien derart populär, daß sie in den Charts bald neben den aktuellen Nummern von Michael Jackson und Madonna rangierte.

Während MTV und andere Musiksender »Teen Spirit« unterstützten, wurde von allen Seiten endlos darüber spekuliert, was der Song nun »wirklich bedeute«. Der Text zeichnete sich nicht gerade durch Klarheit aus. Aber diese Vieldeutigkeit machte den besonderen Reiz der Nummer aus und erweiterte den Kreis des Publikums beträchtlich, da jede nur erdenkliche Message in die Worte hineingelesen werden konnte. Als MTV mit einer Kamera auf die Straße ging, um die Leute zu fragen, welchen Text Cobain ihrer Ansicht nach in »Teen Spirit« sänge, konnte niemand seine Worte richtig zitieren. Die Unbestimmtheit der Aussage und der nuschelnde Gesang waren kalkuliert. Kurt äußerte einmal, daß er den Song »im Grunde genommen für einen Schwindel« halte. Der einzig nachvollziehbare Aspekt des Textes war wohl, daß er die Frustration über die Zugehörigkeit zu einer Minderheit ausdrücken sollte. Für Tim Arnold steht außer Frage, daß »die Zeilen ›I feel stupid/And contagious‹ bewußt darauf ausgerichtet waren, die Zustimmung der Kids zu erhalten, die glauben sollten, daß Cobain wisse, wie es ihnen gehe. Dieses scheinbare Einfühlungsvermögen, das ihn vordergründig zu einem der ihren machte, war ein erheblicher Grund für Cobains Popularität.«

»Smells Like Teen Spirit« mag ein für die Rockgeschichte bedeutender Song sein, und er wurde dies trotz einiger Schwächen; zu diesen gehören die Mehrdeutigkeit des Textes, das schamlose Buhlen um die Sympathie der Zuhörer und die mangelnde Originalität des zentralen musikalischen Themas. Letztlich war und ist der Song nichts anderes als ein »Tribut« an den Zeitgeist der Neunziger.

Die Idee, einen Song mit dem Titel »Teen Spirit« zu schreiben, kam Cobain, als ihm diese Worte in Form eines unübersehbaren Graffitis an einer Mauer in der North Pear Street begegneten. Kurt erklärte einmal, daß er mit »Smells Like Teen Spirit« den Duft eines Mädchendeodorants assoziiere. Diese zunächst unspektakulär erscheinende Phantasie sollte von gewaltiger Tragweite für seine Karriere sein. Der Song machte Cobain zum Star und ließ die Jahre der Frustration und des Jammers mit einem Schlag der Vergangenheit angehören.

Nevermind, das Album also, aus dem »Teen Spirit« ausgekoppelt worden war, wurde bereits einen Monat nach der Veröffentlichung vergoldet und erreichte nach einem weiteren Monat die Top Forty. Cobains Gesicht zierte die Titelseiten von *Melody Maker*, *New Musical Express*, *Rocket* und *Musician*. Der *Rolling Stone* brachte eine ausgiebige Besprechung, einzigartig für eine Band, die bislang mit *Bleach* nur ein mit wenig Aufmerksamkeit bedachtes Punkalbum bei Sub Pop vorgelegt hatte. Anfang 1991 war Cobain noch eine mittellose und belächelte Lokalgröße gewesen – ein Jahr später war er reich und weltberühmt. Seiner Mutter erzählte er, »Teen Spirit« bedeute, »daß er nie wieder trockenes Brot essen müsse«.

Tatsächlich hatte der sensationelle Erfolg des Titels für Cobain aber noch eine ganz andere und leider sehr verhängnisvolle Konsequenz. Die immer wiederkehrende Präsentation des Songs wurde für Cobain schon bald zu einer lästigen Pflicht, einem reinen Ritual und damit zu einer echten Prüfung. Überall, wo er erschien, wurde er von Kritikern gedrängt, den Refrain zu »erklären«. Auch eine andere Zeile, die er einmal im Scherz geschrieben und gerne als Begrüßungsspruch auf Partys benutzt hatte, verfolgte ihn unablässig. Bei Konzerten standen immer wieder Leute auf und winkten albern mit Transparenten, auf denen zu lesen stand: »HERE WE ARE NOW, ENTERTAIN US«.

1993 konnte Cobain nicht mehr auch nur die geringste Begeisterung für »Teen Spirit« aufbringen. An einigen Abenden weigerte er sich sogar, den Song überhaupt zu spielen, wodurch er wütendes Murren im Saal heraufbeschwor und das Risiko einging, genau die Leute vor den Kopf zu stoßen, für die der Song ursprünglich einmal geschrieben worden war. Bei einem Konzert in Chicago kam es beinahe zu einem Tumult, als Cobain den »Spi-rit«-Schrei der Menge nachäffte und das Publikum einen »Haufen Arschlöcher« nannte, »die nichts begriffen hätten«. Der Song, der ursprünglich einmal als der frustrierte Aufschrei einer Minderheit angesichts sozialer Ungerechtigkeit gedacht gewesen sein mochte, war inzwischen zur Hymne einer ganzen Generation verkommen. Die Schreckensvision von BMW fahrenden Yuppies, die »Teen Spirit« lauthals mitsangen und für sich vereinnahmten, verfolgte Cobain bis zu seinem Tod.

Für die Fans, die »Teen Spirit« und das Begleitalbum kauften, war Cobain nicht nur ein Musiker, der gute Songs ablieferte, sondern auch eine gewichtige Symbolfigur, die ihnen und ihren Gedanken eine Stimme verlieh. Normalerweise gelten erste und zweite Alben als Lehrstücke auf dem Weg zur künstlerischen Vollendung – bei *Nevermind* war dies anders. Die Platte war bereits ein Meisterwerk.

Ironischerweise aber steht nichts von dem, was Cobain jemals gemacht hat, so sehr im Widerspruch zu seiner eigenen Person wie gerade diese LP. Das Ergebnis war ein sogenannter »Kult-Klassiker«, der ungeahnte Höhen des kommerziellen Erfolges erreichte und für seine Spontaneität gepriesen wurde – in Wirklichkeit aber auf eine Entstehungsgeschichte von fast zwei Jahren zurückblicken konnte.

Cobain befand sich zeit seines Lebens in dem Zwiespalt zwischen seinem Anpruch als Grunge-Musiker und seinem Talent als Schöpfer versierter Pop-Standards. Er war nicht nur gesegnet mit einer Vielzahl unterschiedlichster Talente, sondern arbeitete darüber hinaus auch mit ungewöhnlicher Sorgfalt an seiner Musik. So feilte er solange an dem Rohmaterial von »Sheep«, bis der Song perfekt zu den anderen Stücken auf *Nevermind* paßte. Aus »Pay To Pay«, einem Song, der schon seit Jahren existierte, wurde nach einer thematischen Überarbeitung und einer Titeländerung die Nummer »Stay Away«. »On A Plain« und »Something In The Way«, zwei Stücke, die zornig mit Cobains Zeit in Aberdeen abrechnen, erfuhren ebenfalls eine Überarbeitung und erhielten so den gleichen melodischen Anstrich, der auch für die anderen Songs auf der LP charakteristisch ist.

Nevermind läßt sich auch als Cobains Versuch deuten, sich innerhalb der Traditionen des Pop Rock zu bewegen und gleichzeitig der Punk-Bewegung die Referenz zu erweisen. Bezeichnend dafür sind zum Beispiel die treibenden Gitarrenriffs und der ausgesprochen vage Text von »Teen Spirit«, was sich fortsetzt bis hin zu dem enervierenden Finale von »Endless, Nameless«.

Letztlich konnte dies für Cobain nur bedeuten, daß er sich den unterschiedlichsten Einflüssen öffnen mußte, um daraus etwas völlig Neues und Unverbrauchtes entstehen zu lassen – eine Leistung, die die meisten seiner über den grünen Klee gelobten Kollegen nicht zustande brachten. »Lithium«, »In Bloom« (Loves Favorit) und »Breed« (früher »Imodium«), allesamt aus bewundernswert einfachen Melodien gestrickt, verpackt in einem Blizzard aus superverzerrtem Gitarrenlärm und phantasievollen Arrangements, lassen Erinnerungen wach werden an das von Nirvana einmal gelieferte Selbstporträt als »die Bay City Rollers, die von Black Flag belästigt werden«. »Come As You Are« dagegen ist völlig anders. Mit zwei gedämpft gespielten Gitarren-Akkorden, einem düsteren Sound und der paradoxen Aufforderung »Take your time, hurry up« ignorierte Cobain alle stilistischen Zwänge und schuf eine unheimliche und knisternde Atmosphäre.

Selbst wenn *Nevermind* möglicherweise Cobains sanfterer Seite entgegenkam und letzten Endes wie das Ergebnis eines Kompromisses mit der Plattenfirma wirkte, weckt doch beispielsweise ein Titel wie »Come As You Are« mit seiner neunmaligen Wiederholung der aufwühlenden Zeile »I swear that I don't have a gun« beim Zuhörer echte Emotionen. Dieser Song war bezeichnend für Cobains Talent, dichtem, lärmendem Rock Bedeutung zu verleihen, und in den Tagen nach seinem Selbstmord wurden gerade die Zeilen dieses Titels immer wieder zitiert.

Dem ganz besonderen Reiz, der von *Nevermind* ausgeht, tut es absolut keinen Abbruch, daß hier eine Formel angewandt wurde, die sowohl die Produktion als auch die Musik selbst betraf und die der *Rolling Stone* mit den Worten umschrieb: »starke Melodiestrukturen, die von wüstem Geschrei und Gitarrenterror attackiert werden«. Cobains bevorzugter Songaufbau bestand entweder aus einem gesprochenen oder aber aus einem auf der Gitarre geschrammmelten Intro, gefolgt von einem hysterisch gekreischten Refrain, der schließlich in einem vernuschelten Finale gipfelte. »Es war der Inbegriff von ›Spannung und Entladung‹«, sagt Warren Mason.

Der kommerzielle Triumphzug von *Nevermind* bewegte sich im Bereich mehrerer Millionen verkaufter LPs und hatte seine Ursprünge, was kaum zu glauben ist, bereits genau zehn Jahre vorher, als nämlich Mason in Aberdeen dem Teenager und Schüler Cobain die ersten Gitarrenstunden gab. Der Sound, dem Kurt ein Jahrzehnt lang hinterhergejagt war, erwies sich nun als facettenreiche Mixtur aus rauhem, grunge-gefärbtem Rock mit Untertönen konventioneller Pop-Musik. Auf *Nevermind* gelang dieser Crossover perfekt – jeder Refrain ließ sich mitsingen, jedes Solo war einfallsreich, und Cobains Stimme zeigte sich so wandlungsfähig, daß sie quasi als viertes Instrument gelten konnte.

»Wir haben einfach nur eine Platte herausgebracht«, lautete Novoselics benommene Reaktion auf die weltweite »Nirvanamania«. Die kraftvollen und von Cobain mit großer Leidenschaft vorgetragenen Gitarrenriffs, ebenso das tadellose Timing der Veröffentlichung der LP und nicht zuletzt die große Anzahl vergoldeter Singles, die plötzlich über Nirvana hereinbrach, machten *Nevermind* jedoch zu einer LP, die weitaus mehr ist als »nur eine Platte«. Wie bei allen Geniestreichen erscheint das Resultat natürlich nur im nachhinein unvermeidlich. Wenn es an der Zeit ist, Musikgeschichte zu schreiben, wird *Nevermind* ein Kandidat sein für die

Platte des Jahrzehnts – ein Meisterwerk, das jedem etwas zu bieten hat, weil es die ungewöhnliche und bewundernswerte Eigenschaft besitzt, nahtlos von Sarkasmus zu Mitgefühl überzugehen.

Am 24. September 1991, dem Tag, an dem die Platte veröffentlicht wurde, gingen 46 000 Exemplare in amerikanische Läden und 35 000 nach Großbritannien. Mitte Oktober debütierte das Album in den *Billboard*-Charts, während die Band sich in der letzten Phase einer strapaziösen Tournee entlang der Westküste befand. Plötzlich wurden Nirvana auch von anderen erfolgreichen Bands zur Kenntnis genommen. Guns N'Roses fragten nach Backstage-Ausweisen für sich und ihre Tourneecrew, Metallica faxten Glückwünsche und boten Nirvana einen Support act an. Das Trio aus Seattle überstrahlte bald beide Bands. So verkaufte sich *Nevermind* während der Weihnachtszeit wöchentlich 400 000 mal und erzielte innerhalb eines Jahres einen Bruttoumsatz von 50 Millionen Dollar. Damit ließen Nirvana Metallica und ihr *Use Your Illusion 1 & 2* weit hinter sich. Laut Grant Alden »wurde Geffens Marketing-Abteilung, die bald berüchtigt dafür war, einen Knüller auch dann nicht zu erkennen, wenn sie mit der Nase darauf gestoßen wurde, von *Nevermind* eiskalt erwischt. Als der Irrsinn losging, mußten sie neue Alben anderer Gruppen hintanstellen, um mit der Nachfrage nach Platten von Nirvana Schritt halten zu können.«

In den letzten Wochen des Jahres 1991 und Anfang 1992 war es schlicht unmöglich, der Fülle von Titelstories und Artikeln über die Gruppe zu entgehen, die Beifallsstürme der Kritiker zu ignorieren oder MTV einzuschalten, ohne das Video von »Teen Spirit« sehen zu müssen. Alden selbst glaubt, daß *Nevermind* nicht nur die Stimmung von »etwa zwanzig Millionen Amerikanern« auf einen Nenner brachte, »die sich, frustriert über die Verhältnisse im eigenen Land, gegen den Krieg aussprachen«, sondern gleichermaßen »ein allgemeines Gefühl der Wut und der Langeweile zu der festen Überzeugung« heranwachsen ließ, »daß etwas geschehen müsse«. So gesehen trug *Nevermind* sicherlich nicht unwesentlich zu einem starken Anstieg antirepublikanischer Tendenzen bei und war damit letzten Endes auch in gewisser Weise für die Wahl von Bill Clinton zum Präsidenten der Vereinigten Staaten mitverantwortlich.

Während sich die Kritiker bei *Nevermind* über die »eigentümlich fesselnde« und »hypnotisierende« Mischung aus heiteren Songs und aggressiv-melancholischen Texten den Kopf zerbrachen, stand ein Mann den Begeisterungsstürmen reserviert gegenüber: Cobains Stolz auf seine kreative Leistung bei dieser LP hielt sich in Grenzen.

Nevermind

Während der Proben für *Nevermind* in der North Pear Street hatten sich die Mitglieder der Band in den Pausen durch Schüsse auf das Gebäude der staatlichen Lotterie Oregons die Zeit vertrieben. Nicht ohne Sinn für Ironie schrieb Jonathan Poneman der Gruppe jetzt einen »Lotteriegewinn« zu. Für Poneman und Sub Pop war klar, daß in diesem Fall einfach alles perfekt zusammengepaßt habe, da eine Platte wie *Nevermind* anders überhaupt gar nicht zu machen sei. Dieser Ansicht schloß sich Cobain allerdings uneingeschränkt an. Bei einem Interview im Oktober des gleichen Jahres wiederum erschien er gegenüber Patrick MacDonald »aufrichtig überrascht darüber zu sein, daß ein Song mit dem Namen eines Deodorants ein Hit werden könne«. Vom Erfolg gleichzeitig berauscht und verwirrt, zeigte er sich abweisend und war nicht bereit, den tieferen Sinn eines Albums zu erklären, dessen Titel nicht mehr als nur ein gleichgültiges Achselzucken bedeute.

Am 4. November 1991 begannenen Nirvana in Bristol eine sechswöchige Europa-Tournee. Als Cobain zwei Jahre zuvor sein Debüt in Großbritannien gegeben hatte, war er wütend gewesen über die fehlenden Möglichkeiten, für sein Album zu werben, und hatte von Heimweh und Depressionen gesprochen. Jetzt traf er sich täglich mit fünfzehn Journalisten, und »Teen Spirit« lief pausenlos im Radio. Aus den »beschissenen« Quartieren des Jahres 1989 waren 1991 Luxushotels geworden, und während *Nevermind* in den Hitparaden nach oben kletterte, stiegen ähnlich rasant auch die täglichen Spesen der Band an. Zum ersten Mal in seinem Leben stimmte Cobains Reputation mit seinem Selbstbild überein. Offenbar war er ein weitaus besserer Taktiker, als er vorgab. So hatte er, wie er Tim Arnold einmal erzählte, viel Zeit und Mühe investiert für eine gute Publicity, womit er schließlich erreichte, daß »die Leute über ihn sprachen« und sich seine Bemühungen endlich auszahlten.

Cobains Reaktion auf den Ruhm äußerte sich in Drogen- und Sauforgien, der Wiederaufnahme seiner Beziehung mit Courtney Love und der Tatsache, daß seine Bühnen-Acts immer skurriler wurden und zuletzt fast an die Grenze des Wahnsinns heranreichten. Noch im selben Monat kamen Nirvana nach London. Nachdem Cobain einen ganzen Tag ausschließlich mit Saufen zugebracht hatte, fiel er eines Abends im Beisein von Kollegen und Freunden erstmals ins Delirium tremens. Er schrie voller Panik, daß er von Ratten angesprungen werde. Arnold telefonierte mit Nirvanas Tourneearzt und erfuhr, daß der ständige übermäßige Alkoholkonsum Cobains bereits dessen Leber angegriffen habe. Als Arnold am nächsten Morgen Kurt mit diesem Thema konfrontierte, bekam der einen

Wutanfall und schrie: »Leck mich am Arsch!« Etwas später schob Novoselic seinem alten Freund dann ärgerlich eine Whiskyflasche hin, verbunden mit der Aufforderung, sie auszutrinken und endlich Ruhe zu geben.

In Amsterdam stiegen Cobain und Love fast vollständig von Alkohol auf Heroin um. 1991, um Thanksgiving, wurde Kurts Drogenkonsum dann derart exzessiv, daß seine Sucht niemandem in seiner Umgebung mehr verborgen bleiben konnte – auch den Journalisten nicht. Er sprach undeutlich und schlief bei Unterhaltungen regelmäßig ein. Ein Reporter von *Vrij Nederland* suchte Cobain einmal morgens um neun Uhr auf und fand ihn benommen im Bett seines Hotelzimmers liegend – in der Hand eine Nadel und eine Ampulle. Der Reporter Graham Wright von *Press Association* sah, wie Kurt anstelle zu frühstücken sechs oder sieben Pillen einwarf und mit einer Fünf-Pfund-Note eine Line zog. Eine ehemalige Freundin beobachtete Cobain dabei, wie er in Frankreich eine ganze Flasche seines hochprozentigen Lieblings-Hustensaftes in sich hineinkippte, bevor er die Bühne betrat.

Courtney Loves Eintritt in den Dunstkreis Nirvanas trug erheblich dazu bei, daß Cobain auch innerhalb der Band zunehmend in die Isolation geriet. Sie bestärkte ihn in seinem Selbstverständnis, anders und impulsiver als seine Kollegen zu sein. »Sie sind alle so beschissen langweilig«, sagte Kurt einmal zu Azerrad. »Keiner von denen ist bereit, Risiken einzugehen, ›einfach abzuheben‹. Tag für Tag ist es das gleiche Spiel: ab zur Show, Konzert, Abendessen, schlafen. Ich bin es ganz einfach leid.«

Um ihre grundsätzliche Protesthaltung nachhaltig zum Ausdruck zu bringen, warfen Kurt und Courtney jede Menge Drogen ein, scherten sich einen Dreck um Gott und die Welt und sorgten in ihrer Umgebung für ständige Aufregung. So tauchte Cobain in Holland eines Morgens nackt und blutbespritzt in seinem Hotel auf. Nachdem ihn der Manager aufgefordert hatte, sich etwas anzuziehen, stand er, nur wenige Augenblicke später, wieder an der Rezeption – diesmal bekleidet mit Loves Unterwäsche. »Ich glaube, alle waren im ersten Moment peinlich berührt«, sagt Nirvanas Road Manager Alex MacLeod. »Dann erschien Love, es war wie ein Tornado.« Ein anderes Mitglied der Tourneecrew erinnert sich: »Sie kennen diese chemischen Experimente, bei denen zwei Elemente aufeinander reagieren? Kurt und Courtney paßten zueinander wie Feuer und Schwefel.« Am 5. Dezember, im Bett eines Hotelzimmers in Rennes, beschloß das Paar zu heiraten.

Während des Aufenthalts in London machten Nirvana eine weitere Musikaufnahme, diesmal für den Diskjockey Mark Goodier. Miti Adhikari erinnert sich, daß Cobain im Studio in Maida Vale erschien und vor Wut schäumend berichtete, er sei am vergangenen Abend bei dem Interview mit einem Journalisten von *The Word* »wie der letzte Dreck behandelt« worden. Daraufhin verbrachte Cobain die Stunde vor der Aufnahme damit, in sich zusammengesunken auf dem Fußboden zu sitzen. Als es dann losgehen sollte, war »Kurt wie verwandelt, führte die Band durch eine elektrisierende Version von ›Polly‹, gab die Stichworte für die Soli, warf Grohl finstere Blicke zu und benahm sich alles in allem wie ein typischer Rockstar«. Anschließend fiel er wieder in den vorherigen Zustand zurück, schimpfte über sein Hotel und winkte ab, als Adhikari, Novoselic und Grohl ihn zu einem Drink einluden. Seine Laune besserte sich erst, als ein Assistent die Nachricht überbrachte, *Nevermind* habe an diesem Morgen die Top Ten des *Billboard* erreicht. Adhikari meint dazu: »Er entfernte sich von Dave und Chris, als befände er sich in einer anderen Dimension. Entweder war Kurt der zornige Punk oder ein vor sich hinnuschelnder Schlafwandler. Einen Mittelweg gab es für ihn nicht.«

Während seiner früheren Jahre als Musiker war Cobain, obschon energisch, ehrgeizig und voller Tatendrang, doch noch ein zumindest einigermaßen gefestigter Charakter gewesen, ein Mensch mit klarem Verstand und mehr oder minder umgänglichen Manieren. Zwar trank er schon damals und nahm Drogen, hielt mit seiner Meinung nicht hinter dem Berg und konnte auch gelegentlich grausam sein, aber er bemühte sich dennoch, jegliche Starallüren zu vermeiden. Aber obwohl er in dieser Zeit noch verhältnismäßig ruhig, zurückhaltend und manchmal geradezu freundlich war, trug er doch in seinem Inneren bereits den Keim zu jenen unkontrollierten und ausufernden Verhaltensweisen in sich, die in seinen letzten Jahren typisch für ihn waren. 1991 war es dann soweit: Cobain verwandelte sich in eine einzige personifizierte Übertreibung, in eine Karikatur seiner selbst. Da es bei seinen Konzerten immer schon recht unsicher gewesen war, ob sie ein Erfolg oder ein Mißerfolg werden würden, wäre es ein oder zwei Jahre früher noch vollkommen undenkbar gewesen, daß er eine Tournee durch Skandinavien abgesagt hätte. Jetzt aber tat er es – mit der lapidaren Begründung, es interessiere ihn »einen Scheiß«. Er ging sogar noch weiter: Als er nach der BBC-Aufnahme in sein Hotel zurückkehrte, nahm er eine seiner sechs maßgefertigten Stratocasters, schmetterte die Gitarre solange gegen die Wand, bis sie zerplitterte, und warf die Bruchstücke schließlich einfach durchs Fenster auf die Straße. Etwas später am gleichen Abend mußte er wegen einer Überdosis ins Krankenhaus gebracht werden. Den Reportern nannte man als offiziellen Grund: Erschöpfung.

Cobain hatte auf der Erfolgsleiter eine Stufe erreicht, für die es im Punkrock bis dahin kein Beispiel gab. Aber der zu zahlende Preis für seine Berühmtheit, die er nicht nur durch seine Musik, sondern auch durch seinen unangepaßten und exzessiven Lebensstil erworben hatte, war hoch. Für den Rest seiner Tage wurde Cobain nicht müde, sich immer wieder über die Bürde des Erfolges bitter zu beklagen. Der Weg, den er mit der öffentlichen Zurschaustellung seiner Person und seines Innenlebens anfangs noch zielbewußt selbst eingeschlagen hatte, erwies sich nun als Sackgasse. Der Mob folgte ihm überallhin, und Cobain, der noch ein Jahr zuvor aus dem Auditorium heraus auf die Bühne geschlendert war, mußte sich nun daran gewöhnen, durch die Seiteneingänge von riesigen Hallen zu hasten und durch Nebenstraßen und abgesperrte Gassen auf sicheres Terrain zu schleichen. »Allmählich verlor er sein Publikum aus den Augen«, erklärt Slim Moon. »Gequält von Selbstzweifeln, sah sich Kurt zunehmend als Objekt der Neugier von Leuten, die er haßte.« Es wurde sogar ein Fanclub organisiert. Nach Aussage von dessen Präsidenten Nils Bernstein »begannen die meisten Briefe mit den Worten: ›Hey, Typ, ich habe dein Video gesehen und deine Platte gekauft! Ihr Jungs seid echt geil!‹«

Natürlich war es unvermeidlich, daß mit fortschreitendem Erfolg das Interesse der Öffentlichkeit und der Presse an Cobains Person zunahm. In den Boulevardblättern erschienen immer häufiger Stories über ihn, die von seiner Heroinabhängigkeit berichteten und ihm – in einem Fall – sogar zum Vorwurf machten, zu einer »amerikanischen Berühmtheit« geworden zu sein. Cobain reagierte darauf, indem er sich die Haare rot färbte und die nach eigenen Angaben »revolutionären Versatzstücke« seiner Texte, die aber, wie seine Musik, kaum mehr als eine clevere Kombination von Widersprüchen waren, in den Vordergrund stellte. Ein weiterer Versuch, seine Glaubwürdigkeit als Punk unter Beweis zu stellen, war auch eine Nummer wie »Beeswax«, enthalten auf dem im Sommer erschienenen Sampler *Kill Rock Stars*.

Zeit seines Lebens hatte Cobain Anerkennung und Unterstützung gesucht. Aber als ihm nun seine eigene Mutter zu dem Erfolg von *Nevermind* gratulierte, bekam er einen Wutanfall, zerschlug das Fenster seines alten Schlafzimmers in Aberdeen und verkündete lauthals, daß die Platte »Scheiße« sei. Nach einigen Minuten hatte er sich jedoch wieder soweit beruhigt, daß er gegenüber Patrick MacDonald behaupten konnte: »Ich bin hier, weil mir meine Mom was zu essen gibt.«

Der Vorfall war bezeichnend für den Konflikt, der sich in der East 1st Street abspielte. Für Wendy O'Connor stand außer Frage, daß der Ruhm jedes Opfer wert sei. Für Cobain hingegen war ein Eindringen in seine Privatsphäre durch nichts zu rechtfertigen. Es war für ihn unmöglich geworden, das Gefühl von Freiheit, das er noch vor *Nevermind* gehabt hatte, wieder zurückzugewinnen. Trotzdem kämpfte er bis zu seinem tragischen Tod genau dafür.

Einer der Gründe, weshalb Cobain den Erfolg verfluchte, war die Tatsache, daß eben diese Popularität in direkter Relation zu der immer größer werdenden Kluft zwischen ihm und seinem ursprünglichen Publikum stand. Als *Nevermind* Gold und Platin erhielt, wurden in der Heimatstadt der Band bösartige Bemerkungen laut, die Gruppe habe abkassiert und Cobain selbst sei ein »Mister Superstar« geworden. Ende August zog ein alternatives Musikfestival Tausende von Fans nach Olympia, wo Gruppen wie die Melvins und L7 unter dem Motto »Nie wieder Handlanger einer menschenverachtenden Industrie« auftraten. Nirvana tourten derweil durch Europa und traten nur in den größten und bekanntesten Hallen auf. Im September, als *Nevermind* in einem Atemzug mit den neuen Platten von Garth Brooks und Michael Jackson genannt wurde, füllten sich die Leserbriefseiten der Musikzeitschriften mit Anschuldigungen, Nirvana hätten ihren Ausverkauf betrieben. Johnny Rotten, selbst eine Kultfigur des Punk mit Mainstream-Erfahrung, äußerte: »Es muß Kurt wie ein Schlag in die Magengrube getroffen haben, daß er über Nacht zu einer Stütze des Establishments geworden sein sollte.«

Trotz ihrer unumstrittenen Verdienste um den Grunge – man denke nur an tiefhängende Gitarren, infernalische Lautstärke und jenes gewaltige Aggressionspotential, das *Nevermind* antrieb – wurde der Band die Schande des kommerziellen Erfolges nie verziehen. Graham Wright zufolge »machte es Kurt schwer zu schaffen, daß er von Leuten vereinnahmt worden war, die er eigentlich verachtete, und daß man ihn gezwungen hatte, musikalische Kompromisse einzugehen«.

Laut einem Artikel im *Rolling Stone* hatte sich dagegen »die Entfremdung von den ursprünglichen Fans für Nirvana ausgezahlt«, und man bezeichnete *Nevermind* »als ein Aufheulen aus der Wildnis des Staates Washington, das zu gleichen Teilen aus Selbstgefälligkeit und Zorn bestand«. Ein anderer Kritiker beschrieb Cobains Stimme mit den Worten »Sinatra trifft Satan«.

Nirvana gaben in diesem Winter in Europa einen eigenen Kommentar zu ihren künstlerischen Kompromissen ab, indem sie The Who's »Baba O'Riley« spielten, eindringlich in Szene gesetzt von einem herumspukkenden und dem Publikum mit der Faust drohenden Cobain. Der Selbstparodie folgte Verwirrung, und man hörte Novoselic klagen: »Ich wünschte, wir hätten eine Zeitmaschine und könnten die Uhr zwei Monate zurückdrehen.« Cobain selbst murmelte düster: »Es wird nicht sehr lange dauern. Wir werden ihnen die Suppe schon versalzen, da bin ich völlig sicher.«

Für Cobains Selbstachtung war es von wesentlicher Bedeutung, nicht als herkömmlicher, geldgieriger Rockstar angesehen zu werden. Sein gleichgültiges Auftreten in der Öffentlichkeit, seine Neigung, bei Pressekonferenzen regelmäßig einzuschlafen, und seine scheinbar teilnahmslose Distanzierung von »Teen Spirit« vermittelten das Bild eines selbstgenügsamen jungen Stoikers – und das war durchaus beabsichtigt. Als *Nevermind* veröffentlicht wurde, erschien am 21. September 1991 im *New Musical Express* ein Kurzporträt von Cobain. Dort stand zu lesen:

»Alle, die Kurdt Kobain (sic) jemals auf der Bühne gesehen haben, werden zustimmen, daß unter der Oberfläche ein heißes Feuer brennt; dennoch benimmt sich Kurdt unablässig, als wäre er ein Anwärter für die Rolle des Siebenschläfers in *Alice im Wunderland*. ›Tja‹, murmelte Kurdt daraufhin, ›ich bin Narkoleptiker, und deshalb fällt es mir schwer, immer motiviert zu sein.‹

›Es ist einfach so, daß wir nicht die Geduld haben, uns um all die Managementprobleme und geschäftlichen Angelegenheiten der Band zu kümmern‹, sagte Kurdt. ›Es liegt mir nicht genug daran, mich darum zu kümmern. Ständig vergesse ich etwas. Wenn Leute anrufen würden, um einen Auftritt zu buchen, wäre mir das scheißegal.‹«

Drei Wochen später, nach einem Konzert im Cabaret Metro in Chicago, besuchte Cobain die Premiere von *My Own Private Idaho* – ein Film, den er sehr bewunderte – und ergatterte aufgrund der Tatsache, daß er »der Bursche von Nirvana« war, einen Platz in der ersten Reihe des Kinos. Nach der Vorstellung belästigte er in einem nahegelegenen Club eine Sängerin mit den Worten: »Betty! Ich möchte deine Muschi lecken!« Als die Rausschmeißer Cobain mit einem Fausthieb zu verstehen gaben, daß seine Anwesenheit unerwünscht sei, reagierte Kurt, so ein Zeuge, auf diese unmißverständliche Aufforderung mit dem Aufschrei: »Paßt auf meine Hände auf! Paßt auf meine Hände auf!« Das ganze Lokal jubelte, als er unsanft vor die Tür gesetzt wurde.

Wenig später weckte Cobain seinen Tourneemanager auf, um ihm in einem heftigen Wortschwall die schlechte Tonabmischung des vergangenen Abends vorzuhalten. Nachdem man sich geeinigt hatte, daß Gitarre und Stimme in Zukunft gegenüber Baß und Schlagzeug stärker hervorgehoben werden sollten, verabschiedete sich Cobain wieder, doch nur, um kurz darauf die Verkaufsabteilung von Geffen anzurufen. Der Mitarbeiter, der den Anruf entgegennahm, berichtet, daß Kurt beinahe ausgerastet sei, weil *Nevermind* erst an diesem Morgen in die Charts gekommen war. Nach Kurts Vorstellung hätte die Platte schon am Tag der Veröffentlichung Nummer eins sein müssen. Angeblich endete der Abend damit, daß Cobain und Love in der zwar geschlossenen, aber nicht menschenleeren Hotelbar Sex miteinander hatten und sich dann, ebenfalls öffentlich, darüber stritten, wer von ihnen beiden der größere Star sei.

Die anderen Bandmitglieder betrachteten Cobain mit zwiespältigen Gefühlen. Im allgemeinen akzeptierten sie ihn, respektierten und schätzten sie seine Aufrichtigkeit, sein Talent und seine Sensibilität. Sie belächelten zwar gutmütig seine naive Ernsthaftigkeit und seine Selbstpromotion, doch ihrer Meinung nach legte er sich zu sehr ins Zeug und stand zu stark im »Vordergrund«. Seine obsessive Beschäftigung mit künftigem Ruhm und Glanz, die er bisweilen auch offen eingestand, bereitete ihnen Unbehagen.

Tatsächlich besaß Cobain keine engen Freunde, denn dem bewundernden Ton, mit dem in der Öffentlichkeit und in der Presse im allgemeinen von ihm gesprochen wurde, konnte sich niemand, der beruflich mit ihm zu tun hatten, anschließen. So meinte etwa ein Studiomanager nach einem chaotischen Auftritt Cobains in *The Jonathan Ross Show* – Kurt weigerte sich, wie vereinbart »Lithium« zu spielen, und ersetzte den Song durch eine völlig falsch gespielte Version von »Territorial Pissings« –, man habe es hier mit »zur Kunst erhobenem Infantilismus« zu tun, und Cobain führe sich hinter der Bühne wie eine verzogenen Göre auf. Eine ähnliche Masche versuchte Kurt in *Top Of The Pops*, als er »Teen Spirit« mit der Stimme von Captain Beefheart sang und meinte, seiner Verachtung für den Gastgeber durch heftiges Erbrechen in der Garderobe Nachdruck verleihen zu müssen.

Ende 1991 hatte eine Gruppe namens Nirvana, die religiösen Rock machte, eine einstweilige Verfügung gegen Fernseh- und Radiosender beantragt, um die öffentliche Verbreitung von *Nevermind* zu verbieten. Der Rechtsstreit wurde schließlich gegen Zahlung von 50 000 Dollar beigelegt. Unterdessen hatte Cobains Ruhm in Großbritannien die Aufmerksamkeit von Patrick Campbell-Lyons erregt, der bereits 1967 Chef einer Gruppe gewesen war, die ebenfalls den Namen Nirvana trug. Dieser verfaßte nun in Zusammenarbeit mit dem Anwalt der Musikergewerkschaft einen höflichen Protestbrief, der aber unbeantwortet blieb. Daraufhin heuerte er eine Anwältin von der Westküste an, die den beeindruckenden Namen Debbi Drooz trug, um Cobain und seine Plattenfirma zu verklagen. Nach zweijährigem »juristischen Hickhack«, wie Campbell-Lyons es nennt, wurde die Sache beigelegt. Laut Aussage »gutunterrichteter Kreise« erhielten Campbell-Lyons und sein Partner 100 000 Dollar – abzüglich der 30 Prozent Honorar für Drooz –, und es wurde eine Vereinbarung über die Koexistenz beider Gruppen getroffen. Campbell-Lyons bemerkte dazu, daß die »knallharte« Art der Verhandlungen beweise, daß »Cobain und Geffen, wenn es um Geld ging, alles andere als uninteressiert waren«. Darüber hinaus hatte auch das Cover von *Nevermind* eine verblüffende Ähnlichkeit mit dem Cover von Campbell-Lyons' LP *Simon Simopath,* die dessen späteres Werk maßgeblich beeinflußte.

Zu der getroffenen Vereinbarung gehörte darüber hinaus, daß Cobain das Versprechen gab, sich nicht auf das Territorium der britischen Gruppe zu begeben, indem er etwa mit psychedelischem Rock herumexperimentiere. Der Refrain eines typischen Campbell-Lyons-Songs lautet etwa so: »Many miles to go/How many bridges do we cross?/Winter rain and snow/Over mountains high and low«. Man darf also getrost davon ausgehen, daß Cobain dieser Bedingung bereitwillig zustimmte. Viel Verwirrung unter den Fans der beiden Gruppen konnte ohnehin nicht entstehen, wenn man Campbell-Lyons' Auftritte in *Top Of The Pops* mit Cobains drogenverwüstetem Erscheinungsbild verglich. So zeigte sich Campbell-Lyons immer gerne mit den klassischen Insignien des Jahres 1967 – Paisley-Hemd, Rüschen, Mittelscheitel und im Gesicht das Grinsen eines Mannes, der sein eigenes Glück nicht fassen kann. Bei Cobain dagegen, der es sich längst zur Gewohnheit gemacht hatte, ins Publikum und auf die Linse eines jeden Fotografen zu spucken, der wagemutig genug war, sich mit der Kamera in seine Nähe zu begeben, beinhalteten die Bühnen-Auftritte Selbstentblößungen, die nur eine schmale Demarkationslinie zwischen ihm und dem Publikum ließen. Dazu gehörte zum Beispiel Cobains öffentlich zur Schau getragener Konsum von Drogen und Alkohol sowie das regelmäßige Verhöhnen der Saalordner. Die letzterwähnte Angewohnheit wurde Cobain während einer Show in Dallas zum Verhängnis, als er in die Menge hechtete und von einem Ordner gewaltsam an den Haaren wieder auf die Bühne zurückgezerrt wurde. Während des anschließenden Spektakels schlug Cobain mit seiner Gitarre nach dem Gesicht des Mannes und brachte ihm eine Platzwunde an der Stirn bei. Anschließend kam es auf der Bühne zu einer handfesten Schlägerei. Dieser Vorfall wurde mitgefilmt und erhielt in bearbeiteter Form später einen Preis in der Kategorie »Beste Rock-Dokumentation«.

Die Bilder von Cobain, wie er seine Gitarre bearbeitet, dann von der Bühne hechtet, sich über die Köpfe der Fans weiterreichen läßt und dabei das ausgelassene »Love Buzz«-Solo spielt, erreichten in den frühen Neunzigern beinahe Kultstatus. Nirvanas Welttournee von September 1991 bis Februar 1992 brachte Cobain mehr Publicity ein als jede andere Bemühung, die er seit der Gründung seiner Band unternommen hatte. Die Tatsachen ließen sich nicht leugnen: arbeitete er monatelang diszipliniert an einem Song, dann erntete er dafür in den Medien nicht eine Zeile. Wurde er jedoch inmitten eines tobenden Mobs fotografiert, so ließ ihn das über Nacht zu einer Berühmtheit werden. Drei Jahre lang hatten Zeitschriften wie *Rocket* und *Melody Maker* über Nirvana geschrieben – jetzt widmete die *New York Times* dem »Phänomen Cobain« zweitausend Wörter, und kleinere Zeitungen im ganzen Land folgten diesem Beispiel.

Cobain spielte mit, kam den Erwartungen des Publikums und der Medien entgegen, versuchte, seinen eigenen Mythos mitzugestalten. Wenn er die Bühne betrat, in der Regel in einer verrückten Kombination aus abgerissenen Klamotten, zusetzlich geschmückt mit extravaganten Accessoires wie Frauenhalsbändern oder einer Tiara, galt seine erste Sorge der Anzahl und den Positionen der Kameras. Bescheiden, wie ein Mann mit falschen Juwelen im glänzenden Scheinwerferlicht nur wirken kann, murmelte Cobain daraufhin den spöttischen Text von »Lithium«, brüllte den wortgewaltigen Refrain und kam schließlich in rasendem Tempo zum Schluß des Songs. Kurts Konzerte waren, sieht man einmal von dem manchmal geradezu beängstigend eintönig wirkenden Song »Polly« und einer gelegentlich eingestreuten akustischen Ballade ab, ein neunzigminütiges, meist fünfzehn Nummern umfassendes Konzentrat aus theatralischem Rock. Diese, wie es schien, nicht enden wollende Attacke auf seine Zuhörer, gipfelte nicht selten darin, daß Cobain mit dem Gitarrenhals immer wieder in seinen Verstärker hineinstieß oder das Instrument in die Schlagzeugbatterie schleuderte. Viele der Fans von Nirvana lobten zwar noch immer das »unverfälschte Punkethos«, das die Band für sie weiterhin verkörperte, aber es gab auch andere Einschätzungen – nicht zuletzt Cobains eigene. Er erkannte in seiner Bühnenshow bereits Anzeichen von Selbstparodie. Ein Kritiker äußerte sogar ernüchtert, daß »Kurt lediglich etwas im Grunde genommen Leichtes schwer aussehen lasse«.

Cobains Verachtung für gewöhnliche Menschen, die sich für Beruf und Familie entschieden hatten, war eines der Gefühle, die er am häufigsten in seinen berüchtigten Haßtiraden zum Ausdruck brachte. Bei einem seiner Zornesausbrüche beschimpfte er sein Publikum – kurz bevor er »Teen Spirit« ankündigte – als »Vorstadtscheißer«, »Massen, abgespeist mit materiellen Dingen aller Art« und schließlich als »Büroclowns«. Bei solchen Gelegenheiten warf er dann seine Fans gerne in einen Topf mit Reportern, einer weiteren Zielgruppe, der er mit Vorliebe seinen Haß entgegenschleuderte, und brandmarkte sie als Typen, die »für die Welt verloren« seien. Ein untrügliches Kennzeichen dieser dem Leben so entfremdeten Spezies sei, so Cobain weiter, daß »sie sich wie Blutegel an Routine und Altvertrautes klammern«.

Solche Reden zu schwingen erwies sich für Cobain als nicht besonders klug, zumal er selbst, mit seinen zum Ritual verkommenen Bühnen-Acts, die sich immer mehr lediglich durch das Nachäffen von Punkrock-Posen auszeichneten, nur noch an alten Gewohnheiten festhielt. Die unvermeidliche Reaktion auf ein derart ausfallendes und unreflektiertes Gezeter eines vierundzwanzigjährigen Besserwissers blieb nicht aus. Als die erste Welle der »Nirvanamania« abflaute, hatte bereits eine Gegenreaktion eingesetzt. Laut *Source* gerieten die Auftritte der Band mehr und mehr zum Possenspiel. Nach Graham Wrights Einschätzung »war Kurt in den ersten sechs Monaten nach *Nevermind* lediglich einigermaßen durchgeknallt, danach wurde er jedoch komplett verrückt«. Wenn Cobain einen klaren Moment hatte, erkannte er das Problem selbst, eröffnete seine Konzerte mit der selbstironischen Hymne von The Who und gestand gegenüber dem *Rolling Stone*, es bestehe durchaus die Gefahr, daß er »alles vermassele«.

Schließlich veröffentlichte einer der Kameramänner, die Cobain in diesem Winter regelmäßig begleitet hatten, den Dokumentarfilm *1991: The Year Punk Broke*. Neben Dave Markeys Filmmaterial über Nirvana beim Reading Festival enthält der Film jene Szene abseits der Bühne, in der Love, während sie direkt in die Kamera schaut, kreischt: »Kurt Cobain läßt mein Herz stillstehen. Aber er ist ein Scheißkerl.«

Dieser Film war nur ein Teil des wilden Medienrummels, der durch den gigantischen Erfolg von Nirvana über Seattle hereinbrach. So blockierten im Winter 1991/92 Firmenjets, die TV-Teams und Plattenbosse aus New York einflogen, wochenlang die Landebahn des Flughafens. Der Parkplatz auf der Ostseite des Crocodile Café war mit so vielen Satellitenschüsseln und Ü-Wagen vollgestopft, wie man sie normalerweise nur beim Super Bowl sah, und die Empfangshallen aller Hotels wurden von Journalisten belagert, die Interviews mit Cobain machen wollten. Wie schon drei Jahre zuvor, wurde über Nacht fast alles, was aus Seattle kam, zum Verkaufsschlager. Plötzlich erhielten jede Woche mehrere einheimische Gruppen einen Plattenvertrag. Innerhalb eines Jahres tauchten sechs Alben örtlicher Bands gleichzeitig in den Top Forty auf, und Nirvana gingen nicht nur bei MTV, sondern auch bei *20/20* und *Nightline* über den Sender. Wie in einem BBC-Porträt richtig beschrieben, »verwandelte Cobain das regnerische, öde Seattle in die neue Hauptstadt der Jugendkultur und führte den seit Jahren größten und erfolgreichsten Angriff gegen den industriellen Mainstream Pop«.

Unterdessen kam im September 1992 Cameron Crowes Film *Singles*, der manchmal mit dem erbarmungslosen Untertitel *Shiftless In Seattle* (*Singles – Gemeinsam einsam*) versehen wurde, weltweit in die Kinos. Der Film, der von einer Gruppe emotional frustrierter Charaktere handelt, die lediglich durch die aufblühende örtliche Musikszene miteinander verbunden sind, fand bei den Kritikern sofort Anklang. Für die Zeitschrift *Variety* lieferte *Singles* sogar »den positiven Beweis, daß die geistige und physische Heimat des Grunge-Rock gefunden sei«. Laut *Time* hatte der Film die »gleiche unabhängige Kraft wie die Stadt, die er feiert«. Die Kritiker in Großbritannien waren reservierter, konzentrierten sich auf die überspannten und unbeholfenen Dialoge – »Sind meine Brüste zu klein für dich?« – und fragten sich, warum um alles in der Welt die Hauptpersonen so unzufrieden seien, wo sie doch so viel besäßen. Achtzehn Monate später sollte dieselbe nicht zu beantwortende Frage im Hinblick auf Cobain selbst gestellt werden.

Das Bild, das in den Medien von Seattle gezeichnet wurde, nahm geradezu groteske Züge an. »Was einmal eine lokale Szene gewesen war, entwickelte sich zu einem globalen Phänomen und wurde im weiteren Verlauf zu seiner eigenen Karikatur«, sagt Charles Peterson. *Vanity Fair* machte eine ganze Modeseite unter dem Titel »Gesellschafts-Grunge«. Der Gipfel der Lächerlichkeit war aber erreicht, als im Jahre 1992 in *Vogue* ein Feature mit dem Titel »Grunge & Glory« erschien, in dem berühmte Models in »grungy« Kleidern abgebildet wurden, die mehr kosteten, als die gesamte Produktion von *Bleach*. Gekrönt wurde das Feature durch einen von Poneman geschriebenen Begleitartikel.

Damit erreichte der Höhenflug des Nordwestens ein Ausmaß, das nun endgültig jenseits aller Vernunft lag. »Jede Band in der Stadt erwartete jetzt«, so Alice Wheeler, »für 500 000 Dollar unter Vertrag genommen zu werden«. Jeder Musiker mit langen Haaren und einem karierten Hemd wurde als der »nächste Kurt« gefeiert.

Die einzigen Menschen, die über Nirvanas Erfolg nicht vor Freude außer sich gerieten, waren ironischerweise wahrscheinlich die Gruppenmitglieder selbst. *Nevermind* zerstörte unweigerlich die Bindung, die zwischen den drei Musikern ursprünglich einmal bestanden hatte. Kurts fortschreitende Drogenabhängigkeit, der ständige Druck des nächsten Auftritts und die lästige Notwendigkeit, den jüngsten Text immer wieder

»erklären« zu müssen, führten dazu, daß Cobain, Novoselic und Grohl sich immer weiter voneinander entfernten. »Wir müssen jetzt so viele Interviews geben, wie wir können, ich zumindest«, sagte Cobain gegenüber dem *Rocket*. »Ich meine, jeder neue Tag meines Lebens gehört jetzt Nirvana. Ich führe Telefoninterviews und werde beinahe ständig herumgereicht.«

Eines der Resultate davon war, daß sich Cobain, erstmals auch mit dem nötigen Kleingeld dafür ausgestattet, nun völlig hemmungslos seinen Exzessen widmete. Der Alkohol in London und das Heroin in Amsterdam waren bereits Grund für einige skandalöse Zwischenfälle gewesen – in Belgien sollte es nicht anders sein. Nachdem er bereits eine Flasche Brandy in sich hineingekippt hatte, kombinierte Cobain ein weibliches Fanpaar mit zwei Feuerwerkskörpern und einer Tube Rasiercreme, erklärte das Ganze zu einem lebendigen Kunstobjekt und forderte dann die beiden Frauen zum gegenseitigen Cunnilingus auf. Er selbst spielte währenddessen mit der unvermeidlichen Polaroid den Beobachter. Diese kleine Episode war allerdings noch eher harmlos verglichen mit den Szenen, die sich zwischen Kurt und Courtney abspielten und denen ein Nirvana-Beobachter während der Europatournee beiwohnen konnte.

Ein weiterer Effekt von Cobains Ruhm war der allmähliche Verlust des Kontakts zu seinem Publikum. Vor einem Auftritt bei Paramount in Seattle erhielten Nirvana Besuch von einem Fotografen namens Darrell Westmoreland. »Ich machte Novoselic darauf aufmerksam, daß sie der tobenden Menge der Fans möglicherweise nicht gewachsen sein würden«, erinnert er sich. »Chris war relativ aufnahmefähig, aber Kurt schwankte ziemlich unkontrolliert durch die Gegend. Er blödelte herum. Dann wurde er plötzlich völlig apathisch . . . als hätte ihn der Schock gelähmt.« Tim Arnold berichtet: »Der Saal glich an diesem Abend einer riesigen Psychiaterpraxis – mit Kurt, der dem Publikum seine Ängste entgegenschrie. Er tat das nicht etwa für die Menge; er tat es für sich selbst.« Slim Moon, Cobains Freund und Nachbar in Olympia, glaubt, daß er »sich immer mehr unter Druck gesetzt fühlte, von den Erwartungen der Fans und ihren Vorstellungen, was seine weitere Entwicklung anbelangte«. »Kurt verlor die Orientierung«, meint Charles Peterson.

Als Courtney Love im Dezember 1991 von ihrer eigenen Tournee zurückkehrte, zogen sie und Cobain in Kalifornien von einem Hotel zum anderen und pumpten sich voll mit – wie Courtney es nannte – »schlechtem mexikanischem LA-Heroin«, das Cobain ihnen beiden injizierte. In jener Zeit lebte Kurt auch zwei Wochen auf den Straßen von Seattle.

An einem Winterabend erschien er im Canterbury, einem Grillrestaurant, das ausgesprochen geschmacklos eingerichtet war: Zur rustikalen Raumgestaltung gehörten eine Ritterrüstung, ein Kamin und eine hohe Decke mit freiliegenden Balken. Eine Schar Touristen hielt sich dort auf. Als Cobain eintrat, wurde es still im Lokal. Das Flanellhemd, die ungewaschenen blonden Haare, die zerrissene Jeans, die Turnschuhe – sein Outfit lieferte ihnen eine willkommene Gelegenheit, ihn unverhohlen anzustarren.

Cobain war blaß und offensichtlich krank. Er saß alleine in einer Ecke des Raumes und trank einen Kaffee, angereichert mit dem Inhalt einer Flasche, die er aus seiner Tasche hervorzauberte. Innerhalb einer Stunde rauchte er ein Dutzend Zigaretten, die er jeweils so weit herunterbrennen ließ, bis er sich fast die Finger verbrannte: Mit dem Zigarettenstummel zündete er sich dann die nächste an. Von Zeit zu Zeit huschte ein kleines Lächeln über sein Gesicht, und er verdrehte, offensichtlich ganz versunken in seine Gedanken, die Augen. Die ganze Zeit sprach er so gut wie gar nicht, seine einzigen Äußerungen bestanden aus knappen Danksagungen gegenüber Gästen, die ihm alles Gute wünschten, außerdem murmelte er gelegentlich das Wort »Daddy« vor sich hin. Nachdem er einem Fan mittleren Alters ein Autogramm gegeben hatte, stand er auf und verließ schlagartig das Restaurant, ohne die Tür hinter sich zu schließen. Das Autogramm mit seiner Widmung wurde an der Bar herumgereicht. Auf ihm stand zu lesen: »Leck mich am Arsch. Kurt.«

Doch Cobain war nicht immer so schroff. Seine Cousine Toni erinnert sich, daß Kurt im Alter von dreizehn Jahren einmal einen ganzen Abend damit zugebracht hatte, sich mit einem kleinen Jungen zu unterhalten, der halb so alt war wie er. Dabei zeigte er eine »verborgene zärtliche« Seite, die er nur selten an die Oberfläche kommen ließ, was seine Fans jedoch nicht daran hinderte, sie später immer wieder hervorzuheben. 1989 hatte Cobain Freundschaft mit einem sechsjährigen Jungen namens Simon Fair Timony geschlossen, der noch vor seinem zehnten Geburtstag Frontmann der von Nirvana inspirierten Gruppe Stinky Puffs wurde. Beim Reading Festival im Jahr 1992 ging Cobain, nur wenige Sekunden nachdem er, wie üblich, die Aufbauten zertrümmert und seiner Gitarre den Rest gegeben hatte, Hand in Hand mit einem kleinen Jungen von der Bühne, der unheilbar an Krebs erkrankt war. Ein Kritiker, der sich im Backstage-Bereich aufhielt, beschreibt: »Kurt stieg langsam eine Treppe hinunter, als ihn ein Scheinwerfer anstrahlte. Eine Menschenmenge umringte ihn, blieb aber irgendwie im Dunkeln. Es war sehr still, insbesondere nach dem ohrenbetäubenden Lärm der Show. Die Menge folgte ihm durch eine Gasse, die von den Aufbauten hinter der Bühne gebildet wurde. Dann bog Kurt, noch immer mit dem Jungen an der Hand, um eine Ecke und war verschwunden.«

Daß Cobain Kinder mochte, besonders solche mit einer Krankheit oder Behinderung, steht außer Frage. Daß er in ihnen Spuren seiner eigenen Kindheit wiederfand, ist ebenfalls klar, trifft aber nicht allein auf Cobain zu. Er aber unterschied sich von manch anderen Punkrockern dadurch, daß er sich eigentlich nach festen Wurzeln und einem häuslichen Leben sehnte. Ein Kommentar, den er gegenüber Tobi Vail zu diesem Thema abgab, blieb in Erinnerung: »Ich bin definitiv auf der Suche nach jemandem, mit dem ich eine ganze Reihe von Jahren verbringen kann. Ich will diese Sicherheit.«

Aus irgendeinem Grund waren Cobain und Love dazu übergegangen, ungeschützten Sex zu praktizieren, obwohl sie beide Heroin spritzten. Love selbst gab einmal zu, daß es deshalb passierte, weil es »ein denkbar schlechter Zeitpunkt dafür war, und gerade das hat mich gereizt«. Weihnachten wußte das Paar bereits, was die Welt erst im neuen Jahr erfahren sollte: Love war schwanger.

Als das Jahr 1991 zu Ende ging, befanden sich Nirvana mit Pearl Jam auf Tournee, mit der Gruppe aus Seattle also, die Mitglieder von Mother Love Bone gegründet hatten und die von Cobain sehr verachtet wurde. Vor einem Silvesterkonzert in San Francisco nahm Eddie Vedder, Musiker bei Pearl Jam, die Einladung eines attraktiven weiblichen Fans zu einem Drink hinter der Bühne an. Zu ihrem eigenen Amüsement lud das Mädchen auch Cobain ein und begrüßte ihn mit den launigen Worten: »Kurt, Eddie sagt, daß du Schwänze lutschst.« Cobain drohte seinem Rivalen daraufhin, daß er ihn auf die Bühne schleifen und mit seiner Gitarre »zu Brei schlagen« werde. Die Details der folgenden Auseinandersetzung sind unklar, aber es scheint ziemlich sicher zu sein, daß Vedder diese Drohung nicht einfach hinnahm und so zwischen den beiden ein lautstarker Streit entbrannte. Nach Aussage des Mädchens drehte Cobain Vedder schließlich die Arme auf den Rücken, versetzte ihm zwei Kniestöße zwischen die Beine und bearbeitete ihn zusätzlich noch mit den Fäusten. Der Mann, der die beiden Streithähne voneinander trennte, berichtet: »Kurt holte zu einem gewaltigen Kinnhaken aus, verlor das Gleichgewicht und fiel hin.« Kaum wieder auf den Beinen, torkelte Cobain unverzüglich zu Novoselic und brüstete sich damit, daß er Vedder gerade »in die Eier« getreten habe. Ähnlich prahlte er auch gegenüber Frank Hulme, einem Reporter, der sich gerade hinter der Bühne aufhielt: »Als Kurt davon erzählte, wurde seine Stimme schrill, und er kicherte wie ein kleines Mädchen.« Die Bandmitglieder von Nirvana teilten Cobains Freude über diesen willkürlichen Akt der Gewalt. Eine Person aus dem Umfeld der Band behauptet: »Vedder hatte es einfach darauf angelegt.« Für einen Mann wie Hulme hingegen war Cobains Verhalten ein weiterer Beweis für dessen »eskalierende Rockstar-Psychose«.

Laut *Rolling Stone* wurde bei dem anschließenden fünfundvierzigminütigen Konzert »dem Publikum die Zurückhaltung, die es noch hatte, vollends ausgetrieben ... Einzelteile der Stuhlreihen, die sich von der Bühne bis zum rückwärtigen Teil der Halle erstreckten, wurden in die Luft geschleudert wie Lehmklumpen auf einem explodierenden Minenfeld ... Cobain, der sich eigens zu diesem Anlaß die Haare purpur gefärbt hatte, strahlte bei seinem Bühnenauftritt abwechselnd nahezu kataleptische Entrückung und fast schon enervierende Intensität aus. Der Auftritt endete damit, daß Cobain und seine Bandkollegen ihre Instrumente zerschlugen und so das Finale zu einer ausgelassenen Demonstration mutwilliger Zerstörung werden ließen. Sie warfen ihr Equipment nicht einfach nur durch die Gegend, sondern hatten sogar vorher ihre Instrumente liebevoll auseinandergeschraubt, um sie dann noch besser zu Trümmerstücken zerschlagen zu können; das Publikum brüllte vor Vergnügen.« Eine Zugabe gab es nicht.

Elf Tage später machten Nirvana eine Live-Aufnahme bei MTV und spielten in New York in der Fernsehshow *Saturday Night Live*. Mit seinen Rockstar-Allüren ging Cobain inzwischen weiter, als es sich selbst Frank Hulme hätte vorstellen können. Grohl erinnert sich daran, »ins Hotelzimmer von Cobain und Love gekommen zu sein und zum ersten Mal wirklich erkannt zu haben, daß die beiden völlig abgefuckt waren. Sie lagen im Bett und dösten nur noch vor sich hin, waren ganz einfach kaputt.« Als ein Mitarbeiter von *Saturday Night Live* in Nirvanas Garderobe kam, um ein Paket abzuliefern, stieß er auf »Kurt, der gerade dabei war, es einer Frau auf der Kante vom Waschbecken mit der Zunge zu besorgen«; Cobain ließ gerade lang genug von seiner Beschäftigung ab, um dem Bühnenhelfer ins Gesicht zu spucken.

Bei einem Treffen mit dem Fotografen Michael Lavine geriet Cobain, bekleidet mit seinem geliebten Flipper-T-Shirt, in einen heftigen Streit mit Novoselic und Grohl. Trotzig zog er sein Hemd hoch und entblößte mehrere blaue Flecken, Schwellungen und Kratzer auf Brust und Armen. Anschließend schlief er während der Fotosession ein.

Der Bühnenhelfer von *Saturday Night Live*, der Cobain in der Garderobe überrascht hatte, schätzte dessen Zustand so ein: »Kurt mag durchaus einmal zum Punkrock gehört haben, aber zu der Zeit, als ich ihn sah, torkelte er nur noch betrunken herum wie einer von Led Zeppelin.«

Um sich gegen den Vorwurf zu verwahren, er mache sich zu einer »Hure der Industrie« und würde »auf Aberdeen scheißen«, gab Kurt am Schluß von *Saturday Night Live* Novoselic einen Zungenkuß. Er beschwor damit jedoch nur das Gespenst eines anderen Superstars des Rock herauf: Mick Jagger hatte die gleiche Nummer, in der gleichen Fernsehshow, schon vor dreizehn Jahren abgezogen.

Am nächsten Morgen, dem 12. Januar 1992, kam *Nevermind* auf Platz eins der Charts.

7

Verschwendet

Im Anschluß an Nirvanas Auftritt in der *Saturday-Night-Live*-Show verbrachten Cobain und Love zusammen mit ihrer Heroinlieferantin eine Woche in New York. Die Ausschweifungen waren entsprechend zügellos. Schließlich ging Cobain sogar selbst auf die Straße, um Drogen zu kaufen, während die schwangere Courtney im Hotel wartete. In den folgenden Monaten wurde in den Medien immer wieder über Sauftouren, Gewalttätigkeiten und wilde Gruppensex-Partys berichtet, an denen das Paar beteiligt war.

Kurt und Courtney zogen schließlich von Manhattan nach Seattle und dann von dort aus in ein Apartment in Fairfax, Los Angeles. Cobain versuchte weiterhin, den Eindruck zu vermitteln, daß sein Alltag »ziemlich normal« verlaufe – was ihm jedoch nicht gelang. Wie Frank Hulme berichtet, »konsumierte Kurt inzwischen pro Tag Heroin im Wert von hundert Dollar, spülte es mit Hustensaft runter und schlief dann nicht selten mit brennender Zigarette im Mund ein«. Trotzdem behaupteten noch Anfang 1992 sowohl Geffen als auch Gold Mountain beharrlich, daß Cobain gesund sei, neues Songmaterial schreibe und »es genieße, ungestört mit seiner Freundin leben zu können«. Die Realität sah jedoch völlig anders aus: Kurt stand praktisch ununterbrochen unter Drogen. Wenn er nicht gerade damit beschäftigt war, sich Heroin oder Methadon zu beschaffen, erging er sich immer öfter in Selbstvorwürfen, die nicht selten in völlig destruktiven Selbstanalysen gipfelten: »Ich bin unerträglich, zu negativ... ein Kotzbrocken... verzweifelt... ein pathologischer Typ eben.« Darüber hinaus bezeichnete Cobain sich selbst häufig als »häßlich, linkisch, verkrampft und sozial unterentwickelt«.

Als sich Nirvana trafen, um das Video für »Come As You Are« fertigzustellen, hatte Cobain nicht mehr die geringste Ähnlichkeit mit dem

Mann, der er noch vor einem Jahr gewesen war. Am Drehort in den Hollywood Hills erschien er in einen dicken Mantel gehüllt – ungeachtet der Temperaturen von über zwanzig Grad Celsius. Kurt wirkte teilnahmslos und abwesend. Seine Absprache mit dem Regisseur beschränkte sich auf die lapidare Aussage, er wolle »verschwommen« aufgenommen werden – ein Effekt, der schließlich erzielt wurde, indem man Cobains Gesicht durch fließendes Wasser hindurch filmte. Laut Grohl »sah Kurt schlecht aus. Grau. Ich hatte keine Erfahrung mit Drogensüchtigen, und so dachte ich nur: Was, zum Teufel, denkt er sich eigentlich dabei? Warum tut er das?« Novoselics Reaktion war nicht so zurückhaltend. Er sah seinen alten Freund nur genervt an und sagte: »Warum erlöst du uns nicht alle von deinem Anblick?« Trotzdem versuchte Novoselic aber auch, Cobain klarzumachen, daß er »fix und fertig sei und dringend Hilfe brauche«.

Am 24. Januar begannen Nirvana eine sechswöchige Tournee durch Australien, Neuseeland und Japan, die sich zu einem regelrechten Desaster entwickelte. Bereits nach einer Woche war allen Beteiligten klar, daß die Entscheidung für diese Tour ein großer Fehler gewesen war. Nicht nur, daß es für Cobain im Ausland generell sehr viel schwieriger und auch risikoreicher war, die von ihm so dringend benötigten Drogen zu bekommen, noch dazu meldeten sich zu allem Überfluß auch seine Magenschmerzen zurück – mit nunmehr doppelter Intensität. Zunächst suchte er einen australischen Arzt auf, der ihm – zu Unrecht, wie Kurt hartnäckig behauptete – Vorhaltungen wegen seiner Drogenabhängigkeit machte. Ein zweiter Arzt, in dessen Praxis ein Bild hing, das Cobain zusammen mit Keith Richards zeigte, verschrieb ihm schließlich Methadon.

Cobain hatte sich – vermutlich bedingt durch das Heroin – zusehends in eine emotionale Überreiztheit hineingesteigert, die im Verlauf der Tournee ein immer bedenklicheres Ausmaß annahm. In Neuseeland stieß er einen Tisch, auf dem diverse Flaschen und Teller standen, aus dem Fenster seines Hotelzimmers im fünfzehnten Stock. Abgesehen von dieser fragwürdigen Aktion – für Hulme ein untrügliches Anzeichen einer beginnenden »Rockstar-Psychose« – hatte Cobain noch eine weitere Überraschung auf Lager: In Singapur eröffnete er Novoselic und Grohl, daß er »die Schnauze voll habe, für Nirvana den Hampelmann« zu spielen, und forderte einen höheren Anteil an den Tantiemen. »Das eigentlich Schlimme war jedoch«, so ein Zeuge der Szene, »daß er Chris von einem Roadie in seine Hotelsuite holen ließ, um ihm dies mitzuteilen«. Als Nirvana in Japan eintrafen, trat Cobain aus dem Flughafen-Terminal, rülpste laut und verkündete allen Anwesenden theatralisch, er sei gekommen, um es »den Wichsern von Pearl Harbor heimzuzahlen«. Die Delegation der

Verschwendet

Plattenfirma, die zum Flughafen gekommen war, um ihn abzuholen, ignorierte er vollkommen.

Es ist anzunehmen, daß Cobain sein Verhalten teilweise nicht mehr unter Kontrolle hatte. Durch den regelmäßigen Konsum von Heroin, Valium, Kokain und Marihuana verschlimmerten sich nicht nur seine Magenbeschwerden; er litt außerdem an einer Krankheit, die nach Angaben des US-Gesundheitsministeriums durch »wechselnde Anfälle von Manie und Depression« gekennzeichnet ist. Befindet sich der Patient im Zustand der Depression, leidet er unter »anhaltender Niedergeschlagenheit, Angstzuständen, einem Gefühl der Leere und völliger Hoffnungslosigkeit«. Weitere Symptome sind Antriebslosigkeit sowie Schlafstörungen bis hin zu Schlaflosigkeit. Die manische Phase äußert sich meist in »einer unrealistischen Einschätzung der eigenen Fähigkeiten, verbunden mit sprunghaften Stimmungswechseln zwischen Euphorie und extremer Reizbarkeit«. Mögliche Folgen sind neben Hyperaktivität auch »aggressive Reaktionen auf Frustration«.

Für Beverly Cobain »war es Kurts größtes Unglück, daß niemand da war, der ihn vor sich selbst gerettet hätte«. Weder Nirvanas Manager noch David Geffen unternahmen jemals einen ernsthaften Versuch, ihm nachdrücklich klarzumachen, daß er mit dem Drogenkonsum Schluß machen müsse. Cobains Freunde applaudierten selbst dann noch, als er sich immer öfter in aller Öffentlichkeit erbrach. »Ich konnte es nicht begreifen«, sagt Grohl. »Er machte sich einfach kaputt... Ich schätze, ich habe einfach zu wenig Ahnung von Drogenabhängigkeit.« Cobain selbst beschrieb die Reaktion seiner Freunde einmal mit »totales Schweigen. Böse Blicke und totales Schweigen«. Sowohl Novoselic als auch Grohl sind nicht die Typen, die es auf eine offene Auseinandersetzung mit Kurt hätten ankommen lassen. Anstatt über die Probleme zu reden, zeigten sie ihre Wut über Kurts Ausbrüche eher durch passiven Widerstand und vergifteten mit ihrer schlechten Laune das Arbeitsklima.

Cobain selbst machte schon seit einigen Jahren kein Geheimnis mehr aus seiner eigenen Unfähigkeit, Probleme rechtzeitig anzusprechen. Seine Umwelt konfrontierte ihn nun mit ähnlichen Verdrängungsmechanismen, wie er sie schon von sich selbst kannte. Bis zu Kurts Tod – es blieben ihm noch etwas mehr als zwei Jahre – bestritten nahezu alle seine Bekannten energisch, daß er jemals ein ernsthaftes Drogenproblem gehabt habe. Als 1994 alle Zeitungen in großen Schlagzeilen die Nachricht von Cobains Selbstmord brachten, versuchten sie den Eindruck zu erwecken, Kurt habe lediglich den verzweifelten Entschluß in die Tat umgesetzt, auf dem Höhepunkt seiner Karriere zu sterben, den Schrecken des schwindenden

Ruhms zu entfliehen. Er habe nicht mit einem Wimmern abtreten wollen, sondern mit einem Knall, der auf der ganzen Welt zu hören sei. Cobains Drogenabhängigkeit paßte nicht in dieses Bild, wurde heruntergespielt. »Seinen Tod nur auf das Heroin zu schieben wäre töricht«, sagte Novoselic. »Die Leute nehmen Heroin seit mehr als hundert Jahren. Die Drogen machten nur einen kleinen Teil von Kurts Leben aus.« Auch heute noch hört man in Cobains einstigem Umfeld immer wieder die Behauptung, er habe das Heroin in erster Linie wegen der schmerzstillenden Wirkung genommen; daß seine Abhängigkeit das Ende beschleunigt habe, wird weitgehend bestritten. Love beklagte sich im *Spin* wütend: »Sie wollen immer nur darüber reden, wie viele Drogen Kurt und ich genommen haben. Als ob es nichts anderes gegeben hätte. Wir hatten auch unseren Alltag, frühstückten, aßen zu Mittag und zu Abend, liehen uns Filme aus, gingen Eis essen, lasen uns fast jede Nacht gegenseitig etwas vor und beteten täglich. Wir hatten, verdammt noch mal, auch unsere Würde.« Ihre Beschreibung entsprach durchaus der Wahrheit. Tatsächlich war Cobains Privatleben von einem starken Bedürfnis nach Familienleben und Häuslichkeit geprägt. Den rebellischen Rockstar kehrte er vorzugsweise in der Öffentlichkeit heraus.

Das Paar beschloß, in den vierzehn Tagen, die zwischen der *Saturday-Night-Live*-Show und der Tournee durch Australien lagen, gemeinsam einen Entzug zu versuchen. Kurt konnte eine Woche lang nichts anderes tun als schlafen und gegen die ständige Übelkeit ankämpfen. Nachdem diese Tortur überstanden war, bestieg er das Flugzeug nach Sydney, wo er allerdings nur noch ein oder zwei Tage clean blieb. Im Frühjahr des gleichen Jahres suchte Kurt das Exodus Recovery Center in Kalifornien auf, eine Einrichtung, in der sich schon des öfteren prominente Drogenabhängige behandeln ließen. Doch auch dieser Versuch, seine Sucht zu besiegen, blieb erfolglos: Nach nur wenigen Tagen erzählte Cobain dem Personal, er wolle einen Spaziergang machen, tatsächlich aber kletterte er über die Mauer, die die Klinik umgab, und verschwand (zwei Jahre später flüchtete er erneut aus derselben Klinik). Anschließend flog er nach Seattle und besorgte sich dort sofort Heroin. Kurt fühlte sich so schwach, daß er sich weigerte, einer weiteren Tournee mit Nirvana zuzustimmen – eine Entscheidung, die ihm einen wütenden Telefonanruf Novoselics und mehrere heftige Auseinandersetzungen mit Geffen einbrachte.

Gleichwohl behauptete Cobain immer wieder, er könne mit seiner Sucht »umgehen«. In Interviews spielte er sie herunter: »Es ist keineswegs eine totale Abhängigkeit.« Doch in Wirklichkeit kaufte er regelmäßig Heroin auf der Straße. Ein verschlossener Schrank in Cobains

Verschwendet

Apartment in Fairfax enthielt – wie es ein Besucher ausdrückte – »eine ganze Apotheke« an Vorräten: Nadeln, Löffel und Ampullen, dazu das Heroin selbst und ein Fläschchen Alkohol zum Einreiben. Im Januar gab Cobain täglich hundert Dollar für Drogen aus; im Juli hatte sich dieser Betrag bereits vervierfacht. Hinter seinem Rücken nannte man ihn nun »Kurt Cocaine«.

In den Tagen nach dem Suizid des Musikers bezeichnete seine Witwe Seattle als Drogen-Mekka, in dem es mehr Heroin gebe als in New York oder Los Angeles. Die öffentliche Meinung, wie auch die der Polizei, war jedoch, daß das Drogenproblem in Seattle durch die Medien aufgebauscht und verzerrt worden sei. »Die Situation hier ist nicht schlimmer als in jeder anderen Stadt«, sagt Daniel House, Eigentümer von C/Z Records und früherer Manager bei Sub Pop. Tatsächlich aber stieg im Laufe der achtziger Jahre in Seattle die Zahl der mit Heroin in Zusammenhang stehenden Todesfälle um neunzig Prozent. 1993 verzeichnete ein örtliches Krankenhaus 830 lebensbedrohliche Überdosen. Die Polizei in Seattle registriert jährlich etwa 6 000 Fälle, in denen es um Drogenmißbrauch geht, und an einem Stand in der University Avenue – den ein Freiwilliger namens Bob Quinn unterhält – werden wöchentlich 3500 bis 5 000 schmutzige Nadeln eingetauscht. Quinn bestätigt, daß die meisten Nadeln für das Spritzen von Heroin verwendet werden, obwohl auch der Amphetamin-Konsum »unter Teenagern ausgesprochen angesagt« sei.

Kaum hatten Nirvana den Durchbruch geschafft, gab es auch schon Anlaß zu der Befürchtung, die Band werde ihren Erfolg nicht lange überdauern. Die Spannungen zwischen den Parteien Geffen und Gold Mountain auf der einen Seite sowie den Bandmitgliedern auf der anderen wuchsen zusehends. Erste Vorbereitungen für eine im Frühjahr geplante USA-Tournee waren bereits getroffen worden, als Cobain sich schlicht und ergreifend weigerte, auf Tour zu gehen. Er war weder in der geistigen noch körperlichen Verfassung, sein gewohntes Umfeld zu verlassen, außerdem wollte er während der Schwangerschaft bei Love bleiben.

Es ist nicht schwer, für Kurts Beweggründe Verständnis aufzubringen. Seit 1989 waren Nirvana in Amerika, Kanada, Europa, Australien, Neuseeland, Singapur und Japan unterwegs gewesen, hatten zwei Alben veröffentlicht, zahllose Interviews gegeben und waren weltweit auf den Titelseiten aller namhaften Musikzeitschriften abgebildet worden. Laut Frank Hulme »bedauerte Dave die durch die Absage zu erwartenden Umsatzeinbußen beim Verkauf des Albums *Nevermind*, gab aber zu, daß die Band eine Pause brauche«. Auch Novoselic nahm Cobains Entscheidung hin:

»Mit der Tournee wäre eine Menge Streß auf uns zugekommen. Bislang waren wir einfach nur Vagabunden in einem Van und zogen unser Ding durch. Jetzt haben wir einen Tourneemanager, eine Crew, und das Ganze ist eine Produktion.«

Dennoch herrschte in der Gruppe eine »beschissene Atmosphäre«. Besonders das Verhältnis zwischen Cobain und Novoselic war gespannt. Dieser äußerte gegenüber seiner Frau: »Kurt ist ein Arschloch, ein beschissener Junkie, und ich hasse ihn!« Die beiden Gründer Nirvanas hatten sich nicht mehr viel zu sagen. Ein paar Wochen später brüllte Cobain Novoselics Frau an, weil diese sich zu der Äußerung hatte hinreißen lassen: »Kurt, ich hasse es, mit ansehen zu müssen, was du dir da antust.« Als Nirvana aus dem Fernen Osten zurückkehrten, hatten sich zwei Lager gebildet: Cobain und Love gegen die Novoselics. Grohl stand unglücklich zwischen den Fronten.

Folge der ständigen Anfeindungen zwischen den Musikern war ein erbitterter Streit um die Tantiemen. Novoselic und Grohl waren weniger verärgert darüber, daß Cobain mit der lapidaren Begründung »Ich stehe unter Druck« mehr als das Doppelte ihres eigenen Anteils verlangte – was sie wirklich wütend machte, war seine Forderung, dieses neue Arrangement rückwirkend gelten zu lassen. Keines der anderen Bandmitglieder sollte für *Nevermind* auch nur einen einzigen weiteren Penny erhalten, solange Cobain nicht seinen Teil kassiert habe. Im schlimmsten Fall – wenn die Verkaufszahlen des Albums genauso plötzlich zurückgehen sollten, wie sie gestiegen waren – wären die beiden anderen bei Kurt beträchtlich verschuldet gewesen.

Es ist unklar, ob Cobain die Krise innerhalb der Band auf Drängen von Love herbeiführte, einfach nur Geld brauchte oder, was plausibler scheint, fürchtete, daß sein Talent bald ausgereizt sei und er einer ungewissen Zukunft entgegensteuere. »Ich bin zur Arbeit nicht geschaffen«, gab er 1989 selbst zu. Ein Jahr später erzählte er in *Sounds*: »Ich möchte keinen anderen Job haben.« 1992 konnte sich Hulme des Eindrucks nicht erwehren, daß Cobain fast schon »krankhafte Angst« davor hatte, sein Geld zu verlieren und wieder ein »langweiliges und häßliches Leben« in Aberdeen führen zu müssen. »Ich würde mich eher umbringen als dorthin zurückkehren«, gestand er seinem Cousin Ernest. Als die Presse über einen Arbeiterkampf bei der Firma Weyerhaeuser berichtete, soll Cobain geäußert haben: »Ich würde mir das Gehirn wegpusten, wenn ich so leben müßte.«

Am 24. Februar 1992 schlossen Kurt Cobain und Courtney Love feierlich den Bund fürs Leben. Die Gästeliste war eher bescheiden: Grohl (Novoselic und seine Frau waren nicht eingeladen), drei Angestellte der Band und ein Drogendealer, der rein zufällig in der Gegend war. Die Trauung, die auf einer Klippe mit Blick auf Waikiki Beach stattfand, wurde von einer konfessionslosen Pastorin vorgenommen, die die Braut mit Hilfe des hawaiianischen Standesamtes aufgetrieben hatte. Der Bräutigam trug einen grün-weiß karierten Pyjama, auf dem Kopf einen Blütenkranz – und war vollgepumpt mit Heroin. Bei den Worten »Hiermit erkläre ich euch zu Mann und Frau« brach Kurt weinend zusammen. Als sich die Hochzeitsgesellschaft anschließend in eine nahe gelegene Bar begab, um das Ereignis gebührend zu feiern, standen nahezu allen Anwesenden die Tränen in den Augen – fast sei es »wie bei einer Beerdigung gewesen«, beschrieb Cobain rückblickend.

Love jedoch zeigte in der Öffentlichkeit keine Emotionen. Grohl hatte zunächst den Eindruck geäußert, daß »Courtney die ideale Partnerin für Kurt sei«, doch schon bald entpuppte sich die traute Zweisamkeit des Paares als trügerisch. Beide mußten feststellen, daß sie sich zwar in vielen – vielleicht sogar in den meisten – Punkten ergänzten, in anderen aber völlig konträrer Auffassung waren. Cobains Vorstellung von einer perfekten Partnerschaft brachte Love in Rage, da sie ihr keinerlei Raum für persönliche Geheimnisse oder Interessen ließ. Er wollte besitzen und besessen werden – eine Aussicht, die seine Frau in Panik versetzte.

Drei Jahre später bekannte Love – auf die Trauungszeremonie zurückblickend – gegenüber David Fricke: »Denken Sie nicht, ich hätte nicht gewußt, auf was ich mich einließ, als ich Kurt heiratete ... Ich meine den Mangel an Respekt, der mich erwartete. Als Kurt und ich Ernst machten, sagten meine Freundinnen Kim Gordon und Julie Cafritz zu mir: ›Du weißt, was passieren wird?‹ Sie haben alles vorausgesehen und es mir detailliert ausgemalt. Nur Kurts Tod haben sie natürlich nicht voraussehen können. Cafritz' Meinung war: ›Ihr werdet Junkies. Ihr werdet heiraten. Ihr werdet eine Überdosis nehmen. Du wirst 35 sein und dann ein Comeback versuchen‹ ... Ich wußte, was auf mich zukam.«

Cobain war der festen Überzeugung, eine Frau geheiratet zu haben, die stärker war als er. »Sie ist meine einzige Chance«, gestand er Grohl. Von der Ehe mit Courtney versprach er sich fortwährende Bestätigung, loyale Unterstützung und bedingungslose Zuneigung. Innerhalb der zumutbaren Grenzen erfüllte Love diese Erwartungen auch. Daß sie darüber hinaus ihre Unabhängigkeit und ihre Karriere nicht aus den Augen verlieren wollte, ist nur verständlich. Im Juli 1992 schloß Courtneys Band Hole einen Vertrag mit Geffen ab – über eine Summe, die einen Zyniker gegenüber *Newsweek* bemerken ließ: »Mit Kurt Cobain zu schlafen ist eine Million Dollar wert.« Hulme beschreibt das Gespann Love/ Cobain folgendermaßen: »Sie waren kompatibel. Vielleicht haben sie sich sogar geliebt.«

Cobain versicherte immer wieder, noch niemals zuvor so glücklich gewesen zu sein. Der *Rolling Stone* schrieb: »Immer wenn Love den Raum betritt – und sei es nur, um Kurt wegen irgend etwas zu beschimpfen –, zeigt er das durch und durch alberne Strahlen eines bis über beide Ohren Verliebten.«

Cobain versuchte in der Öffentlichkeit und gegenüber den Medien den Eindruck zu erwecken, er sei ein umgänglicher, gewissenhafter und abgeklärter Familienvater, ein Ehemann, der seine Frau verehrt. Unerwähnt ließ er gerne seine Waffensammlung, seine plötzlichen Stimmungswechsel, seine Drogenabhängigkeit und die heftigen Streitereien mit der Band. Es war eine schlichte Lüge, als er behauptete: »Ich trinke noch nicht einmal mehr Alkohol, denn es macht meinen Magen kaputt. Selbst wenn ich es wollte, mein Körper würde nicht zulassen, daß ich Drogen nehme, ich bin zu geschwächt. Drogen zerstören das Gedächtnis, die Selbstachtung und den Respekt vor anderen. Sie taugen zu überhaupt nichts.«

Love hingegen gab auf die Frage, wie sie und Kurt die ersten Monate des Jahres 1992 verbracht hatten, zu: »Wir gingen auf einen Trip und nahmen massenhaft Drogen. Wir schluckten Pillen, trieben uns in Alphabet City herum und besorgten uns Dope. Wenn wir high waren, spielten wir *Saturday Night Live*. Danach nahm ich ein paar Monate lang Heroin.«

Die Journalistin Lynn Hirschberg griff diese freimütigen Äußerungen Courtneys auf und schrieb, daß sie also auch dann noch zum Heroin gegriffen habe, als sie bereits von ihrer Schwangerschaft wußte. In der Septemberausgabe von *Vanity Fair* wurde prompt die Frage gestellt: »Sind Courtney Love, die singende Diva der Postpunk-Band Hole, und ihr Ehemann, Nirvanas Juwel Kurt Cobain, der John Lennon und die Yoko Ono des Grunge?« Dann ließ das Blatt ohne Angabe von Namen sogenannte »Insider« zu Wort kommen, die Loves Eintritt in den Dunstkreis um Nirvana als die eigentliche Ursache für den Niedergang der Band betrachteten. Eine der freundlicheren Passagen beschreibt Love als eine Frau, die »nicht sonderlich interessiert ist an den Konsequenzen ihres Handelns«. Das Familienleben der Cobains bezeichnete das Blatt als »kranke Szene«, die Anlaß böte, »Ängste um die Gesundheit ihres Kindes« zu bekommen. Kurts generelle Liebe zu Kindern fand in dem Artikel keine Erwähnung. Illustriert wurde der Bericht mit einem Foto, das Love ohne Kleider zeigt. Die Zigarette, die sie geraucht hatte, wurde, wie sich später herausstellte, auf Veranlassung des Chefredakteurs wegretuschiert.

Verschwendet

Der feindselige Bericht in *Vanity Fair* war für Cobain eine außerordentlich schmerzliche Erfahrung. Es verbitterte und verletzte ihn, daß seine Frau eine »charismatische Opportunistin« genannt und er selbst als Drogensüchtiger und denkbar ungeeigneter Vater hingestellt wurde. Es war ihm unbegreiflich, wie eine verantwortungsbewußte Journalistin so etwas über ihn schreiben konnte. Unmittelbar nachdem Cobain und Love den Artikel gelesen hatten, gaben sie eine Erklärung ab, in der sie die schwerwiegendsten Unterstellungen dementierten. Kurt ging darüber hinaus persönlich gegen die Verfasserin Hirschberg vor und versuchte – erfolglos – ihre Entlassung zu bewirken. Der Artikel verschlechterte Cobains ohnehin schon gespanntes Verhältnis zur Presse dramatisch, wirkte sich aber auch in seinem privaten Umfeld aus. Sogar Freunde, denen er bislang vertraut hatte und die bei Nirvana-Konzerten immer freien Zugang zum Backstage-Bereich genossen hatten, standen jetzt vor verschlossenen Türen. Keith Cameron, der als einer der ersten Reporter in Großbritannien über Nirvana geschrieben hatte, brach anläßlich einer mißtrauischen Bemerkung, die Cobain ihm in diesem August an den Kopf warf, in Tränen aus. Cobain schäumte vor Wut über das »Geschwätz von Wichtigtuern in der Rockszene, die mit aller Macht den Anschein erwecken wollten, im Besitz von Informationen zu sein«, und er schickte Susan Silver, der Managerin von Soundgarden, eine verfrühte Weihnachtskarte, adressiert an »unsere Lieblings-Insiderquelle«.

Theoretisch hätte Cobain die Attacken der Presse mit einem Achselzucken hinnehmen und zur Tagesordnung übergehen können, zumal sich die Anschuldigungen auf ungenannte Quellen stützten und oft unhaltbar waren. Außerdem kamen die Angriffe nicht selten aus den eigenen Reihen – von Angehörigen einer Branche, in der Drogenmißbrauch keine Seltenheit ist. So wie die Dinge lagen, hätte Kurt eigentlich in aller Seelenruhe seine Karriere fortsetzen und über die Presseleute lachen können. Statt dessen ging ihm der Artikel ziemlich an die Nieren und brachte ihn in große finanzielle Schwierigkeiten. Zum Teil lag dies sicherlich an seiner irrationalen Panik, die ganze Welt habe es darauf angelegt, ihn fertigzumachen. Darüber hinaus hatte er aber auch eine »höllische Angst«, seine alten Freunde zu verlieren. Cobain war zutiefst verletzt, als andere Musiker sich von ihm distanzierten, das Studio verließen, wenn er eintrat, oder Einladungen nicht annahmen. Die Kampagne gegen Cobain und seine Frau tat der wachsenden Popularität des »king of the scene« – wie man Cobain schon seit längerem nannte – jedoch keinen Abbruch.

Die Tochter von Kurt und Courtney wurde am 18. August 1992 geboren, drei Wochen zu früh, aber völlig gesund. Sie erhielt den Namen Frances Bean Cobain. Ihr erster Vorname war eine Reminiszenz an die Musikerin Frances McKee; den Beinamen Bean erhielt sie – wie Cobain oft hervorhob – wegen ihrer Ähnlichkeit mit einer Kidneybohne. Nach Darstellung eines damals veröffentlichten Zeitungsberichts hatte Love ihren Drogenkonsum erst zwei Wochen vor der Entbindung eingestellt. Der amerikanische *Globe* behauptete, sie sei »so durchgeknallt« im Krankenhaus erschienen, »daß sie gar nicht wußte, was sie tat ... Love war völlig unzurechnungsfähig ... Sie verlangte etwas zu essen, nahm eine Kleinigkeit zu sich und warf den Rest an die Wand.« Dieser bedauerliche Zwischenfall schien allerdings kaum von Bedeutung angesichts der jämmerlichen Figur, die Cobain bei dieser Gelegenheit abgab. Er unterzog sich zur gleichen Zeit in derselben Klinik einer Entgiftung; und obgleich mehr tot als lebendig, ließ er es sich nicht nehmen, bei der Geburt dabeizusein. Halb bewußtlos, verbrachte er die meiste Zeit damit, sich zu übergeben – eine Folge des körperlichen Entzugs.

Beide Eltern widersprachen dieser Darstellung des *Globe,* und die Tatsache, daß ihr Kind bei guter Gesundheit war, läßt Zweifel an dem Pressebericht aufkommen. Für Kurt und Courtney begann ein anstrengender Kampf gegen das Jugendamt. Kurz nach der Geburt des Babys – nur acht Tage nach dem Erscheinen des *Vanity-Fair*-Artikels – wurde Cobain nach einer Anhörung vor dem Familienrichter ein weiterer Entzug auferlegt und das Kind in die Obhut von Loves Halbschwester gegeben. In den darauffolgenden fünf Wochen durften Kurt und Courtney ihre Tochter nur unter Aufsicht sehen. Erst im September wurde die Familie wiedervereint, nach einer Reihe von Gesprächen mit Sozialarbeitern und nachdem ein Rechtsanwalt eingeschaltet worden war. Bis dahin hatte Cobain 300 000 Dollar für Anwalts- und Gerichtskosten ausgegeben und vor lauter Selbstmitleid fast den Verstand verloren.

Angeblich hatte Love selbst dazu beigetragen, den Gerüchten um Drogenexzesse Nahrung zu geben. Sie war, wie sie zugab, »einer der sarkastischsten Menschen der Welt«. Einige ihrer rüden Späße wurden von den Medien absolut ernst genommen. Im Jahr 1991 hatten sich Love und Cobain zum Beispiel während eines Europaaufenthalts per Fax ihre Gefühle füreinander mitgeteilt und diese mit Ausdrücken wie »auf Acid sein« umschrieben – für die *Sun* Anlaß genug, darin den »Beweis« zu sehen, »daß beide LSD nahmen«. Mit Vorliebe wurde auch die folgende spöttische Bemerkung Loves zitiert: »Wenn es eine Zeit gibt, in der eine Frau unter Drogen stehen *sollte*, dann ist das während der ätzenden Monate der Schwangerschaft.« Als ihr Baby geboren wurde, gab es tatsächlich einige Reporter, die soweit gingen, sich in den Fluren zu verstecken oder im Keller der Klinik in Wäschekörbe zu hocken. Ein besonders gewiefter Fotograf verschaffte sich Zutritt, indem er sich als Arzt verkleidete. Mitschnitte von Loves Telefonaten und Kopien ihrer Faxe erschienen in der Presse. Die Flut feindseliger Berichte fand kein Ende. In einer großaufgemachten Story, die der *Globe* mit der Schlagzeile »Rockstar-Baby als Junkie geboren« veröffentlichte, hieß es: »Love rauchte sogar noch in der Klinik, aber im Vergleich dazu, was sie ihrem Körper sonst noch antat, fiel das Rauchen nicht sonderlich ins Gewicht ... Wenn ihre Rock'n'-Roll-Freunde vorbeikamen, setzten sie sich im Schneidersitz auf den Boden und sangen. Bisweilen, wenn sie sich mal wieder barfuß und im Nachthemd auf und davon gemacht hatte, wurde hektisch Alarm gegeben.« Kurt Cobains These lautete damals: »Es soll ein Exempel an uns statuiert werden, weil wir für all das stehen, was sich gegen die konformistische amerikanische Unterhaltungsindustrie richtet. Es ist eine Hexenjagd.« Ehemalige Geliebte und Liebhaber traten mit Klatschgeschichten über das Paar an die Öffentlichkeit, während Reporter der Boulevardzeitungen bereits neuen Gerüchten über die vermutete Heroinabhängigkeit der beiden nachgingen.

Die nicht nachlassende Empörung in der Öffentlichkeit führte dazu, daß Love sowohl ihren Arzt als auch das Krankenhaus wegen Verletzung der Privatsphäre und der ärztlichen Schweigepflicht verklagte. Die Angelegenheit wurde außergerichtlich beigelegt. Unterdessen veröffentlichte Gold Mountain eine Erklärung, in der nachdrücklich darauf hingewiesen wurde, daß »die bösartigen Verleumdungen, Frances habe nach der Geburt Entzugserscheinungen gehabt, in keinster Weise den Tatsachen entsprechen. Tatsächlich hat sie zu keinem Zeitpunkt an irgendwelchen Beschwerden gelitten.« Diese Gegendarstellung steigerte nur noch das Interesse der Boulevardzeitungen an Klatschgeschichten über die Familie. Zu dieser Zeit kam auch das – später bestätigte – Gerücht auf, Love habe sich nach der Entbindung ihre Brüste liften lassen.

Ein wirklich eklatanter Vorfall entging der Presse allerdings. Am 19. August, einen Tag nach Frances Geburt, erschien Cobain mit einer Pistole in der Hand im Krankenzimmer seiner Frau – fest entschlossen, zuerst Love und dann sich selbst zu töten. Der Musiker schien leicht zu torkeln und sah krank aus. Er verkündete, er habe es satt, von den Medien »angeschissen« zu werden. »Sie bringen mich um«, schluchzte er. Love brauchte ihre ganze Überzeugungskraft und die Hilfe ihres Freunds Eric Erlandson, um ihren Mann dazu zu bewegen, die Waffe wegzulegen. Anschließend schlurfte er aus dem Zimmer und bestellte seine Heroindealerin zu sich – nach deren Eindruck war er »völlig am Ende«.

Paranoia und Depression, ohnehin ständige Begleiter Cobains, wurden von Monat zu Monat schlimmer. Oft stand er erst am späten Nachmittag auf, sah sich abends Sitcoms im Fernsehen an oder starrte stundenlang auf den nachgebildeten buddhistischen Schrein in seinem Wohnzimmer. Häufig weigerte er sich, Telefonanrufe entgegenzunehmen – auch solche von anderen Bandmitgliedern.

Nirvanas Management unternahm gewaltige Anstrengungen, Cobains Image zu verbessern, ihn als einen Mann darzustellen, aus dem die Geburt seiner Tochter einen neuen Menschen gemacht habe. Love berichtete einem Reporter: »Er sieht Frances die ganze Zeit an und sagt: ›So war ich auch einmal! So war ich auch einmal!‹« Cobain selbst erklärte euphorisch, daß »ein Kind zu haben und verliebt zu sein etwas ist, das sich jeder wünscht. Dies sind die beiden einzigen Dinge in meinem Leben, von denen ich behaupten kann, daß sie ein wahrer Segen sind.«

Die Geburt seiner Tochter hatte jedoch auch eine negative Konsequenz für Cobain: Sie ließ seine alten Selbstzweifel wieder hochkommen. Seinem Cousin schien es, als »sage Kurt eine innere Stimme, daß er als Daddy nicht gut genug sei. Er hatte Angst davor, daß seine Tochter auch seine dunkle Seite kennenlernen würde.« Zudem befürchtete Cobain, Frances könne den labilen Charakter ihres Vaters geerbt haben. Der Journalist Graham Wright glaubt, daß Kurt »zusätzlich von der Vorstellung gequält wurde, er und Courtney könnten sich scheiden lassen und seine eigene Geschichte würde sich dann bei seiner Tochter wiederholen.« Kaum zwei Jahre später las Love bei der Gedenkfeier für Kurt Auszüge aus dem Abschiedsbrief ihres Mannes vor. »Ich habe eine Tochter, die mich zu sehr daran erinnert, wie ich selbst einmal war«, hatte Kurt geschrieben.

Zehn Tage nach der Geburt von Frances saß Cobain in einem Flugzeug nach London. Am 30. August waren Nirvana die Hauptattraktion des zwanzigsten Reading Festivals. In der Woche vor dem Ereignis hatten sowohl *Source* als auch der *Enquirer* von einer bevorstehenden Auflösung der Gruppe berichtet – beide Blätter schickten ihre Reporter zum Festival. Auch die britische Presse ließ sich über die angeblichen internen Probleme Nirvanas aus. Eine Zeitung vermutete sogar, daß nicht Cobain selbst, sondern ein Ersatzmann auftreten werde. Die Gerüchte um Probleme der Band hielten sich sogar während des Konzerts. Als die Lichter ausgingen, kommentierte Cobain selbst die Misere auf spöttische Weise, indem er in einem Rollstuhl auf der Bühne, bekleidet mit einem Krankenhaushemd, erschien.

Bei dem folgenden Konzert zeigten sich Nirvana in Höchstform. Das *Nevermind*-Material war so stark, daß es trotz kleiner Spielereien – wie etwa stilistischer Anleihen bei der Musik des Nahen Ostens, umgeschriebener Texte und ohrenbetäubender Lautstärke – nichts von seiner ursprünglichen Kraft einbüßte. Als Cobains Gitarrenspiel und seine aufwühlende Stimme durch das Headbanging der Menge beantwortet wurden, brach ein Chaos aus. Aus 80 000 Kehlen ertönte ein »Nir-VANA«-Schrei. Auf »In Bloom« folgten die Nummern »Lithium« und »Rape Me«. Bei dem Song »On The Plain« ragten die ausgestreckten Fäuste des Publikums in die Luft – so weit das Auge reichte.

Dennoch war spürbar, daß »Kurt sich gegenüber seinen Freunden kühler als sonst verhielt«. Es fehlte die einstige Kameradschaft. John Peel bestätigt: »Man konnte erkennen, daß Cobain die massive negative Berichterstattung der letzten Zeit schwer zu schaffen machte. Er schien innerhalb kürzester Zeit um Jahre gealtert.« Nach dem Konzert wurde Cobain im Reading Ramada Hotel ein Artikel des britischen Nirvana-Chronisten Keith Cameron vorgelegt. »Im selben Augenblick«, erinnert sich Graham Wright, der sich zu diesem Zeitpunkt ebenfalls im Hotel befand, »fing Kurt auch schon an, Zeter und Mordio zu schreien. Er drohte, Keith von den Bodyguards in die Mangel nehmen zu lassen.«

Am 9. September spielten Nirvana anläßlich der MTV Video Music Awards in Los Angeles. Minuten vor dem geplanten Live-Auftritt verbot MTV die Nummer »Rape Me« – den Song, für den Nirvana sich entschieden hatten. »Entweder der Song fällt weg«, brüllte der Produzent, »oder ihr fallt weg!« Schließlich ließ sich Cobain auf einen Kompromiß ein und begann mit »Lithium«, nicht ohne jedoch zuvor die ersten Akkorde des verbotenen Titels anzudeuten. Dann lieferten Nirvana einen Auftritt ab, der bei der *Seattle Times* beifällige Bewunderung auslöste: »Die in die Schußlinie geratene und von Gerüchten über Drogenmißbrauch und Auflösungsabsichten heimgesuchte Band antwortete allen Zweiflern und Gerüchtestreuern, indem sie sich von ihrer besten Seite zeigte und eine eigenwillige, schweißtreibende, ungezügelte Version ihrer aktuellen Single ablieferte... Der jungenhafte Charme des Sängers Kurt Cobain ist eine Offenbarung, von der die Band nur profitieren kann. Bisher versuchte er, so punkig wie möglich auszusehen – grelle Haarfarbe, Sonnenbrille, lange Bartstoppeln und Klamotten aus der Mottenkiste. Letzte Nacht hatten seine jetzt kurzgeschnittenen Haare einen natürlichen Blondton, seine großen blauen Augen waren nicht länger hinter dunklen Gläsern versteckt... Seine überwiegend weiße Kleidung sah so sauber aus, als käme sie frisch aus der Reinigung.«

Cobain weigerte sich, den Preis »Best Alternative Music Video« auf der Bühne entgegenzunehmen, und schickte statt dessen einen Michael-

Jackson-Imitator. Die Auszeichnung in der Kategorie »Best New Artist« holte er sich allerdings persönlich ab. Er dankte seiner Familie, Geffen, Gold Mountain und den »treuen Fans«, blickte vielsagend in die Kamera und murmelte: »Wißt ihr, es fällt mir wirklich schwer, alles zu glauben, was man so liest.«

Anfang September gaben Nirvana zwei Konzerte zur Unterstützung der Washington Music Industry Coalition, die aus Prinzip nicht profitorientiert arbeitet. »Kurt Cobain und Dave Grohl blieben nach dem letzten Song noch gut zehn Minuten auf der Bühne, warfen ihr Equipment durch die Gegend und machten ihre Instrumente zu Kleinholz. Grohls teures Schlagzeug wurde komplett demoliert, und Cobain ließ seine wunderschöne weiße Gitarre so lange auf die Bühne krachen, bis sie zersplitterte«, beschreibt Patrick MacDonald diesen Auftritt. Im Oktober spielten Nirvana noch zweimal im Nordwesten: spontane Auftritte in der Western Washington State University und im Crocodile Café. Als Cobain auf die Bühne stieg, brachen im Publikum – wie schon beim Reading Festival – Begeisterungsstürme los. Der anschließende Auftritt lieferte manchem Fan den erneuten Beweis, warum er Nirvana vor allen anderen Bands den Vorzug gab. Cobain hatte das Konzept der Gruppe einmal als »musikalische Anarchie« beschrieben – und genau das zeigte er an diesem Abend auch. Er war glücklich, mit alten Freunden wie Mudhoney zusammenzusitzen und die Menge schelmisch fragen zu können: »Irgendwelche Wünsche?« Auch wenn seine Bescheidenheit nicht immer echt wirkte – er gefiel sich darin, sein Equipment selbst aufzubauen und Handlangerarbeiten zu verrichten, die er im Interesse aller besser den Roadies überlassen hätte –, so hatte Cobain in seinem Wesen doch etwas Aufrichtiges und Natürliches.

In diesem Oktober machte Cobain auch zum ersten Mal seit zwei Jahren wieder Aufnahmen mit Jack Endino. Laut Graham Wright »schrieb Kurt trotz heftiger Widerstände von seiten der Plattenfirma Songs, die an *Bleach* erinnerten, und spielte, was ihm gerade gefiel«. Es gehörte zu Kurts positiven Eigenschaften, Musiker, die er bewunderte, nicht zu vergessen und aktiv zu fördern. Jetzt lobte er die Gruppen, die ihn am meisten inspiriert hatten und in deren Musik er seine Wurzeln sah – die Breeders, Shonen Knife, Jad Fair, die Vaselines, Sonic Youth – und trat für eine »Rückkehr zum Wesentlichen« ein. Er opferte ganze Wochen, um als Co-Produzent an *Houdini,* einer LP von den Melvins, mitzuwirken, außerdem trat er gemeinsam mit Mudhoney auf. Ein Zusammentreffen mit den Raincoats bezeichnete Cobain später als »eine der wenigen wirklich wichtigen Erfahrungen, die ich machen durfte, seit ich wie ein unnahbares Genie behandelt werde«.

1992 wurde Cobain auch in seiner Heimatstadt Aberdeen mehr und mehr zu einer Berühmtheit. Die *Times* aus Seattle schickte einen Reporter vor Ort. Ein Einwohner bezeichnete Cobain als »intelligent und talentiert«, während ihn ein anderer mit dem »leibhaftigen Teufel« verglich. Die *Daily World* interviewte Cobains Mutter und sah in Kurts Erscheinungsbild wie auch in seinen öffentlichen Auftritten nicht länger – wie früher einmal behauptet – die »Karikatur einer Neurose«, sondern sprach von einem »künstlerischen und musikalischen Wunderkind«, das seine Inspiration aus einer unglücklichen Kindheit bezogen habe. Michael Azerrad vom *Rolling Stone* konnte Cobains schmerzliche Erinnerungen an Aberdeen nachvollziehen. Auch er spürte, als er dort war, die beklemmenden Gefühle, die das »ständig regnerische, graue Klima« und die heruntergekommenen Holzhäuser auslösten, in denen die Menschen von trockenem Brot und Corned beef lebten und einer mehr als deprimierenden Zukunft entgegenblickten: »Entweder man wurde ein Opfer der Arbeitslosigkeit, oder man riskierte beim Fällen der wunderschönen, jahrhundertealten Bäume Leib und Leben.«

Kurts eigener Haß auf Aberdeen nahm allmählich etwas gemäßigtere Formen an. In diesem Sommer sah man ihn zweimal zu Besuchen bei seiner Mutter vorfahren – in einem Wagen mit Chauffeur. Seine Freunde hatten den Eindruck, daß er Wendys derbe Art und ihre unverblümte Sprache schätzte; außerdem war sie ein wichtiges Bindeglied zu seiner Vergangenheit und eine Bestätigung dafür, wie weit er es gebracht hatte. Auch Don versuchte, mit seinem Sohn ins reine zu kommen. Im Januar 1992 schrieb er sowohl an Geffen als auch an Gold Mountain, die sich, so sein Cousin, »beide einen Dreck um ihn scherten«. Im September gelang es Don, sich bei Nirvanas Konzert in Seattle bis in den Backstage-Bereich vorzuarbeiten. Nach einstündigem »Betteln und Belabern« hatte er schließlich nach sieben Jahren zum ersten Mal wieder eine kurze Begegnung mit seinem Sohn und lernte endlich Schwiegertochter und Enkelkind kennen. Die Szenerie des Zusammentreffens war skurril: eine überfüllte, häßliche VIP-Suite mit merkwürdigen Gestalten, die Cobain während der wenigen Minuten, die er seinem Vater widmete, ständig am Ärmel zupften. »Er hat mir leid getan«, sagte Don später. »Die ganze Situation wirkte auf mich nicht gerade glamourös.« Nachdem das Treffen mit Tränen geendet hatte, sagte Cobain zu seiner Heroindealerin: »Ich bin ein erbärmlicher Mensch.« Die Frau antwortete: »Kurt, du bist kein erbärmlicher Mensch, du bist ein erbärmlicher Junkie.« Diesmal lachte Kurt.

Heroin, Ehe, Ruhm, Geld – die Ereignisse überschlugen sich. In glücklichen Momenten sprach Cobain mit rührender Begeisterung von den Veränderungen, die das Familienleben bei ihm herbeigeführt hatte. »Ich war eine extrem negative Person, aber meine Einstellungen und Meinungen haben sich nur zum Positiven entwickelt. Ich bin optimistischer geworden.« Zu seinem lebenslangen Bedürfnis, »der Welt ein kräftiges ›Leck mich am Arsch!‹ zuzurufen«, gesellte sich nun die Liebe zu seiner Frau, seiner Mutter und seiner Tochter. Und auch Seattle gefiel ihm, weil er dort gelegentlich noch immer unbehelligt durch die Straßen laufen konnte. »Der alte Kurt war noch da – ehrgeizig, zielbewußt, seinen nächsten Coup ausheckend«, sagt Peterson.

Nach wie vor übte Cobain aber auch – wie er es immer getan hatte – großen Druck auf sich selbst aus. Er hatte eher als jeder andere – mit Ausnahme von Geffen – erkannt, daß er sich im nächsten Jahr gewaltigen Aufgaben würde stellen müssen: den Anforderungen des Familienlebens, der Aufnahme einer guten Nachfolge-LP von *Nevermind* und der Planung seiner weiteren Karriere. Er war fünfundzwanzig – in diesem Alter hatte Hendrix *Electric Ladyland* aufgenommen und John Lennon zusammen mit den Beatles 1965 das Album *Rubber Soul* eingespielt. Es war nicht zu spät für ihn, er konnte noch viel erreichen.

Kurt wollte sich unbedingt weiterentwickeln, denn es war auch ihm nicht verborgen geblieben, daß er, seit er berühmt geworden war, seine Zeit zu oft vergeudet hatte. Sein Drogenkonsum und seine Ausschweifungen forderten ihren Tribut. Das letzte Jahr seiner Karriere war für ihn völlig richtungslos verlaufen, in vielerlei Hinsicht geradezu ein Rückschritt gewesen. Cobain war reifer geworden, seine Offenherzigkeit war zurückhaltender Skepsis, seine Spontaneität berechnender Überlegung gewichen. Die bitteren Rückschläge hatten Kurt vorsichtiger werden lassen und ihn gleichzeitig abgehärtet. Er hatte eine maßlose Wut auf die ihn ständig diffamierende Presse. Immer noch wütete er gegen seine Biographen und distanzierte sich von der, wie er es nannte, »Seifenoper«, die diese aus seinem Leben zu machen versuchten. Der Schriftsteller William Burroughs konnte sich des Eindrucks nicht erwehren, daß Cobains Entwicklung exemplarisch war für ein Leben, das den Gesetzen des Rock'n'Roll gehorchte. Im Grunde genommen war das Handlungsgerüst ganz simpel: Der von der Mutter dominierte, aber widerspenstige Junge aus einer miesen Gegend entdeckt sein Talent als Entertainer, ist clever genug, daraus Kapital zu schlagen, wird ein Star und schafft es dennoch nicht, glücklich zu sein. Als Cobain der Rummel um seine Person zuviel wurde, kehrte er zu der Malerei und seinen Skulpturen zurück, lernte, sich an klassischer Musik zu erfreuen, las Schriftsteller wie Joyce oder Beckett und schrieb einen Brief an Burroughs, um dessen Mitarbeit an einem gemeinsamen Projekt zu erwirken. Dies alles waren

Versuche Cobains, das quälende Gefühl, alle anderen Menschen hätten mehr Spaß am Leben als er, zu verdrängen.

Es war für Kurt wichtig, vielleicht sogar lebenswichtig, als »Außenseiter« angesehen zu werden. Krampfhaft versuchte er dieses Bild aufrechtzuerhalten. Außerdem belegen viele seiner Texte, daß er durchaus nicht übermäßig von sich eingenommen war. »I'm so ugly« (»Ich bin so häßlich«), klagt er in »Lithium«, und in »All Apologies« heißt es: »Everything is my fault/I'll take all the blame« (»Es ist alles meine Schuld/Ich nehme alles auf mich«). Der Arbeitstitel des neuen Albums lautete: *I Hate Myself And I Want To Die* (»Ich hasse mich und will sterben«).

Alle, die in Cobains Songs düstere Hinweise auf seinen späteren Selbstmord zu erkennen glauben, sollten sich vor Augen führen, welches Vergnügen es ihm bereitete, sowohl in Interviews als auch in seinen Texten falsche Fährten zu legen. »Mein Leben ist dein persönliches Kreuzworträtsel«, sagte er einmal zu seinem Biographen. Erst alle Facetten von Cobains Persönlichkeit zusammengenommen ergeben ein authentisches Bild. Der Schlüssel zu seinem schwierigen Charakter liegt in der Summe seiner verschiedenen Gesichter. Laut Kate Rous war er »ein zusammengesetztes Wesen, eine Mischung aus verblüffender Sanftmütigkeit und absoluter Egozentrik«. »Bei Kurt ging es rauf und runter«, stellt seine Großmutter Iris fest. Der schockierendste Aspekt seiner Ausbrüche war nicht seine brutale Rücksichtslosigkeit gegenüber der Band, sondern seine grenzenlose Verachtung für den Rest der Welt. »Wo man auch hinsieht, überall dieselben Arschlöcher«, lautete Cobains Urteil, obwohl es, so gestand er immerhin zu, »ein oder zwei Leute« wert waren, gerettet zu werden. Was mit den übrigen zu geschehen habe, war für ihn kein Thema: »Neunundneunzig Prozent der Menschheit könnten erschossen werden, wenn es nach mir ginge.« Als ihn der Journalist Graham Wright fragte, ob er recht in der Annahme gehe, daß »vermutlich alle mißbrauchten Kids im Land ein Exemplar von *Nevermind* gekauft haben«, bekam Kurt einen der cholerischen Anfälle, die für ihn so typisch waren. »Er verlor völlig die Kontrolle«, sagt Wright. »Er brüllte mich mit hervortretenden Augen an und sagte: ›Scheiße, ich habe Amerika verändert! Leck mich am Arsch!‹ Dann forderte er mich auf, das Tonbandgerät abzustellen und zu verschwinden.«

In der zweiten Hälfte des Jahres 1992 begann das Management Nirvana Druck zu machen, und Gold Mountain rührte bereits die Werbetrommel für »ein weiteres *Nevermind*«. Cobain war davon überzeugt, daß Geffen die Band mit der Festlegung des Erscheinungstermins der neuen LP auf

Weihnachten 1993 vor eine unlösbare Aufgabe gestellt hatte. Gold Mountain war allerdings sogar der Ansicht, daß man es sich nicht leisten könne, überhaupt noch so lange zu warten. Cobain hatte sich bereits verpflichtet – neben Plattenaufnahmen im Studio und der Lieferung von neuem Songmaterial –, sein Versprechen einzulösen und eine Tournee durch die Vereinigten Staaten und Europa zu machen. Darüber hinaus war er einverstanden damit, für Interviews zur Verfügung zu stehen und bei einer ausführlichen Dokumentation über die Geschichte Nirvanas, die unter dem Titel *Come As You Are* erscheinen sollte, mitzuarbeiten.

Doch sein Ruf eilte ihm voraus. In New York und London hingen ihm ständig irgendwelche Drogendealer an den Fersen. Während der längeren Aufenthalte in Los Angeles konnte Cobain kaum vor die Türe gehen. Sein Wagen wurde ständig umlagert, sein Erscheinen erregte überall Aufsehen, und auch seine Tochter wurde zu einem begehrten Objekt des öffentlichen Interesses. Kurt stand vierundzwanzig Stunden am Tag »unter Aufsicht«, mußte präsent sein und sich darstellen. Eine Möglichkeit des Rückzugs gab es nicht. Als Frank Hulme einer Einladung Cobains zum Mittagessen in dessen Apartment in Hollywood folgte, fand er »Kurt und das Kindermädchen singend auf dem Fußboden sitzend, während zwei Telefone klingelten und ein Faxgerät, das Cobain später demolieren sollte, in der Ecke summte«. Fans und Gaffer standen wartend vor der Tür. Einem Fotografen, der sich als Lieferant verkleidet hatte, gelang es, in die Wohnung vorzudringen. Als Cobain die Kamera sah, mußte er gewaltsam davon abgehalten werden, zur Waffe zu greifen. »Dieser Belagerungszustand war kein Sonderfall«, erinnert sich Hulme. »So war es jeden Tag, bis Kurt dazu überging, wie Howard Hughes in seinem Zimmer zu bleiben und alle seine Angelegenheiten nur noch telefonisch zu regeln. Es war der nackte Wahnsinn.«

Kurze Zeit später, im Oktober 1992, gerieten in Buenos Aires 50 000 Fans beim Anblick der drei Musiker auf der Bühne völlig aus dem Häuschen. Sprechchöre, die immer wieder nach »CO-bain« riefen, konnten während des gesamten Vorprogramms der Band Calamity Jane – einer reinen Frauenband aus dem Nordwesten – nicht zum Schweigen gebracht werden. »Es war die größte Ansammlung von Sexisten, die ich jemals gesehen habe«, äußerte Cobain. Nirvana reagierten auf das Verhalten der Fans, indem sie fast den gesamten Auftritt dazu benutzten, die Menge zu provozieren. Das Publikum stand bei den schnellen Nummern auf und setzte sich geschlossen wieder hin, sobald ein ruhigerer Song gespielt wurde. Auf »Teen Spirit« wartete das Publikum vergebens. Nirvana spielten nur für sich selbst, nicht für die anwesenden Menschen. Als auf »School« die Nummer »Aneurysm« folgte, der sich wiederum eine nachlässige Version von »Dive« anschloß, wirkte Cobain beinahe so verunsichert und verlegen wie jemand, der ein altes Familienalbum durchblättert. Das neuere Songmaterial spielte und sang er lustlos herunter, doch bei dem ausgedehnten Finale erwachten seine Lebensgeister: Er drosch auf seine Gitarre ein, verspottete das Publikum mit dem einzigen spanischen Wort, das er kannte (*Cabrónes*), und spuckte genüßlich in die ihm zugewandten Gesichter in der ersten Reihe. Eine Gruppe von Bühnenhelfern und Saalordnern verlieh Cobains dem Publikum zugebrüllten Drohung, »uns, verflucht noch mal, in Ruhe zu lassen«, den nötigen Nachdruck, indem sie allzu aufdringliche Fans mit Besenstielen zurückdrängten. »Zum ersten Mal«, beklagt sich Grohl, »kannte ich nicht einmal die Namen der Crewmitglieder.« Und Wright ergänzt: »Es war eine absonderliche Szene, wie diese Schläger herumstolzierten und Kurt lachend daneben stand.«

Das Debakel in Buenos Aires hatte den positiven Nebeneffekt, daß Courtney Love und die Familie Novoselic ihre Streitigkeiten beilegten. Ihr Zerwürfnis wurde nunmehr als »ein großes Mißverständnis« betrachtet. Cobain trübte allerdings die versöhnliche Stimmung wieder, indem er in der Garderobe Nirvanas einen Feuerwerkskörper zündete, seine Kollegen für einen Augenblick in Panik versetzte und die Aufmerksamkeit des muskelbepackten »Sicherheitspersonals« weckte. Novoselic versuchte zwar, die Explosion als »einen dummen Streich« abzutun, doch Cobain wurde trotzdem, während er lauthals »Faschisten! Nazischweine!« brüllte und mit einer Klage drohte, von der Polizei unsanft vor die Türe gesetzt.

Im gleichen Jahr parodierten Nirvana die *Ed Sullivan Show* mit dem Video zu »In Bloom«. Kevin Kerslake wurde losgeschickt, um authentisches Filmmaterial aus der Kennedy-Ära aufzutreiben. Nirvana traten mit glatt zurückgekämmten Haaren und in Anzügen auf. Cobain trug eine Brille. Ein ironischer Unterton war kaum zu überhören, als der Showmaster »diese drei netten Jungs aus Seattle« vorstellte und das Publikum animierte: »Einen Applaus für diese sympathischen, anständigen, adretten jungen Männer.« Nachdem die Videoaufnahmen abgeschlossen waren, mischten sich zwei Mitglieder des Trios unter die Zuschauer, gaben Autogramme und posierten für Amateurfotografen. Cobain bestand darauf, daß eine Komparsin, die er beschuldigte, ihn »belästigt zu haben«, vom Set entfernt wurde. Anschließend stolzierte er in eine Kneipe des Ortes – immer noch in Anzug und mit Brille – und beklagte sich beim Wirt: »Die Leute erwarten, daß ich für mein Glück bezahle. Sie wollen mich am Boden liegen sehen, damit sie sagen können: ›Kurt mußte letzten Endes einen hohen Preis für seinen Erfolg bezahlen.‹ Nun, das können sie haben.« Der Kneipier hatte noch nie von Cobain gehört: »Ich dachte zunächst, daß ich es mit einem Büroangestellten oder einem Buchhalter zu tun habe. Mir wurde erst klar, daß er irgendeine Berühmheit war, als mich sein Agent anrief und sagte, ich solle niemandem etwas von Cobains Anwesenheit erzählen, da er auf die Presse ausgesprochen empfindlich reagiere.«

Am 3. November wurde in Amerika ein neuer Präsident gewählt. Nur zwölf Monate zuvor hatte die Politik des damaligen Amtsinhabers – glaubt man den Umfragen – noch bei etwa neunzig Prozent der Bevölkerung Zustimmung gefunden. Fassungslos stellten nun die Medien, die bisher das Wahlverhalten der Generation X maßlos unterschätzt hatten, die Frage, wie sich dies so schnell ändern konnte. Grant Alden steht nicht alleine mit seiner Meinung, daß die durch *Nevermind* ausgelöste breite Protestbewegung einen nicht unwesentlichen Anteil am Ausgang der Wahl hatte. Der Beifall, den Bill Clinton bei der Jugend fand, war »überwältigend«, berichtete die *New York Times.* Und *Newsweek* schrieb: »Die gespannte Weltlage schien dem Wahlkampf des Herausforderers einen Vorteil verschafft zu haben. Einen entscheidenden Anteil am Ausgang der Wahl hatten die Achtzehn- und Neunzehnjährigen, die, angeführt von Aktivisten der Rockindustrie, en masse für den Kandidaten der Demokraten gestimmt haben.«

Das war eine mutige Behauptung, zumal sich Cobain nicht wirklich für Politik interessierte. Er hielt vielmehr mit einer Art romantischen Schwärmerei an gewissen persönlichen Prinzipien fest, die weder der Linken oder der Rechten zugeschrieben werden können. Mit seinem Glauben an die Zeitlosigkeit dieser Auffassungen war er in gewisser Weise ein Konservativer im klassischen Sinne. Er glaubte an die freie Meinungsäußerung und an gleiches Recht für alle. Im September hatten Nirvana Konzerte gegeben, um gegen Oregons Initiative 9 zu protestieren, deren erklärtes Ziel es war, die Rechte der Homosexuellen per Gesetz zu beschneiden. Zudem unterstützte Nirvana die gegen jegliche Zensur Front machende Washington Music Coalition. Inspiriert von Frauen wie Kathleen Hanna und – später – Courtney Love, engagierte sich Cobain für den Feminismus, obwohl Frank Hulme den Eindruck hatte, daß »er die Frauenbewegung zwar im Prinzip befürwortete, in der Praxis aber überhaupt nicht dahinterstand«. Cobain selbst ging nicht zur Wahl. Er war nicht der ehrenhafte moralische Vorkämpfer, den manche in ihm sehen wollten. Er glaubte nicht an irgendeine Ideologie. Wenn es überhaupt eine treibende Kraft hinter seiner Protesthaltung gab, dann war es seine generelle und zunehmend ziellose Ablehnung der gesamten Menschheit. Cobains aussagekräftigste Protestäußerung ließ sich weder in seinen Statements gegenüber den Medien noch in seinen Songs finden – sie bestand vielmehr darin, daß er stumm den Mittelfinger hochstreckte, um der Welt mit dieser altbekannten Geste seine Verachtung zu zeigen.

Am 15. Dezember 1992 veröffentlichte Geffen *Incesticide,* eine Sammlung von Improvisationen und unveröffentlichten Nummern aus BBC-Sessions. Die chaotische Zusammenstellung der Collection bestätigte Cobains Distanzierung von *Nevermind,* die eigentlich schon längst kein Geheimnis mehr war.

Außerdem zeigte die LP, daß Kurt, was seine Fans anging, mit seiner Geduld am Ende war. Wenn jemals Zweifel daran bestanden haben sollten, daß er sein Publikum mittlerweile im Grunde genommen verabscheute, dann wurden diese mit dem Begleittext zu *Incesticide* endgültig aus dem Weg geräumt. Die Originalversion enthält eine längere Haßtirade gegen die Journalistin Lynn Hirschberg und andere »aufstrebende Groupie-Schreiberinnen, die uns wie Schakale umschwärmen, uns heute noch wie Götter anbeten, aber schon morgen zum tödlichen Schlag ansetzen«. Als die Rechtsanwälte gegen diesen Passus Einspruch erhoben, ersetzte Cobain einen Absatz des Textes durch eine Lobrede auf Frau und Tochter und fügte hinzu: »Ein dickes ›Fuck you!‹ an diejenigen von euch, die die Frechheit besitzen, mich für so naiv und blöde zu halten, daß sie glauben, ich sähe untätig dabei zu, wie ich ausgenutzt und manipuliert werden soll.« Schließlich folgte noch eine Aufforderung Cobains an all jene Käufer von *Nevermind,* die sowohl Frauen als auch Homosexuelle verachteten: »Laßt uns, verflucht noch mal, in Ruhe.«

In den späten Achtzigern hatten die mit ohrenbetäubender Lautstärke vorgetragenen Songs, Kurts Gesang und besonders sein Gitarrenspiel Nirvana einen Kultstatus verschafft, wenn auch nicht unbedingt hohe Verkaufszahlen beschert. Auf *Incesticide* konnte man Anklänge an diese frenetische, urwüchsige Energie früherer Jahre wiederfinden. Da gab es Songs wie »Aero Zeppelin«, »Hairspray Queen« und andere Nummern von ursprünglicher und elementarer Kraft – aufgenommen in der Abgeschiedenheit der Reciprocal Studios. Des weiteren fanden sich auf der LP Revivals von »Sliver« und »Dive«, eine eigenwillige Coverversion von Devos »Turnaround« sowie eine elektrische Fassung von »Polly«, die, wie sich der Produzent erinnert, »eigentlich nur aus Jux gespielt wurde – bis Kurt den Witz ernst nahm«.

Incesticide gewann seine Qualitäten aus der Palette von Cobains persönlichen Eigenheiten: Zorn, Ironie, arrogantes Selbstmitleid, Narzißmus, Ausgelassenheit. Weniger überzeugend waren Nirvanas Klangexperimente: dumpfe, monotone Bearbeitungen nach einem schablonenhaften Strickmuster, das man besser Sonic Youth überlassen hätte. Laut *Rolling Stone* »war Nirvana eine großartige Band, bevor *Nevermind* die Charts stürmte. *Incesticide* ist eine Reminiszenz an vergangene Zeiten und – vielleicht noch wichtiger – der Beweis für Nirvanas Mut zum kommerziellen Mißerfolg.« Das Album dümpelte bis Februar in den unteren Regionen der Hitparade herum und wurde erst vergoldet, nachdem Geffen durch ein Video von »Sliver« die Verkaufszahlen angekurbelt hatte.

Ende 1992 wurden die Tantiemen abgerechnet, die *Nevermind* in diesem Jahr eingebracht hatte. Als Cobain den Vertrag mit Geffen unterschrieben hatte, war er der Meinung gewesen, daß »eine Million Dollar mehr Geld sei, als man jemals ausgeben könne«. Er selbst sagte einmal: »Ich dachte, eine solche Summe würde uns und die Plattenfirma für den Rest unseres Lebens von allen Sorgen befreien.« Jetzt mußte er mit Entsetzen feststellen, daß davon keine Rede sein konnte. Der Kauf eines neuen Heims, die hohen Steuerabgaben und die Ausgaben für den Rechtsanwalt, mit dem er um das Sorgerecht für seine Tochter gekämpft hatte, reichten aus, ihn bei seiner Plattenfirma tief in die roten Zahlen geraten zu lassen.

Immer wenn Kurt von »musikalischer Anarchie« und von »Punkethik« sprach, war er gezwungen, seine eigene Abhängigkeit vom kommerziellen Erfolg zu verbergen. Eine Million Dollar war nicht nur unzureichend für ein ganzes Leben – sie deckte bei Cobain kaum die Kosten eines einzigen Jahres.

Kurt hatte die Nachfolge-LP zu *Nevermind*, die ursprünglich für den vergangenen Sommer geplant war, verschoben. Jetzt setzte er Geffen davon in Kenntnis, daß die Aufnahmen sofort beginnen könnten und daß die Leute von der Plattenfirma die Pflicht hätten, »dem Album und der Band die nötige Publicity zu verschaffen«. Der Grund für diesen Entschluß war, daß er möglichst viel Geld verdient haben wollte, bevor er in die mittleren Jahre kommen würde. Die grausamste Lektion dieses Jahres, das von vielen Problemen überschattet worden war, lautete für Kurt: »Wenn sich die neue Platte nicht verkauft, bin ich erledigt. Ich werde mir einen Job suchen müssen.«

Cobain fühlte sich in zunehmendem Maße von seiner Umwelt bedroht. Den Besitz eines ganzen Waffenarsenals rechtfertigte er daher mit der Behauptung, »sich verteidigen zu müssen«. »Es ist eine reine Schutzmaßnahme«, sagte er 1992. »Ich bin kein so großer Hippie, wie das manche

Leute gerne hätten. Ich könnte leicht jemanden wegpusten. Kein Problem.« Bereits im August hatte man ihn davon abhalten müssen, den Revolver gegen seine Frau und sich selbst zu richten. Noch vor Ablauf eines weiteren Jahres sagte er zu David Fricke: »Ich liebe Kanonen. Es macht mir einfach Spaß, damit herumzuballern.« Am 18. März 1994 beschlagnahmte die Polizei in der Wohnung der Familie Cobain, nach einem panikerfüllten Anruf Courtneys, vier Handfeuerwaffen und nicht weniger als fünfundzwanzig Schachteln Munition. Einer der beteiligten Beamten sagte aus: »Ich habe noch nie so viele geladene Waffen in einem Privathaus gesehen. Die Berettas lagen offen auf dem Tisch herum.« Ein Therapeut, der in diesem Frühjahr mit Kurt Cobain arbeitete, bezeichnete ihn als »einen hochgradig paranoiden jungen Mann«.

Was war der Grund für diesen Zustand? Nicht zuletzt durch den ständigen Ärger mit der Presse wuchs in ihm die Angst, zu einer Karikatur seiner selbst zu werden. »Teen Spirit« war bereits von Al Yancovic und Tori Amos interpretiert worden. Jetzt wurde in den Hard-Rock-Comics unter dem Titel »Smells Like Territorial Pissings« eine nicht autorisierte Nirvana-Story veröffentlicht, und in den Late-Night-Shows im Fernsehen machte man Witze über Cobain. Der Gouverneur von Washington äußerte sich in seiner alljährlichen Erklärung zur Lage der Nation wiederum anerkennend über Nirvana. *Time* brachte die Schlagzeile: »Puget-Sound ist heißester Rock.« 1991 mochte zwar das Jahr gewesen sein, »in dem der Punk seinen Durchbruch feierte« – ein Filmtitel jedenfalls behauptete dies (*The Year Punk Broke*) –, aber nur zwölf Monate später war von der ehemals subversiven Bewegung nichts mehr übriggeblieben. Statt dessen konnte man lediglich noch die täglich im Crocodile Café einlaufenden Schaulustigen beobachten. Die Touristikindustrie, die sich den Erfolg Nirvanas zunutze machte, boomte. Jahrelang waren auf Cobains Klamotten handgeschriebene Slogans zu lesen gewesen, in denen gegen irgend etwas protestiert oder ein neugefundener Feind verhöhnt wurde. Jetzt ging Cobain dazu über, ein T-Shirt mit der Aufschrift GRUNGE IS DEAD zu tragen. Kurts Geleitwort zu einer Nirvana-Anthologie, die um Weihnachten auf den Markt kam, enthielt folgende Erklärung: »Ich fühle mich kein bißchen schuldig, wenn ich eine völlig marode Rock-Jugendkultur kommerziell ausbeute; der Punk ist für mich tot, Schnee von gestern.« Die letzten Zeilen der Erklärung richteten sich gegen diejenigen seiner Fans, die sich durch mangelnde Unvoreingenommenheit gegenüber fremden Völkern und durch sexuelle Intoleranz »auszeichneten«: »Laßt uns, verdammt noch mal, in Ruhe – kommt nicht in unsere Shows, und kauft nicht unsere Platten.« Die Botschaft war unterschrieben mit »Kurdt (der Blonde)«.

8

In Utero

Verglichen mit anderen Festivals der vergangenen Jahre waren die Konzerte Nirvanas in São Paulo und Rio de Janeiro im Januar 1993 der traurige Höhepunkt, was Fehler der Organisation und des Managements anbelangte. *The Times* sprach von »einer Aneinanderreihung von Unzulänglichkeiten«. Allein schon die Tatsache, daß Nirvana ihr Equipment selbst ausladen und zur Bühne schleppen mußten, war bezeichnend. Als die Band in Rio eintraf, war die Stimmung unter den Musikern nahe daran, in offene Meuterei umzuschlagen. Man hatte weder für Essen noch für Trinken gesorgt, und ein langjähriger, namentlich nicht genannter Freund Kurts, in dessen Taschen man eine nicht unbeträchtliche Menge Heroin fand, war in Nirvanas Garderobe verhaftet worden. Geffens Anwälte mußten die ganze Nacht lang alle Register ihrer juristischen Überzeugungskünste aufwenden, um eine Anklage gegen Cobain selbst zu verhindern. Der Freund wurde zum Flughafen eskortiert und für alle Zeiten des Landes verwiesen. Die Angelegenheit gelangte nicht an die Öffentlichkeit, warf jedoch bereits im Vorfeld ein unschönes Licht auf die Veranstaltung, die als Hollywood Rock Festival bekannt wurde.

Cobain, lediglich bekleidet mit einem schwarzen Frauenslip, beendete das Konzert in Rio, indem er unter den Beschimpfungen, Pfiffen und Buhrufen des Publikums von der Bühne kroch. Bei den meisten Kritikern rief dieser Auftritt nur Spott hervor, wenngleich es auch einige gab, die es immerhin anerkennenswert fanden, daß Cobain, wie *Forum* es nannte, »den Mut besaß, anders zu sein« und »zu seiner femininen Seite zu stehen«. Und doch zeigte auch diese provozierende Selbstdarstellung nur eine der vielen verschiedenen Facetten seiner Person. Zweifellos neigte Cobain dazu, ähnlich einem Chamäleon Erscheinungsbild und Identität seiner Umwelt anzupassen. Wenn er Obdachlose traf, benahm er sich, als

In Utero

lebe er seit Jahren auf der Straße, im Pourhouse führte er sich wie ein typischer Holzarbeiter aus Aberdeen auf, und in Los Angeles verkörperte er den Inbegriff eines übersättigten Rockstars.

Während der Brasilientournee wich Love so gut wie nie von seiner Seite. Ein leitender Manager von Geffen meint: »Courtney fühlte sich keineswegs einfach nur als ›Mrs. Kurt Cobain‹; vielmehr betrachtete sie sich selbst als den eigentlichen Star und Kurt als ihren Groupie. Er war ihr völlig verfallen.« Abgesehen von den zwei Stunden, in denen er auf der Bühne stand, hing Cobain Tag und Nacht am Rockzipfel seiner Frau. »Wie ein Mann unter Arrest«, so behauptet der bereits erwähnte Manager. Courtney übernahm die Verantwortung für buchstäblich alles, was Kurt nicht notwendigerweise selbst erledigen mußte. Während des Aufenthalts in Brasilien arbeitete das Paar an verschiedenen Songs, die für ein Soloalbum Cobains bestimmt waren; zwei Jahre später spielte Love mit dem Gedanken, das Material als ein Gemeinschaftsprojekt herauszubringen. Eine Veröffentlichung könne »unter künstlerischen Aspekten nur richtig sein«, sagte sie dem *Rolling Stone.* Zur gleichen Zeit beendete Cobain die Arbeit an einem Titel, der auf eine wachsende emotionale Abhängigkeit von seiner Frau hindeutete. Darin heißt es: »I've been locked inside your heart-shaped box« (»Ich bin in deine herzförmige Dose eingesperrt worden«) und »Throw down your umbilical noose so I can climb right back« (»Wirf die Nabelschnur heraus, damit ich zurückklettern kann«). Ein Kritiker bezeichnete diese bildhaften Zeilen als »qualvolles öffentliches Eingeständnis der eigenen Ohnmacht«. Cobain war sich seiner fatalen Situation durchaus bewußt. Während er an »Heart-Shaped Box« herumfeilte, nahm er eine zweite Nummer auf, die er bereits 1992 beim Reading Festival ausdrücklich Love gewidmet hatte. Die Botschaft war simpel: »I'm married. Buried.« (»Ich bin verheiratet. Begraben.«)

Beide Songs wurden Teil des Materials, das Nirvana im Februar 1993 in den Pachyderm Studios in Minnesota einspielten. Cobain hatte sich für den Produzenten Steve Albini entschieden, einen Mann, der »*Nevermind* haßte« und dem Nirvana regelrecht »leid taten«: »Da gab es einen Haufen schmieriger Bonzen aus der Musikindustrie, deren Karriere davon abhing, daß die Gruppe Hits produzierte. Für mich stand fest, daß zwischen Nirvana und all den kleinen unbedeutenden Bands, mit denen ich sonst zu tun hatte, kein großer Unterschied bestand. Sie hatten einfach nur mehr Glück.«

Cobain ordnete die Wichtigkeit des Produzenten seiner eigenen unter. Nachdem Endino und Vig ihren Zweck erfüllt hatten, dann aber nur wenige Monate nach Beendigung der Zusammenarbeit von Kurt fallengelassen worden waren, vergab er den Job nun schon zum dritten Mal an einen Mann, der erwiesenermaßen große Fähigkeiten und eine starke Persönlichkeit besaß. In Albini glaubte er den idealen Verbündeten gefunden zu haben. Er hoffte, mit dessen Hilfe den urwüchsigen Sound vergangener Jahre wiedergewinnen zu können, der bei *Nevermind* verlorengegangen war. Zwei Wochen lang sah man Cobain schon frühmorgens bei der Arbeit. Diesmal wollte Kurt – sich auf die Unmittelbarkeit einer Platte wie *Exile On Main Street* berufend – auf zusätzliche elektronische Hilfsmittel und Effekthaschereien völlig verzichten. Jede Nummer sollte möglichst in einem einzigen Take aufgenommen werden.

Cobain legte seiner Umwelt gegenüber nach wie vor jenen unverbesserlichen Pessimismus an den Tag, der seinen Freunden so sehr zum Hals raushing. »Es hat sich in den letzten paar Jahren nichts geändert, es sind immer noch die gleichen Dinge, die mich ankotzen«, sagte er in einem Interview. »Die Menschen machen sich gegenseitig fertig, völlig ohne Grund. Ich könnte ihnen von morgens bis abends die Scheiße aus dem Hirn prügeln.« Auf Albini machte Cobain einen »verbissenen Eindruck, besonders wenn wir Aufnahmen machten – also im Grunde genommen immer . . . Er konnte ein durchaus angenehmer Mensch sein, liebenswert und witzig. Es war nur so, daß er sich niemals wirklich *begeistern* konnte.« Nach nur sechs Tagen waren bereits zwölf Instrumentaltracks aufgenommen – Novoselic und Grohl waren praktisch arbeitslos.

Die Texte der Songs waren kaum mehr als fragmentarische Ideen. Was Cobain in seinem Notizbuch an Bemerkungen fand, schien ihm nicht gut genug. »Allmächtiger Gott, was für eine Scheiße!« kritzelte er quer darüber. Ein Besucher in Pachyderm erinnert sich, daß »Kurt heulend vor Wut in einer Ecke saß, weil ihm nicht die richtigen Worte einfallen wollten. Aber selbst wenn eigentlich alles bestens lief, fand er immer noch ein Haar in der Suppe.« Laut Hulme »hatte Kurts musikalischer Enthusiasmus schon vorher nachgelassen, aber als ihm sogar die Studioarbeit zur Qual wurde, kehrte er seiner größten Liebe – der Musik – den Rücken.« In seinem Abschiedsbrief beklagte Cobain später: »Schon viel zu lange hat mir die Musik nichts mehr gebracht – weder das Hören noch das Schreiben von Songs.«

Was Albini von Cobain unterschied, war vor allem sein ausgeprägter Sinn für Humor, mit dem er immer wieder versuchte, Kurts Zynismus den Wind aus den Segeln zu nehmen. »Es macht das häßliche Gerücht die Runde, man habe dich glücklich gesehen«, stichelte er eines Abends. Ein anderes Mal redete er auf Cobain ein, doch, »verflucht noch mal, locker zu sein« – natürlich ohne Erfolg. Nach Beendigung der Aufnahmen verteilte Albini Knallzigarren – »alle lachten, nur Kurt nicht«. Einem Besucher, der der Szene beiwohnte, erschien Cobains Niedergeschlagenheit angesichts so viel Feierstimmung »aufgesetzt und falsch«. Immer wieder hatte Cobain *Nevermind* als »Verrat« und »totalen Ausverkauf des Punk« abgetan. Jetzt, nachdem die Aufnahmen in den Pachyderm Studios beendet waren, begann er sich Sorgen zu machen, daß das neue Material zu »gefühlsduselig« und »nicht musikalisch genug« sei. Es kam zu einem heftigen Streit zwischen ihm und seinem Produzenten. Cobain beschwerte sich wütend und gleichzeitig verzweifelt, daß sowieso kein Mensch »seine Scheißstimme« mehr hören wolle. Als sich Albini weigerte, von Kurt angeregte musikalische Änderungen vorzunehmen, kam Cobain auf die Idee, das Album neu abmischen zu lassen – ausgerechnet von Andy Wallace, dem Mann, den er beschuldigt hatte, »*Nevermind* ruiniert« zu haben. Nachdem Novoselic ganz entschieden gegen dieses Vorhaben protestiert hatte, fiel die Wahl schließlich auf Scott Litt, den Produzenten von R.E.M. Die Meinungen über das Resultat der neuerlichen Überarbeitung waren geteilt. Was dem einen Kritiker als »mutiger Kompromiß« erschien, galt dem anderen als Beweis dafür, »daß Cobain, der seinen Weg als eingeschworener Punkmusiker begonnen habe, letzten Endes nun doch beim einstmals so verhaßten Mainstream-Rock angelangt sei«. In diesem Februar brach Cobain einmal mit seinem Vorsatz, nach Möglichkeit keine Interviews mehr zu geben, um ein Gespräch mit dem *Advocate* zu führen – einem Magazin, das für die Rechte der Schwulen eintritt. Im Verlauf des Gesprächs erklärte Cobain, er sei während seiner High-School-Zeit von der eigenen Homosexualität überzeugt gewesen, und bekundete der Schwulenbewegung »seine uneingeschränkte Solidarität«. Cobains Eingeständnis, »möglicherweise bisexuell« zu sein, war für die Presse ein gefundenes Fressen. Nach ersten vorsichtigen Experimenten als Jugendlicher in Aberdeen hatte er sich in späteren Jahren in den Bars und Schwulenlokalen Europas herumgetrieben und körperliche Beziehungen zu Männern gesucht. Ein Freund nennt die Hemmungslosigkeit, mit der sich Cobain dem Alkohol, den Drogen und wahllosem oralem Sex hingab, »eher erbärmlich als verwerflich«. Cobain fand ausgesprochenes Vergnügen daran, sein »Anderssein« in aller Öffentlichkeit zur Schau zu stellen. Im Oktober 1991 trat er bei MTV in einem bezaubernden gelben Ballkleid aus Seide auf und flirtete die ganze Zeit hemmungslos mit Novoselic. Zwei Monate später tauschten die beiden in der *Saturday-Night-Live*-Show leidenschaftliche Küsse. Bei seinen Experimenten mit Frauenkleidern kamen Cobain die Bändchen-, Schleifen- und Rüschendessous aus dem Fundus seiner Frau gerade recht. Bald schon sah man ihn in Courtneys Unterwäsche auf der Bühne stehen.

Loves eigene Gruppe veröffentlichte im April 1993 eine Single mit dem Titel »Beautiful Son«. »You look good in my dress/My beautiful son« (»Du siehst in meinem Kleid sehr hübsch aus/ Mein schöner Sohn«), besang Courtney den androgynen Teenager, der auf dem Cover abgebildet war – ein exaktes Abbild ihres Mannes. Ein Jahr später verriet sie dem Magazin *Out*, daß Cobain annähernd »die Hälfte der Jungs in der Stadt« vernascht und auch sie selbst »mit etwa fünfzehn Frauen« geschlafen habe. Mike Collier aus Seattle erzählt, daß er Cobain gesehen habe, wie dieser »Hand in Hand mit einem Kerl, der wie ein Fernfahrer oder Holzfäller aussah, in der Herrentoilette verschwand«. Nur wenig später sah er ihn mit dem »zufriedenen Gesichtsausdruck eines Mannes, der bekommen hatte, was er will«, wieder herausgehen. Eine Frau beobachtete im Vogue, wie »Kurt auf der Tanzfläche einem Jungen nach dem anderen schöne Augen machte«, während »ein Mädchen in einem atemberaubenden Kleid« ihn völlig kalt ließ. Er verließ das Lokal schließlich allein. Anfang 1993 hatte Cobain einem engen Freund in Los Angeles gestanden, daß er »drei- oder viermal Sex mit Männern gehabt habe«, der »erhoffte Kick« sei aber ausgeblieben und das »Thema damit für ihn erledigt«. Später betonte Kurt immer wieder seine Heterosexualität und bedauerte den »falschen Eindruck«, den seine Bemerkungen im *Advocate* offenbar hinterlassen hatten. Nach Meinung Frank Hulmes empfand Cobain »das Gerede über seine angebliche homoerotische Neigung als äußerst peinlich«. Laut Collier »gefiel es Kurt immer weniger, je länger seine Ehe dauerte, als ›Schwuchtel‹ abgestempelt zu werden«. Ein Freund aus Los Angeles glaubt, daß Cobain »nie das in Aberdeen weitverbreitete Gerücht verwinden konnte, er sei schwul«.

Kurt konnte – auch wenn er gerne das Gegenteil behauptete – ausgesprochen empfindlich reagieren, wenn man sich über ihn lustig machte. Trotzdem war es wohl ein Zufall, daß die nächste Single, die Nirvana nach dem *Advocate*-Interview veröffentlichte, den Titel »Oh, The Guilt« trug.

Cobain besaß ein ausgezeichnetes Gespür für Timing. Kaum war Azerrads Biographie auf dem Markt, da plante Cobain bereits, ein Buch in Auftrag zu geben, »das die *ganze* Wahrheit sagt«. Außerdem trug er Kevin Kerslake seine Ideen für eine Video-Dokumentation zur Bandgeschichte Nirvanas vor.

Fast alle Songs Nirvanas waren in Teamwork entstanden. Andy Wallace und Butch Vig waren an der Ausarbeitung des melodischen Grundmaterials von *Nevermind* beteiligt. Novoselic gab im Studio gute Ratschläge und steuerte einige Ideen zu »Heart-Shaped Box« bei. Auf Grohls Konto ging die Melodie von »Pennyroyal Tea«. Bei allen Nummern wurde als Songwriter jedoch nur Cobain genannt. Alte Freunde in Seattle hatten unentgeltlich Fotos gemacht und beim Design der Plattencovers geholfen – »einfach nur, weil sie an die Gruppe glaubten«, berichtet Alice Wheeler. Laut Peterson »war es ein grundsätzliches Anliegen Nirvanas, wie des Punk überhaupt, alle am Erfolg der Band teilhaben zu lassen«. 1993 wurde es allerdings auch dem Letzten klar, daß Cobain den Kollektivismus zugunsten eines Egotrips aufgegeben hatte. »Es ist zum Verrücktwerden«, beklagte er sich. »Ich liefere die Ideen für alles, was wir tun . . . Es kotzt mich einfach an, auf der Rückseite des *Bleach*-Albums ›Art-direction by Lisa Orth‹ lesen zu müssen. Alle denken, daß Lisa Orth das Cover konzipiert hat . . . Die Idee war von mir, aber die Lorbeeren ernten andere.« Laut Orth waren dagegen Tracy Marander, die das Coverfoto machte, und Bruce Pavitt, der es gestaltete, »die *wahren* unbesungenen Helden von *Bleach*«.

Cobain und Love besaßen ein besonderes Talent, sich Probleme einzuhandeln. Anfang 1993 waren sie gleich in mehrere Rechtsstreitigkeiten verwickelt. Der Kommentar eines Journalisten, daß sie »mit der Welt nur noch über ihren Anwalt und über Pressemitteilungen kommunizierten«, mag unfair sein. Trotzdem gingen sie, indem sie sich entschieden, ihre Interessen öffentlich vor Gericht auszuhandeln, das Risiko ein, nicht nur finanzielle Einbußen zu erleiden, sondern auch ihren Ruf aufs Spiel zu setzen.

Um Weihnachten hatte Love eine Klage gegen ihren Arzt eingereicht – wegen Verstoßes gegen die ärztliche Schweigepflicht, Fahrlässigkeit und seelischer Grausamkeit. Kern der Anklage war, daß während Loves Entbindung ihre Krankenakte der Zeitung *Weekly* in Los Angeles zugänglich gemacht worden war. Die Angelegenheit wurde außergerichtlich beigelegt. Ähnliche Klagen wegen Verletzungen der Persönlichkeitsrechte wurden gegen Lynn Hirschberg und den *Globe* angestrengt – ebenfalls ohne daß es zum Prozeß kam. Victoria Clarke, die später eine Biographie über Kurt und Courtney schrieb, behauptete, in einem Club in Los Angeles von Love tätlich angegriffen worden zu sein. Diese konterte mit der Behauptung, Clarke habe mit dem Handgemenge begonnen. Anfang 1993 fand eine Vorverhandlung statt, doch auch dieses Verfahren wurde später eingestellt. Im selben Monat einigte sich Cobain mit Patrick Campbell-Lyons. Laut Albini war sich Kurt über »den Ernst der Lage durchaus im klaren«, und er war »entsetzt« über die wachsende Flut von Prozessen. »Die Leute suchten nach Vorwänden, um an Cobains Geld heranzukommen; in den meisten Fällen handelte es sich um nichts anderes als um juristische Winkelzüge.« Zu allem Überfluß wurden Nirvana auch noch von einem Fan verklagt, den herumfliegende Bruchstücke von Cobains zerschmetterter Gitarre im Gesicht getroffen hatten.

Immer wieder legte Kurt größten Wert auf die Feststellung, daß er als in der Öffentlichkeit stehender Künstler trotzdem ein Recht auf Privatleben habe. Aber selbst seine Freunde bei Geffen empfanden den Eifer, mit dem er den Rockstar Cobain von dem Privatmenschen zu trennen versuchte, nicht unbedingt als bewundernswerte Eigenschaft. Wie es ein Manager ausdrückte, vergaß »Kurt, daß der Rest der Welt diesen Unterschied wahrscheinlich nicht machen würde«. Zudem war es Cobain, der als Person des öffentlichen Interesses galt, unmöglich, einen Verleumdungsprozeß zu gewinnen, wenn er nicht den Beweis erbringen konnte, daß die Unwahrheit verbreitet worden war.

Die allgemein vorherrschende Meinung, daß ein Künstler, der sich bewußt für ein Leben im Rampenlicht entscheidet, auch die Kritik an seiner Person und seinem Privatleben in Kauf nehmen muß, hängt mit einem Gerichtsbeschluß aus dem Jahre 1964 zusammen. Personen des öffentlichen Lebens, urteilte damals der Richter, haben hinreichend Gelegenheit, unerwiesene Behauptungen zu widerlegen. Aber Cobain stritt schlicht und ergreifend ab, überhaupt eine Person des öffentlichen Lebens zu sein.

Am 23. März 1993 konnte die Familie Cobain schließlich einen juristischen Erfolg verbuchen, als die Anklagepunkte, die das Jugendamt gegen sie vorgebracht hatte, zurückgewiesen wurden und somit die Erziehung ihrer Tochter nicht länger der Kontrolle der Behörden unterlag.

Cobain war entschlossen, »so etwas wie ein normales Familienleben« zu führen. Er kaufte ein viereinhalb Hektar großes Anwesen in Carnation, einer kleinen Gemeinde dreißig Kilometer östlich von Seattle. Cobain ließ sich den Spaß immerhin 400 000 Dollar kosten. Das verwitterte zweistöckige Haus und das dazugehörige kleine Nebengebäude für Gäste waren über eine unasphaltierte Straße zu erreichen, die vom Tolt River aus durch Wälder und über üppige Weiden führte, die zu dem Anwesen gehörten. Der Erwerb dieses Grundbesitzes war vielleicht die vernünftigste Entscheidung, die Cobain getroffen hatte, seit er berühmt geworden war. »Er träumte davon, dort ein neues Leben anzufangen, sich zusammen mit Courtney, Frances, ein paar engen Freunden und Familienangehörigen zurückzuziehen«, erzählt seine Mutter. »Er wollte dort Gemüse und Blumen pflanzen, nur für sich selbst ein bißchen Musik machen und alles andere vergessen.« Cobain kaufte Love einen neuen Wagen, einen Lexus, und setzte sich gelegentlich auch selbst hinters Steuer. Manchmal besuchte er die Gaststätte neben der Carnation Bible Church, wirkte dann – so eine Frau, die ihn öfters dort sah – »nicht ungewöhnlicher als jeder andere junge Mann, der auf ein Bier und einen Hamburger hereinkommt«. Nicht selten standen Ausflügler aus Seattle vor Kurts Besitz und versuchten, durch das Blattwerk der Büsche und Bäume einen Blick auf sein Haus zu erhaschen. »Ist das hier, wo Nirvana wohnen?« rief ihm eines Morgens eine Frau zu, in der Hand eine Kamera.

Außerdem mietete Cobain auch ein Haus in Seattle – mit vier Schlafzimmern und Blick auf den See. Zumindest äußerlich paßte auch dieser Wohnsitz – 11301 Lakeside Avenue NE – zu Kurts Vorstellungen von einem »normalen Familienleben«. Es gab einen Steingarten, Rhododendronsträucher, den See, ein kleines Bootshäuschen. Zu den Nachbarn zählten ein Universitätsprofessor und ein geschäftsführender Vizepräsident von Boeing. Nichtsdestotrotz führte Cobain nach wie vor ein äußerst chaotisches Privatleben. »Vor allem seine Wutanfälle sorgten immer wieder für einiges Aufsehen« in der ansonsten ruhigen Wohngegend, erzählt ein Nachbar. »Eines Abends stand Kurt auf der Veranda, schrie Love an und warf ihre ganzen Kleider auf die Straße.« Ein anderes Mal demolierte er sein Auto mit einem Wagenheber, zerschlug die Windschutzscheibe und raste dann »wie ein wildgewordener Stier« in Richtung See davon. Zweimal innerhalb von nur fünf Wochen stand die Polizei vor der Haustüre, um Beschwerden aus der Nachbarschaft nachzugehen.

Auch die Einrichtung des Hauses an der Lakeside Avenue war mehr als ungewöhnlich. Sie bestand zum großen Teil aus selbst angefertigten Kunstwerken, die noch aus Kurts Zeit in Olympia stammten. Diese waren kombiniert mit Erinnerungsstücken aus seiner von exzessivem Drogenkonsum überschatteten Zeit in Los Angeles. Eine Ecke des Hauses, »Messeraum« genannt, enthielt Bücher, Zeitungen, vor sich hin gammelnde Essensreste, leere Flaschen, Zigarettenkippen, Gitarrenteile und Loves buddhistischen Schrein. Gold- und Platinschallplatten, deren Einfassungen zerbrochen waren, lagen verstreut auf dem Fußboden herum. Eines der Schlafzimmer war als Künstleratelier zweckentfremdet worden – dort türmten sich Blechbüchsen, Rohrstücke und Tonscherben übereinander. Cobain selbst nahm sehr gerne den Küchentisch in Beschlag, wo er beispielsweise an einem anatomischen Modell aus Plastik herumbastelte und dabei seine allmorgendliche Valiumdosis mit Champagner herunterspülte.

Einen – wenn auch schwachen – Eindruck von dem Chaos, das im Haus von Kurt und Courtney herrschte, vermittelt das Video zu dem wiederveröffentlichten Stück »Sliver«. Ein großer Teil des Filmmaterials wurde in der Garage neben dem Haus aufgezeichnet. Neben den traurigen Resten von Cobains Experimenten mit Tonpuppen und Skulpturen war in dem Video auch die erst acht Monate alte Frances zu sehen. Sie schien zu tanzen, tatsächlich wurde sie jedoch von den Armen ihres Vaters gestützt. Love war zu dieser Zeit gerade mit Hole in Großbritannien unterwegs. Im Verlauf des nächsten Jahres ließ Cobain sich regelmäßig mit Frances in der Öffentlichkeit sehen, was ihm den Vorwurf einbrachte, er beute sein Kind aus. Andere lobten dagegen seine vorbildliche Bereitschaft, sich mit Fläschchen und Windeln fotografieren zu lassen. Kein Sender erhob Einwände gegen Frances' Auftritt in »Sliver«.

Mit gleich zwei Domizilen in der Gegend wurde Cobain auf den Straßen Seattles bald zu einem vertrauten Anblick. Trotz seines Reichtums kaufte er noch immer im örtlichen Supermarkt ein, tankte selbst und nahm sich die Zeit, mit Fans und Passanten, die ihn erkannten, zu sprechen. Der Publizist David Haig traf ihn einmal zufällig in einem Zeitungsladen und erinnert sich, »daß Kurt zehn Minuten lang Fragen zu seiner eigenen Person und zur Band beantwortete«, sich dann aber unverständlicherweise weigerte, ein Autogramm zu geben. Der Mut eines Teenagers, der Cobain am Flughafen ansprach, wurde belohnt mit einer »langen Unterhaltung darüber, wie sehr es Kurt in Seattle gefalle und daß er hier mit seiner Familie leben wolle«. Dann nahm Cobain seine Koffer, begab sich zum Ausgang und stieg in ein Taxi. Als der Wagen anfuhr, preßte eine Frau ihre nackten Brüste gegen das Autofenster und rief »Ich liebe dich« – worauf Cobain nur »mit einem stillen Lächeln« reagierte.

Am 2. Mai 1993 betrat Cobain blaß, zitternd und völlig benommen die Wohnung in der Lakeside Avenue. »Er zeigte die typischen Symptome einer Überdosis«, heißt es im Polizeibericht. »Er war bei Bewußtsein und konnte Fragen beantworten, seine allgemeine Aufnahmefähigkeit war jedoch offensichtlich stark beeinträchtigt.« Love erzählte der Polizei, daß er im Haus eines Freundes gewesen sei und dort Heroin im Wert von dreißig oder vierzig Dollar gespritzt habe. Während des Abendessens im Kreis der Familie verschlechterte sich sein Zustand, er litt unter »Schüttelfrost, phantasierte und redete unverständliches Zeug«. Vor den Augen seiner Mutter und seiner Schwester injizierte Love ihrem Mann Buprenorphin – eine illegale Droge, die manchmal verabreicht wird, um das Opfer einer Überdosis wiederzubeleben. Anschließend gab sie ihm Valium, drei Benadryl und vier Kodeintabletten, damit er sich übergeben konnte. Cobain wurde ambulant im Harborview Medical Center behandelt. Love teilte der Polizei mit, daß sich »derartige Zwischenfälle« schon früher ereignet hätten. Die Angelegenheit wurde zu den Akten gelegt.

Am 4. Juni, einem Freitag, wurde die Polizei erneut in die Lakeside Avenue gerufen, diesmal wegen einer häuslichen Auseinandersetzung. Im amtlichen Bericht heißt es: »Der mutmaßliche Täter Kurt Cobain und das Opfer Courtney Love waren wegen der sich im Haus befindlichen Waffen in Streit geraten. Das Opfer Courtney sagte aus, dem mutmaßlichen Täter Kurt ein Glas Saft ins Gesicht geschüttet zu haben und von diesem anschließend geschlagen worden zu sein. Das Opfer schlug zurück, woraufhin es der mutmaßliche Täter zu Boden stieß, es zu würgen versuchte und ihm eine Kratzwunde am Hals zufügte.« Nach inoffizieller Darstellung Loves war der Anlaß für diese Auseinandersetzung der »selbstzerstörerische« Drogenkonsum ihres Mannes.

Cobain wurde festgenommen und ins King-County-Bezirksgefängnis eingeliefert. Nach drei Stunden ließ man ihn gegen eine Kaution von 950 Dollar wieder frei. Der Vorfall wurde von der Kriminalpolizei Seattle untersucht, die allerdings keine Anklage erhob. In einer Aktennotiz vom 9. September, die der Abteilungsleiter verfaßte, heißt es: »Es darf davon ausgegangen werden, daß das Opfer entgegen dem Polizeibericht bezeugen wird, daß nichts passiert ist. Hinzu kommt, daß die vorliegende Tonbandaufzeichnung keine Beweiskraft hat, da sie keine Rückschlüsse auf den Angriff selbst zuläßt. Außerdem kann für die mündlichen Aussagen des Opfers keine Sonderregel geltend gemacht werden. Vor allem fallen die Aussagen des Opfers nicht unter die Ausnahmeregelung bezüglich einer im Zustand emotionaler Erregung gemachten Äußerung, da keines ihrer Worte darauf schließen läßt, daß sie unter dem Schock eines unvorhersehbaren Ereignisses – wie etwa eines Angriffs – stand ... Da es sich somit nicht beweisen läßt, ob ein Angriff mit körperlichen Folgeschäden oder aber ein Fall von Selbstverteidigung vorliegt, erhebt die Stadt keine weitere Anklage.«

Unerwähnt blieben in dem Bericht die Zustände, die die Polizei im Haus der Cobains vorfand. Offenbar verschlug es den Beamten, die als erste am Schauplatz eintrafen, vor Dreck und Gestank den Atem: »Es herrschte ein strenger, unangenehmer Geruch, als ob irgendwo eine tote Katze herumläge.« Das Chaos im Haus ähnelt Hulmes Schilderung der früheren Lebensumstände des Paares in Kalifornien. Das Klingeln des Telefons blieb unbeachtet, in einer Ecke schnurrte ein Faxgerät. An den Wänden hing nicht ein einziges Bild, und anstelle von Vorhängen waren dicke Bettücher vor den Fenstern angebracht. »Ich sehe es regelrecht vor mir, wie er dort deprimiert herumschlich«, meint ein Freund aus Seattle. Anderen Berichten zufolge lief Cobain meist im Pyjama durchs Haus – bei seiner Festnahme trug er lediglich einen Bademantel. Außerdem schloß sich Kurt häufig in ein abgedunkeltes Zimmer ein, um Gitarre zu spielen. Gerüchte, er verstecke sich regelmäßig vor seiner Frau in einem Schrank, waren vermutlich eher aus der Luft gegriffen. Einmal jedoch wurde ein Freund Cobains Augenzeuge, wie »Courtney alles, was nicht niet- und nagelfest war, an die Wand warf und Kurt anschrie, er sei ein Versager, der nicht einen vernünftigen Song zustande bringe«.

Am 9. April gaben Nirvana ein Benefizkonzert im Cow Palace in San Francisco – das erste Konzert in Amerika seit sechs Monaten. Der größte Teil der Einnahmen sollte an die Vergewaltigungsopfer in den Kriegsgebieten auf dem Balkan gehen. Vor dem Konzert wurde eine Pressekonferenz abgehalten, und Novoselic, der die bosnische Schreibweise seines Vornamens für sich wiederentdeckt hatte, sprach mit bewegenden Worten vom Elend der vergewaltigten Frauen. Besonders nachdrücklich betonte er »die für das Selbstverständnis der Punkbewegung unabdingbare Pflicht, für die Rechte unterdrückter Frauen einzutreten«. Cobain pflichtete dieser Meinung weder bei, noch widersprach er ihr; Wright war nicht der einzige, der glaubt, daß Kurt »der politische Aspekt der Show weit weniger bedeutete als die Gelegenheit, endlich wieder auf der Bühne zu stehen«. Zwar war Cobain in einigen Punkten – beispielsweise hinsichtlich des Abtreibungsrechts – zweifellos auf der Seite der Feministinnen, im allgemeinen war er jedoch alles andere als ein überzeugter Frauenrechtler. Mitunter weigerte er sich sogar, eine Zeitschrift zu lesen, weil sie »nichts als dummes Gefasel über Lesben« enthalte. Im Dezember erzählte Love der Journalistin Kim Neely: »Kurt ist einer der liberalsten Menschen, die ich kenne, aber eines Tages sah er mich an und sagte: ›Ich hasse es, wenn du diese beschissenen feministischen Bücher liest.‹« Das Album mit den Bildern vergewaltigter bosnischer Frauen, das man ihm in San Francisco überreicht hatte, schlug Cobain jedenfalls niemals auf. Nach der Show ließ er es in der Garderobe liegen.

Das Konzert selbst wurde mit »Rape Me« eröffnet und enthielt unter anderem sieben der in Pachyderm produzierten neuen Songs. Es wurde ein voller Erfolg. Cobain ging völlig aus sich heraus, trieb Novoselic und Grohl zu Höchstleistungen an und ließ in einem mitreißenden, musikalischen Rückblick gleichsam seinen eigenen Werdegang Revue passieren. Die hämmernde Gitarre und der emotionslose Text von »Blew« wurden abgelöst von dem hymnischen »Lithium«, gefolgt von einer frostigen, halb gesprochenen Version von »Polly«. Aber Cobain spielte auch neue Stücke, so zum Beispiel Songs wie »Heart-Shaped Box« und »Scentless Apprentice«. Die daraus resultierende Mixtur erweckte nicht unbedingt

In Utero

den Eindruck musikalischer Geschlossenheit. »Die Melodien kamen und gingen«, stellte der *Rolling Stone* fest. »Die neuen Songs der Band erinnerten eher an die alternativen Stücke auf *Incesticide* als an die Hits auf *Nevermind*.« Doch die Energie, mit der Cobain auf der Bühne agierte, hatte ihren besonderen Reiz. Seine Selbstvergessenheit, die offensichtliche Bereitschaft, alles zu geben, zog das Publikum in seinen Bann. Als die Zugabe – sie umfaßte sieben Songs – ihren Höhepunkt erreichte, stand Kurt heulend vor seinem Verstärker, kreischte, stampfte mit den Füßen auf, hechtete kopfüber ins Schlagzeug, wo er schließlich unter dem lautem Krachen von auseinanderberstendem Stahl und Holz zusammenbrach.

Cobain hatte nur noch ein Jahr zu leben. Ende 1993 hatte er dem Alkohol fast gänzlich abgeschworen – ein bemerkenswerter Wandel für jemanden, der Champagner und Whisky in rauhen Mengen in sich hineingeschüttet hatte. Aber er rauchte weiterhin Kette – sowohl Marihuana als auch seine Winston Lights. Laut Hulme hielt er immer eine Packung Zigaretten »als Rettungsanker« griffbereit. Und natürlich nahm er Heroin, gedankenlos und ohne Rücksicht auf die rasch einsetzenden Auswirkungen auf seine Gesundheit. Wenn sich Cobain in Seattle aufhielt, stand sein Wagen abends häufig vor einem heruntergekommenen gelben Haus in der Harvard Avenue, wo er sich Nachschub besorgte. David Haig sah ihn »torkelnd und zusammengekrümmt« aus dem Haus kommen. Schließlich mußte er sich würgend auf seinen Wagen stützen. Ein Bekannter traf Cobain am Broadway: »Er nuschelte undeutlich vor sich hin und stieß andauernd mit anderen Passanten zusammen.« Laut Wright »war es mittlerweile so schlimm geworden, daß Kurt nächtelang nicht schlief, rauchte und sich so langsam, aber sicher selbst umbrachte«. Er aß nur selten.

Am Morgen des 23. Juli hörte Love aus dem Badezimmer des New Yorker Hotels, in dem das Paar abgestiegen war, ein krachendes Poltern. Als sie die Tür öffnete, fand sie Cobain bewußtlos am Boden liegend. Nur wenige Stunden nach der Behandlung wegen einer weiteren Überdosis stand er im Roseland mit Nirvana auf der Bühne.

Es war offenkundig, daß Cobain immer labiler wurde. »Er hatte Angst, fühlte sich bedroht und verfolgt, war davon überzeugt, daß er abgehört werde«, sagt Frank Hulme. Er war »hochgradig paranoid«. Als ihn einmal einige Telefontechniker in der Lakeside Avenue aufsuchten, um diverse Arbeiten zu erledigen, versteckte sich Cobain im Keller und beschuldigte die Männer, »Agenten« zu sein, die einen Anschlag auf ihn verüben wollten. Wenig später schickte Kurt einer jungen Kunststudentin »sieben oder acht Liebesbriefe«, eine handgemalte Valentinskarte und die Einladung, sich mit ihm in einem Hotel in Seattle zu treffen. Als die Frau ablehnte, rief Cobain sie täglich einige Dutzend Male an, folgte ihr bis vor die Haustür und schickte ihr dann einen in Papier eingepackten Ziegelstein mit der Botschaft: »Ich bin nicht von dir besessen. Ich wollte mit dir nur über Konzept-Kunst reden.«

Ein Grund für Cobains unberechenbares Verhalten und seine ständige Unzufriedenheit war sicherlich seine quälende Angst vor dem Älterwerden, die Befürchtung, mit sechsundzwanzig Jahren seine besten Tage bereits hinter sich zu haben. 1993 waren viele von Cobains Fans seines allumfassenden Weltschmerzes überdrüssig geworden. Kurt lief Gefahr, sein Publikum zu verlieren: Seine Musik war zu sehr Mainstream für die Dreizehn- bis Neunzehnjährigen, die der Generation X nachfolgten, aber nicht altmodisch genug, um die Nostalgiker anzusprechen, die von Bands wie Pink Floyd oder den Rolling Stones bedient wurden. »Er fühlte sich ins Abseits gedrängt«, sagt Grant Alden. »Musikalisch gesehen ging es mit Kurt eher abwärts als aufwärts.« Immerhin hatten Nirvana seit fast zwei Jahren kein Album mit neuem Material herausgebracht. Erneut wurde über eine Auflösung der Gruppe gemutmaßt. Novoselic sprach offen über eine Solokarriere, während Cobain die Absicht äußerte, ein eigenes Label zu gründen, um, wie er sagte, »Stadtstreichern oder körperlich und geistig Behinderten ein Forum zu geben«. Aus welchen Gründen auch immer – man kann kaum bestreiten, daß 1993 die erste Welle der Begeisterung abgeflaut war. Nicht nur von *Select* wurde die Frage gestellt: »Nirvana: Was ist falsch gelaufen?«

Cobain wurde seinem Management gegenüber zusehends kritischer: »Für meine Musik mache ich mich zur Hure«, erzählte er Hulme. »Ich tue alles, um sie an den Mann zu bringen.« Cobain war davon überzeugt, daß Geffen trotz seiner Freundschaft zu Mark Kates und Gary Gersh mit *In Utero* »nichts anzufangen wußte« – eine Einschätzung, die auch vom Produzenten der Platte geteilt wurde. So wurde Albini beispielsweise von der *Tribune* aus Chicago zitiert: »Ich bin nicht sicher, ob dieses Album jemals veröffentlicht wird.« *Newsweek* brachte unter der Überschrift »Das sollen Nirvana sein?« einen Bericht. Darin hieß es, Geffen sei »entsetzt« von der Grunge-Lastigkeit der Abmischung. Andere mutmaßten, daß das neue Material für den Geschmack der Plattenfirma zu wenig potentielle Singles enthalte. Artikel im *Rolling Stone* und in *Entertainment Weekly* sprachen von Meinungsverschiedenheiten zwischen Cobain und seinen Arbeitgebern, die, wie Cobain Azerrad erzählte, »nur ein weiteres *Nevermind* haben wollten. Lieber würde ich sterben, als das zu machen.« Kurt fügte – nicht ohne eine Spur von Trotz – hinzu: »*In Utero* ist genau die Art Platte, die ich als Fan kaufen würde. Ich bleibe mir selbst und meiner Vorstellung von Musik nur dann treu, wenn ich die Platte genau so rausbringe, wie sie ist. Wir reden hier über meine Lieblingsproduktion und über meine Lieblingssongs.«

Binnen eines Monats nahm Cobain einen Kurswechsel vor – möglicherweise aus taktischen Gründen – und ließ plötzlich ganz andere Dinge verlauten. Er schickte *Newsweek* eine Gegendarstellung. »Jeff Giles hat einen Artikel über uns geschrieben, der sich weder mit den Ansichten noch mit offiziellen Verlautbarungen der Band deckt.« Dies waren die ersten Zeilen des Briefes, der in einem Tonfall verfaßt war, der nur von Gold Mountain beeinflußt sein konnte. »Besonders ärgerlich ist, daß Giles, dessen Darstellung sich im übrigen auf völlig falsche Informationen stützt, sich über das Verhältnis zu unserem Label lustig macht. Geffen Records hat uns bei der Fertigstellung des Albums jederzeit volle Rückendeckung gegeben.« In einer Presseerklärung ging Cobain noch weiter, indem er Albini offen angriff: »Steves Mitarbeit an der neuen LP hat ihre Ursache in seiner Zugehörigkeit zum Anti-Rock-Establishment, aber es sind die Songs, die eine gute Platte ausmachen – nicht eine kommerzielle oder anti-kommerzielle Einstellung. Und solange die Songs nicht genau unseren Vorstellungen entsprechen, werden wir die Platte nicht veröffentlichen.« Nach diesem taktischen Positionswechsel bezeichnete Cobain nun plötzlich das neue Album als »nicht so gut« wie *Nevermind*. Er überlegte sogar ernsthaft, Andy Wallace anzuheuern, um *In Utero* eine verkaufsträchtigere Abmischung zukommen zu lassen. Letzten Endes entschied sich Cobain aber doch für Scott Litt. Kurt und Albini sprachen daraufhin nie wieder ein Wort miteinander. Als *In Utero* im September herauskam – das Album landete direkt auf Platz eins der Charts –, konzentrierte sich das Interesse der Kritiker allerdings weniger auf die Musik als vielmehr auf die Weigerung zweier nationaler Ladenketten, das Album überhaupt ins Programm zu nehmen. Stein des Anstoßes war die Rückseite des Covers – eine Collage aus Plastikföten, Lilien und Orchideen, die von Cobain arrangiert und von Charles Peterson fotografiert worden waren. Für die einen stellte das Bild eine geballte Mischung aus »Sex, Frau, Vagina, Geburt und Tod« dar, für andere war es nichts als »Müll«. Außerdem benannte Geffen den Song »Rape Me« in »Waif Me« um. Den Titel hatte Cobain laut Ray Farrell, einem Firmenmitarbeiter, selbst ausgesucht.

Am 6. August gaben Nirvana ihren letzten Auftritt als Trio. Die Band hatte sich kurzfristig entschlossen, an einer Benefizveranstaltung in Seattle teilzunehmen, zum Andenken an Mia Zapata, eine Musikerin, die man im vergangenen Monat ermordet aufgefunden hatte. Laut Gillian Gaar »ließen eine eingestreute Led-Zeppelin-Nummer und eine fröhliche Coverversion von ›Seasons In The Sun‹ keinen Zweifel daran, daß Kurt seinen Spaß hatte«. Für den Fotografen Michael Andeel dagegen war gerade der letztgenannte Song eine »überaus passende« Allegorie der »unaufhaltsam voranschreitenden Zeit und der Vergänglichkeit des Lebens«.

Nach den Jahren, in denen Nirvana ihren Grunge vor ausverkauften Häusern gespielt hatten und von der Kritik verwöhnt worden waren, schien die Band genau in dem Augenblick in der Gunst des Publikums zu sinken, als sie wieder zu den Wurzeln ihrer Musik zurückkehrte und sich um die ernsthafte Anerkennung ihres musikalischen Anspruchs bemühte. »Es verletzte Kurt, daß die Leute sich über ihn lustig machten«, sagt Andeel. Hinter der Bühne bot sich dem Fotografen das Schauspiel eines »betrunken grölenden« Cobain, der bei einem Kampf zwischen Love und der Freundin von Tad Doyle den Schiedsrichter spielte. Die Szene fand ein abruptes Ende, als eine Lampe umgestoßen wurde und in der Garderobe ein Feuer ausbrach. Im Anschluß daran fuhr Cobain zu seiner Heroindealerin und beendete den Abend in der Bar eines Hotels im Geschäftsviertel der Stadt. Dort benahm er sich erstaunlich freundlich und entgegenkommend: Bereitwillig gab er Touristen und Geschäftsleuten Autogramme und äußerte mehrfach, Seattle sei »trotz des beschissenen Wetters die tollste Stadt der Welt«.

Der einstmals als Subkultur entstandene Grunge war zu einer nationalen Modeerscheinung geworden. Der zunehmende Niedergang des amerikanischen Sozialgefüges hatte in den fünf Jahren nach »Love Buzz« dazu beigetragen, Nirvanas Botschaft im ganzen Land zu verbreiten. Es gab eine Grunge-Kleiderordnung, die von Küste zu Küste variierte, aber die grundsätzlichen Inhalte der Bewegung waren überall gleich – frustrierter Nihilismus, fehlende Zukunftsperspektiven, die Verachtung für die Verlogenheit des Rock-Establishments und für die Scheinheiligkeit des Familienlebens.

Nirvana selbst waren inzwischen zu einer erfolgreichen Band mit Tendenzen zum Mainstream geworden, unter dem Einfluß von Rechtsanwälten und Buchhaltern stehend, ein beliebtes Objekt der Regenbogenpresse und, für einige, nur noch ein schwacher Abklatsch dessen, was die Band in den späten achtziger Jahren gewesen war. Viele ehemals treue Anhänger Nirvanas waren durch deren kommerziellen Erfolg irritiert. Weniger als eine Woche nach der Zapata-Benefizveranstaltung rief Billy Corgan von den Smashing Pumpkins – der Mann, den Love wegen Cobain verlassen hatte – in Chicago einem jubelnden Publikum zu: »Wenn ihr meine

Meinung hören wollt: Scheißt auf Seattle!« Der *Rolling Stone* veröffentlichte eine Lobeshymne auf Corgan: »Fest entschlossen, den Beweis zu erbringen, daß sie zu den härtesten, dynamischsten Rockgruppen dieser Tage gehören, boten die Smashing Pumpkins neunzig Minuten lang schweißtreibenden Rock, der das aus Vertretern aller Altersklassen bestehende Publikum in einen wahren Begeisterungstaumel versetzte und schließlich völlig erschöpft zurückließ. Vergeßt Nirvana. Den Pumpkins gehört die Zukunft.«

Zu diesem Zeitpunkt erschienen zwei Biographien auf dem Markt: Michael Azerrads *Come As You Are: The Story Of Nirvana* und *Nirvana And The Sound Of Seattle* von Brad Morrell. Obwohl Azerrads Buch »offiziell nicht autorisiert« war, entstand es doch in enger Kooperation mit Cobain. Kurt empfand Azerrads und Morrells Bücher als eine willkommene Abwechslung angesichts der aggressiv negativen Berichterstattung in den Medien seit seiner Heirat. Nach dem Eklat mit *Vanity Fair* waren sowohl er als auch Love von der Boulevardpresse nur noch diffamiert worden. Die zwölf Monate gnadenloser Hetzkampagne trieben Cobain an den Rand der Verzweiflung. Laut Moon »hatte Kurt die ganze Zeit gewußt, was passieren könnte«, aber selbst seine schlimmsten Befürchtungen blieben weit hinter der Realität zurück. Nur einige wenige Fachblätter und Fanmagazine waren Cobain nach wie vor treu geblieben. Für den *Rolling Stone* war er »eine der großen Gestalten der ersten dreißig Jahre des Rock«, ein Mensch, »dessen misanthropische Sichtweise sein bemerkenswertes Talent zu inspirieren scheint«. Aber solche Stimmen gingen weitgehend unter im Sturm allgemeiner Haßtiraden gegen Kurt und Courtney. Bei *Vanity Fair* und den anderen Blättern gingen beinahe täglich Telegramme ein, die sich zum Beispiel so lasen: »SPERRT DEN JUNKIE EIN ... SCHICKT DIE KINDERSCHÄNDERIN ZUR HÖLLE ... SCHLAGE VOR, EINE KOPIE DES ARTIKELS ÜBER JUNKIE LOVE DEN BEHÖRDEN ZU ÜBERMITTELN.«

Ende 1993 war Cobain fest entschlossen, einen Weg zu finden, auf dem er »die Leute direkt ansprechen« könne – ohne den verzerrenden Einfluß von Musikindustrie und Presse. Vor diesem Hintergrund entstand auch sein Plan, ein eigenes Label zu gründen. Weiterhin sprach Cobain davon, Buch- und Film-Dokumentationen über sein Leben in Auftrag zu geben. Der offensichtliche Wunsch, »seine Feinde zu bekehren«, war bei Cobain so stark, daß ihn seine Freunde schon als beinahe zwanghaft bezeichneten.

Cobain hatte zwar in der letzten Zeit nur selten Konzerte gegeben, aber selbst diese wenigen hatten ihn völlig erschöpft. Er sah aus wie eine Leiche, wog nur noch 52 Kilo, und seine Stimme war kaum mehr als ein Krächzen. Kurt hatte nie so recht verstehen können, weshalb seinem Aussehen von der Öffentlichkeit so viel Aufmerksamkeit geschenkt wurde, jetzt aber legte er plötzlich auch selbst hinsichtlich seines äußeren Erscheinungbilds eine gewisse Sorgfalt an den Tag. Immer häufiger sah man ihn nun mit Hut oder Sonnenbrille, und vor öffentlichen Auftritten wurde ein Maskenbildner in die Lakeside Avenue bestellt. Ein Besucher war schockiert, als er sah, was die Drogen aus Cobain gemacht hatten, wie »dieser gutaussehende Mann zu einem Schatten seiner selbst geworden war«. Außerdem begann Cobain erneut unter Magenkrämpfen zu leiden. Buchstäblich alles, was er von 1993 an tat, sagte oder spielte, war von körperlichen Schmerzen begleitet. Allein in der ersten Hälfte des Jahres suchte Cobain ein halbes Dutzend Spezialisten auf. Außerdem experimentierte er mit einem dubiosen esoterischen Gerät, einem kleinen Kästchen, das in Magenhöhe an seinem Körper befestigt wurde und ihm helfen sollte, sich zu entspannen. »Es schien ihm immer schlechter zu gehen«, sagt Frank Hulme. »Ich schätze, daß man die Tage, an denen Kurt während der verbleibenden Monate seines Lebens frei von Schmerzen war, an einer Hand abzählen kann.«

Cobains Gesundheitszustand verschlechterte sich zusehends. Neben zwei fast tödlichen Überdosen im Mai und im Juni gab es einen Zwischenfall in San Francisco, in dessen Folge Kurt mit blau angelaufenem Gesicht, kaum noch atmend, schnellstens in eine Klinik eingeliefert und wiederbelebt werden mußte. Nebenbei entfernte der behandelnde Arzt zwei abgebrochene Nadeln, die in Cobains Arm steckten. »Kurt mußte immer alles übertreiben«, so David Haig. Sogar Love bezeichnete ihren Mann später als unersättlichen »Drogenfresser«. Vor einer Imbißbude am Broadway, in einem Park in der Nähe seines Hauses und auf der Treppe der öffentlichen Bücherei von Seattle wurde er dabei beobachtet, wie er Drogen kaufte. Ein Freund des Paares erzählte dem Journalisten Mick Brown: »Cobain und Love wiesen bei jeder Gelegenheit darauf hin, daß sie clean seien. Das machte die Dinge für Kurt nicht gerade leichter, denn er wußte genau, daß er es – wenn überhaupt – bestenfalls für kurze Zeit ohne Drogen aushalten konnte.«

Kurt wurde zusehends reizbarer, vor allem, was Kritiker und andere Musiker anbelangte. Beinahe zwanghaft nahm er fast jede Gelegenheit wahr, seine Meinung über unliebsame Kollegen publik zu machen. Cobain kokettierte damit, »bewußt und absichtlich naiv« zu sein, aber sein Ego galt selbst in einer Branche, in der Eigenwerbung zum guten Ton gehört, als legendär. »Er war ein Tyrann«, meint dazu ein Kollege. Kurz

Nachdem Cobain (*oben* mit Novoselic und Grohl) seine Haare geschnitten und sich eine Brille aufgesetzt hatte, wurde die starke Ähnlichkeit mit seinem Vater offensichtlich. *(Steve Double/Retna)*

Der grandiose Auftritt beim Reading Festival 1992. Cobain trug während des gesamten Auftritts einen Krankenhauskittel.
(Mick Hutson/Redferns)

Kurt und Frances Cobain, 1992. Der Slogan auf seinem T-Shirt war verfrüht.
(Stephen Sweet/Retna)

Im Studio eines holländischen Radiosenders, November 1992
(Michael Linssen/Redferns)

September 1993: Cobain trifft mit seiner Familie bei den MTV Music Awards ein – er wirkt, im Verhältnis zum Vorjahr, wie ausgewechselt. Nirvana gewannen den Best-Alternative-Video-Preis für »In Bloom«. *(Steve Granitz/Retna)*

Die Kulisse zu *In Utero,* die nach dem Vorbild des Album-Covers geschaffen wurde: ein Wald im Hintergrund, flankiert von geflügelten Frauenfiguren. *(Ebet Roverts/Redferns)*

Zu Besuch bei William Burroughs fand ein ritueller Geschenkaustausch statt: ein Bild und eine Leadbelly-Biographie wechselten den Besitzer; Drogen gab es keine.
(Steve Speller/Retna)

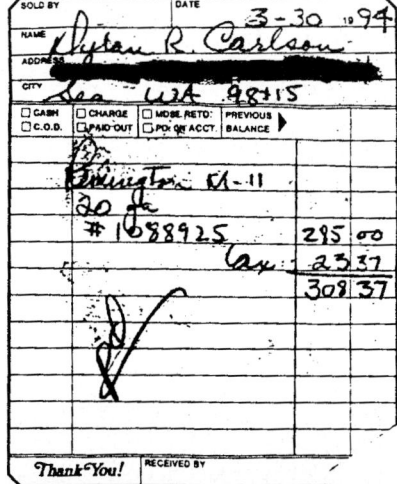

Die Quittung für die Waffe, mit der sich Cobain später umbrachte, war auf seinen Freund Dylan Carlson ausgestellt, der hier auf einem Werbeplakat seiner eigenen Band zu sehen ist. (*Sub Pop*)

DYLAN CARLSON   DAVE HARWELL

EARTH

SUB POP RECORDS
1932 First Avenue
Suite 1103
Seattle, WA 98101
TEL: (206) 441-8441

Lake Washington Boulevard East 171, Seattle.
Im Vordergrund sieht man den Raum, in dem
sich Cobain umbrachte. *(J. Farrar)*

8. April 1994 *(Seattle Times)*

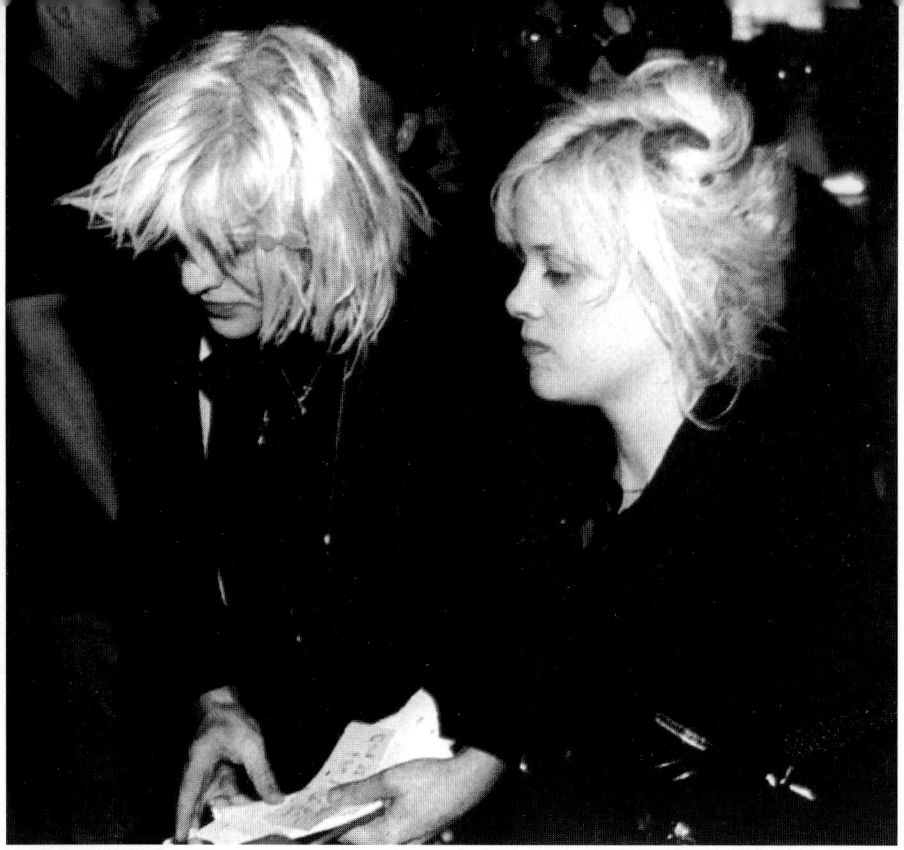

Love und ihre Freundin Kat Bjelland verlassen die
öffentliche Totenwache zum Gedenken an Cobain.
(Gamma)

Der kriminalpolizeiliche Laborbericht, der bestätigt,
daß Cobain den am Schauplatz des Selbstmordes gefundenen Brief tatsächlich selbst geschrieben hat.
(L. Poort) Rechts: Der Totenschein.

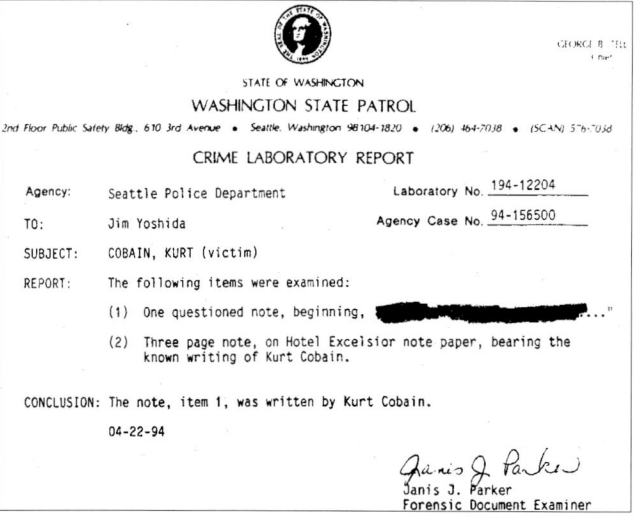

STATE OF WASHINGTON
DEPARTMENT OF HEALTH

CERTIFICATE OF DEATH

LOCAL FILE NUMBER: 3471
STATE FILE NUMBER: 146 / 4 09454

1	NAME (First, Middle, Last)	KURT DONALD COBAIN
2	SEX (M/F)	Male
3	DEATH DATE (Mo, Day, Yr)	4/5/1994
4	AGE LAST BIRTHDAY (Yrs)	27
7	BIRTHDATE (Mo, Day, Yr)	Feb 20, 1967
8	BIRTHPLACE (City, State or Foreign Country)	Aberdeen, WA
9	WAS DECEDENT EVER IN U.S. ARMED FORCES?	No
10	COUNTY OF DEATH	King
11	CITY, TOWN OR LOCATION OF DEATH	Seattle
12	PLACE OF DEATH	HOME — 171 Lake Washington Blvd East
13	SMOKING IN LAST 15 YEARS? (Yes/No)	Yes
14	MARITAL STATUS	Married
15	SURVIVING SPOUSE	Courtney Love
16	SOCIAL SECURITY NO.	536 90 4399
17	DECEDENT'S EDUCATION — Elementary/Secondary (0-12)	12
17	College (1-4 or 5+)	
18	USUAL OCCUPATION	Poet/Musician
19	KIND OF BUSINESS OR INDUSTRY	Punk Rock
20	HISPANIC ORIGIN	No
21	RACE	White
22	RESIDENCE—NUMBER AND STREET	171 Lake Washington Blvd E.
23	CITY/TOWN, OR LOCATION	Seattle
24	INSIDE CITY LIMITS?	Yes
25A	COUNTY	King
25B	LENGTH OF RES. IN CO.	3 Yrs
26	STATE	WA
27	ZIP CODE	98112
28	FATHER'S NAME	Donald Cobain
29	MOTHER'S NAME	Wendy Elizabeth Fraidenberg
30	INFORMANT—NAME	Courtney Love Cobain
31	MAILING ADDRESS	Codikow-Carroll 9113 Sunset Blvd, Los Angeles, CA 90069
32	BURIAL, CREMATION, REMOVAL, OTHER	Cremation
33	DATE (Mo, Day, Yr)	04/14/1994
34	CEMETERY/CREMATORY—NAME	Uniservice Crematory
35	LOCATION—CITY/TOWN, STATE	Seattle, Washington
36	FUNERAL DIRECTOR SIGNATURE	X (signed)
37	NAME OF FACILITY	Bleitz Funeral Home
38	ADDRESS OF FACILITY	316 Florentia St, Seattle, Washington 98109

TO BE COMPLETED ONLY BY CERTIFYING PHYSICIAN:
39. TO THE BEST OF MY KNOWLEDGE, DEATH OCCURRED AT THE TIME, DATE AND PLACE AND WAS DUE TO THE CAUSE(S) STATED.

TO BE COMPLETED ONLY BY MEDICAL EXAMINER OR CORONER:
43. ON THE BASIS OF EXAMINATION AND/OR INVESTIGATION, IN MY OPINION DEATH OCCURRED AT THE TIME, DATE AND PLACE AND WAS DUE TO THE CAUSE(S) STATED.
SIGNATURE AND TITLE: X Nikolas Hartshorne MD
44. DATE SIGNED: April 9, 1994
45. HOUR OF DEATH: ?PM
46. PRONOUNCED DEAD: April 8, 1994
47. HOUR PRONOUNCED DEAD: 1030 h
48. NAME AND ADDRESS OF CERTIFIER: NIKOLAS J. HARTSHORNE, M.D., ASSISTANT MEDICAL EXAMINER, 325 9th Avenue, Seattle, WA 98104
49. ME/CORONER FILE NUMBER: KCME 94-399

50. CAUSES OF DEATH:
- A. (IMMEDIATE CAUSE) Contact perforating shotgun wound to head
- B. (mouth)
- C.
- D.

52. AUTOPSY: Yes
53. WAS CASE REFERRED TO MEDICAL EXAMINER OR CORONER: Yes
54. ACC. SUICIDE, HOM., UNDET., OR PENDING INVEST.: Suicide
55. INJURY DATE: 4/5/1994
56. HOUR OF INJURY: ?PM
57. DESCRIBE HOW INJURY OCCURRED: Self-inflicted shotgun wound
58. INJURY AT WORK?: No
59. PLACE OF INJURY: Residence
60. LOCATION: Seattle King County Washington

63. DATE RECEIVED: APR 14 1994

Come as you are *(Michael Linssen/Redferns)*

vor seinem Tod hatten sich zwei unterschiedliche Meinungen über Cobain herauskristallisiert. Einige, die es vorziehen, nicht namentlich genannt zu werden, bezeichneten ihn als manipulierend, selbstsüchtig und aggressiv. Sie bescheinigten ihm ein äußerst wechselhaftes Temperament, das häufig ans Neurotische grenzte. Für den Biographen Azerrad hingegen, der zu Cobains Freunden zählte, war er »eine äußerst sensible Persönlichkeit, liebenswürdig und intelligent«.

Selbst Love erschien Cobains Verhalten etwas übertrieben. Sie beschrieb ihn als »süchtig« nach der Berichterstattung über die eigene Person, als einen Mann, der »populär sein wollte«, »den Leuten nach dem Mund redete« und gegenüber seiner Frau sogar handgreiflich wurde, um an die Zeitschriftenartikel heranzukommen, die sie vor ihm zu verstecken versuchte. Fast alle Journalisten, die Gelegenheit hatten, mit Cobain ein Interview zu führen, brachten den augenfälligen Widerspruch zwischen seiner Gier nach Publicity und der gleichzeitigen Furcht vor Enthüllungen zur Sprache. Der *Rolling Stone* machte bereits im November 1991 Bekanntschaft mit Kurts schwierigem Verhältnis zur Presse: »Nachdem er bereits der *New York Times* und der *Los Angeles Times* eine Abfuhr erteilt hatte, weigerte sich Cobain zunächst, für den Artikel im *Rolling Stone* ein Interview zu geben, änderte dann jedoch seine Meinung, nur um schließlich doch zwei Termine platzen zu lassen, wobei er sich einmal sogar in seinem Hotelzimmer verbarrikadierte.« Selbst Michael Azerrad wurde von Cobain versetzt – noch bevor er mit seinen Recherchen zu »Inside The Heart And Mind Of Nirvana« beginnen konnte. Jo-Anne Greene, eine Journalistin aus Seattle, die sich mit Nirvana verabredet hatte, traf die drei in einem Hotel in der Innenstadt: »Kurt, der zwischen Chris Novoselic und Dave Grohl stand, entdeckte mich sofort. Ich lächelte, und er schlug sofort die Augen nieder. Als ich auf die Drei zuging und sich die Entfernung zwischen uns verkürzte, wurde Kurts Unbehagen offensichtlich. Seine Blicke huschten unruhig hin und her, er sank förmlich in sich zusammen. Als ich sie fast erreicht hatte, wich er einige Schritte zurück. Ich ging weiter – unsere Blicke trafen sich wieder. Diesmal stand in seinen Augen blankes Entsetzen. Er wirkte wie ein in die Enge getriebenes Tier.«

Seit Jahren hatte Cobain sich einzureden versucht, daß sich die Dinge letzten Endes zum Positiven wenden würden. »Ich brauche lediglich eine Pause, um mich von dem Streß zu erholen«, sagte er dem *Rolling Stone*. »Ich bin sicher, es ist nur eine Frage der Zeit«, fügte er gegenüber seinem Biographen hinzu. »Wenn die Leute nur ihr dreckiges Maul halten und mit ihren Unterstellungen aufhören würden, dann ginge es mir vermutlich besser.« Jetzt, nach mehr als einem Jahr unter den sensationslüsternden Blicken der Boulevardpresse, war Cobain nicht mehr so zuversichtlich. Als sich Cobain im Oktober 1993 auf eine neue Tournee vorbereitete, schien er den Glauben an sich und die Band verloren zu haben. »Wir haben uns verbraucht«, sagte er einem Journalisten. »Wir haben einen Punkt erreicht, an dem sich die Dinge nur noch wiederholen. Es gibt nichts mehr zu erreichen, nichts, auf das man sich freuen könnte.« Bei gleicher Gelegenheit äußerte Cobain die Befürchtung, daß er »in fünf Jahren völlig vergessen sein« könnte. Seinem Cousin gestand er sogar: »Ich bin nur noch wegen der Kohle dabei.« Cobains Abschiedsbrief liest sich wie ein Lehrstück über Hoffnung und Desillusionierung, über eine Blitzkarriere, auf die der totale Burnout folgte. *Nevermind* hatte Kurt zu echtem Ruhm verholfen. Trotzdem lebte er in der ständigen Sorge, man würde in ihm lediglich den Drogenkonsumenten, den neurotischen Rockstar und untauglichen Vater sehen.

Cobain sah seine Situation nicht ohne ironische Distanz. »Wait/I've got a new complaint« (»Halt/Ich habe eine neue Beschwerde«), sang er in »Heart-Shaped Box«. Der letzte Refrain von »Frances Farmer Will Have Her Revenge On Seattle« lautete: »I miss the comfort in being sad« (»Ich vermisse die Freude, traurig zu sein«), ein Gedanke, den er in »Dumb« zu einem ganzen Song ausarbeitete.

Über seine eigene Person hatte sich Cobain früher niemals lustig gemacht. Doch nun – mit zunehmender Distanz zu seiner Arbeit – wuchs auch das Selbstvertrauen. Selbstironisch wies er auf seinen lebenslangen Hang zum »Grübeln und Jammern« hin. Der *Sun* erzählte er, er wäre »nicht besser als der durchschnittliche Südstaaten-Prolo«. Von einem Fotografen der *Times* aus Seattle verlangte er, ihn »so albern wie nur irgend möglich« abzulichten. Die Brille, die er in dem Video zu »In Bloom« getragen hatte, behielt er noch monatelang auf – nur um sein, wie er es nannte, »ätzendes Aussehen« zu kultivieren.

Das Verhältnis Cobains zu seinen Eltern war nach wie vor schwierig. Don besuchte die Lakeside Avenue Ende 1993. Er unterhielt sich eine Stunde lang mit Love und spielte mit Frances, während sich Kurt in einem der oberen Schlafzimmer versteckte – ein Benehmen, das sein Vater später als »beschämend« bezeichnete. Gegenüber einem seiner Verwandten redete sich Cobain damit heraus, daß Don den Fehler gemacht habe, ihn überhaupt zu besuchen. Auch die Beziehung zu Wendy – wenngleich deutlich weniger unterkühlt – war nicht ohne Probleme. Obwohl ihr Sohn Millionen von Schallplatten verkaufte, lebte die Frau, die von Cobain »eine Heilige« genannt wurde, nach wie vor in ihrem Vier-Zimmer-Haus in Aberdeen. Die Hoffnung, sich mit ihrem zweiten Mann O'Connor ein neues Heim in Olympia schaffen zu können, zerbrach, als auch diese Ehe scheiterte. Zwar lieh Cobain seiner Mutter Geld, rief sie aus aller Herren Länder an und stattete ihr dann und wann in der East 1st Street einen Besuch ab, aber eine echte Herzlichkeit kam auf beiden Seiten nicht auf. Wendy war maßlos stolz darauf, daß »Kurt es geschafft hatte« und »aus Aberdeen herausgekommen war«. Sie verfolgte alle Presseberichte und verpaßte keinen seiner Fernsehauftritte. Aber sie sah ihn doch mehr mit den Augen einer Mutter, deren Kind der Star einer Schulaufführung ist. Beverley Cobain hatte das Gefühl, daß Wendy in ihrer begrenzten Welt nie wirklich die Größenordnung des Erfolges und der Berühmtheit ihres Sohnes begriff. Ein Nachbar in der East 1st Street erinnert sich, daß Wendy Kurt einen »Mister Wunderbar« schalt, weil er zum Abendessen in Bühnenkleidung und mit entsprechendem Make-up erschienen war.

Der einzige beständige Aspekt in Cobain Leben, aus dem er Kraft schöpfte, war die Liebe zu Frau und Tochter. Laut Hulme »ließ Kurt sich von der einen dominieren, während er die andere vergötterte«. Gegenüber seiner Tochter legte er ein gewaltiges Verantwortungsbewußtsein an den Tag und benahm sich genau so, wie man es sich von einem fürsorglichen Vater wünscht: Er wärmte die Milch für seine Tochter vor, achtete darauf, daß das Kindermädchen nur gesunde Mahlzeiten zubereitete. Ständig zeigte er Fotos von Frances herum. »Bilder, immer nur Bilder«, erinnert sich Hulme.

Am 8. September erschien Cobain bei den alljährlichen MTV Awards, bekleidet mit einer modisch gestreiften Strickjacke und einer riesigen roten Sonnenbrille im Gesicht – auf dem Arm trug er Frances. Strahlend versicherte er den Fans, daß er sich »einfach großartig« fühle. Dieses Ereignis stand in starkem Kontrast zu der Veranstaltung im Jahr 1992. Nirvana gewannen abermals den Preis in der Kategorie »Best Alternative Video« – für »In Bloom« –, doch diesmal blieben die Tumulte hinter der Bühne aus. Dort, wo Cobain vor einem Jahr noch Eddie Vedder angepöbelt und sich mit Axl Rose geprügelt hatte, verteilte er jetzt gutgelaunt Autogramme. Alan Wineberg erinnert sich, daß »Kurt eine Tasche nach Frances' Windeln durchwühlte«. Insgesamt herrschte eine Atmosphäre, die »eher an ein Picknick als an eine Rockshow erinnerte«. Nur ein einziges Mal lag eine leichte Spannung in der Luft: Ein Mann vom Sicherheitsdienst verlangte – offenbar verwundert über den lächelnden Mann, der seine kleine Tochter auf den Schultern trug – von Cobain einen Identitätsnachweis, bevor er ihn auf die Bühne ließ.

Zwei Wochen später hatten Nirvana einen Auftritt in der *Saturday-Night-Live*-Show. Das Chaos, das Cobain bei seinem ersten Besuch veranstaltet hatte, war nun einer entgegenkommenden Professionalität gewichen. Nirvana – unterstützt von Pat Smear an der Rhythmusgitarre – traten vor die Kameras, spielten zwei Nummern von *In Utero*, verbeugten sich und verließen die Bühne wieder. Es gab weder zerschmetterte Instrumente noch heiße Küsse vor laufender Kamera. Auf Jane Kinnear, eine Freundin Cobains, die bei beiden Aufzeichnungen dabei war, hatte Kurt bei der ersten Sendung einen »gleichgültigen und unbeteiligten Eindruck gemacht«. Bei seinem Auftritt 1993 hingegen erlebte sie einen auffallend »mitteilsamen« Cobain, der hinter der Bühne mit Reportern scherzte und »Promotion für die Band machte, ohne sich selbst dabei allzu ernst zu nehmen«.

Gegenüber der Presse schlug Cobain neuerdings einen erstaunlich bescheidenen Ton an. »Ich selbst spiele eigentlich gar keine so große Rolle«, waren seine Worte gegenüber der *Source*. In diesem Herbst gab Cobain sogar sein Einverständnis dafür, daß eine fast schon an seichte Unterhaltungsmusik erinnernde Version von »Teen Spirit« auf einer Anthologie von Sara DeBell erschien, die den Titel *Grunge Lite* trug.

All diese Geschäftigkeiten Nirvanas spielten sich im Vorfeld der Veröffentlichung des ersten Albums seit zwei Jahren ab, das neues Material enthielt. Ursprünglich mit *I Hate Myself And I Want To Die* – Cobains Standardantwort auf Fragen nach seiner Gesundheit – betitelt und später *Verse Chorus Verse* – eine Spitze gegen kommerziellen Fließband-Pop – genannt, tauchte die Platte schließlich als *In Utero* im Handel auf. Das Album erreichte auf Anhieb Platz eins in den *Billboard*-Charts. Vom weltverdrossenen »Serve The Servants« bis hin zum selbstquälerischen »All Apologies« ist *In Utero* ein einziger Seitenhieb gegen die Kritiker Nirvanas, voller bissiger Anspielungen auf die sogenannten »Insider-Quellen«, die in den Medien über Cobain herzogen. Der Grundtenor des Albums läßt sich am ehesten mit den Worten eigensinnig, zornig und selbstsüchtig beschreiben. Egal, wovon Cobain in seinen Texten sprach, alle sind sie voller Zynismus und Verbitterung, stets geht es um die Grausamkeit der Welt. Neben knallhartem Punk sind Anklänge an Blues, Folk und Rock zu hören. *In Utero* strotzt nur so vor gitarrengetriebener Energie – die mitunter an das Weiße Album der Beatles erinnerte – und nötigte einem Kritiker die Bemerkung ab, Cobain kompensiere »seinen Frust mit einer rücksichtslosen Offenheit, die ins Schwarze treffe«.

In Utero

Die erste Nummer der Platte, »Serve The Servants«, weist absolute Hitqualitäten auf, aber der Text ist überfrachtet mit dem Wort *Angst*. Danach folgte »Scentless Apprentice«, ein von Patrick Süsskinds Roman *Das Parfüm* inspirierter Song. Er sollte Cobains eigene, erst wenige Jahre zurückliegende Empfindungen ausdrücken: »Ich war von den Menschen so angeekelt, daß ich nur den einen Gedanken hatte: Ich will mit *niemandem* mehr etwas zu tun haben.« Neben dem aus rauher Kehle gebrüllten Refrain »Go Away, get a-way« kann »Scentless Apprentice« mit Recht die aggressivste Nummer des Albums genannt werden. »Heart-Shaped Box« bietet mit seinem morbiden Thema und der beengenden Atmosphäre all das, was auch schon früher den Erfolg Nirvanas ausmachte. Die vertrauten gezupften Gitarrenklänge und der hingenuschelte Gesang der Verse explodierten zu akkordgewaltiger Raserei, die sich letztlich als Popmusik entpuppt. So sehr Cobain sich auch bemühte, sein kommerzielles Gespür ließ sich nicht unterdrücken. »Heart-Shaped Box« ist ausdrucksstark, leidenschaftlich, menschlich. Der beunruhigende Text wird von einer Melodie begleitet, die an R.E.M. erinnert. »Box« wurde in Großbritannien als Single veröffentlicht und erreichte schnell die Top 5. Das Video zu dem Song – eine ausgesprochen düstere Bearbeitung des selben Kreuzigungsthemas, das auch »Rape Me«, die nächste Nummer des Albums, zum Inhalt hatte – drehte Anton Corbijn. »Rape Me« war von Cobain als Kommentar zu dem Medienrummel gedacht, der nach *Nevermind* einsetzte und den er mit dem Leben in einem Irrenhaus verglich. Zu Beginn des Songs klingt sogar ein Echo von »Teen Spirit« an. Doch damit sind die Themen des Albums längst nicht alle genannt. An »Rape Me« schließt sich ein vierminütiges Lamento über das traurige Leben der Frances Farmer an – einer Filmschauspielerin aus Seattle, die in den vierziger Jahren in eine Anstalt eingewiesen wurde und seither in der Gegend als eine Art Märtyrerin gilt. Als nächster Song folgt »Dumb«, eine Nummer, die, gespielt mit Cello und Gitarre, an »Polly« auf *Nevermind* erinnert. Die anschließenden Songs des Albums verlieren etwas an Qualität. So mangelt es vier der weiteren Nummern an Kraft und Klarheit. Albinis Vorliebe für urwüchsige Produktionen wirkt manchmal ein wenig einfallslos. Doch auch die zweite Hälfte von *In Utero* hält zwei absolute Highlights parat: die Folk-Punk-Nummer »Pennyroyal Tea« – die bei gefälligerer Abmischung eine Chance als Single gehabt hätte – und »All Apologies«, eine weitere an R.E.M. erinnernde Ballade. Des weiteren kann man in die Niederungen von »Radio Friendly Unit Shifter« versinken, einem Song, bei dem es Cobain ausschließlich um die Darstellung »unüberwindbarer Gegensätze« ging. Ungezügelte Wut ist die treibende Kraft von

»Tourette's«, einer schonungslosen Attacke gegen die Medien. Cobain schrie darin der Welt seinen Haß ins Gesicht. »Very Ape« schlägt den gleichen düsteren Ton an, zeigt darüber hinaus aber, daß Cobain eine fundamentale Regel des Popstar-Busineß begriffen hatte, die lautet: Schlage Kapital aus deinem Schmerz. *In Utero* wurde verdientermaßen bei Kritikern und Publikum zu einem vollen Erfolg – nicht zuletzt wegen der durchgängig spürbaren, ungebremsten Intensität des Albums. Cobain thematisierte mit dieser LP vom Titel bis hin zum Cover – es zeigt eine transparente Frauenfigur – das Entsetzen angesichts einer freudlosen Welt außerhalb des Mutterleibs.

Nicht zufällig war die Geschichte von Frances Farmer Mittelpunkt eines der Songs auf *In Utero*. Ihre desillusionierenden Erfahrungen in Hollywood, die Bürde des Ruhms, an der sie zu zerbrechen drohte, und schließlich ihr jäher Fall – all dies wies deutliche Parallelen zu Cobains eigenem Leben auf. Kurt hatte William Arnolds Biographie der Schauspielerin bereits 1978 gelesen und anschließend Verwandten in Aberdeen erzählt, daß ihn die Story »nicht mehr loslasse«. Im letzten Monat seines Lebens setzte er sich mit dem Autor des Buches in Verbindung, um ein Treffen zu vereinbaren – Arnold wollte an dem Tag zurückrufen, an dem er dann vom Selbstmord Cobains erfuhr.

Eine der ungewöhnlichsten Episoden in Cobains Leben, die sich bei seiner Suche nach neuen Schaffensbereichen ereignete, war sein Kontakt zu William Burroughs – Autor von *Naked Lunch*. Diese ungewöhnliche Verbindung kam über das Büro eines gemeinsamen Freundes zustande – Thor Lindsay von dem Independent-Label Tim Kerr Records. Obwohl Burroughs, wie er selbst sagte, »mit Grunge rein gar nichts anzufangen« wußte, bewunderte er die »Couragiertheit«, mit der Kurt zu Werke ging. Burroughs schickte ein Band mit gesprochenem Text an Tim Kerr Records. Dort wurde er dann zusammen mit einer gesampelten Gitarrenaufnahme Cobains neu abgemischt und anschließend unter dem Titel »The ›Priest‹ They Called Him« einer weitgehend unbeeindruckten Öffentlichkeit vorgestellt.

Kurz darauf schickte Cobain ein Fax an die Privatadresse Burroughs' in Lawrence, Kansas, mit der Anfrage, ob dieser einverstanden sei, in dem Video zu »Heart-Shaped-Box« als Kreuzigungsopfer aufzutreten. Burroughs lehnte ab. Nach einem weiteren Faxwechsel – in dem Cobain versicherte, er habe nicht die Absicht, Burroughs »als eine Drogen-Connection auszunutzen« – wurde dann doch ein Treffen in Lawrence vereinbart. So geschah es, daß Burroughs an einem Oktoberabend die Limousine Cobains in die schmale Auffahrt seines Hauses einbiegen sah: »Ich wartete, und Kurt stieg zusammen mit einem anderen Mann – dem Road Manager Alex MacLeod – aus dem Wagen. Cobain war sehr zurückhaltend, sehr höflich und offensichtlich angenehm überrascht, daß ich ihm nicht voller Ehrfurcht gegenübertrat. Er hatte etwas Jungenhaftes an sich, etwas Zerbrechliches und wirkte auf einnehmende Weise verloren. Er rauchte Zigaretten, trank jedoch nichts. Keine Drogen. Ich habe ihm meine Waffensammlung nie gezeigt.«

Der Abend endete mit dem obligatorischen Austausch von Geschenken: ein Bild für Cobain, der seinerseits eine von ihm signierte Leadbelly-Biographie überreichte. Burroughs schaute nachdenklich der abfahrenden Limousine hinterher, bevor er zu seiner Sekretärin sagte: »Mit diesem Jungen stimmt irgend etwas nicht. Er runzelt ohne Grund die Stirn.«

Mittlerweile war es unleugbar geworden, daß die Konzerte der Gruppe nicht mehr viel mit den früheren spontanen Underground-Happenings gemein hatten. Das Publikum, das Nirvana in diesem Herbst im Finsbury Park in London sah, konnte Zeugnis davon ablegen. Längst war es zu einem festen Bestandteil solcher Veranstaltungen geworden, daß nicht nur lebhaft mit den unterschiedlichsten Drogen gehandelt wurde, sondern immer auch ein Troß von T-Shirt- und Andenkenverkäufern anwesend war. Das Konzert selbst war für die meisten Fans eine Enttäuschung.

Am 18. Oktober starteten Nirvana eine große Amerika-Tournee – die erste seit zwei Jahren. Cobain wollte ursprünglich mit einer Show auf Tour gehen, die vor allem die Punks ansprechen sollte. Deshalb hatte er angeregt, sich auf kleine Clubs zu beschränken, in denen das Publikum auch tanzen könne. Doch Nirvana waren schon so sehr ein Teil der kommerziellen Musikindustrie geworden, daß es ihnen nicht mehr möglich war, eine solch unkommerzielle Tour zu machen. Schließlich wurde eine Reiseroute mit fünfundvierzig Auftritten in den verschiedensten Stadien und Hallen Amerikas festgelegt, und Nirvana sahen sich einem Massenpublikum gegenüber, bei dem es mittlerweile zum guten Ton gehörte, Kokain zu schnupfen und Transparente mit der Aufschrift »Teen Spirit« zu schwenken.

Auch der Aufwand für die Gesamtproduktion und die Bühnenaufbauten war immens gestiegen. Früher waren Nirvana vor einfachen Hintergrundprojektionen wie Seifenblasen und psychedelischen, pinkfarbenen Kreisen aufgetreten, in deren Dämmerlicht sich bisweilen ein Teenager scheinbar selbstvergessen zur Musik wiegte. Jetzt erstrahlte die Band in grellem Scheinwerferlicht. Die Kulisse zeigte die skurrile Nachbildung eines Waldes, mit Vögeln aus Pappmaché und abgestorben wirkenden Bäumen. Cobain hatte bei der Gestaltung eine Idee des Filmregisseurs Wim Wenders aufgegriffen und die Bühne mit geflügelten Frauenfiguren – ähnlich der auf dem Cover von *In Utero* – flankiert.

Für die neue Tour erweiterten Nirvana ihre Besetzung um einen zweiten Gitarristen – Pat Smear – und die Cellistin Lori Goldston vom Black Cat Orchestra aus Seattle.

1993 wirkte Cobain erstaunlich fröhlich und ausgeglichen. »Ich bin in meinem Leben selten glücklicher gewesen«, gestand er David Fricke. Einem anderen Reporter gegenüber äußerte er, sowohl von seiner Drogenabhängigkeit als auch von seinen chronischen Magenbeschwerden »kuriert« zu sein. Kurts Euphorie war während der Tournee deutlich spürbar. Obwohl er von Bodyguards abgeschirmt wurde und von einem Gefolge, bestehend aus Publizisten, Köchen, Chauffeuren und persönlichen Helfern, umgeben war, hatte er sich die publikumswirksame Zwanglosigkeit aus seiner frühen Zeit als Punkmusiker doch weitgehend bewahrt. So schlenderte er beispielsweise in Kansas vor dem Konzert – bei noch eingeschalteter Saalbeleuchtung – auf die Bühne und fragte die staunende Menge: »Ist Kevin hier irgendwo?« Außerdem animierte er das Publikum immer wieder, in die Refrains einzustimmen.

Kim Neely traf Cobain nach einem Konzert in Davenport, Iowa, und wunderte sich über seine »kindlichen« und »verlorenen« Züge. 1992 war so viel Negatives über Nirvanas Erfolg und die Stimmung innerhalb der Band geschrieben worden, daß die tatsächlichen Qualitäten der Gruppe bisweilen übersehen wurden. In erster Linie waren und blieben sie hervorragende Musiker. Insgesamt war mit *In Utero* das schwierige Kunststück gelungen, experimentelles Wagnis mit weitgehender Prinzipientreue zu vereinen.

Cobain war nach wie vor dazu in der Lage, einen mitreißenden Live act zu bieten. Er hatte sein Publikum voll im Griff. Wenn er nicht gerade versuchte, die Menge zu beleidigen, buhlte er unverhohlen um ihren Beifall. David Haig hörte, wie Cobain sich laut darüber Gedanken machte, ob er noch genügend »Kontakt zu den Kids von der Straße« habe. Cobains weniger angenehme Seiten – sein Hang zu Maßlosigkeit und Unberechenbarkeit – wurden ausgeglichen durch jene erfrischende Naivität, die ihn überhaupt erst populär gemacht hatte. Cobain hatte sich anscheinend von dem Tiefpunkt im Juli 1993 erholt, und es sah so aus, als werde es ihm im weiteren Verlauf des Jahres tatsächlich bessergehen. In zahlreichen Interviews betonte er seine Verbundenheit mit Nirvana und seine Liebe zu

Frau und Tochter. Seiner Ansicht nach war seine Frau »cooler, als ich es jemals sein werde« – Love gab ihm niemals Anlaß, diese Meinung zu ändern. Andere bescheinigten Love, daß sie zumindest besser als Cobain wisse, was sie von seinen sogenannten Freunden zu halten habe und wem sie vertrauen könne. »Ich werde von Monat zu Monat optimistischer«, gestand Cobain einem Journalisten, und er schloß mit einem Satz, der später als düstere Vorahnung gedeutet wurde: »Ich hoffe nur, daß mir mein Glück nicht langweilig wird. Ich glaube, ich werde immer neurotisch genug für irgendwelche Verrücktheiten sein.«

Im November 1993 ließen sich Nirvana dazu überreden, bei MTV *Unplugged* mitzumachen. Der Auftritt in den New Yorker Sony Studios war beeindruckend. Die Band verbreitete eine zwanglose Atmosphäre, und Cobain ließ sogar gelegentlich einen selbstkritischen Sinn für Humor erkennen (»Wetten, daß ich diese Nummer vermasseln werde?«). Das Publikum kam in den Genuß souverän dargebotener Versionen von »About A Girl«, »Polly« und »Come As You Are«. Bei »Pennyroyal Tea«, solistisch vorgetragen, konnte Cobains eindringliche Stimme selbst die hartnäckigsten Zweifler überzeugen. »Beinahe verloren saß Kurt auf seinem Hocker und sang einige der langsameren Nummern ... Für sich genommen waren die Songs nicht spektakulär, aber sie waren Teil eines Gesamtpakets, das die volle Kraft des vitalen, elektrischen Rock beinhaltet«, urteilt der Kritiker Patrick MacDonald. Das Konzept ging am besten auf, wenn Cobain, über seine akustische Gitarre gebeugt, seine frühesten Songs spielte. Das dargebotene Repertoire bestand zum großen Teil aus Coverversionen – sechs waren es insgesamt –, darunter der Song »The Man Who Sold The World«, der Cobain veranlaßte, spontan eine Zeile über »blinde Fixierung auf materiellen Erfolg« hinzuzufügen. Die LP *MTV Unplugged In New York* erschien ein Jahr später.

Ende des Jahres 1993 waren Nirvana die Hauptattraktion der MTV-Silversterveranstaltung »Live and Loud«, die am Seeufer von Seattle stattfand. Zu dem von vielen Fans mit Spannung erwarteten Zusammentreffen Nirvanas mit Pearl Jam kam es nicht. Im letzten Augenblick sagte Eddie Vedder sein Erscheinen ab, woraufhin dieser Teil der Veranstaltung ersatzlos gestrichen wurde. Cobain war bester Laune, zeigte sich gesprächig und von sich selbst überzeugt. Er sprach mit dem ganzen Enthusiasmus eines Kamera-Fans über die Cinescope-Linsen, die beim Video zu »In Bloom« eingesetzt worden waren. In den Augen von Alice Wheeler – einer alten Bekannten – war »Kurt eine im Grunde genommen dreigeteilte Persönlichkeit: der große Rockstar, der treusorgende Familienvater und der egozentrische Eigenbrötler aus Aberdeen. Alle drei Elemente befanden sich in Konflikt miteinander.«

Später an diesem Silvesterabend ging Cobain noch bei seiner Dealerin in der Harvard Avenue vorbei und verließ sie wenig später mit einem in Stanniolpapier eingewickelten Päckchen Heroin. »Er machte nicht mehr Aufhebens darum, als würde er eine Pizza bestellen«, so die Frau, die ihm den Stoff verkaufte. Anschließend ging Kurt noch in eine Bar, wo er einen Tequila-Gin-Cocktail trank, den er mit seinem Hustensaft herunterspülte. Es war bereits nach Mitternacht, als er zu seiner Familie zurückkehrte. Unsicheren Schrittes schwankte er eine Treppe hinunter, stolperte und landete nach Angaben einer Augenzeugin »wie ein weggeworfener Bettvorleger« in der Gosse, wo er sanft lächelnd dem letzten Neujahrstag seines Lebens entgegenträumte.

9

»Vielen Dank. Ich bin ein Rockstar.«

Die letzten Amerika-Konzerte der Band fanden am 7. und 8. Januar 1994 in Seattle statt, gemeinsam mit den BH Surfers – BH stand für *Butthole*. Cobain wirkte gelöst und unbeschwert. Er sah gut aus, schien sich bester Gesundheit zu erfreuen. Michael Andeel traf Cobain und Love vor dem ersten der beiden Konzerte hinter der Bühne. »Ich sagte ihm, daß mir der Mia-Zapata-Gig im vergangenen Sommer gefallen habe. Kurt konnte sich erst an die Show erinnern, als Love ihm auf die Sprünge half, dann aber huschte ein Lächeln über sein Gesicht.«

Als Cobain auf der Bühne erschien, empfing man ihn mit stehenden Ovationen. Er trat direkt ans Mikrofon, zündete sich eine Zigarette an und hielt dann eine nur zweiminütige Rede, in der er den Fans versicherte, daß er sie liebe. Er sprach langsam und bedächtig, immer wieder von Applaus unterbrochen. Nach der Show besuchte Alice Wheeler Kurt hinter der Bühne. Eine etwas »zugeknöpfte« Love erzählte Wheeler von den Umzugsplänen der Familie – eine Karte mit der neuen Adresse werde folgen. Sie traf nie ein.

Die neue Adresse der Cobains lautete Lake Washington Boulevard East 171 in Seattles Nobelviertel Madrona. Die graue, holzverkleidete Villa liegt hinter einer dicken Ziegelsteinmauer und ist – wie alle Häuser in dieser Straße – mit einem komplizierten Sicherheitssystem ausgestattet. Ein Schild mit der Aufschrift »Vorsicht! Bissiger Hund!« soll ungebetene Besucher zusätzlich abschrecken. Von der Straße aus kann man die separat stehende Garage sehen, in der Cobain sich später erschoß. Umgeben ist das dreistöckige Haus von einem gepflegten Garten mit Rhododendronbüschen und Azaleen. Über den See hinweg kann man die Aussicht auf die Berge und Wälder Washingtons genießen, so daß die Cobains jeden Morgen den Sonnenaufgang über den schneebedeckten Berghängen hätten beobachten können.

Cobain bezeichnete das Haus gerne als »Blockhütte« – tatsächlich besteht es aus massivem Zedernholz. Errichtet wurde es von schwedischen Zimmerleuten, die man 1902 nach Seattle geholt hatte, um das dortige Seeufer zu bebauen. Die Innenausstattung des Hauses war luxuriös. Den Fußboden aus Eichenholz bedeckten teure Teppiche. Wie schon in der Lakeside Avenue war auch hier ein Raum als Atelier für Cobain reserviert. Im Keller lagerte das vertraute Sammelsurium aus Büchern, Schallplatten, kaputten Gitarrenteilen und Weinflaschen. Die hochmoderne, auf den neuesten Stand der Technik gebrachte Küche hatte die Ausmaße eines kleinen Apartments. In dem großen offenen Wohnzimmerkamin – beängstigend leicht zugänglich für das Baby, wie einige Besucher meinten – knisterte ein Feuer. Trotz seiner schönen Lage wirkte das Haus häufig eigenartig deprimierend auf Gäste. Nicht ein einziges Bild zierte die kahlen Wände, und die Fenster waren – wie schon bei früheren Domizilen der Cobains – mit Bettüchern verhängt. Zwischen die Bäume des Gartens hatte man schwarze Plastikplanen gespannt, um Fotografen fernzuhalten.

Cobain erwarb den Besitz am 19. Januar 1994, sein Anwalt Allen Draher erledigte die Formalitäten. Der Kaufpreis belief sich auf 1 485 000 Dollar. Wie sich ein enger Freund erinnert, »gefiel Kurt die Vorstellung, Doktoren und Investmentbanker als Nachbarn zu haben, lauter ›solide, erfolgreiche Leute‹. Jetzt war ihm jemand, der gutes Geld verdiente, sympathischer als ein Punkrocker.« Die Sympathie beruhte auf Gegenseitigkeit. »Die Cobains waren vorbildliche Nachbarn«, sagt William Baillargeon. »Wir fanden es angenehm, kreative und interessante Leute um uns zu haben.«

Mit Cobain ging ein erstaunlicher Sinneswandel vor sich. Jahrelang hatte er aus seiner Verachtung für jede Art von Sport kein Geheimnis gemacht, doch nun beantragte er für sich und seine Familie die Mitgliedschaft im Seattle Tennis Club, der nur wenige Straßenblocks entfernt war.

1994 war Cobain ein gemachter Mann. Mit dem neuen Haus am Lake Washington Boulevard entsprach er nun fast hundertprozentig dem Klischee eines reichen amerikanischen Stars. Doch sogar jetzt hatte Kurt nicht das Gefühl, wirklich ausgesorgt zu haben. In vielen seiner alltäglichen Gewohnheiten war er erstaunlich anspruchslos geblieben. »Ich esse noch immer Kraft-Makkaroni mit Käse – es schmeckt mir eben, ich bin daran gewöhnt«, erzählte er David Fricke. Bekannt für ihre Dürftigkeit war auch Cobains Garderobe.

Immer häufiger mußten Kurts alte Freunde feststellen, daß er ihnen fremd geworden war. »Es war fast unmöglich geworden, zu ihm vorzudringen«, sagt Wheeler.

Erfolgreich, wohlhabend, ausgeglichen, ehrgeizig – das war das Bild, das die Welt drei Monate vor Kurts Selbstmord von ihm hatte. Anfang des Jahres gab Cobain bekannt, daß Nirvana die Lollapalooza-Tournee 1994 anführen werde – eine Art mobiles Reading Festival. Er setzte ironisch hinzu: »Aber wir müssen mehr Platten verkaufen als Pearl Jam.« Niemand, der die beiden Abschlußkonzerte in Seattle sah, kam auf den Gedanken, daß Kurt in einer Krise sein könnte. »Ganz im Gegenteil«, berichtet Marco Collins. »Zum ersten Mal schien Kurt tatsächlich so etwas wie Lebensfreude zu entwickeln. Es sah so aus, als habe er den Tiefpunkt überwunden.« Bisweilen blitzte sogar der Humor früherer Auftritte auf. Zwischen den Nummern dudelte Cobain regelmäßig das Thema von »Twilight Zone«; er erfüllte Zuschauerwünsche und lieferte eine schräge Version von »If You're Going To San Francisco«. Bevor er am 8. Januar die Bühne verließ, widmete er »Teen Spirit«, das er wieder ins Repertoire aufgenommen hatte, der Stadt »Seattle, der lebenswertesten Stadt Amerikas«. Anschließend gab er im strömenden Regen vierzig Minuten lang Autogramme.

Abends, auf einer Party, sprach Cobain über den Tod. Nicht über seinen eigenen, sondern über den von vier unlängst verstorbenen Vorbildern: Frank Zappa, die Schauspieler River Phoenix und Fred Gwynne (Herman Munster von *The Munsters*) sowie Dixie Lee Ray, der radikale Gouverneur Washingtons aus den Siebzigern. »Das Ganze hatte absolut nichts Morbides an sich«, sagt Mike Collier. »Kurt bedauerte ihren Verlust, hatte aber keineswegs die Absicht, ihnen so rasch zu folgen.« Ein anderer Partygast erinnert sich, daß Cobain ständig ein Lied summte, das angeblich geplant war für Nirvanas nächstes Album. Laut Collier machte Cobain den Eindruck eines »absolut zufriedenen Familienvaters auf dem Höhepunkt seiner Schaffenskraft«.

Doch der Schein trog. Als Kurt nach der Party zu Hause ankam, sackte er in sich zusammen, als hätte ihn dieser Abend völlig erschöpft. Die Aussicht auf eine weitere Tournee deprimierte ihn. »Ende Januar wirkte Kurt niedergeschlagen ... Er kam sich vor wie dienstverpflichtet«, erinnert sich Haig. Außerdem machten Gerüchte die Runde, daß es mit der Ehe der Cobains nicht zum besten stehe. Immer öfter tat oder sagte Cobain etwas Gedankenloses, das Love kränkte und verärgerte. Sie reagierte mit schlechter Laune, was wiederum Kurt wütend machte. Ein Punkt, über den es zwischen beiden immer wieder zum Streit kam, war Kurts Waffensammlung. Der Gedanke, daß sich unter ihrem Dach scharfe Waffen befanden, bereitete Love panische Angst. Cobain hingegen behauptete, es handle sich um eine reine Schutzmaßnahme, auf die er wegen seiner vielen Feinde nicht verzichten könne. Trotzdem versprach er Courtney eines Tages, alle Waffen aus dem Hause zu schaffen, um sie der Organisation »Mütter gegen Gewalt« zu schenken. Es blieb bei dem bloßen Versprechen. Als Cobain nach Hause kam, weinte Love und sah – sehr zu seinem Ärger – »aus wie ausgeschissen«.

Hinzu kam, daß Cobain auch weiterhin ungeheure Mengen an Drogen konsumierte. Laut Alice Wheeler »wußte bald jeder, daß er die Tabletten nicht nur wegen seines Magens nahm«. Der Journalist David Gardner beobachtete, wie eines Nachmittags ein Botenjunge am Lake Washington Boulevard klingelte: »Nach wenigen Augenblicken wurde die Tür von einer schlampigen jungen Frau geöffnet, die ein Baby auf dem Arm hielt. Sie händigte dem jungen Mann einen Scheck über 250 Dollar und weitere 150 Dollar in bar aus. Dann griff sie mit der freien Hand nach dem Päckchen, drehte sich um und rief die Treppe hinauf: ›Schatz, dein Stoff ist da.‹«

»Kurt war ernsthaft abhängig«, meint selbst seine Heroindealerin, eine dreiunddreißigjährige ehemalige Computeranalytikerin. »Ich habe die Cobains und einen ihrer Freunde, der oft zu Besuch war, regelmäßig mit Drogen beliefert. Von außen sah das Haus beeindruckend aus, drinnen war es der reinste Schweinestall. Überall flogen Klamotten herum. Kurt brauchte jemanden, dem er vertrauen konnte, denn er war noch immer ziemlich naiv. Manchmal bezahlte er mit einem Scheck. Aber wir wußten ja, daß er gedeckt war. Er verdiente so viel Geld, daß er gar nicht wußte, wie er es ausgeben sollte.«

Tatsache ist, daß Cobain während der letzten beiden Jahre seines Lebens körperlich und seelisch stark angeschlagen war. Seine Ärzte benötigten vier bis sechs Wochen, um ihn für eine Tournee fit zu machen. Doch selbst so ließ sich Kurts Zustand auf Dauer nicht verbergen: Aufzeichnungen von Nirvanas letzten Konzerten in Europa zeigen einen gebrechlichen Menschen, der sich kaum noch an die Textpassagen seiner eigenen Songs erinnern konnte.

Am 28. Januar verließ Cobain sein Haus am Lake Washington Boulevard, um für drei Tage ins Studio zu gehen und an neuem Material zu arbeiten. Am 31. Januar führte Kurt ein einstündiges Telefongespräch mit seinem Vater – ein letzter Versuch, um die Beziehung zu Don zu klären. Jenny Cobain erinnert sich: »Don schaffte es tatsächlich, Kurt zu sagen, daß er ihn liebe; danach fühlte er sich erleichtert und weinte.« Aber auch dies wurde keine wirkliche Versöhnung. Als Cobain am 2. Februar das Flugzeug nach Europa bestieg, erzählte er einem Freund, daß »ihn zuweilen maßlose Wut überkomme und er seine Familie niemals wiedersehen wolle – jedoch nur, um wenig später feststellen zu müssen, daß er sich ohne sie verlassen und elend fühle«.

Anfang 1994 ließ das Management von Nirvana alle geleisteten Versprechen, der Band nicht zu viele aufeinanderfolgende Konzerte in Europa zuzumuten, außer acht. Den Warnungen, Kurt nicht aus der Sicherheit seines gewohnten Umfelds herauszureißen, wurde keinerlei Beachtung geschenkt. »Es war zuviel und zu früh«, meint Mike Collier. »Es war Wahnsinn, ihn wieder auf die Straße zu schicken.« Aber die Plattenfirma und das Management Nirvanas wollten nicht einsehen, daß Cobains angeschlagene Gesundheit der Belastung von achtunddreißig Konzerten in zwölf europäischen Ländern nicht standhalten würde. Tatsächlich klagte Kurt bereits bei seinem ersten Auftritt in einer französischen Fernsehshow über Erschöpfung und Lustlosigkeit. Als die eigentliche Tournee am 6. Februar in Lissabon begann, wirkte Cobain nervös und geistesabwesend, ausgelaugt und müde. Als er zehn Tage später – wieder in Frankreich – seine Stimme verlor, kommentierte ein Bandmitglied zynisch, dies sei der beste Beweis dafür, daß Cobain mittlerweile eine Krankenschwester benötige, die ihn vor jedem Auftritt zusammenflicken müsse.

Love sagte später über Cobains seelische Verfassung während der Zeit in Europa: »Er hatte einen Haß auf alles und jeden. Er rief mich weinend aus Spanien an.« Und dem *Rolling Stone* erzählte sie: »Er hatte in Madrid ein Konzert gegeben und sein Publikum gesehen. Die Kids rauchten Heroin aus Stanniol, und sie riefen: ›Kurt! Stoff!‹ Und dabei reckten sie ihm den Daumen entgegen. Er weinte ... Er wollte kein Junkie-Idol werden.«

Als Nirvana sich in Paris aufhielten, ließ sich Cobain von dem Fotografen Youri Lenquette überreden, mit einer Sportpistole zu posieren, die er gerade neu erstanden hatte. Kurt schob sich den Lauf der Pistole in den Mund, gab vor, den Abzug zu drücken, und imitierte in einer Pantomime den Einschlag der Kugel in seinen Kopf – ein Verhalten, das rückblickend häufig als eine unheimliche Vorankündigung seines späteren Selbstmords interpretiert wurde. Laut Love war Kurt bei den Aufnahmen »völlig high«.

Während des Konzerts am 22. Februar in Rom spielten alle fünf Gruppenmitglieder freie Soli und beendeten jede Nummer ironisch mit einer tiefen Verbeugung. Cobains Stimme war zu einem heiseren Knarzen verkommen. Seine Zwischenbemerkungen – einst so begierig aufgenommen wie die Songs selbst – hatten nur noch die Qualität von banalen Kommentaren (»Ihr seid sehr still heute abend«) und formelhaften Ansagen (»Dies ist ein Stück von dem neuen Album«). Sie gipfelten schließlich in der selbstironischen Äußerung: »Vielen Dank. Ich bin ein Rockstar.«

In Paris lernte Kurt einen homöopathischen Arzt kennen, der ihm den »Transfusor« vorführte, eine angebliche Wundermaschine. Der Apparat könne den Blutkreislauf auf elektromagnetischem Wege von allen Drogenspuren reinigen, behauptete der Medikus. Cobain war bereits im Begriff, das Honorar für die Behandlung, »bescheidene« 10 000 Dollar, auf den Tisch zu blättern, als ihn Freunde in letzter Minute davon abhalten konnten. Cobain war seit jeher anfällig für derartigen Schwindel, und von diesem Homöopathen fühlte er sich zusätzlich angezogen, weil er aus der Ärztekammer ausgeschlossen worden war.

Am 27. Februar hatten Nirvana einen Auftritt in Ljubljana, Slowenien. Der BBC-Techniker Miti Adhikari, der mit Cobain Freundschaft geschlossen hatte, beobachtete den Auftritt. Er vertritt die Ansicht, daß es »zu diesem Zeitpunkt bereits ziemlich offensichtlich war, daß Kurt nicht wußte, wie es weitergehen sollte. Wenn jemand die Zügel in der Hand hielt, dann war es Novoselic. Er war derjenige, der die Fotografen bestellte und Entscheidungen traf. Cobain saß die ganze Zeit hinter der Bühne und hielt sich aus allem heraus. Er sah aus wie ein Gespenst – bleich und eingefallen ... Das Sprechen bereitete ihm offensichtlich Schmerzen, vom Singen ganz zu schweigen.«

Adhikari, der Nirvana bereits 1991 begleitet und ihr triumphales Konzert beim Reading Festival aufgezeichnet hatte, war tief enttäuscht von der »plumpen, ziellos dahinplätschernden« Show und sah in ihr, verglichen mit dem Standard, den die Band noch vor achtzehn Monaten auf die Bühne gebracht hatte, einen »erschreckenden Niveauabsturz«. Laut Adhikari »war es nicht einfach nur ein chaotischer, etwas seltsamer Gig, der danebenging. Viel schlimmer war die Tatsache, daß er einfach nur mittelmäßig war.« Lediglich das Hard-Rock-Schlagzeug und die ungestüme Gitarre – nicht die von Cobain, sondern die von Smear – erinnerten an die alten Nirvana. Die besten Songs von *Nevermind* und *In Utero* verkamen trotz innovativer Arrangements zu lustlosen Improvisationen, die niemals für eine Veröffentlichung auf einem offiziellen Album in Betracht gekommen wären. Früher waren Nirvana live besser gewesen als im Studio, doch das gehörte der Vergangenheit an. Heute zogen sie dreiminütige Klassiker wie »Drain You« und »Rape Me« zu nichtssagenden endlosen Jams in die Länge. Die Musiker selbst erweckten den Anschein, als bestünde ihr einziges Interesse darin, die vertraglich festgelegte Stunde Auftrittszeit hinter sich zu bringen. Das Publikum war ihnen offenbar scheißegal.

Am Dienstag, dem 1. März, traten Nirvana im Terminal Einz in München auf. Nach der dritten Nummer verlor Cobain seine Stimme und konnte nur noch ein paar improvisierte Texte ins Mikrofon brüllen. Am nächsten Tag suchte er einen Halsspezialisten auf. »Ihm wurden zwei bis vier Wochen Ruhe verordnet«, berichtet Alex MacLeod. »Außerdem bekam er ein Hals-Spray und Medizin für seine Lunge, da man eine schwere Kehlkopfentzündung und Bronchitis bei ihm feststellte.« Die Band änderte daraufhin den Terminplan der Europatournee. Cobains Arzt war der Meinung, daß Kurt »mindestens zwei Monate aussetzen müsse und sich eine vernünftigere Gesangstechnik aneignen solle.« Cobain allerdings versuchte das Problem auf seine Weise zu lösen: mit Heroin. Während Novoselic zurück nach Seattle flog und Grohl Videoaufnahmen für den Film *Backbeat* machte, verbrachte Kurt seine Zeit damit, sich in der Drogenszene Münchens umzutun. Am 2. März flog er nach Rom, denn er war der Ansicht, daß keine Chance bestehe, die Tournee noch einmal aufzunehmen. Cobain wollte das »wahnsinnige Geschrei der Menge« nie wieder hören.

In Rom angekommen, bezog Cobain die Suite 541 des Excelsior, gegenüber der amerikanischen Botschaft. Einen Tag später trafen Love, Frances und das Kindermädchen aus London ein. Noch am gleichen Abend schickte Cobain einen Hotelpagen los, um Rohypnol zu besorgen, einen valiumähnlichen Tranquilizer, der manchmal eingesetzt wird, um den Symptomen des Heroin-Entzugs entgegenzuwirken. Dann bestellte Kurt beim Zimmerservice zwei Flaschen Champagner.

Darüber, was während dieser Nacht weiter geschah, lassen sich nur Vermutungen anstellen. War es eine »unbeabsichtigte Überdosis« oder ein Kollaps »aufgrund tiefgreifender Erschöpfung«? Jedenfalls fand Love am Morgen des 4. März ihren Mann bewußtlos am Boden liegen. »Ich schüttelte ihn, und es lief Blut aus seiner Nase«, erzählte Courtney der Zeitschrift *Select*. »Es war für mich kein ungewöhnlicher Anblick, ihn in der Scheiße zu sehen, aber diesmal war es anders, diesmal hätte es ihn beinahe erwischt.«

Zunächst wurde der Vorfall als Unfall hingestellt, doch später gab man bekannt, daß Cobain nicht weniger als fünfzig Tabletten geschluckt und einen Abschiedsbrief geschrieben hatte. Wie Love gegenüber David Frikke gestand, war der eigentliche Auslöser recht banal gewesen: »Kurt hatte Rosen mitgebracht und mir ein Bruchstück des Colosseums besorgt, weil er weiß, daß ich auf römische Geschichte stehe. Ich trank etwas Champagner, nahm eine Valium ... und schlief ein. Um drei oder vier Uhr morgens wurde ich wach und drehte mich um ... Kurt lag am unteren Ende des Bettes, mit tausend Dollar in der Tasche und einer Notiz, in der es hieß: ›Du liebst mich nicht mehr. Ich würde lieber sterben, als eine Scheidung durchzumachen.‹ ... Ich kann mir vorstellen, wie es passierte. Er nahm fünfzig gottverdammte Tabletten. Wahrscheinlich war ihm gar nicht bewußt, wie viele er nahm ... Auch wenn ich nicht in Stimmung war – ich hätte mich einfach für ihn hinlegen sollen. Das einzige, was ihm fehlte, war ein Fick.«

Cobain wurde schnellstens in die Poliklinik Umberto I gebracht, von wo aus man ihn in das amerikanische Hospital überstellte. Nach zweiundzwanzig Stunden erwachte Kurt aus dem Koma, und sein erster Wunsch an Courtney waren die auf ein Stück Papier gekritzelten Worte: »Nimm mir diese beschissenen Schläuche aus der Nase.«

Nachdem Cobains Arzt, Osvaldo Galletta, der Presse versichert hatte, daß sein Patient »keine dauerhaften Schäden« davontragen werde, und hinzufügte, daß »Kurts Zustand Anlaß zur Hoffnung gebe«, fielen die Paparazzi in Scharen über Cobain her. Raiuno TV zeigte in dramatischen Bildern, wie der Nirvana-Sänger aus dem Hotel getragen wurde – in Begleitung seiner Frau, die die Reporter mit wüsten Beschimpfungen überhäufte. Die Story zierte die Titelseiten aller Zeitungen in Seattle. In Aberdeen wurde Wendys Freude über das Erwachen ihres Sohnes aus dem Koma getrübt durch die Gewißheit, »daß er einen Beruf ausübt, für den er nicht genug Widerstandskraft hat«. »Es war eine wirklich schlimme Nacht«, erzählte sie dem Lokalreporter Claude Iosso. »Ich sah Kurts Bild im Fernsehen, seine Augen – es brachte mich beinahe um den Verstand.«

Cobains Management beeilte sich, die Ereignisse in Rom herunterzuspielen. »Es war kein Selbstmordversuch«, erklärte Gold Mountain. »Er wollte lediglich nach der langen Zeit der Trennung das Wiedersehen mit Courtney feiern.«

Als Cobain Ende 1993 zusammen mit Love einige Zeit in dem Kurort Canyon Ranch verbrachte, hatte sein dortiger Arzt geäußert: »Sie haben die Wahl, ob Sie leben oder sterben wollen.« Jetzt sah es so aus, als habe Kurt Cobain seine Wahl getroffen. Und niemand in seiner Umgebung besaß offenbar genügend Verantwortungsgefühl, um dafür zu sorgen, daß er nach dem Vorfall in Rom unter krankenhausärztlicher Aufsicht blieb. Statt dessen wurde er – nur fünf Tage nach seiner Einlieferung in das Hospital – in ein Flugzeug nach Seattle gesetzt und seiner Sucht überlassen.

Zu denen, die die Wahrheit über Cobain wußten, gehörte natürlich seine Frau. Neun Monate nach dem Vorfall erzählte sie dem *Rolling Stone*: »Mir wurde von Kurts Plattenfirma und seinem Management nahegelegt, besser nicht darüber zu reden.« Niemand kann Love ernsthaft unterstellen, sie habe Cobains Probleme auf die leichte Schulter genommen. Doch sie hatte ihre eigenen Drogenprobleme und mußte sich zudem um

»Vielen Dank. Ich bin ein Rockstar.«

ihre eigene Karriere kümmern. Doch daß sie den Wunsch äußerte, Kurt möge nach der Rückkehr aus Rom sein Sperma einfrieren lassen, damit sie in Zukunft darauf zurückgreifen könne, läßt vermuten, daß sie mit dem Schlimmsten rechnete.

Wie sich ein Freund der Familie erinnert, hielt Love ihren Mann zu dieser Zeit »ständig beschäftigt, so wie man einem Kind ein Malbuch gibt, damit sie sich ihren eigenen Angelegenheiten widmen konnte«. Gelegentlich erübrigten sich solche Ablenkungsmanöver, weil Cobain eindöste und den ganzen Nachmittag verschlief.

Am 18. März fand ein Polizist aus Seattle, durch einen Notruf Loves alarmiert, Kurt in der Wohnung am Lake Washington Boulevard, »eingeschlossen in seinem Badezimmer, wo er sich vor Courtney versteckte«. Auf seinem Rücken waren Kratzspuren. Der Polizist berichtet weiter: »Ich fragte Kurt, was denn los sei, und er erklärte mir, daß es in ihrer Beziehung sehr viel Streß gebe. Er sagte, sie wollten zur Eheberatung gehen, und ich riet ihm, nicht zu lange damit zu warten.« Einen Monat später erzählte Love der Polizei: »Kurts andauernder Drogenkonsum und meine Versuche, ihn davon abzubringen, stellten unsere Beziehung vor schwere Prüfungen.« Tom Grant, ein Privatdetektiv, den Love im April anheuerte, fügt hinzu: »Courtney und Kurt waren zu keiner Einigung gekommen. Sie hatten über Scheidung gesprochen. Wochen vor Kurts Tod rief Courtney die Anwältin Rosemary Caroll an und beauftragte sie, den durchtriebensten und ausgekochtesten Scheidungsanwalt zu verpflichten, der sich finden ließe. Außerdem wollte Courtney von der Anwältin wissen, ob die Vereinbarung auf Gütertrennung annulliert werden könne.«

Kurt versank in manische Depressionen. Seine seelische Verfassung beeinflußte schließlich auch seine Eß- und Schlafgewohnheiten. Mike Collier bezweifelt, daß sich Kurt in diesem letzten Monat seines Lebens »von etwas anderem ernährte als Junk food, das er gierig in sich hineinschlang«.

Seit die Cobains wieder in Seattle waren, wurden sie mit Faxen und Telefonanrufen von besorgten Fans regelrecht bombadiert. Die meisten waren teilnahmsvoll, andere ausgesprochen verstört. Obwohl der größte Teil dieser Schreiben von Love abgefangen wurde, ließ es sich nicht vermeiden, daß Cobain etwas davon bemerkte. Entsetzt las er den Brief eines Zehnjährigen: »Wenn du stirbst, wie soll ich da weiterleben?« Immer wieder kamen Anschreiben von Menschen, denen er nicht helfen konnte. Love erinnert sich, daß Kurt einen Stapel von Zeitungsartikeln über sich fand, die sie während der letzten drei Monate heimlich beiseite geschafft hatte. Als sie ihm diese Artikel aus der Hand reißen wollte, kam es zu Handgreiflichkeiten.

Diejenigen, die Cobain und Love kannten, fürchteten um beider Gesundheit. Es gab fast täglich Krach. Ein Freund traf Kurt, der angespannt und aufgewühlt wirkte, in einem Hotel der Innenstadt. Als die Sprache auf Cobains Ehe kam, brach er in Tränen aus. Außerdem klagte er immer wieder über partiellen Gedächtnisverlust, Schlaflosigkeit, Erschöpfungszustände und »ein ständiges Dröhnen im Kopf«. »Die Frage nach einer Beeinträchtigung seines Urteilsvermögens schien nicht ganz unberechtigt«, sagt Dr. David Bailey, Vorsitzender der Psychiatrischen Fakultät an der University of California. Cobain steigerte sich in den letzten Monaten sogar in die Wahnvorstellung hinein, daß seine Musik von der CIA sabotiert werde.

Am 18. März ging bei der Polizei ein Notruf Loves ein. Abermals hatte sich Cobain im Badezimmer eingeschlossen, um sich vor seiner Frau zu verstecken. Er versicherte, daß er weder die Absicht habe, sich umzubringen noch sich sonst irgendein Leid zuzufügen. Dennoch konfiszierten die Beamten sicherheitshalber vier Schußwaffen, fünfundzwanzig Schachteln Munition und ein Fläschchen nicht identifizierbarer Pillen. Love erzählte dem *Rolling Stone* später: »Ich habe die Nerven verloren . . . Ich konnte die Situation einfach nicht mehr ertragen. Als er high nach Hause kam, flippte ich aus . . . Ich wünschte bei Gott, ich hätte cooler reagiert und es, wie die vielen anderen Male auch, einfach toleriert. Er fühlte sich immer so klein, wenn ich wütend auf ihn war.« Später äußerte sie über den Selbstmord ihres Mannes: »Es hätte ebensogut im Alter von vierzig Jahren passieren können.«

Kurt selbst hatte immer wieder erklärt, daß das Leben mit zweiunddreißig Jahren vorbei sei. Es deprimierte ihn, daß Nirvana drei Jahre an der Spitze der internationalen Charts gewesen waren, es jedoch nicht geschafft hatten, Konkurrenten wie Pink Floyd, die Eagles, Fleetwood Mac, Elton John oder Barry Manilow gänzlich aus den Hitparaden zu verdrängen. »Ich habe das Gefühl, wir sind keinen Schritt vorangekommen«, erzählte er seinem Cousin.

In der vierten Märzwoche ließ Cobains Management ihn wissen, daß er sich zusammenreißen oder aber von seiner Karriere verabschieden solle. Am 25. März starteten Love, Novoselic, Smear, John Silva, Danny Goldberg, Janet Billig und Kurts alter Freund Dylan Carlson einen letzten Versuch, ihm zu helfen: Einer nach dem anderen drohte damit, ihn zu feuern beziehungsweise zu verlassen. Cobain, der nach Aussage seiner Frau zu dieser Zeit »völlig durchgeknallt« war, nahm die fünfstündige Sitzung teilnahmslos hin. Einer der Anwesenden sagte später: »Wir ließen alle unseren Sermon ab. Das Problem war nur, daß keiner ihm klarmachen konnte, daß ein Verzicht auf Heroin auch in *seinem* Interesse war.« Love konnte ihren Mann zwar überreden, noch einmal das Exodus Center in Marina del Ray aufzusuchen, doch am Flughafen änderte er seine Meinung und weigerte sich, in das Flugzeug zu steigen. Love reiste mit ihrem Manager nach Los Angeles – und sollte ihren Mann niemals wiedersehen. »Zum ersten Mal war ich richtig wütend«, erzählte sie dem *Rolling Stone*. »Ich gab ihm nicht einmal einen Kuß, ließ ihn ohne Abschied stehen.«

Die Anstrengungen der Familie, das Ruder in letzter Sekunde mit Gewalt herumzureißen, kamen zu spät – zu spät, um den Mann zu retten, der sechs Monate zuvor auf *In Utero* den Selbstmord verherrlicht hatte und der nach Aussage eines Onkels »von dem Gefühl beherrscht war, im Leben alles falsch gemacht zu haben«. Love, Novoselic und die anderen hatten zumindest versucht, ihn zur Umkehr zu bewegen. In den ersten Tagen nach Cobains Tod, als die verständlicherweise hochschwappenden Emotionen das Urteilsvermögen trübten, galten die heftigsten Vorwürfe denjenigen, die um die Wahrheit gewußt, sie aber totgeschwiegen hatten. Sowohl Gold Mountain als auch Geffen wiesen die Anschuldigung, zu spät und nicht ausreichend reagiert zu haben, zurück. In der Augustausgabe des *Request* machte Jerry McCulley dem Journalisten Poneman Vorhaltungen wegen des schmeichlerischen Interviews mit Cobain und Love, das achtzehn Monate zuvor im *Spin* erschienen war. Laut McCulley »waren Objektivität und journalistisches Berufsethos über Bord geworfen worden«. Auch Michael Azerrad und der Journalist Robert Hilburn von der *Los Angeles Times* kamen in McCulleys Artikel nicht ungeschoren davon. In einem Anflug von Bitterkeit meinte Love Monate später, daß man ihrem Mann wohl bessere Dienste hätte erweisen können: »Er hatte keine echten Freunde.«

Cobain verbrachte die letzte Märzwoche allein in Seattle. Auf Alain Moeur, einen Alkoholiker und Stammgast in Linda's Tavern, wirkte er krank und erschöpft. Nach Ansicht eines Pressesprechers von Gold Mountain war Cobain in diesen letzten Tagen seines Lebens »komplett übergeschnappt«. Die Polizei von Seattle nimmt an, daß er tagelang ziellos durch die Stadt geirrt ist. Am Abend des 26. März erschien er im Haus seiner Drogendealerin auf dem Capitol Hill und fragte sie verzweifelt: »Wo sind meine Freunde, wenn ich sie brauche? Warum sind alle gegen mich?«

Noch im selben Monat berichtete die *Los Angeles Times*, daß Nirvana von der Lollapalooza-Tournee Abstand genommen hatten. Und *Rocket* verbreitete sogar die Nachricht, die Gruppe habe sich aufgelöst. Auseinandersetzungen über den künftigen Kurs der Band ließen derartige Nachrichten nicht völlig aus der Luft gegriffen scheinen. Cobain war längst zu der Einsicht gelangt, daß er »gnadenlos in eine bestimmte Schublade« gesteckt worden war. Er reagierte mit einer Botschaft, die er via Internet an seine Fans aussandte: »Wenn ihr das übliche ›Vers-Refrain-Vers‹-Schema erwartet, bleiben euch nur zwei Möglichkeiten. Entweder ihr kauft das nächste Album erst gar nicht ... oder ihr gewöhnt euch an den Gedanken, daß die Band sich verändert hat.« Ein Geffen-Manager berichtet, daß in der Plattenfirma eine »absolute Panik« ausbrach; man fürchtete, daß die Erfolgsformel von *Nevermind* »weiterem Avantagarde-Kitsch« mit daraus resultierenden Verkaufseinbußen weichen könnte. Zur Zeit von Cobains Tod führte nicht einmal die Top Ten Seattles eines der Nirvana-Alben. Und in Großbritannien, wo die Gruppe ihre für Mitte April geplante Tournee abgesagt hatte, holte die Presse zum entscheidenden Gegenschlag aus. Für Cobain, der nichts mehr haßte als das Gefühl der Zurückweisung, mußte es bitter sein zu lesen, daß Nirvana von ihrem Label fallengelassen und bei Lollapalooza ausgerechnet durch die Band ersetzt worden waren, die Loves Ex-Freund Billy Corgan leitete, ein Mann, den sie in aller Öffentlichkeit als »erstklassigen Liebhaber« angepriesen hatte.

Am Nachmittag des 30. März tauchten Cobain und Dylan Carlson bei Stan Baker Sports auf, das in einer Gegend lag, die vorzugsweise Gewerbebetriebe, Schnellrestaurants und schlecht laufende Schönheitssalons beheimatete. Bakers Assistent Del Olson konnte an den beiden Langhaarigen, die den Laden betraten und nach Schrotflinten fragten, nichts Verdächtiges entdecken: »Sie sahen aus wie ganz normale junge Leute.« Baker selbst erinnert sich jedoch, daß ihm zunächst Bedenken kamen: »Was, zur Hölle, wollen die Jungs mit dieser Flinte? Es ist doch keine Jagdsaison.« Aber schließlich war das nicht sein Problem. Auf Wunsch Cobains tätigte Carlson den Kauf und bezahlte 308,37 Dollar in bar für ein Remington M11-Schrotgewehr, Kaliber 20. Laut Carlson wollte sich Cobain mit dem Gewehr gegen etwaige Angriffe auf Leib und Leben schützen, konnte sie aber nicht unter seinem eigenen Namen kaufen, weil in jüngster Zeit erst vier seiner Waffen von der Polizei konfisziert worden waren.

Cobain litt wieder verstärkt an Magenkoliken und sprach davon, daß Gold Mountain versucht habe, ihn zu einer Entziehungskur zu zwingen. »Er glaubte nicht, daß er wirklich süchtig war«, sagt Carlson. »Er hielt das Ganze mehr für eine Einbildung des Managements.«

Später an diesem Tag herrschte dann am Lake Washington Boulevard rege Betriebsamkeit. Kurz nacheinander bekam Cobain Besuch von einer

»Vielen Dank. Ich bin ein Rockstar.«

Geffen-Angestellten, seinem Agenten, einem Arzt und seiner Heroindealerin. Er telefonierte mit Novoselic und Love und beugte sich schließlich dem Ultimatum seiner Frau, entweder ins Exodus Center zurückzukehren oder sich auf eine Scheidung gefaßt zu machen. Am Abend fuhr der Taxifahrer Harvey Ottinger, den man eine Stunde vor dem Haus hatte warten lassen, Cobain zum Flughafen. Sein Fahrgast erzählte ihm, er habe eine Waffe und eine Schachtel mit Patronen bei sich und würde sich fragen, ob man ihn mit der scharfen Munition im Gepäck überhaupt an Bord lassen würde. Daraufhin nahm der Taxifahrer die Patronen an sich, um sie für ihn aufzubewahren.

In Los Angeles wurde Cobain von Smear und einem Gold-Mountain-Manager in Empfang genommen, der ihn zum Exodus fuhr, wo er zwei Tage bleiben sollte. Bei seinem ersten Besuch in der Klinik zwei Jahre zuvor hatte er sie als »ekelhaft« und das Personal als »lächerliche Alt-Hippies« bezeichnet, »die Langzeit-Junkies beraten«. An dieser Meinung hatte sich nichts geändert. In einem olivgrünen Pyjama und mit übergeworfenem Morgenmantel ohne Gürtel – man hatte ihn einbehalten, um einem Selbstmordversuch des Patienten vorzubeugen – tigerte Cobain durch sein drei mal zwei Meter großes Zimmer. Pro Tag bekam er nur zwei Mahlzeiten und ein Päckchen Zigaretten. Außerdem wurde er durch den ständigen grellen Schein der Flurbeleuchtung gequält, die so angebracht war, daß ihr Licht nachts, wenn er auf der steinharten Matratze zu schlafen versuchte, direkt in sein Zimmer fiel. Am 1. April, dem Karfreitag, kam Frances' Kindermädchen Jackie Farry mit dem Baby zu Besuch. Kurt war sehr verärgert darüber, daß Courtney, die nur einige Kilometer entfernt im Beverly Hills Peninsula wohnte, ihn nie besuchte. Nachmittags rief er sie im Hotel an. »Er sagte: ›Courtney, was auch passiert, ich möchte, daß du weißt, daß du eine wirklich gute LP gemacht hast.‹ (Hole hatten am 11. April gerade *Live Through This* herausgebracht.) Ich fragte: ›Was willst du damit sagen?‹ Und er antwortete: ›Denk daran, was immer auch geschehen mag, ich liebe dich.‹« Es war das letztemal, daß Love mit ihrem Mann sprach. Noch am gleichen Abend, nach einem Besuch von Gibby Haynes von den Butthole Surfers, zog sich Cobain an, kletterte über die zwei Meter hohe Mauer, die den Hof der Klinik umgab, und begab sich sofort zum Flughafen, wo er ein Erster-Klasse-Ticket für den Delta-Flug 788 nach Seattle buchte. Noch bevor er an Bord ging, rief er den Mietwagen-Service in Seattle an, der ihn bei seiner Ankunft erwarten sollte. Linda Walter von Seattle Limousine, die ihn gegen ein Uhr nachts am Flughafen abholte, beobachtete, wie Cobain »sich völlig normal mit anderen Passagieren unterhielt«, bevor er mit einem leichten Lächeln in den Wagen stieg. Walter setzte ihren Fahrgast am Tor seines Hauses ab. Frances' ehemaliger Kinderpfleger Michael De Witt, der sich im Haus aufhielt, wurde duch Kurts Ankunft aufgeweckt. Als er nachsah, wer gekommen sei, entdeckte er Cobain, der »krank aussah und sich äußerst merkwürdig benahm«.

Am nächsten Morgen nahm Cobain ein Taxi in die Stadt, um sich neue Patronen für seine Waffe zu besorgen. Die Quittung der Firma Seattle Guns fand man später in seiner Tasche. Als Kurt versuchte, 150 Dollar in bar abzuheben, mußte er feststellen, daß Love seine Karte gesperrt hatte; sie war über Cobains Flucht informiert worden und hatte daraufhin den Privatdetektiv Tom Grant angeheuert, um ihn aufzuspüren. Nach einem Besuch bei seiner Heroindealerin versuchte Cobain vergeblich, Love im Beverly Hills Peninsula zu erreichen, obwohl die Telefonzentrale von Love ausdrücklich angewiesen worden war, Anrufe ihres Ehemanns durchzustellen.

Am Ostersonntag, dem 3. April, traf Cobain Nirvanas Manager John Silva. Im Viretta Park lief er einem Nachbarn über den Weg, der sich darüber wunderte, daß Cobain trotz des für diese Jahreszeit ungewöhnlich warmen Tages einen dicken Mantel trug. Später begegnete er am Broadway einer Frau namens Sara Hoehn, die sich erinnert, daß Cobain »ausgesprochen mieser Laune« war. Er hatte in der Zeitung gelesen, daß am Morgen 40 000 Fans Schlange gestanden hatten, um Karten für ein Eagles-Konzert in Los Angeles zu ergattern. »Es hätte uns ebensogut gar nicht zu geben brauchen«, soll Cobain wütend gesagt haben.

Danach verschwand Cobain für achtundvierzig Stunden aus Seattle, vermutlich in Begleitung einer Frau. Courtney Love fand jedenfalls später im Haus einen blauen Schlafsack, den sie noch nie vorher gesehen hatte, sowie ein Blatt Papier mit den Worten »Kopf hoch«, verziert mit einer gemalten Sonne. Daneben stand ein Aschenbecher mit Zigarettenkippen, von denen einige mit Lippenstift beschmiert waren.

Am Morgen des 4. April erstattete Wendy O'Connor bei der Polizei Vermißtenanzeige. Im amtlichen Bericht steht: »Cobain verließ eigenmächtig eine Einrichtung in Kalifornien und flüchtete zurück nach Seattle. Außerdem besitzt er eine Schrotflinte und ist möglicherweise selbstmordgefährdet.« Polizeipatrouillen überprüften in regelmäßigen Abständen den Lake Washington Boulevard. Ernest Barth, ein Privatdetektiv, der für Tom Grant arbeitete, bezog ebenfalls Posten, zunächst vor Cobains Haus und später vor einem Gebäude auf dem Capitol Hill, das er »das Dope-Haus« nannte. Es tauchte jedoch niemand auf, auf den Cobains Beschreibung gepaßt hätte.

»Vielen Dank. Ich bin ein Rockstar.«

Am 5. April rief die Journalistin Gillian Gaar in Los Angeles an und bat um ein telefonisches Interview mit Love. Holes Gitarrist Eric Erlandson erklärte ihr, daß »Courtney krank sei und keine Anrufe entgegennehme«. Frances war bei ihrer Mutter im Hotel.

In Aberdeen ging Wendy O'Connor zu ihre Therapeutin. »Ich fragte, was ich tun solle, falls Kurt mich anriefe. Sie sagte, ich solle ihm klarmachen, wie sehr ich und die anderen ihn lieben, ihn fragen, wo er sich aufhalte, mit ihm plaudern und herauszufinden versuchen, ob ernsthaft die Gefahr eines Selbstmords bestehe. Danach solle ich auflegen und sofort die Polizei anrufen.« Cobains Mutter verbrachte die nächsten drei Tage wartend am Telefon.

Um die Mittagszeit des 5. April erschienen am Lake Washington Boulevard zwei Elektriker, die eine Alarmanlage installieren sollten; nachdem sie das Anwesen besichtigt hatten, zogen sie wieder ab. Ernest Barth hatte an diesem Morgen um halb acht seinen Posten verlassen. Michael De Witt war in Seattle unterwegs. Also sah niemand Cobain zurückkehren. Es war ein bewölkter Tag, mild und regnerisch, typisches Frühlingswetter. Am späten Nachmittag, als sich der Regen verstärkte und Wolken und Nebel den See in ein undurchdringliches Grau getaucht hatten, stand Kurt Cobain auf und suchte den Raum über der Garage auf. Er trug ein langärmliges weißes Hemd über einem T-Shirt, Blue Jeans und nachlässig geschnürte Turnschuhe... und er hatte eine Schrotflinte bei sich. Cobain verschloß die eine Glastür von innen und blockierte die andere mit einem Stuhl. Er schrieb einen einseitigen Brief an »Boddah«, seinen unsichtbaren Freund aus der Kindheit, rauchte ein halbes Dutzend Zigaretten und trank etwas Dunkelbier. Anschließend injizierte er sich Heroin, das Dreifache einer tödlichen Dosis, in die Beuge seines rechten Arms. Dann zog er einen Stuhl ans Fenster, breitete zwei Handtücher und eine braune Kordjacke aus und legte seine geöffnete Brieftasche so hin, daß sein Führerschein sichtbar war. Jetzt konnte ihn nichts mehr davon abhalten, sich den Gewehrlauf in den Mund zu schieben und mit dem freien Daumen den Abzug zu betätigen.

Am Morgen des 6. April bezog der Privatdetektiv Barth erneut seinen Posten vor dem Haus. Zwei Angestellte der Firma Veca Electric arbeiteten auf dem Gelände. Vor der Tür lagen Briefe und eine Zeitung.

In den frühen Morgenstunden des nächsten Tages kletterte Tom Grant durch ein offenes Fenster und durchsuchte das Haus, zuerst alleine, dann zusammen mit seinem Kollegen Dylan Carlson. Keiner von beiden dachte an den Raum über der Garage. Grant fand jedoch eine Notiz De Witts auf der Treppe, in der dieser Cobain riet, »Vernunft anzunehmen« und an seine Familie zu denken, die er in Angst und Schrecken versetzt habe. Erneut kam die Polizei vorbei, konnte jedoch auch diesmal nichts Auffälliges feststellen.

De Witt flog nachmittags nach Los Angeles, um Love persönlich zu versichern, daß er Kurt nicht versteckt habe. Doch Courtney war bereits ins Century City Hospital eingeliefert worden, da sie offensichtlich ebenfalls eine Überdosis genommen hatte. Im Krankenhaus nahm man sie sofort wegen Drogenbesitzes fest, doch wurde die Anklage später wieder fallengelassen. Nachdem Courtney 10 000 Dollar Kaution hinterlegt hatte, begab sie sich unverzüglich ins Exodus, blieb allerdings nur eine Nacht.

Am 8. April morgens um 8.40 Uhr traf Gary Smith von Veca Electric am Lake Washington Boulevard ein, um in Cobains Haus eine Alarmanlage zu installieren. Er stieg auf den Balkon der Garage, und als er durch die Glasfenster der Tür einen Blick in den Raum warf, entdeckte er die Leiche. »Zuerst dachte ich, es wäre eine Schaufensterpuppe«, erinnert sich Smith. »Plötzlich bemerkte ich aber das Blut am rechten Ohr. Dann sah ich die Schrotflinte auf seiner Brust, die Mündung auf sein Kinn gerichtet.« Smith schlug Alarm, und sein Boss gab die Sensation sofort an den Radiosender KXRX-FM weiter – gegen »ein paar hübsche Pink-Floyd-Karten«. Der Sender brachte so als erster die Nachricht von Cobains Tod und unterrichtete dann Associated Press, die diese Information an alle Fernseh- und Rundfunkanstalten weitergab.

Als die Polizei um 8.56 Uhr am Ort des Geschehens eintraf, hatte die Nachricht bereits die Runde gemacht und Anlaß zu ersten Spekulationen über die Identität der Leiche gegeben. Zwei Beamte verschafften sich gewaltsam Zutritt zu dem Raum und bestätigten, daß Cobain allem Anschein nach tot sei. Einige Scherben der eingeschlagenen Glastür hatten seinen Körper getroffen und Schnittwunden verursacht. Den Angaben des Pathologen Nikolas Hartshorne zufolge war »Kurt kalt, im ersten Stadium der Verwesung, und die Haut wies bereits Veränderungen auf«. Das Gewebe der linken Hand ließ den Abdruck eines Flintenlaufs erkennen. An einem Gartengerät im Raum steckte der Abschiedsbrief, den Cobain dort mit einem roten Füller befestigt hatte. Während der wenigen Minuten, in denen sich die Kriminalbeamten am Tatort aufhielten, gelang es einem sensationslüsternen Fotografen der *Seattle Times*, eine Aufnahme zu machen, die Cobains Körper von der Hüfte abwärts zeigt, die rechte Hand zur Faust geballt, neben sich eine offene Zigarrenkiste mit seinem Spritzbesteck. Der Leichnam wurde der Gerichtsmedizin des King County Hospitals überantwortet und später anhand von Fingerabdrücken identifiziert.

»Vielen Dank. Ich bin ein Rockstar.«

Love, die von Cobains Anwalt benachrichtigt worden war, charterte auf dem Flughafen von Van Nuys eine Maschine nach Seattle. Nachdem sie den Leichnam ihres Mannes betrachtet hatte, schnitt sie eine Haarsträhne ab und wusch ihm, unter Hinweis darauf, daß Kurt Shampoo gehaßt habe, sorgsam die Haare. Sie säuberte ihre Hände drei Tage lang nicht von den Blutflecken, die sie sich dabei zuzog. Wendy und Don hörten die Nachricht vom Tod ihres Sohnes im Radio.

Die Totenfeier fand am 10. April in der Seattles Unity Church of Truth statt. Einen Sarg gab es nicht, da sich Cobains Leichnam nach wie vor in der Obhut des Gerichtsmediziners Dr. Hartshorne befand. Vor zweihundert geladenen Gästen sprach Pfarrer Stephen Towles in seiner Trauerrede auch allgemein über den Selbstmord: »Es ist so, als habe man den Finger in einem Schraubstock. Der Schmerz wird so groß, daß man ihn nicht länger ertragen kann.« Auch Novoselic hielt eine kurze Rede: »Wir werden Kurt so in Erinnerung behalten, wie er war: mitfühlend, großzügig und liebenswert.« Carlson verlas Verse eines buddhistischen Mönchs, und Bruce Pavitt richtete einige Worte an den hingeschiedenen Freund: »Ich liebe dich. Ich respektiere dich. Ich weiß, diese Bekenntnisse kommen etwas zu spät.« Alice Wheeler fiel auf, »daß Kurts alte Kumpel wie Dylan, Bruce und Slim Moon alle gekommen waren, jedoch keiner der sogenannten Freunde, die ihn umlagert hatten, seit er berühmt geworden war«. Towles setzte die Feier mit einer Rezitation des 23. Psalms fort und forderte anschließend Love auf, einige Passagen aus dem Buch Hiob vorzulesen und über ihren Mann zu erzählen. Als letzter sprach Danny Goldberg, der mit den Worten schloß: »Wir waren dir tief verbunden, Kurt. Es ist nicht fair, daß du auf diese Weise von uns gehst.« Dann spielte er ein Band mit der Beatles-Nummer »In My Life«.

Als Love die Kirche verließ, blieb sie an der Tür kurz stehen, um mit Cobains Vater zu sprechen. Laut Dons zweiter Frau Jenny »brachte Courtney nachdrücklich ihren Wunsch zum Ausdruck, daß er seine Enkelin häufiger als bisher sehen solle. Frances lächelte Don an und nannte ihn Papa.«

Parallel zu der offiziellen Feierlichkeit hatte der Diskjockey Marco Collins eine öffentliche Totenwache organisiert, »um den Kids die Gelegenheit zu geben, ihren Gefühlen und ihrer Enttäuschung freien Lauf zu lassen«. Sechstausend trauernde Fans versammelten sich am Abend des 10. April im Schatten der Space Needle vor dem Flag Pavillon. Als aus den Lautsprechern »Serve The Servants« und andere Stücke von *In Utero* erklangen, brach ein Chaos aus. Weinende Anhänger Cobains stürzten sich in den nahe gelegenen Springbrunnen, zeigten ihre mit Rasierklingen in die Arme geritzten *k-u-r-d-t*-Tattoos und verbrannten öffentlich ihre Flanellhemden. *Spin* schrieb: »Es war ein wahrhaft atemberaubender Augenblick spontaner, heidnischer Katharsis.« »Kurt wäre begeistert gewesen«, meint Collins. »Es war genau die Art von Anti-Establishment-Geste, für die er gelebt hat.«

Später wurde der Menge ein Band mit Loves tränenerstickter und kaum hörbarer Stimme vorgespielt. Courtney begann mit den Worten: »Ich weiß wirklich nicht, was ich sagen soll. Ich fühle das gleiche wie ihr. Ich saß neben ihm, wenn er in seinem Zimmer Gitarre spielte, sang mit und war einfach nur glücklich, in seiner Nähe zu sein. Wer etwas anderes glaubt, ist verrückt.« Dann las sie Auszüge aus Kurts Abschiedsbrief vor und kommentierte sie – als wollte sie noch einmal mit ihm streiten: »Das schlimmste Verbrechen, das ich mir vorstellen kann«, hatte er geschrieben, »wäre, die Leute auszunehmen, indem ich ihnen etwas vormache und so tue, als bestünde mein Leben aus nichts anderem als Spaß.« (*Nein, Kurt, das schlimmste Verbrechen, das ich mir vorstellen kann, wäre es, wenn du einfach damit weitermachst, ein Rockstar zu sein, obwohl du es, verflucht noch mal, haßt...*) »Ich kann die Frustration, die Schuld und das Mitgefühl, das ich für alle habe, nicht einfach beiseite schieben. In uns allen gibt es etwas Gutes, und ich glaube, daß ich die Menschen zu sehr liebe – (*Warum also bist du, verflucht noch mal, nicht einfach bei uns geblieben?*) – so sehr, daß ich daran verzweifeln könnte... Ich habe es gut, sehr gut sogar, und ich bin dankbar. Aber seit meinem siebten Lebensjahr bin ich voller Haß gegen die Menschen; es könnte so einfach sein, miteinander auszukommen und Verständnis füreinander zu haben – Verständnis! Ich schätze, ich hasse die Menschen, gerade weil ich sie liebe und sie mir leid tun. Ich möchte euch allen aus tiefster, ekelhaft brennender Magengrube für eure Briefe und Anteilnahme in den vergangenen Jahren danken. Ich bin zu zerrissen, zu verbittert, und ich habe die Lust an allem verloren. Deshalb denkt daran – (*Tut es nicht, es ist eine beschissene Lüge*) - ›It's better to burn out than to fade away.‹ (*Großer Gott, du Arsch.*) Friede, Liebe, Mitgefühl. Kurt Cobain.«

Der Teil seines Abschiedsbriefes, der nicht in der Öffentlichkeit verlesen wurde, bestand laut Love aus »völlig schizophrenem Gefasel« und endete mit den Worten: »Du weißt, ich liebe dich, und ich liebe Frances. Es tut mir so leid. Bitte folge mir nicht.«

Love bat Pfarrer Towles, den Raum, in dem sich Cobain erschossen hatte, einer zeremoniellen »Reinigung« zu unterziehen. »Courtney, Kurts Mutter und ich saßen auf dem Fußboden, zündeten Kerzen an und sangen«, erinnert sich Towles. Wendy selbst hatte während dieses Rituals eine Vision vom Tod ihres Sohnes: »Er war mit einem strahlend blauen Talar bekleidet, wie man sie in Universitäten trägt, und hatte diesen vertrauten Gesichtsausdruck, ein bißchen schmunzelnd, aber irgendwie verklärter und euphorischer – fast wie Jesus. Während des Singens gab ich einen kehligen Laut von mir, und die Vision flog davon wie eine Rakete, bis sie ganz aus meinem Kopf verschwunden war. Jetzt kann ich ihn nicht mehr sehen.«

Ein paar Tage später schrieb Towles an Cobains Witwe und bot ihr seinen Besuch an, aber Love suchte von nun an seelischen Trost ausschließlich in ihrem buddhistischen Glauben.

Nachdem Cobains Leichnam freigegeben worden war, wurde er im Bestattungshaus Bleitz aufbewahrt und am 14. April eingeäschert. Love schickte einen Teil der Asche zu einer Begräbnisstätte in Indien, ein weiterer wurde auf einem öffentlichen Friedhof in Seattle verstreut, der Rest landete in der Buddhafigur neben ihrem Bett.

Die Schrotflinte, mit der sich Cobain erschossen hatte, wurde seinem Anwalt übergeben, der sie dem Sender KIRO Television als Geschenk überließ. KIRO stiftete die Waffe der Initiative »Mütter gegen Gewalt«, die sie den Behörden zurückgab, wo sie schließlich entsorgt wurde. Bei diesem umständlichen Prozedere verließ die Waffe kein einziges Mal tatsächlich das Polizeigebäude.

An dem Wochenende vom 8. bis 10. April entwickelten die Medien in Seattle eine hektische Betriebsamkeit. Reporter von *Inside Edition*, *20/20* und *Hard Copy*, zwei *Rolling-Stone*-Autoren, Johnny Dodd, ein Produzent von NBC und *People's* durchkämmten Seattle nach brauchbaren Stories. Die drei nationalen Fernsehanstalten sowie CNN und Fox sendeten live vom Lake Washington Boulevard. Ein Reporter des *Globe* wedelte gegenüber Gary Smith, dem Elektriker, der die Leiche Cobains entdeckt hatte, mit dem Scheckbuch. Smith bekam 1 500 Dollar für ein Interview. Die *Seattle Times* hielt der Elektriker mit den Worten hin: »Ich warte erst einmal ab, was andere Zeitschriften und die übrige Unterhaltungsbranche mir zu sagen haben.«

Auch in den folgenden beiden Wochen bewiesen die Medien immer wieder, zu welch zweifelhaften Höchstleistungen sie fähig sind. Am 10. April brachte die *Times* unter der Überschrift »Günstige Gelegenheiten« auf der Titelseite eine angebliche Scherzanzeige: »Vertriebsfirma gesucht. Ich habe nach jahrelangen Experimenten eine Spezialformel gegen Schlaflosigkeit entwickelt. Sie werden tagelang tief und fest schlafen wie ein Baby. Kontaktieren Sie Kurt Cobain, c/o in welchem Krankenhauszimmer auch immer ich gerade liegen mag.« Später entschuldigte sich die Zeitung für diese Geschmacklosigkeit. *People* veröffentlichte am 18. April eine bissige Rezension zu Michael Azerrads *Come As You Are,* die ebenfalls im nachhinein zurückgenommen wurde. Am Tage nach dem Tode Cobains sah sich der *Guardian* außerstande, das Interview mit Love zurückzuziehen, das nach den Ereignissen in Rom geführt worden war. Der Artikel trug, angeblich einer Äußerung Loves entsprechend, die Überschrift: »Oh, verflixt – um ein Haar wäre er zur Legende geworden.« Mehr als eine Woche nach Cobains Selbstmord brachte der *Sunday Mirror* eine ganzseitige Vorankündigung des mittlerweile abgesagten Nirvana-Konzerts in der Brixton Academy und warnte die Leserschaft: »Achten Sie auf tieffliegende Gitarren, und vergessen Sie Ihren Zahnschutz nicht.« In Großbritannien brachte *New Woman* einen Artikel, in dem Cobain »ein Haar- und Körpershampoo« verschrieben wurde, »um diesen ganzen Dreck loszuwerden«. Ein Song der kalifornischen Gruppe Sleestacks mit dem Titel »Cobain's Dead« verkaufte sich innerhalb einer Woche dreihunderttausendmal. MTV verfiel für vierundzwanzig Stunden in Trauer.

Als er noch lebte, war Cobain selbst nach dem überaus großen Erfolg von *Nevermind* von seriösen Nachrichten-Medien weitgehend unbeachtet geblieben, aber sein gewaltsamer Tod sorgte nun für Schlagzeilen in der ganzen Welt. Laut ABC News war er »ein weiteres Opfer des Ruhms«. Die *New York Times* brachte die Nachricht über sein Ableben auf der Titelseite, noch vor Artikeln über die blutigen Ereignisse in Ruanda und den Rücktritt der japanischen Regierung.

Auf der anderen Seite des Atlantiks berichteten sowohl BBC als auch *News At Ten* über Cobains Tod. Die *Times* und der *Telegraph* veröffentlichten lange, allerdings schlecht recherchierte Nachrufe. In Großbritannien zierte Cobains Gesicht die Titelseiten von *Melody Maker, New Musical Express, Face, Vox, Raw, Spin* und *Q.* Wie 1980 schon John Lennon, widmete der *Rolling Stone* auch dem Leben Cobains eine ganze Ausgabe. *Entertainment Weekly* vollbrachte das schwierige Kunststück, die »krasse Profitgier« anzuprangern, mit der die Medien Cobains Tod ausschlachteten – um zwei Seiten weiter eine Anzeige abzudrucken, in der »Nirvana-Sammlerstücke« zum Kauf angeboten wurden.

Kurt Cobains Suizid veranlaßte nicht wenige Menschen, die ihn gekannt hatten, zu ausgesprochen kritischen Stellungnahmen. Er selbst hatte immer behauptet, daß es für jemanden über Dreißig unmöglich sei, ihn zu verstehen. Jetzt traten ihm viele Vertreter dieser Generation mit dem gleichen Mißtrauen entgegen. Für den fünfundsiebzigjährigen Andy Rooney war der Tod des Musikers ein willkommener Anlaß, die nicht

»Vielen Dank. Ich bin ein Rockstar.«

ganz abwegige Frage zu stellen: »Wenn sich der Sprecher einer Generation das Hirn wegpustet, was soll diese Generation da denken?« Rooney erklärte in der Fernsehsendung *60 Minutes*, Cobain habe weder einen Krieg noch eine Wirtschaftskrise durchmachen müssen und fügte hinzu: »Wenn er an seine Musik mit der gleichen Orientierungslosigkeit herangegangen ist, die auch sein Leben als Junkie bestimmte, dann sollte ein vernünftiger Mensch normalerweise annehmen, daß sie völlig sinnlos ist.« Und der Brite Bernard Levin schrieb in der *Times:* »Wir alle brauchen Vorbilder, und manchmal findet man sie dort, wo man sie am wenigsten vermutet. Warum sollten zehn Millionen junge Leute nicht einem vulgären, ungehobelten, gewalttätigen Sänger und Gitarristen hinterherjammern, der bis oben hin mit Drogen vollgepumpt war und sich selbst und sein Leben haßte?«

Etwas differenziertere und daher ernstzunehmendere Kritik kam aus den Reihen derer, die um die Zwanzig oder jünger waren. Die achtzehnjährige Sarah Murray drückte ihren Unmut mit den Worten aus: »Mein erster Gedanke war, daß Kurt ziemlich selbstsüchtig gehandelt hat, vor allem gegenüber seiner Familie, seiner Tochter und seiner Frau. Aber es war auch vom musikalischen Standpunkt her selbstsüchtig, da es mit Nirvana gerade erst richtig losging. Er ließ einfach alle im Stich.« »Er starb als Feigling«, lautete das vernichtende Urteil eines Diskjockeys aus Seattle, »und er nahm einem kleinen Mädchen den Vater weg.«

Auch unter Kurts erklärten Anhängern gab es einige, die in der Art und Weise seines Abgangs nichts Nobles und auch nichts besonders Originelles erkennen konnten. Sogar Love sah, nachdem sie sich für eine Weile aus dem öffentlichen Leben zurückgezogen hatte, die Ereignisse in einem nüchternen Licht: »Sein Selbstmord hatte zweifellos etwas Narzißtisches. Es war ziemlich anmaßend von ihm.«

In Lawrence durchforstete William Burroughs Cobains Songs nach Hinweisen auf dessen Suizidgefährdung. Alles, was er fand, war jedoch die »generelle Verzweiflung«, die er bei ihrem einzigen Zusammentreffen bereits festgestellt hatte. »Ich muß immer wieder an die totenähnliche graue Farbe seines Gesichts denken. Kurts Entschluß, sich umzubringen, folgte nicht dem Impuls eines Augenblicks. Soweit ich es beurteilen kann, war er damals bereits längst tot.« Auch Burroughs ist der Ansicht, Cobain habe »seine Familie im Stich gelassen« und »die Fans demoralisiert«.

Cobains Musikerkollegen neigten in ihren Reaktionen auf Kurts Tod zu übertriebener Ehrerbietung. »Ich hielt ihn immer für einen liebenswerten, ruhigen Zeitgenossen«, sagte Curt Kirkwood, der Sänger und Gitarrist, der beim *Unplugged*-Auftritt Nirvanas im vergangenen Herbst mitgespielt hatte. Für Mark Lanegan war Kurt ein »fabelhafter Bursche, ein absoluter Gentleman«. Kevin Martin von der Gruppe Candlebox begeisterte sich im nachhinein für nahezu »alles, was Kurt jemals schrieb. Er nahm eine einfache Akkordfolge und machte daraus eine verschlungene Reise durch die Welt menschlicher Gefühle.« Als Pearl Jam am Abend des 8. April in Fairfax, Virginia, auf die Bühne traten, war die Nachricht von Cobains Selbstmord erst sechs Stunden alt. »Ich glaube nicht, daß irgendeiner von uns heute abend hier wäre, wenn es nicht darum ginge, Kurt zu ehren«, sagte Eddie Vedder und beschönigte damit das Verhältnis der beiden Musiker, das in der Vergangenheit mehr als ambivalent gewesen war. Sechs Monate später sollte sich in Pearl Jams Album *Vitalogy* der Hinweis auf eine auf dem Fußboden liegende Zigarrenkiste finden – eine Anspielung auf jenes Utensil, in dem Cobain sein Heroinbesteck aufbewahrt hatte. Der Musiker Syd Straw verfaßte einen rührseligen Song mit dem Titel »Almost As Blue As Your Eyes«, und die britische Gruppe Nirvana nahm »Lithium« in ihre eigenes Repertoire auf. Sinéad O'Connor brachte auf ihrem Album *Universal Mother* eine Coverversion von »All Apologies«, allerdings nicht ohne anzumerken, daß sie Cobains Tod keinesfalls zum Anlaß nehmen wolle, ihrerseits Selbstmord zu begehen. Einige Monate später enthielt *Monster*, die neue LP von R.E.M., zwei Nummern – »Let Me In« und »Crush With Eyeliner« –, die vielerorts als Anspielung auf Love verstanden wurden. David Bowie nannte »Kurts Tod einen der wirklichen Tiefschläge meines Lebens«, und Eric Clapton meinte: »Nach dem, was man mir über ihn erzählt hat, waren wir uns in vielen Punkten sehr ähnlich. Zum Beispiel in der Erfahrung, hinter der Bühne zu stehen, die Menge da draußen zu hören und zu denken: ›Ich bin das nicht wert. Ich bin ein Stück Dreck. Sie alle sind Dummköpfe, denn wenn sie die Wahrheit über mich wüßten, würden sie anders über mich denken.‹ So habe ich unzählige Male selbst empfunden.«

Nur wenige Musiker tanzten aus der Reihe. Die Melvins, Cobains Freunde aus Aberdeen, hinterließen bei dem Lokalreporter Claude Iosso den Eindruck, daß sie von Kurts Selbstmord »nicht sonderlich beeindruckt« waren. Für Gilby Clarke von Guns N'Roses war es »purer Geltungsdrang«, der Cobain zu seiner Tat getrieben hatte. Mick Jagger äußerte bei einer Pressekonferenz in New York die Überzeugung, Cobains Tod sei »unausweichlich« gewesen, und selbst Keith Richards, in den Sechzigern der Prototyp eines ausgepowerten Rockstars, meinte verächtlich, die »Todessehnsucht« Kurts sei nicht zu übersehen gewesen.

In Cobains Heimatstadt Seattle beschränkten sich die Bemühungen, den toten Sohn zu ehren, auf eine Handvoll mehr oder minder unbedeutende Projekte. Im Oktober 1994 organisierte die Künstlerin Amy Jo Merrick eine Ausstellung unter dem Motto »Never Fucking Mind«. Seattles boomende Esoterikbranche warb für eine Seance, um »Kontakt mit Kurt aufzunehmen«.

Deutlichere Spuren hinterließ Cobains Tod bei denen, die beruflich mit ihm zu tun gehabt hatten. »Die Rockszene ist hier eine Welt für sich«, sagt Nils Bernstein von Sub Pop. »Kurts Tod ist ständig präsent.« Die Plattenfirma selbst wurde tagelang von Reportern belagert, von denen keiner an der Empfangsdame vorbeikam. Ironischerweise fiel der bereits langfristig anberaumte Termin für die Jubiläumsfeier zum sechsjährigen Bestehen des Labels auf den Samstag nach Cobains Tod. Laut Gillian Gaar herrschte an diesem Abend »eine ziemlich gedrückte Stimmung: Die Feier mußte stattfinden, also fand sie statt.« Die Stimmung allerdings war, wie Poneman bemerkte, »echt beschissen«.

Nachdem der erste Schock sich gelegt hatte, setzte selbst unter einstmals bedingungslosen Anhängern Cobains eine gewisse Gleichgültigkeit ein. Genau ein Jahr nach seinem Tod versammelte sich nur noch eine kleine Gruppe treuer Fans im Viretta Park. »Wir sind hier, um unsere Gedanken zu sammeln und Kurt zu würdigen«, sagte ein Mädchen. Doch ein ebenfalls anwesender junger Mann hatte ganz andere Probleme: »Scheiß auf Kurt, ich kann keinen Job kriegen.«

Die Bereitschaft, Cobain zu ehren, ging in Seattle nicht so weit, daß finanzielle Mittel für eine Gedenktafel zur Verfügung gestellt wurden. Das einzig sichtbare Zeichen der Bewunderung für Cobain – eines, an dem der Gewürdigte sicherlich seine Freude gehabt hätte – war das an die Wand einer Bankfiliale gesprayte Graffiti: KURT COBAIN R.I.P.

Unterdessen hatte in Aberdeen eine Frau namens Randi Hubbard eine Skulptur angefertigt, die sie dem Stadtrat als Cobains »Wiederauferstehung in Zement« anbot. Das Kunstwerk wurde abgelehnt. Im Zuge einer öffentlichen Debatte über ihr Angebot traf Randi Hubbard in einer Radioshow mit Novoselic zusammen, der drohte, die Skulptur eigenhändig in tausend Stücke zu zerschlagen, sollte sie jemals ausgestellt werden. Dann verließ er das Studio mit den Worten: »Ich liebe dich, Randi.« An einem anderen Ort in Aberdeen staunten Cobains alte Lehrer Bob Hunter und Lamont Shillinger nicht schlecht, als MTV die Neuigkeit verbreitete, es werde über Pläne für ein »Kurt-Cobain-Stipendium für visuelle Kunst« nachgedacht. »Sein Management lachte nur, als ich danach fragte«, sagt Shillinger. »Ehrlich gesagt, habe ich nicht die Hoffnung, daß es jemals dazu kommen wird.«

Courtney Love wiederum war fest davon überzeugt, daß Kurts Tod letztlich doch auch etwas Positives nach sich ziehen würde – und sie sollte recht behalten: Cobains tragisches Ende ließ nicht nur die Verkaufszahlen von Nirvana-Platten in die Höhe schnellen, sondern entfachte darüber hinaus eine landesweite Diskussion über Selbstmord. Den Anfang machte *Newsweek* mit der Titelstory: »Warum wählen Menschen den Freitod?« Die Zeitschrift kam zu dem Schluß, daß Selbstmord in den Neunzigern »nichts weiter sei als eine von mehreren legitimen Entscheidungsmöglichkeiten des Menschen«. Cobains Tod wurde verglichen mit dem von Abbie Hoffmans, Marilyn Monroe und Ernest Hemingway. *Newsweeks* Versuche, den Suizid des Musikers aus der Grunge-Bewegung heraus zu erklären, wirkten etwas voreilig und fanden nicht allzuviel Zustimmung: »Susan Eastgart, Leiterin der Notfallklinik Seattles, stellte fest, daß die Anzahl der Notrufe, die bei ihr an dem Tag, an dem Cobains Leichnam gefunden wurde, eingingen, doppelt so hoch war wie normal. Die meisten Suizid-Versuche wurden von weißen Männern zwischen zwanzig und neununddreißig unternommen.«

Cobains Selbstmord löste eine Flut von Spekulationen darüber aus, was in den Köpfen der Menschen seiner Generation vor sich gehe. Eine weitverbreitete Schlußfolgerung lautete: »Sie waren die ersten, die auf sich allein gestellt waren – Schlüsselkinder ... Sie wuchsen auf mit dem Gefühl, benachteiligt zu sein, und das hat viele von ihnen wütend gemacht.«

Hinzu kam ein immer stärker um sich greifendes Waffen- und Drogenproblem. Obwohl über Verbot oder Freigabe bereits seit langem diskutiert wurde, wäre es noch ein paar Jahre zuvor kaum denkbar gewesen, daß man mit einer Petition, für die zwei Millionen Unterschriften gesammelt wurden, eben den Waffentyp zu verbieten versuchte, mit dem sich Cobain umgebracht hatte. Und im Bundesstaat Washington rang man sich zu der Überlegung durch, Drogen ihrer »Faszination« zu berauben, indem man sie legalisiere. Ein Abgeordneter meinte sogar: »Es war einzig Kurt zu verdanken, daß diese Fragen im Parlament erörtert wurden.«

Cobains Selbstmord führte bei einigen Zeitgenossen zu äußerst gewagten Hypothesen. Immer wieder tauchten Gerüchte auf, denen zufolge Kurt von einem unbekannten Attentäter erschossen worden sei. Über das vermeintliche Motiv kam man jedoch zu keiner Übereinstimmung.

Der erste Verfechter einer Verschwörungstheorie war Richard Lee aus Seattle, der in einer eigenen Fernsehsendung (*Was Kurt Cobain Murdered?*) darüber spekulierte, ob Love aus psychologischer Sicht dazu fähig sei, einen Mord zu begehen. Lee fiel außerdem auf, daß Antonio Terry, ein Polizist aus Seattle, der in den Tagen nach Cobains Verschwinden aus

»Vielen Dank. Ich bin ein Rockstar.«

der Klinik nach ihm gesucht hatte, im Juni 1994 erschossen worden war. Lee äußerte daraufhin die jeder Grundlage entbehrende These, Antonio Terry sei möglicherweise die letzte Person gewesen, die den Musiker lebend gesehen habe. Auch Tom Grant, der Cobains Haus durchsucht, es aber versäumt hatte, auch den Raum über der Garage zu überprüfen, behauptete später in einer Rundfunksendung, Kurt sei »von jemandem unter Drogen gesetzt und erschossen worden, der ein Interesse daran gehabt habe, daß sich Cobains Platten besser verkaufen würden«. Nach Namen befragt, schwieg er sich indes aus. Überdies bezweifelte Grant, daß der neben der Leiche gefundene Brief tatsächlich von Cobain stammte. Dem Detektiv erscheint es durchaus vorstellbar, daß dieser Brief von einer Person gefälscht wurde, die sich mit Cobains Denkweise sehr gut auskannte und die den Sänger umbrachte, um aus dessen Tod Profit zu ziehen.

Während der fruchtlosen Suche nach Erklärungen für Cobains Tod stürzten sich Vertreter der Verschwörungstheorie außerdem auf eine Hypothese, die sich mit dem Slogan »Courtney Did It« zusammenfassen läßt.

Eine andere Theorie war noch abenteuerlicher. Danach war Cobain ein verhinderter Homosexueller, was ihm unaussprechliche Qualen bereitet und unmittelbar zu seinem Selbstmord geführt habe. Cobains erotische Streifzüge durch die Gassen von Seattle, London und Berlin waren ebenso bekannt wie seine Vorliebe für Kleider und Damenunterwäsche und die öffentliche Koketterie mit seiner »lesbischen Seite«. Love schätzte, daß ihr Mann »mit der Hälfte der Jungs in Seattle zusammengewesen war«. »What else should I say/Everyone is gay«, sang Cobain in »All Apologies«. »Möglicherweise bin ich bisexuell«, erzählte er dem *Advocate* und sprach der Schwulenbewegung seine »uneingeschränkte Solidarität« aus.

Nicht minder exotisch waren die Ideen, die die Organisation »Friends Understanding Kurt« verbreitete. Nach ihrer Überzeugung hatte Cobain in den letzten Tagen seines Lebens mit einer »Dream-machine« herumexperimentiert. Das Gerät wurde beschrieben als ein »psychoaktiver, halluzinogener Neokortex-Pulsator« – im Prinzip ein Stroboskop, entworfen von dem verstorbenen Brion Gysin und patentiert von William Burroughs. Nach Meinung der »Friends« erwarb Cobain den Apparat in Kalifornien, und er »wurde schnell zu einer Art Droge, von der Kurt möglicherweise allzu exzessiven Gebrauch machte«. Schließlich habe er sich mit dem Gerät in den Raum über der Garage zurückgezogen, wo man seine Leiche fand, »hingestreckt auf dem Fußboden, ein Symbol der Finsternis, eine letzte, gleichwohl falsch verstandene Botschaft an die Lebenden«. Diese Vorstellungen fanden jedoch keinen Eingang in den Polizeibericht, in dem das summende, zylindrische schwarze Kästchen, das angeblich am Tatort gefunden wurde, nirgendwo erwähnt wird.

Der Gerichtsmediziner Nikolas Hartshorne sprach von der »Tat eines Menschen, der sich auslöschen, der buchstäblich zu nichts werden wollte«. Für ihn war Cobains Tod zweifelsfrei ein Selbstmord. Die Tatsache, daß der Einschlag der Schrotflintenpatrone in den Mund keine Austrittswunde hinterließ – für die Anhänger einer Verschwörungstheorie der Beweis dafür, daß Cobain auf andere Weise ums Leben gekommen sei – nennt Hartshorne eine »Laune des Zufalls«. Am 9. April 1994 stellte der Gerichtsmediziner fest: »Tod infolge einer selbst zugefügten Schußverletzung am Kopf.«

Im Zuge ihrer Ermittlungen verglich die Polizei die dreiseitige Notiz, die Cobain in Rom geschrieben hatte, mit dem neben der Leiche gefundenen Abschiedsbrief und kam zu der Erkenntnis, daß beide Dokumente von Cobain verfaßt worden seien. Damit waren die amtlichen Untersuchungen abgeschlossen – vorbehaltlich des toxikologischen Berichts, der von Hartshorne zurückgehalten wurde, vermutlich wegen der Hinweise auf den Konsum von Heroin und der valiumähnlichen Droge Diazapan.

Novoselic und Grohl diskutierten Pläne für ein dreißig Songs umfassendes Nirvana-Album, das bisher noch nicht veröffentlichte Live-Aufnahmen der Band enthalten sollte. »Ich war zunächst relativ optimistisch und ging mit einem guten Gefühl an die Sache heran«, meint Novoselic. Doch die »emotionale Belastung« erwies sich als zu groß. Charles Peterson, der Novoselic und Grohl damals nach Los Angeles begleitete, glaubt, daß die beiden, »als sie Kurts Stimme hörten, zu sehr an die alten Zeiten erinnert wurden. Sie waren beide ziemlich durcheinander.« Das Album wurde schließlich im November 1994 unter dem Titel *MTV Unplugged in New York* veröffentlicht. Gute Verkaufszahlen, erstaunlich positive Kritiken sowie eine Welle der Sympathie, die Cobains Ex-Kollegen entgegenschlug, sorgten dafür, daß *Unplugged in New York* sowohl bei ABC als auch bei MTV den Preis für die Platte des Jahres erhielt.

Es besteht durchaus die Möglichkeit, daß weitere LPs dieser Art folgen, denn in Nirvanas Schatzkammer warten noch mindestens fünfzehn unveröffentlichte Titel auf ihre Ausgrabung. Einige Songs waren Freunden wie dem R.E.M.-Frontman Michael Stipe überlassen, andere vom Management zurückgehalten worden. Allein das während der Produktion von *Nevermind* zunächst verworfene Material beläuft sich auf zehn Stunden. Vermutlich hat das Ausschlachten der Restbestände längst begonnen.

»Vielen Dank. Ich bin ein Rockstar.«

Mitte 1995 war eine »limitierte Box« mit *Nevermind*, einem T-Shirt, einem Aufkleber und Postkarten zum Preis von 100 Dollar im Handel, während in New York *Unplugged* in einer roten, herzförmigen Schachtel für 152,99 Dollar verkauft wurde. Gleichzeitig mit *Unplugged* hatte Geffen das Video *Live! Tonight! Sold Out!!* veröffentlicht, eine wahllose Zusammenstellung von Konzertmitschnitten, TV-Auftritten und Tourneeschnipseln, die Nirvana selbst aufgenommen hatten. Sowohl *Unplugged* als auch *Live! Tonight!* liefen ausnehmend gut, und die Verkaufszahlen von *Bleach, Nevermind, Incesticide* und *In Utero* verdreifachten sich in den Wochen nach Cobains Tod. Ende 1994 machten Gerüchte die Runde, in Hollywood denke man über einen Cobain-Film nach, mit Brad Pitt oder Stephen Dorff – der Stuart Sutcliffe aus *Backbeat* – in der Hauptrolle. Keines dieser Ausschußprodukte schadete Cobains Ansehen, im Gegenteil, möglicherweise festigten sie sogar seinen Platz in der Popgeschichte.

Hauptnutznießerin dieser Geschäftigkeit war Cobains Witwe. Am 11. April erschien Holes zweites Album mit dem bezeichnenden Titel *Live Through This*. Die Kritiker zeigten sich begeistert. In ihrer Eingängigkeit hatte die Platte zum Teil ähnliche Qualitäten wie *Nevermind*. Dennoch konnten einige der Rezensionen einen gewissen Sympathiebonus nicht verbergen: Mitgefühl mit einer vom Schicksal gebeutelten Frau, die nach dem Verlust ihres Mannes von den Medien nicht eben mit Samthandschuhen angefaßt wurde.

Wendy machte sich nach Cobains Selbstmord große Sorgen, Love könnte seinem Beispiel folgen. »Ich hatte solche Angst um Courtney, daß ich sie nicht allein in ihrem Zimmer ließ«, erzählte sie *Entertainment Weekly*. Die Witwe blieb eine Woche am Lake Washington Boulevard, fuhr dann quer durch die Staaten und verbrachte schließlich den Frühling in einem buddhistischen Kloster im Norden des Staates New York. Selbst in dieser Abgeschiedenheit sorgte sie noch für Schlagzeilen. In Manhattan gab sie angeblich »Tausende von Dollars« für exotische Unterwäsche aus. Ein anderes Blatt behauptete, ihr derzeitiger Drogenkonsum stehe nicht weit hinter dem ihres Ex-Mannes zurück. Love selbst gab später zu: »Ich habe in der Zeit nach Kurts Tod Heroin genommen. Es half mir, darüber hinwegzukommen.« Mitte Mai präsentierte sie sich dann erstmals wieder einer breiten Öffentlichkeit: Zusammen mit Michael Stipe erschien sie bei der Verleihung der MTV Movie Awards.

Am 16. Juni 1994 wurde Holes vierundzwanzigjährige Bassistin Kristen Pfaff in ihrem Badezimmer tot aufgefunden. Den Polizisten und Feuerwehrleuten, die die Tür aufbrachen, bot sich ein trauriger Anblick: Pfaff lag mit verdrehten Armen auf dem Rücken, neben ihr eine Schachtel mit dem üblichen Drogenzubehör. Zum zweitenmal innerhalb von zehn Wochen fiel die Presse in Seattle ein. Einige Journalisten versuchten, eine Erklärung für die Heroinsucht der Bassistin zu finden, während sich andere erfolglos bemühten, Love zu einer Stellungnahme zu bewegen. Pfaffs Tod führte dazu, daß es bald erste Mutmaßungen über eine bevorstehende Auflösung der Band gab. Wer jedoch solchen Gerüchten Glauben schenkte, hatte Loves Ehrgeiz und Widerstandskraft unterschätzt. Im Juli 1994 heuerte sie einen Ersatz an, und im August folgte ein absolut chaotischer Auftritt beim Reading Festival. Am 11. September spielten Hole zum ersten Mal seit dem Tode Cobains und Pfaffs wieder in Seattle. Nachdem Love einer in andächtiger Erwartung verstummten Menge mitgeteilt hatte, daß ihr verstorbener Mann zuhöre, sang sie den Song »Where Did You Sleep Last Night«. Fans, die unmittelbar vor der Bühne standen, behaupteten, sie habe dabei Tränen in den Augen gehabt. Die Konzerte, die Hole in diesem Herbst gaben, zeigten eine Love, die aus zwei Persönlichkeiten zu bestehen schien: Am einen Abend noch eine »auf peinliche Weise außer Rand und Band geratene Irre«, war sie schon tags darauf »Amerikas kraftvollste und bedeutendste Rocklady«. In Cleveland legte Love ihre Gitarre beiseite, streifte ihr Oberteil ab und riß sich den Büstenhalter herunter. »Fast schien es, als wolle sie wieder zu ihren Tagen als Stripperin zurückkehren«, kommentierte *Spin*. In New York indes zeigte man sich begeistert über Holes Auftritt. »Die Songs steckten voller Wut und Trotz und bewiesen zudem Kompetenz – so sollte Punkrock sein«, schrieb John Pareles für die *New York Times* und nannte Love eine mutige, sich ihrer Verletzbarkeit bewußte »Punk-Rebellin in Stöckelschuhen«.

Im November gaben Hole ein zweites Konzert in Seattle. Love trat auf die Bühne, warf ihren Mantel auf einen Berg von Puppen, Teddybären und einigen anderen Spielsachen, die eigentlich als Bühnendekoration dienen sollten, zündete sich eine Zigarette an und forderte einen Kameramann im Orchestergraben auf, sich zu »verpissen«. Nachdem der Mann dieser Anweisung gefolgt war, schnallte sie sich ihre Gitarre um und hämmerte die ersten Akkorde von »Plump« herunter.

In dem Jahr nach Cobains Tod nutzte Courtney jede Gelegenheit, um ihre Meinung über Drogen, Sex, Waffen, Ruhm, Feminismus und Mutterschaft kundzutun. Als wäre es die selbstverständlichste Sache der Welt, nahm sie häufig die zwei Jahre alte Frances mit auf die Bühne, was ihr schließlich den Vorwurf einbrachte, sie mißbrauche ihre Tochter als Sympathieträger.

Love war nie um eine dramatische Geste oder eine schlagfertige Bemerkung verlegen. In New York wurde sie hinter der Bühne von einem Sicherheitsmann aufgefordert, sich auszuweisen. »Wie wär es mit meinem verheulten Gesicht?« fragte sie und ließ ihn stehen. Sie spielte in dem Film *Feeling Minnesota* mit, und *Time* sah sie bereits als »chancenreiche Kandidatin« für eine Leinwandkarriere. Im Winter 1994/95 zierte Love die Titelseiten von *Entertainment Weekly, Rolling Stone, Q, Spin, Village Voice* und – was wohl niemand für möglich gehalten hätte – *Vanity Fair*, bekleidet mit Unterwäsche oder in Babydolls, ihrem, wie sie es nannte, »Babystrich«-Outfit. Außerdem hatte sie ein neues Hobby entdeckt: Wenn sie gerade nichts Besseres zu tun hatte, hinterließ sie Computer-Botschaften am »Schwarzen Brett« von America Online. Dort machte sie meist langatmig und nicht an Kraftausdrücken sparend dem ganzen Frust und Ärger Luft, der sich in den Monaten ihres Witwendaseins angestaut hatte. Favorisierte Ziele ihrer zornigen Attacken waren neben ihrem Vater (»Biodad«) und Seattles Drogendealer-Szene vor allem Reporter und Biographen (»Gnade euch Gott, wenn ihr jemals etwas Schlechtes über Kurt schreibt ... nehmt euch in acht, nehmt euch ganz gewaltig in acht«). Auch Novoselic, Grohl und Eddie Vedder bekamen ihr Fett weg. Bald entbrannte eine ernsthafte Debatte darüber, ob Courtneys Online-Mitteilungen das nicht ernstzunehmende Gefasel eines Junkies, tiefsinnige Gedanken à la James Joyce oder – wie Love selbst erklärte – lediglich das Produkt einer zu merkwürdigem Eigenleben erwachten »durchgeknallten Computertastatur« seien.

Bei der Oscar-Verleihung erregte die Musikerin einiges Aufsehen, als sie sich demonstrativ und hemmungslos betrank. Anschließend jagte sie Cobains Ex-Freundin Mary Lou Lord, eine der Personen, denen sie »verdammt gerne den Hals umdrehen würde«, eine Straße hinunter.

Wenn sie in der Öffentlichkeit über ihren Mann sprach, zeigte sie sich meistens tief bewegt. Für sie war Kurt ein Opfer seines Erfolges geworden. »Letzten Endes bestand sein größtes Problem darin, daß ihm eben *nicht* alles am Arsch vorbeiging«, erzählte sie dem Journalisten David Fricke. »Kurt wurde ständig von diesen gottverdammten Zweifeln geplagt, er war voller Schwächen und mußte sich zudem mit gesundheitlichen Problemen herumschlagen«, schrieb sie online. Und verzweifelten Fans, die im Viretta Park kampierten, erklärte sie: »Als Loser bezeichnet zu werden wäre wirklich das letzte, was er sich gewünscht hätte.«

Love trug nach wie vor den Verlobungsring, den sie von Cobain geschenkt bekommen hatte, bis er ihr aus einem New Yorker Hotelzimmer gestohlen wurde. Ebenfalls nicht trennen mochte sie sich von der braunen Kordjacke ihres Mannes, die die Polizei am Schauplatz der Tat gefunden hatte. Sie schlief sogar in dem nun leerstehenden Zimmer über der Garage. Böse Zungen behaupteten allerdings, daß sie mit der Entscheidung, am Lake Washington Boulevard wohnen zu bleiben, in erster Linie ihren Status als Cobains Witwe untermauern wollte – ein durchaus einträglicher Status, hinterließ Cobain doch Frau und Tochter Besitztümer im Wert von 1,2 Millionen Dollar. »Man wird sich in Zukunft, wenn von berühmten Paaren der Rockgeschichte die Rede ist, nicht mehr nur auf Sid und Nancy oder John und Yoko beziehen, sondern auch auf Kurt und Courtney. Wir haben in diesem Pantheon einen festen Platz«, äußerte sie einmal gegenüber einem Journalisten. Doch der Entschluß, in Seattle zu bleiben, hatte auch seinen Preis. »Das Haus ist rund um die Uhr bewacht; hinter einem neuen elektronischen Zaun mit Sensoren lauern ein Rottweiler und ein deutscher Schäferhund«, schilderte sie ihre Wohnsituation in einer weiteren Online-Message. Und dann gab es da noch die Drohbriefe sogenannter Fans: »Die haben mit netten, harmlosen Kids nicht mehr viel zu tun. Menschen, die *solche* Briefe schreiben, sind hochgradig geisteskrank und gefährlich, blutrünstige Satanisten.«

Loves Ausschweifungen schienen kein Ende zu nehmen. Im Januar 1995 sendete ABC *Inside Edition* Kostproben ihrer »Exzentrik und Unberechenbarkeit«, etwa den Ohnmachtsanfall in einem Nightclub, der Loves Vater vor laufender Kamera zu dem fragwürdigen Ratschlag veranlaßte: »Wenn du niemanden hast, der dir hilft, dann besorge dir jemanden.« Einem weiteren Bericht zufolge wäre sie einmal beinahe verbrannt, nachdem sie mit einer brennenden Zigarette in der Hand eingeschlafen war. Ende 1994 wurde Love auf einem Flug nach Australien festgenommen, weil sie auf eine Stewardeß losgegangen war – nur weil die sie gebeten hatte, ihre Beine einzuziehen. Gegen eine Kaution von 380 Dollar setzte der Friedensrichter die Strafe zur einmonatigen Bewährung aus. Im folgenden Sommer holte man Courtney aus einer Maschine nach Seattle heraus, da sie allem Anschein nach an den Folgen einer »versehentlichen Überdosis« litt. Sie war damit überhaupt nicht einverstanden und wurde prompt wegen Widerstands gegen die Staatsgewalt verhaftet. Außerdem machte sie durch eine Affäre mit Trent Reznor von Nine Inch Nails von sich reden, die angeblich während eines romantischen Wochenendes in New Orleans begonnen hatte.

Wenn sich Love öffentlich über pubertierende Fans aufregte, war dies weniger ein Zeichen größerer Reife als vielmehr Ausdruck ihrer Angst vor dem Verfall, der mit dem Altern einhergeht. »Jedes Anzeichen des Älterwerdens versetzte sie in Angst und Schrecken«, sagt Slim Moon. »Ein Teil von ihr ist immer noch das sechzehnjährige Mädchen von einst«, fügt Collier hinzu. Laut David Haig war es allmählich vorbei mit ihrem Image als »Teenagernutte«. Am 9. Juli 1995 wurde Love dreißig und war damit nur noch zwei Jahre entfernt von dem Alter, mit dem Cobains Auffassung nach »alles vorbei« war. Courtney Love hatte dem nie widersprochen.

Schließlich brach auch Cobains Mutter ihr Schweigen über den Tod ihres Sohnes. *Entertainment Weekly* erzählte Wendy: »Kurts Probleme waren keine vorübergehende Krise, wir kämpften seit Jahren dagegen an. Ganze Nächte lang haben wir darüber geredet. Er litt unter schweren Depressionen, in meiner Familie beinahe eine Erbkrankheit ... Lassen Sie es mich so erklären: Sind Sie jemals in den Magen geboxt worden und haben keine Luft mehr gekriegt? Eine schreckliche, Panik hervorrufende Situation. Können Sie sich vorstellen, über Jahre in dieser Geistesverfassung, in diesem Zustand von Angst und Furcht zu leben? Er war ein wunderbarer Mensch, aber er konnte ganz einfach die Schmerzen nicht mehr ertragen. Deshalb bin ich nicht wütend auf Kurt.«

Wendy lebt noch heute in dem kleinen Haus in der East 1st Street und arbeitet angeblich an einem Buch. Nachdem sie den ersten Schock und Kummer über Kurts Tod überwunden hatte, begann sie, das Ereignis als etwas Schreckliches, aber durchaus Folgerichtiges anzusehen. »Wir alle beteten, daß Frances ihn retten würde«, sagt sie. »Aber ich glaube, letzten Endes war seine Tochter einer der ausschlaggebenden Gründe dafür, daß er es tat. Es ist eine schlimme Erfahrung, zusehen zu müssen, wie jemand langsam am Heroin zugrunde geht. Er wollte ihr diese Erfahrung ersparen ... Die Erinnerung an seine eigene Kindheit ließ ihn fürchten, er könne der Vaterrolle möglicherweise nicht gewachsen sein. Tatsächlich machte er seine Sache sehr gut, obwohl er sich eher wie eine Mutter benahm, so wie er Frances verhätschelte und ihr seine Zuneigung zeigte. Aber er hatte immer das Gefühl, ihr nicht genug geben zu können.« Cobain selbst hatte genau diese Ängste in den privaten Passagen seines Abschiedsbriefes angesprochen, indem er erklärte, das Leben seines Babys würde ohne ihn »so viel glücklicher« verlaufen.

Don Cobain zog nach Bellingham nördlich von Seattle und trat der Washington State Patrol bei. Mit Love und seiner Enkeltochter hat er nur sporadisch Kontakt. Von einer Ausnahme abgesehen, lehnt Don alle Angebote der Medien ab, über Kurt und seine Familie zu sprechen, denn seiner Meinung nach ist es ein Verdienst der Presse, daß er als der »Erzschurke« in Kurts Leben angesehen werde.

Laut Wendy »spürte Frances in der ersten Woche, daß irgend etwas Schlimmes passiert war. Nach einer Weile fing sie dann an, um sich zu schlagen und zu kneifen – als wollte sie sagen: ›Okay, wir sind lange genug traurig gewesen, holt Daddy jetzt zurück.‹« Love erzählte dem *Rolling Stone*: »Manchmal schreit sie nachts nach ihrem Vater ... Und ich dachte, sie wüßte nichts. Um sie zu beruhigen, erwähne ich ihn alle paar Tage.« Wenn Frances alt genug ist, um alles verstehen zu können, soll sie Gelegenheit bekommen, ihren Vater durch Videoaufzeichnungen und Bänder »kennenzulernen«. Einstweilen erkundet sie mit ihrem Kindermädchen die nähere Umgebung des Hauses. Oft spielt sie am Ufer des Sees, schaut mit den wohlbekannten, durchdringend blauen Augen suchend umher und ruft weinend nach ihren Eltern.

Zu denen, die von Cobains Tod am unmittelbarsten betroffen waren, zählten natürlich die Mitglieder Nirvanas. Abgesehen von einem kurzen Engagement beider als Begleitmusiker von Simon Fair Timony, der Veröffentlichung von *Unplugged* und *Live! Tonight!* sowie einem kurzen Gastspiel Novoselics in dem Trio Sweet 75 hörte man von ihm und Grohl in den letzten Jahren nur wenig. Über den Drummer ging das Gerücht, er wolle sich Cobains alten Feinden Pearl Jam anschließen, was jedoch durch Grohls Erfolg mit den Foo Fighters schnell widerlegt wurde.

Man kann darüber streiten, ob Cobain seine Plattenfirma Sub Pop groß gemacht hat oder umgekehrt. Freunde wie Charles Peterson und Alice Wheeler sind sich jedoch einig, daß die Promotionaktionen der Plattenfirma wesentlich zur Entstehung des Nirvana-Mythos beigetragen haben. Pavitts Kommentar gegenüber einem *Sounds*-Reporter im Jahr 1989 brachte es auf den Punkt: »Eines sollten Sie wissen«, sagte er, »ich lege meine Hand dafür ins Feuer, daß Kurt es schaffen wird.« Bis zu dem Tag, an dem sich Cobains Ambitionen schließlich realisierten, sprach er stets mit geradezu rührender Dankbarkeit über sein Label. Alles, seinen ganzen Erfolg, habe er ihm zu verdanken, sagte er zu Collier. Cobain bekam von Sub Pop reichlich Gelegenheit, seine Talente zur Geltung zu bringen, und daß er als »aufgehender Stern« gehandelt wurde, kam der Plattenfirma, die so liebend gern einen Star unter Vertrag haben wollte, sehr entgegen.

Wenngleich Sub Pop fünf Jahre später Reportern gegenüber behauptete, »keinerlei Kontakt mehr zu der Gruppe« zu haben, gab es doch einige unübersehbare Beweise für die enormen Umsätze, die mit den ersten drei Nirvana-Alben erzielt worden waren – etwa die Bürosuite im Penthouse und ein prächtig gedeihender Souvenirshop. Der 1989 so schockierend erscheinende Gedanke, Sub Pops Interesse an Nirvana sei vorwiegend kommerzieller Natur, schien sich 1994 zu bestätigen. Um Weihnachten dieses Jahres verkaufte die Plattengesellschaft einen Firmenanteil von 49 Pro-

»Vielen Dank. Ich bin ein Rockstar.«

zent an Warner Music US, eine Tochtergesellschaft des Giganten Warner Music Group. Laut Poneman war vereinbart worden, daß Sub Pop dem Warner Label Elektra angegliedert würde, aber »als völlig autonomes« Unternehmen weiterbestehe. Der Deal mit Warner Music eröffnete Sub Pop Möglichkeiten, von denen man noch vor wenigen Jahren nicht einmal zu träumen gewagt hätte. Pavitt und Poneman, die einst auf der Straße Schallplatten aus Pappkartons verkauft hatten, beschäftigten nunmehr allein in ihrem Büro in Seattle vierzig Mitarbeiter, weitere drei in Boston und sechs in Europa. 1994 machte das Label einen Umsatz von 7 Millionen Dollar. Pavitt bemerkt: »Die Partnerschaft mit Warner bringt uns einen entscheidenden Schritt weiter. Unser Ziel ist es, aus Sub Pop ein Label zu machen, das die Ideale einer unabhängigen Plattenfirma mit der Schlagkraft einer großen verbindet.« Darüber hinaus war dieser Zusammenschluß praktisch eine Garantie dafür, daß Seattle bis ins nächste Jahrtausend hinein ein Zentrum des Rockgeschäfts bleiben würde.

Die lokalen Charts wurden 1994 angeführt von Gruppen wie Pearl Jam, Soundgarden und Hole – ein weiterer Beweis dafür, daß der Underground zum Mainstream geworden war –, und in den Fernsehshows wimmelte es plötzlich von unglücklichen Rockmusikern in Flanellhemden. 1994 nominierte der *Rolling Stone* Nirvana als »Gruppe des Jahres«, und *Spin* nannte sie als erste der »zehn wichtigsten Bands der Jahre 1985–1995«.

Chronologie

20. Februar 1967	Kurt Donald Cobain wird im Grays Harbor Community Hospital in Aberdeen, Washington, geboren.
August 1967	Die Familie zieht in die East 1st Street 1210 in Aberdeen. Es sind die geordnetsten Lebensverhältnisse, die Cobain jemals erlebte.
24. April 1970	Cobains Schwester Kimberly wird geboren.
1. März 1976	Cobains Vater Don verläßt die gemeinsame Wohnung.
9. Juli 1976	Don und Wendy Cobain lassen sich scheiden. Das Sorgerecht für die Kinder wird der Mutter zugesprochen.
1977	Cobain hört zum ersten Mal Punkrock, er endeckt die Musik der Ramones und der Sex Pistols.
14. Juni 1979	Don Cobain beantragt beim Grays Harbor Superior Court das Sorgerecht für seinen Sohn, der zu dieser Zeit zwischen Eltern, Großeltern und anderen Verwandten hin und her pendelt.
20. Februar 1981	Cobain bekommt seine erste Gitarre geschenkt – eine sechssaitige Lindell aus zweiter Hand. Wie sein Musiklehrer berichtet, besteht Kurts Hauptziel darin, »Stairway To Heaven« spielen zu können.
1982	Cobains musikalischer Horizont erweitert sich, als ihn der Melvins-Sänger Buzz Osborne mit New-Wave-Gruppen wie Flipper, MDC und Butthole Surfers bekannt macht.

Chronologie

1983	Cobain lernt Chris Novoselic kennen, ebenfalls Stammgast bei Konzerten der Melvins und potentieller Punkrocker. Die beiden besprühen in Aberdeen diverse Fassaden mit Graffiti.
August 1984	Cobain erlebt erstmals eine Punkrock-Gruppe live; am gleichen Tag beginnt MTV mit der Ausstrahlung seines Programms. Der Sender verspricht eine internationale und allumfassende »Berichterstattung über New Wave und neue Talente«.
Mai 1985	Cobain geht von der Aberdeen High School ab, nur wenige Wochen bevor er seinen Abschluß gehabt hätte. Quasi ohne festen Wohnsitz, verbringt er mehrere Nächte unter der North Aberdeen Bridge und probiert zum ersten Mal Heroin aus.
1986	Cobain und Novoselic beginnen mit regelmäßigen Musikproben. Er nimmt einen Gelegenheitsjob im nahen Polynesian Ocean Front Hotel an.
September 1987	Cobain zieht in das Apartment seiner Freundin Tracy Marander in der North Pear Street 114 in Olympia ein. Kurt, Novoselic und der Schlagzeuger Aaron Burckhard gründen eine Band, der sie diverse kurzlebige Bezeichnungen geben; schließlich einigen sie sich auf den Namen Nirvana.
23. Januar 1988	Das Trio (mit Dale Crover, der Burckhard ersetzt hat) nimmt in den Reciprocal Studios in Seattle eine zehn Stücke umfassende Session auf – Jack Endino, der »Pate des Grunge«, macht dies möglich.
Frühjahr 1988	Burckhard kehrt kurzfristig als Schlagzeuger der Band zurück, geht wieder und kommt abermals, nur um dann durch Chad Channing ersetzt zu werden.
November 1988	Sub Pop veröffentlicht Nirvanas erste Single »Love Buzz«/»Big Cheese« in einer limitierten Edition von 1 000 Exemplaren.
	Unterdessen wird von John Peel im *Observer* die Compilation *Sub Pop 2 000* mit Nirvanas Song »Spank Thru« besprochen.

25. Februar 1989	Nirvana spielen in der University of Washington und an verschiedenen anderen Orten der Westküste.
18. März 1989	Everett True vom *Melody Maker*, der auf Sub Pops Kosten nach Seattle geflogen ist, beschreibt Nirvana als die »Band der Zukunft« und »Kurdt Kobain« (*sic*) als »großen Musiker, der ein Gitarrenriff mit *Leidenschaft* spielt«.
15. Juni 1989	Nirvanas Debütalbum *Bleach* wird von Sub Pop veröffentlicht.
	Die Gruppe geht auf ihre erste ausgedehnte Tournee durch die Vereinigten Staaten.
30. Oktober 1989	Nirvana starten ihre erste Europa-Tournee in Newcastle, sind anläßlich des Falls der Mauer in Berlin und geben am 3. Dezember ein triumphales Konzert im Londoner Astoria.
1. April 1990	Die Band startet eine zweite große Tournee durch die Vereinigten Staaten, diesmal mit einem Road Manager und zwei Helfern. Channing wird gefeuert, und Dale Crover kehrt ans Schlagzeug zurück.
22. September 1990	Nirvana treten beim Motor Sports International auf – ein Gig, der von einigen Kritikern als ein Ereignis beschrieben wird, an dem sich alle anderen Bands der »Seattle-Szene« zu messen haben werden. Drei Tage später wird Danny Peters, ein weiterer Schlagzeuger Nirvanas, durch Dave Grohl ersetzt.
Oktober 1990	Die neue Besetzung – Cobain, Novoselic und Grohl – macht eine kurze Tour durch Großbritannien.
1. Dezember 1990	Sub Pop veröffentlicht Nirvanas zweite Single »Sliver«/»Dive«, während Cobain seine Suche nach einer größeren Plattenfirma verstärkt.
Winter 1990/91	Nirvana schließen einen Vertrag mit der David Geffen Company ab und bekommen einen Vorschuß in Höhe von 290 000 Dollar. Sub Pop erhält eine anfängliche Abstandszahlung in Höhe von 75 000 Dollar, einen Prozentsatz von den zukünfti-

Chronologie

	gen Gewinnen aus Plattenverkäufen der Gruppe und das Recht, mit »Molly's Lips« eine letzte Nirvana-Single herauszubringen.
30. April 1991	Nirvana unterschreiben offiziell bei Geffen.
Mai/Juni 1991	In den Sound City Studios in Kalifornien finden Sessions für die Platte statt, die später *Nevermind* genannt wird. Cobain bekommt in Kalifornien Besuch von Courtney Love.
20. August 1991	Nirvana machen eine Europa-Tournee mit neun Auftritten, darunter der gefeierte Gig beim Reading Festival.
20. September 1991	Eine sechswöchige Tournee durch die Vereinigten Staaten beginnt.
24. September 1991	Geffen liefert 46 000 Exemplare von *Nevermind* aus. Weihnachten werden von dem Album 400 000 Exemplare in der Woche verkauft, und die Umsätze innerhalb eines Jahres betragen 50 Millionen Dollar.
31. Oktober 1991	Nirvana kehren nach Seattle zurück, um im Paramount zu spielen.
4. November 1991	Die Gruppe hat einen Auftritt in Bristol, weitere in Großbritannien und Europa folgen.
	Sowohl die LP *Nevermind* als auch die Single »Smells Like Teen Spirit« klettern in den Hitparaden nach oben. Cobain hört sich im Tourneebus *Abba's Greatest Hits* an.
12. Januar 1991	*Nevermind* wird Nummer eins.
24. Februar 1992	Cobain heiratet Courtney Love auf Hawaii.
August 1992	Während Gerüchte über den Drogenkonsum des Paars die Runde machen, veröffentlicht *Vanity Fair* einen Artikel, in dem Love als »kranke Persönlichkeit« und »nicht sonderlich interessiert an den Konsequenzen ihres Handelns« beschrieben wird. Ängste um die Gesundheit ihres ungeborenen Kindes kommen auf.

18. August 1992	Frances Bean Cobain wird in Los Angeles geboren, während sich ihr Vater zu dieser Zeit im selben Krankenhaus einer Entgiftung unterzieht. Das Jugendamt verweigert den Eltern das Sorgerecht für ihr Kind. Ein Prozeß wird angestrengt, der sich bis März 1993 hinzieht.
30. August 1992	Nur wenige Tage nach der Entlassung aus dem Krankenhaus und nachdem er gedroht hatte, sich selbst umzubringen, ist Cobain mit Nirvana die Hauptattraktion beim Reading Festival.
9. September 1992	Anläßlich einer Preisverleihung erzählt Cobain einem internationalen Fernsehpublikum: »Es fällt schwer, alles zu glauben, was man liest.« Bei derselben Veranstaltung kommt es hinter der Bühne zu einem Handgemenge zwischen Kurt und Axl Rose.
30. Oktober 1992	Nirvana spielen vor 50 000 Fans in Buenos Aires; Kurt beschimpft sein Publikum als die größte Ansammlung von Sexisten, die er jemals gesehen habe.
15. Dezember 1992	Geffen veröffentlicht *Incesticide,* eine Compilation aus B-Seiten, überschüssigem Material und Aufnahmen aus Nirvanas BBC-Sessions.
Februar 1993	Nirvana nehmen ihr drittes Album *In Utero* in den Pachyderm Studios in Minnesota auf. Die Rohfassungen der Stücke werden in sechs Tagen aufgenommen – der Streit über die Produktion dauert sechs Monate.
9. Februar 1993	Cobain erzählt dem *Advocate*: »Ich bin wahrscheinlich bisexuell.« Und: »In meinen Gedanken bin ich definitiv schwul.«
März 1993	Die Familie Cobain kauft ein viereinhalb Hektar großes Anwesen in Carnation, östlich von Seattle, und mietet in der City ein Haus am Seeufer.
9. April 1993	Nirvana spielen in San Francisco im Cow Palace bei einer Wohltätigkeitsveranstaltung.
2. Mai 1993	Cobain wird in Seattle mit einer Heroinüberdosis in ein Krankenhaus eingeliefert.

Chronologie

4. Juni 1993	Die Polizei von Seattle nimmt Cobain fest, weil er seine Frau körperlich bedroht haben soll.
23. Juli 1993	Kurt nimmt abermals eine Überdosis, diesmal wenige Stunden vor einem geplanten Auftritt in New York.
21. September 1993	Geffen veröffentlicht *In Utero*. Das Album erreicht auf Anhieb Platz eins der *Billboard*-Charts.
18. Oktober 1993	Nirvana starten, um *In Utero* zu promoten, eine 45 Stationen umfassende Tournee durch die Vereinigten Staaten.
Oktober 1993	Cobain besucht William Burroughs in dessen Haus in Lawrence, Kansas. Auf den Schriftsteller wirkt Kurt »schüchtern« und »einnehmend verloren«.
18. November 1993	Nirvana spielen eine *Unplugged*-Session in New York. Das Album wird ein Jahr später veröffentlicht.
7.-8. Januar 1994	Die Band hat einen Gig in der Center Arena in Seattle. Es ist ihre letzte Show in den Vereinigten Staaten.
Januar 1994	Die Familie Cobain bezieht ein Haus am Lake Washington Boulevard Nr. 171 in Seattle.
2. Februar 1994	Nirvana fliegen mit zwei zusätzlichen Musikern nach Europa.
1. März 1994	Die Gruppe spielt im Terminal Einz in München. Es ist ihr letzter Auftritt überhaupt.
3.-4. März 1994	Cobain nimmt eine Überdosis – eine Kombination aus Champagner und dem valiumähnlichen Rohypnol. Sein Management stellt den Vorfall als Unfall hin, tatsächlich ist es jedoch ein erster Selbstmordversuch.
18. März 1994	Die Cobains sind wieder in Seattle. Erneut erhält die Polizei einen Hilferuf Courtneys, die sich bei einem häuslichen Streit von Kurt bedroht fühlt.
30. März 1994	Bei Stan Baker Sports in Seattle kauft Cobain, gemeinsam mit seinem Freund Dylan Carlson, eine Remington M11-Schrotflinte, Kaliber 20. Cobain

	fliegt nach Los Angeles und verbringt zwei Tage im Exodus Recovery Center in Marina del Ray.
1. April 1994	Cobain flüchtet aus dem Exodus, indem er über eine Mauer klettert. Er fliegt nach Seattle.
4. April 1994	Kurts Mutter gibt bei der Polizei von Seattle eine Vermißtenanzeige auf. Sie erklärt, daß ihr Sohn mit einer Schrotflinte bewaffnet und möglicherweise selbstmordgefährdet ist.
5. April 1994	Cobain gelingt es, der Polizei, einem Privatdetektiv und auf seinem Anwesen arbeitenden Elektrikern aus dem Weg zu gehen, verbarrikadiert sich am Lake Washington Boulevard in dem Raum über der Garage, schreibt einen Abschiedsbrief, injiziert sich Heroin, steckt den Lauf der Schrotflinte in den Mund und betätigt den Abzug.

Diskographie

Die folgende Diskographie ist chronologisch geordnet. Auf die Auflistung von Singles, Maxis und EPs wurde mit wenigen Ausnahmen verzichtet, da sie nur für kurze Zeit im Schallplattenhandel erhältlich waren und mittlerweile vergriffen sind. Auch die inzwischen mehreren Hundert Nirvana-Bootlegs wurden nicht aufgenommen, da sie im »legalen« Handel nicht zu erhalten sind. Das der jeweiligen CD in Klammern nachgestellte Datum bezeichnet das Jahr ihrer Erstveröffentlichung; die angegebene Bestellnummer bezieht sich auf die bei Redaktionsschluß (Juli 1996) erhältliche, bzw., wenn es sich um einen offiziell vergriffenen Titel handelt, um die zuletzt verfügbare Version.

1. NIRVANA: Alben

Bleach (1989)
BMG/Geffen GED 24433
Blew; Floyd The Barber; About A Girl; School; Love Buzz; Paper Cuts; Negative Creep; Scoff; Swap Meet; Mr. Moustache; Sifting; Big Cheese; Downer

Nevermind (1991)
BMG/Geffen GED 24425
Smells Like Teen Spirit; In Bloom; Come As You Are; Breed; Lithium; Polly; Territorial Pissings; Drain You; Lounge Act; Stay Away; On A Plain; Something In The Way

Incesticide (1992)
BMG/Geffen GED 24504
[Compilation aus Single-B-Seiten, BBC-Sessions, Demos und Out-takes der Jahre 1988 bis 1992]
Dive; Sliver; Stain; Been A Son; Turnaround; Mollys's Lips; Son Of A Gun; (New Wave) Polly; Beeswax; Downer; Mexican Seafood; Hairspray Queen; Aero Zeppelin; Big Long Now; Aneurysm

In Utero (1993)
BMG/Geffen GED 24536
Serve The Servants; Scentless Apprentice; Heart-Shaped Box; Rape Me; Frances Farmer Will Have Her Revenge On Seattle; Dumb; Very Ape; Milk It; Pennyroyal Tea; Radio Friendly Unit Shifter; Tourette's; All Apologies; Gallons Of Rubbing Alcohol Flow Through The Strip

Unplugged In New York (1994)
BMG/Geffen GED 24727
About A Girl; Come As You Are; Jesus Doesn't Want Me For A Sunbeam; The Man Who Sold The World; Pennyroyal Tea; Dumb; Polly; On A Plain; Something In The Way; Plateau; Oh Me; Lake Of Fire; All Apologies; Where Did You Sleep Last Night

Singles (1995)
BMG/Geffen GEFD 24961
[6-CD-Box; limitierte Auflage. Enthält die zu den Alben *Nevermind* und *In Utero* veröffentlichten CD-Maxis »Smells Like Teen Spirit«, »Come As You Are«, »In Bloom«, »Lithium«, »Heart-Shaped Box«, »All Apologies«. Darauf: 11 Songs (*), die überhaupt nicht oder nicht in diesen Versionen auf den offiziellen Nirvana-Alben enthalten sind.]
[*Nevermind*:]
Smells Like Teen Spirit (edit)*; Even In His Youth (non-LP)*; Aneurysm (non-LP)*
Come As You Are; Endless Nameless; School (live)*; Drain You (live)*
In Bloom; Sliver (live)*; Polly (live)*
Lithium; Been A Son (live)*; Curmudgeon (non-LP)*
[*In Utero*:]
Heart-Shaped Box; Milk It; Marigold (non-LP)*
All Apologies; Rape Me; Moist Vagina (non-LP)*

2. KURT COBAIN: KOLLABORATIONEN

Mark Lanegan: The Winding Sheet (1990)
EFA CD-05595 (vergr.)
[Gastauftritt von Kurt Cobain bei einem Titel: *Where Did You Sleep Last Night*]

Earth: Bureaucratic Desire For Revenge (1991)
EFA CD-08512
[Gastauftritt von Kurt Cobain]

William S. Burroughs/Kurt Cobain: The »Priest« They Called Him (1993)
CD-Single: Tim Kerr 44 (U.S.-Import)

The Melvins: Houdini (1993)
Eastwest/Atlantic 7567-82532-2
[Kurt Cobain als Co-Produzent]

3. COMPILATIONS

Various Artists: Sub Pop 200 (1988)
EFA CD-08238
[Nirvana: *Spank Thru*]

Various Artists: Teriyaki Asthma, Vol. 1 &2 (1989)
C/Z CZ-037CD
[Zusammenstellung von zwei zuvor bereits separat erschienenen EPs; Nirvana auf Vol. 1: *Mexican Seafood*]

Various Artists: Hard To Believe (1990)
EFA CD-17771 (vergr.)
[Compilation mit Cover-Versionen von Songs der Band Kiss; Nirvana: *Do You Love Me*]

Various Artists: Kill Rock Stars (1991)
Semaphore/Pinnacle KRS-207
[Nirvana: *Beeswax*]

Various Artists: Fourteen Songs For Greg Sage & Wipers (1992)
Semaphore/Tim Kerr 91
[Nirvana: *Return Of The Rat*]

Various Artists: The Beavis and Butt-Head Experience (1993)
BMG/Geffen GED 24613
[Nirvana: *I Hate Myself And I Want To Die*]

Various Artists: No Alternative (1993)
BMG/Arista 07822-18737-2
[Nirvana: *Verse Chorus Verse*; identisch mit der bislang nur auf Bootlegs veröffentlichten Komposition *Everything And Nothing*]

Various Artists: Geffen Rarities, Vol. 1 (1994)
BMG/Geffen GED 24544
[Nirvana: *Pay To Play*; Ur-Version der auf dem Album »Nevermind« veröffentlichten Komposition *On A Plain*]

Quellenangaben und Kapitelanmerkungen

Es ist kein Geheimnis, daß sich ein Buch wie dieses auf die Erkenntnisse, Gedanken und Erinnerungen einer großen Anzahl von Menschen stützt. Die nachstehenden Anmerkungen nennen die Hauptquellen, die beim Schreiben der einzelnen Kapitel herangezogen wurden. Ich habe außerdem eine Reihe von Personen interviewt, die namentlich nicht genannt werden möchten. Wenn Gesprächspartner um Anonymität baten – normalerweise unter Bezugnahme auf die Freundschaft zu Cobains Witwe –, habe ich alles versucht, sie doch noch zu bewegen, sich persönlich nennen zu lassen. Wenn dies nicht gelang, habe ich auf Redewendungen wie »ein Zeuge« oder »ein Kollege« zurückgegriffen. Ich bedauere sehr, daß dadurch die gewaltige Unterstützung, Ermutigung und Hilfsbereitschaft vieler hier keine ausdrückliche Würdigung erfahren kann. Wird Cobain selbst zitiert, handelt es sich bei den Quellen entweder um veröffentlichte Interviews, die er gab, um meine eigenen Notizen oder um die Erinnerungen von anderen Menschen, die mit ihm gesprochen haben.

1. Kapitel

Gut recherchierte Berichte über Cobains Selbstmord und die anschließenden Geschehnisse erschienen weltweit in zahlreichen Zeitungen und Magazinen. Ich möchte insbesondere die Artikel erwähnen, die von *Guardian, The Times, Today* und *Q* veröffentlicht wurden. Persönliche Kommentare steuerten Beverley Cobain, Gillian Gaar und Patrick MacDonald bei. Für den Rest des Kapitels ist voll und ganz mein eigenes Gedächtnis verantwortlich.

2. Kapitel

Über Cobains Kindheit sind bereits verschiedene Abhandlungen publiziert worden, vor allem in Michael Azerrads *Come As You Are* (Virgin Books, 1993). Es ist mir ein Vergnügen anzuerkennen, daß ich tief in der Schuld dieses Werks stehe, der umfassendsten Geschichte über Nirvana, die bislang geschrieben wurde. Auch Dave Thompsons *Never Fade Away: The Kurt Cobain Story* (Pan Books, 1994) liefert wertvolle Informationen.

Für persönliche Kommentare über die Periode von 1967 bis 1986 bin ich folgenden Personen dankbar: Les Blue, Beverley Cobain, Don Cobain, Ernest Cobain, Iris Cobain, Leland Cobain, Toni Cobain, Francis Coughlin, Amy Griggs, Tony Groves, Randi Hubbard, Robert Hunter, Claude Iosso, Betty Kalles, Megan Kern, Donna Kessler, Warren Mason, Maria Novoselic, Jeff Sanford, Michael Schepp und Lamont Shillinger. Myer Loftin gab mir sehr hilfreiche Hinweise über Cobains sexuelle Identität als Teenager.

Weiteres in diesem Kapitel verarbeitetes Material stammt von der *Daily World* aus Aberdeen, der Aberdeen High School, dem Grays Harbor County Court, der Montesano High School sowie der *Times* und dem *Post-Intelligencer* aus Seattle.

John Prins und Jim Meyersahm bin ich dankbar dafür, daß sie mich durch Cobains Heimatstadt führten.

3. Kapitel

Zu den Hauptquellen dieses Kapitels gehören Patrick Campbell-Lyons, Beverley Cobain, Jack Daugherty, Robert Hunter, Myer Loftin und Dale Poore. Der Versuch, die »Seattle-Szene« der späten achtziger Jahre zu beschreiben, wäre ohne die Hilfe von Grant Alden, Tim Arnold, Gillian Gaar, Patrick MacDonald und Noel Tyler unendlich schwerer geworden. Cobains Freunde Slim Moon und Alice Wheeler ermöglichten mir Einblicke in sein Leben in Olympia.

Eindrücke von der Begeisterung, die Nirvana zu Beginn ihrer Karriere in Großbritannien entgegenschlug, wurden vermittelt von Jeff Griffin und John Peel wie auch durch das Studium älterer Ausgaben der Zeitschriften *Melody Maker* und *Sounds*. Charles Peterson, den ich in Seattle interviewte, äußerte sich freimütig und fesselnd über Cobains Durchbruch als professioneller Musiker. Bei diesem Thema stützte ich mich außerdem auf meine eigenen Notizen, die ich machte, als ich 1988 in Seattle lebte.

Zu den von mir herangezogenen publizierten Quellen zählen Suzi Blacks *Nirvana* (Omnibus Press, 1992), Brad Morrells *Nirvana And The*

Sound Of Seattle (Omnibus, 1993), Zeitschriften wie *Rolling Stone, Q, The Face, Vox, Raw, People* und *Spin* sowie abermals Michael Azerrads *Come As You Are* (Virgin Books, 1993) und *Never Fade Away: The Kurt Cobain Story* (Pan Books, 1994) von Dave Thompson.

4. Kapitel

Charles Peterson, der Mann, der nach Cobains Ansicht den Grunge erst wirklich populär gemacht hatte, war einer meiner wichtigsten Gesprächspartner für dieses Kapitel. Grant Alden, Cheryl Han, Julia Levy, Patrick MacDonald, Slim Moon, Lisa Orth, John Peel, Jeff Sanford und Alice Wheeler trugen alle dazu bei, meine Nachforschungen ergiebiger zu gestalten, als dies ohne ihre freundliche Mithilfe möglich gewesen wäre.

Zu den publizierten Quellen gehörten einmal mehr die relevanten Ausgaben von *Melody Maker* und *Sounds* sowie Gillian Gaars Essay »The Dark Side of Innocence: Nirvana and the Rise of the Seattle Sound«, veröffentlicht in *Goldmine*, Dezember 1993.

»About A Girl« (Cobain) © 1989, Virgin Songs, Inc/The End Of Music.

5. Kapitel

Zu den herangezogenen Quellen zählen Chuck Leavell, Slim Moon, Karen Pelley, John Peel und Kate Rous. Da sich Sub Pop in bezug auf Kurt Cobain als überaus verschwiegen erwies, stütze ich mich in diesem Kapitel maßgeblich auf anonyme, aber zuverlässige Quellen wie auch auf die Erinnerungen von Alice Wheeler und Lisa Orth. Drei weitere Frauen, Randi Edlin, Geraldine Hope und Julia Levy, sprachen mit mir über ihre Beziehung zu Cobain.

Publiziertes Material entnahm ich der *New York Times, Vanity Fair, BAM, Billboard, Melody Maker, Rolling Stone* und *Rocket*. Einige der Zitate von und über Cobain in diesem Kapitel erschienen zuerst in *Come As You Are* (Virgin Books, 1993) von Michael Azerrad.

Gillian Gaar stellte mir ein Band mit verschiedenen Kommentaren Cobains zu Victoria Clarke und Britt Collins zur Verfügung.

6. Kapitel

Unschätzbare Hilfe leisteten Grant Alden, Mike Coffey, Randi Hubbard, Frank Hulme, Patrick MacDonald, Frank Medina, Slim Moon, Charles Peterson, Kate Rous, Tony Selmer, Alice Wheeler und Graham Wright. Don Cobain wollte zwar kein offizielles Interview geben, erklärte sich jedoch zu einer Reihe von Kommentaren über seinen Sohn bereit, ebenso wie Wendy O'Connor, die ein Gespräch mit Claude Iosso führte.

Zitate und Hintergrundmaterial über Courtney Love stammten aus Michael Azerrads *Come As You Are* (Virgin Books, 1993) sowie aus der großen Anzahl der von ihr gegebenen Interviews, wobei ich mich in besonderem Maße auf das am 15. Dezember 1994 im *Rolling Stone* erschienene beziehe.

Miti Adhikari, der in London Aufnahmen mit Nirvana machte, und Patrick Campbell-Lyons, der einen Rechtsstreit mit der Band austrug, waren beide sehr hilfreich.

Ein nützliches, aber keineswegs umfassendes Porträt Nirvanas in diesen Jahren kann man auf dem von Geffen herausgegebenen Video *Live! Tonight! Sold Out!!* finden. Außerdem möchte ich die Music Collection *Tribute To Kurt Cobain* erwähnen.

Weitere Recherchen erfolgten in den King und Paramount Theatres in Seattle und im Gebäude der Lotterie des Staates Washington.

»Smells Like Teen Spirit« (Cobain) © 1991, Virgin Songs, Inc/The End Of Music.

»Come As You Are« (Cobain) © 1991, Virgin Songs, Inc/The End Of Music.

7. Kapitel

Miti Adhikari, Grant Alden, Frank Hulme, Patrick MacDonald, Charles Peterson, Celia Ross und Graham Wright erinnern sich lebhaft an Cobains Reaktion auf den plötzlichen Ruhm und das viele Geld. Einem Zeugen im Harborview Medical Center in Seattle bin ich ebenso dankbar wie dem verstorbenen Frank Zappa.

Publizierte Berichte über Cobains Leben im Jahr 1992 lieferten die *Daily World* aus Aberdeen sowie *Globe, Rocket, Spin* und *Vanity Fair*. Eine Quelle bei der Washington Music Industry Coalition machte mich mit der Meinung dieser Organisation über Cobain vertraut.

Meine eigenen Nachforschungen zu diesem Kapitel führten mich ins Olympus Hotel in Tacoma, in die Pourhouse Tavern in Aberdeen und ins Quaglino's in London.

Großer Dank gebührt wiederum Michael Azerrad für *Come As You Are* (Virgin Books, 1993) sowie den Redakteuren des *Rolling Stone* für *Cobain* (Little Brown, 1994).

»On A Plain« (Cobain) © 1991, Virgin Songs, Inc/The End Of Music.

»All Apologies« (Cobain) © 1993, Virgin Songs, Inc/The End Of Music.

Quellenangaben und Kapitelanmerkungen

8. Kapitel

Eines der größten Vergnügen beim Schreiben dieses Buches war es, William Burroughs zu interviewen. Sowohl ihm als auch seinem Sekretär James Grauerholz bin ich sehr dankbar. Mit diesem führte ich im Winter 1994/95 rund zwei Dutzend Telefonate.

Michael Andeel und Gillian Gaar ließen mich an ihren persönlichen Erinnerungen an den letzten Auftritt Nirvanas als Trio teilhaben. Er fand im August 1993 statt.

Andere Quellen waren Grant Alden, Beverley Cobain, Mike Collier, David Haig, Frank Hulme, Lisa Orth, Charles Peterson, Lamont Shillinger und Alice Wheeler. Monty Dennison und Jane Farrar halfen, Cobains Häuser in Carnation und in der Lakeside Avenue NE in Seattle ausfindig zu machen.

Zu dem herangezogenen publizierten Material gehören Artikel in *Advocate, Tribune* (Chicago), *Face, Times* (Los Angeles), *Weekly* (Los Angeles), *Newsweek, New York Times, Rolling Stone, Times* (Seattle) und *Select*. Das Zitat von Jo-Ann Greene erschien ursprünglich in Dave Thompsons *Never Fade Away: The Kurt Cobain Story* (Pan Book, 1994).

Dokumentationsmaterial über Cobains Kollaps im Mai 1993 wie auch über seine Festnahme im darauffolgenden Monat wurde mir von der Polizei in Seattle zur Verfügung gestellt.

»Heart-Shaped Box« (Cobain) © 1993, Virgin Songs, Inc/The End Of Music.

»All Apologies« (Cobain) © 1993, Virgin Songs, Inc/The End Of Music.

»Serve The Servants« (Cobain) © 1993, Virgin Songs, Inc/The End Of Music.

»Frances Farmer Will Have Her Revenge On Seattle« (Cobain) © 1993, Virgin Songs, Inc/The End Of Music.

»Milk It« (Cobain) © 1993, Virgin Songs, Inc/The End Of Music.

9. Kapitel

Bei der Schilderung der letzten Wochen im Leben Cobains stütze ich mich auf Aussagen von Zeugen, zu denen Miti Adhikari, Michael Andeel, Mike Collier, Gillian Gaar, Sam Mayne, Charles Peterson und Alice Wheeler gehören. Die Rekonstruktion der tatsächlichen Geschehnisse im April 1994 wäre ohne die Hilfe durch die Polizei von Seattle und die Unterstützung durch ihren Rechtsberater Leo Poort ungleich schwieriger gewesen.

Für Informationen über die Wochen nach Cobains Tod bin ich Marco Collins, Gillian Gaar, Nikolas Hartshorne, Claude Iosso und Stephen Towles dankbar.

Weitere wichtige Einblicke wurden mir freundlicherweise gewährt von CNN, *Face, Melody Maker, New Musical Express, Newsweek, New York Times, People, Q, Raw, Rolling Stone,* dem Bauamt Seattles, *Vox,* der *Times* aus Seattle und dem Washington State Department of Health.

Einige der Zitate Wendy O'Connors erschienen zuerst in *Today.* Abrisse über Cobains Leben wurden mir zur Verfügung gestellt von Grant Alden, William Burroughs, Beverley Cobain, David Haig, Randi Hubbard, Slim Moon und John Peel.

»Serve The Servants« (Cobain) © 1993, Virgin Songs, Inc/The End Of Music.

»All Apologies« (Cobain) © 1993, Virgin Songs, Inc/The End Of Music.

»Radio Friendly Unit Shifter« (Cobain) © 1993, Virgin Songs, Inc/The End Of Music.

»Milk It« (Cobain) © 1993, Virgin Songs, Inc/The End Of Music.

Danksagungen

Schließlich möchte ich mich persönlich bedanken bei: Kathleen Anderson, Peter Barnes, Judy Baskey, Jeanne und Ray Bates, Asunción Batlle Brossa, Robert Bruce, Ken und Cindy Crabtrey, dem Crocodile Café, Janice Crotch, Celia Culpan, Miles Dennison, Focus Fine Arts, Malcolm Galfe, Erin Hennessey, Johnny Johnson, Betty und Carl Knecht, Terry Lambert, Belinda Lawson, Barbara Levy, Julie und George Madsen, Amina McKay, Kurt Meyersahm, Lucille Noel, Robin Parish, Noelle Prins, Jonathan Raban, Keith Richards, Amanda Ripley, meinem Vater Sefton Sandford, Sue Sims-Hilditch, Hilary Stevens, Ti-Fa, Jacob van de Rhoer, Von's, Tom Wallace, Katrina Whone, Richard Wigmore und nicht zuletzt Victoria Willis Fleming.

C.S.
1995

Register

Abba's Greatest Hits 129
ABC News 222
»About a Girl« 71, 73, 76, 81, 94, 201
AC/DC 33
Adhikari, Miti 106, 130, 138 f., 208
Advocate 179 f., 227
»Aero Zeppelin« 48, 173
Aerosmith 60, 69, 114, 130
Agnew, Ryan 43
»Ain't It A Shame« 83
Albini, Steve 177 ff., 181, 188 f., 197
Alden, Grant 53, 56, 61 ff., 72 f., 130, 136, 172, 188
Alden, Jeff 123
Alice in Chains 62, 95
»All Apologies« 169, 196 f., 224, 227
»Almost As Blue As Your Eyes« 224
Alternative Press 97
Ament, Jeff 123
Amos, Tori 175
Andeel, Michael 190, 203
»Aneurysm« 108, 171
Angry Samoans 49
Arm, Mark 123
Arnold, Tim 48, 52, 82, 91, 132, 137, 148
Arnold, William 198
Aylward, Frederick 9
Azerrad, Michael 22 f., 25, 28, 38, 49, 61, 72, 77 f., 80, 117 f., 123, 127, 138, 167, 180, 188, 191, 193, 213, 222

»Baba O'Riley« 141
Backbeat 209, 229
Backlash 57
Baillargeon, William 204
Baker, Ginger 93
BAM-Magazine 103
Barth, Ernest 216 f.
Bay City Rollers 134
Bayer, Sam 130
BBC 106, 139, 147
Beat Happening 68
Beatles 12, 17, 20, 33, 39, 52 f., 68, 72, 168, 196, 219
»Beautiful Son« 180
Beckett, Samuel 168
Bee Gees 62
»Been a Son« 78, 82
»Beeswax« 140
Bernstein, Nils 140, 225
Berry, Chuck 34, 51
Best, Pete 86
»Big Cheese« 60, 73
»Bikini Twighlight« 83
Billboard 95, 123

Billig, Janet 212
Black Cat Orchestra 200
Black Flag 34, 134
»Black in Black« 33
Black Sabbath 39
Blackboard Jungle (Die Saat der Gewalt) 130
Bleach 69, 72 ff., 76, 78 f., 81 f., 87 ff., 111 ff., 123, 129 f., 133, 147, 166, 181, 229
»Blew« 186
Blew 78
Bliss 49
Blood Circus 70
Blood on the Tracks 62
Blow-up 17
»Blue« 73
Blue Oyster Cult 52
Blue, Les 33
Bon Jovi 58
Bong, Dana Jane 38, 66
Bonham, John 93
Boston 27, 113, 130
Bowie, David 48, 224
»Box« 197
»Break on Through« 17
»Breed« 134
Breeders 166
Brooke, Rupert 35
Brooks, Anton 98
Brooks, Garth 141
Brown Towel 50
Brown, Mick 192
Browne, Jackson 96
Burckhard, Aaron 48 f., 52, 59, 86
Burgess, Anthony 35
Burroughs, William 35, 168, 198 f., 223, 227
Butthole Surfers 33, 39, 203, 215
»Buzz Bin« 132

C/Z Records 62, 83, 157
Cafritz, Julie 159
Calamity Jane 170
Cameron, Keith 81, 86, 91 f., 161, 165
Campbell-Lyons, Patrick 143, 144, 181
Candlebox 224
Carlisle, Belinda 93
Carlson, Dylan 50, 55, 212, 214, 217, 219
Caroll, Rosemary 211
Carpenter 33
Cars 33 f.
Carter, Jimmy 62
Cat Butt 70
Channing, Chad 4, 60, 66 f., 76 f., 80, 84, 86, 92, 96 f., 103 f.
Charisma 96, 97
Cheap Trick 35, 72, 90
Cher 48, 96
Clapton, Eric 51, 71, 224
Clarke, Gilby 224

Clarke, Victoria 105, 181
Clay, Cassius 16
Clinton, Bill 136, 172
»Cobain's Dead« 222
Cobain, Beverley 8, 19 f., 22, 33, 35, 37, 54 f., 107, 155, 195
Cobain, Don 15–30, 32, 35, 40, 43 f., 73, 110 f., 167, 194, 206, 219, 233
Cobain, Ernest 19, 29, 31, 158
Cobain, Frances 10, 162 ff., 182, 184, 194 f., 209, 215, 217, 219, 220, 230, 233 f.
Cobain, Iris 18, 21–24, 27 f., 30 f., 169
Cobain, James 19
Cobain, Jenny 206
Cobain, Kimberley 18, 24
Cobain, Toni 19 f., 30–33, 149
Cobain, Wendy 15, 20–26, 29–37, 40, 43 ff., 73, 167, 194 f., 210, 219 f., 229, 233
Cobain, Wendy (O'Connor) 129, 140, 216 f.
Coffey, Mike 126 ff.
Cohen, Leonard 95
Cokeley, Scott 26 f.
Collier, Mike 180, 205, 207, 211, 232, 234
Collins, Britt 105
Collins, Jackie 116
Collins, Marco 205, 219 f.
Collins, Phil 131
Columbia 82
Crowned, Jackson 96
»Come As You Are« 108, 134 f., 153, 201
Come As You Are 222
»Communication Breakdown« 33
Conflict 73
Corbijn, Anton 197
Corgan, Billy 190 f., 214
Cornell, Chris 123
Coughlin, Francis 15 f.
Coupland, Douglas 63
Cox, Alex 116
Cream 17, 92
Creem 32
Crimson, King 27
Crover, Dale 34, 42 f., 50, 52 ff., 58, 77, 86
Crowe, Cameron 147
»Crush With Eyeliner« 224
Daily World 45, 167
De Witt, Michael 216 ff.
DeBell, Sara 196
Deep Purple 39, 114
Deep Six 62, 91
Derelicts 91
Dickens, Charles 50
»Dicknail« 120
Dinosaur Jr. 62, 86
Dire Straits 71
»Dive« 82, 87 f., 91, 94, 108, 171, 173

253

»Do You Love Me« 83
Dodd, Johnny 221
»Don't Bring Me Down« 27
Donovan, Jason 131
The Doors 17
Dorff, Stephen 229
»Downer« 73
Doyle, Tad 190
Draher, Allen 204
»Drain You« 208
Drooz, Debbi 144
Dry as a Bone 58
»Dumb« 101, 194, 197
Dwarves 91
Dylan, Bob 13

Eagles 212, 216
Eastgart, Susan 226
Edlin, Randi 90
Elden, Spencer 118
Electric Ladyland 168
Elektra (Warner Label) 235
ELO 27
Endino, Jack 52 ff., 56, 60, 67, 72, 166, 177
»Endless, Nameless« 134
Enquirer 164
Entertainment Weekly 188, 222, 229, 231, 233
Erlandson, Eric 163, 217
»Even in his Youth« 108
Everman, Jason **4**, 66 f., 76, 78, 86
Exile On Main Street 178

Face 222
Fair Timony, Simon 149, 234
Farmer, Frances 197 f.
Farrell, Ray 189
Farry, Jackie 215
Fat Chance 31
Faulkner, William 35
Fecal Matter 42, 44, 46
Feeling Minnesota 231
Fetz, Linda 66
Fisher, Robert 118
Fisk, Steve 58, 78
Fitzgerald, Scott 35
Fleetwood Mac 212
Flipper 33, 39
»Floyd The Barber« 9, 48, 53, 56, 59, 61, 72
Foo Fighters 234
Forum 123 f., 176
Foster, Dave 58 f., 86
Fradenburg, Chuck 31, 33
Fradenburg, Mary 20, 42
Fricke, David 107, 122, 159, 175, 200, 204, 209, 231
The Fucks 62

Gaar, Gillian 190, 217, 225
Galletta, Osvaldo 210
Gardner, David 206
Geffen Records 82, 97–100 f.,
108–111, 118, 123 f., 142, 144, 153, 157, 159, 166 f., 168f, 173 f., 176 f., 182, 189, 213, 229
Geffen, David 96, 155 f., 188
Gersh, Gary 97, 114, 188
Giles, Jeff 189
Gilett, Charlie 73
Girl Trouble 70
Globe 162 f., 181, 221
Go Team 83
Gold Mountain Entertainment 93, 96 f., 111, 126, 153, 157, 166 f., 169 f., 189, 210, 213 f.
Goldberg, Danny 97, 212, 219
Goldston, Lori 200
Gone 62
Goodier, Mark 138
Gordon, Kim 82, 159
Grant, Tom 211, 216 f., 227
Grech, Celia 116
Green River 58, 68
Greene, Jo-Anne 193
Grohl, David Eric **9**, 74, 92 ff., 97, 99 ff., 107 f., 120, 130 f., 139, 148, 151, 154 f., 158 f., 166, 171, 178, 181, 186, 193, 209, 228, 231, 234
Grunge Lite 196
Guardian 222
Guns N' Roses 136, 224
Gwynne, Fred 205
»Gypsies, Tramps and Thieves« 48
Gysin, Brion 227

Haig, David 184, 187, 192, 200, 205, 232
»Hairspray Queen« 173
Hanna, Kathleen 172
Hansmann, Lee 30
Hard Copy 221
Hard to Believe 83
Harper's 65
Hartshorne, Nikolas 218 f., 228
Haynes, Gibby 215
»Heart-Shaped Box« 177, 181, 186, 194, 197 f.
Heaven and Hell Vol. 1 88
Hell, Richard 34
Hemingway, Ernest 35, 226
Hendrix, Jimi 10, 17, 27, 33, 168
»Here She Comes Now« 88
Hilburn, Robert 213
Hinton, S. E. 35
Hirschberg, Lynn 160 f., 173, 181
Hoehn, Sara 216
Hoffmans, Abbie 226
Hokanson, Greg 41
Hole **6**, 116, 120 f., 159 f., 184, 215, 217, 229 f., 235
Hope, Geraldine 90
Houdini 166
House, Daniel 54, 157
Hubbard, Randi 129, 225
Hughes, Howard 170

Hulme, Frank 150 f., 153 f., 157 f., 160, 170, 172, 178, 180, 185, 187 f., 192, 195
Hunter, Bob 39 f., 43 f., 225

»If You're Going To San Francisco« 205
»In Bloom« 134, 165, 171, 194 f., 201
»In My Life« 219
In Utero **11**, 43, 101, 111, 130, 189, 196 ff., 200, 208, 213, 219, 229
Incesticide 52, 173 f., 187, 229
Inside Edition 221
Iosso, Claude 20 f., 210, 224
Island Records 75

Jackson, Michael 132, 141
Jad Fair 166
Jagger, Mick 12, 17, 71, 152, 224
Joel, Billy 39
John, Elton 212
Johnson, Robert 39
Joyce, James 168, 231

K-Records 83, 105
Kalles, Betty 45
Kates, Mark 97, 188
KCMU Radio 55, 57, 61, 73, 89
Kern, Megan 23
Kerslake, Kevin 171, 180
Kessler, Donna 41 f., 119
Kill Rock Stars 140
Kimono My House 72
Kingsmen 57
Kinnear, Jane 196
Kirkwood, Curt 223
Kiss 46, 57, 83
Knack 90
The Knack (Der gewisse Kniff) 17
KXRX-FM 218

L7 141
Lanegan, Mark 83, 224
Lavine, Michael 151
»Layla« 132
Leadbelly's Last Session 60
Lear, Edward 131
Led Zeppelin 27, 31, 33, 37, 57, 72 f., 92, 131, 151
Ledbetter, Huddie (Leadbelly) 60
Lee, Richard 226 f.
Lennon, John 10, 13, 120, 129 f., 160, 168, 222, 232
Lenquette, Youri 207
»Let it be« 61
»Let Me In« 224
Levin, Bernard 13, 223
Levy, Julia 74, 90, 96 f., 99, 101, 104 f. 107, 126
Lindsay, Thor 198
»Lithium« 41, 94, 134, 143, 145, 165, 169, 186, 224
Litt, Scott 179, 189

Register

Live Through This   215, 229
Live! Tonight! Sold Out!!   229, 234
Loftin, Myer   37 ff., 43
Lord, Mary Lou   119, 231
Los Angeles Times   193, 213
»Louie Louie«   33, 57
»Lounge Act«   112
Love, Courtney   **6**, 8 ff., **14**, 116 f., 119 f., 126, 129, 137 f., 143, 146, 148, 150 f., 153, 156–161, 163 f., 171 f., 175, 177, 180–187, 190–194, 201, 203, 205 ff., 209–213, 215–223, 226 f., 229–234
»Love Buzz«   48, 60 ff., 67, 69 f., 72 ff., 81, 87, 94, 145, 190
Lukin, Matt   33 ff., 42, 45

MacDonald, Patrick   56 ff., 63 f., 70, 73, 75, 87 f., 90, 99, 131, 137, 140, 166, 201
MacLeod, Alex   138, 199, 209
Macsis, J.   86
Madonna   132
»The Man Who Sold The World«   201
Manilow, Barry   212
Marander, Tracy   46 f., 49–52, 55, 61, 69, 73 f., 79, 81, 89 f., 94 f., 101 f., 105, 120, 181
Markey, Dave   146
Mason, Warren   31 ff., 35, 39, 53, 135
MCA   82
McCartney, Paul   39, 130
McCulley, Jerry   213
McFadden, Bob   44
McKee, Frances   162
MDC   33
Meat Loaf   27, 39
The Meat Puppets   62, 93
Medina, Frank   126, 127
Mellow, Barbara   19
Melody Maker   64, 68, 71, 86, 93, 95, 120, 122, 133, 145, 222
Melvins   33–36, 39, 46, 50, 54, 91 f., 141, 224
Merrick, Amy Jo   225
Metallica   136
Minogue, Kylie   131
Mintz, Alan   82
Moeur, Alain   213
»Molly's Lips«   100
Monkees   20
Monroe, Marilyn   226
Monster   224
Moon, Slim   47, 55, 59 f., 73, 87, 89, 95, 101, 129, 140, 148, 191, 219, 232
Moore, Thurston   82
»More Than A Feeling«   113
Morrell, Brad   65, 191
Mother Love Bone   71, 95, 150
Motley Crue   129
Motown   58
Mountain, Gold   11

»Mr. Moustache«   73
MTV   131 f., 136, 146, 151, 165, 179, 195, 201, 222, 225, 228 f.
MTV Music Awards   **11**
MTV Unplugged In New York   201, 228 f., 234
Mudhoney   57, 62, 68, 81, 86, 98, 166
The Munsters   205
Murray, Sarah   223
Music Source Studios   78
Musician   133
»My Best Friend's Girl Friend«   33
»My Generation«   132
»My Obsession«   72
My Own Private Idaho   142

Naked Lunch   198
Neely, Kim   186, 200
»Negative Creep«   73
Nelson, Sheryl   25
Never Mind the Bollocks   27
Nevermind   **3**, **6**, 12, 14, 42, 67, 73, 87, 101, 111–115, 117 f., 122 ff., 126, 128 ff., 133–137, 139–144, 146 f., 152, 157 f., 164, 168 f., 172 ff., 177, 179, 181, 188 f., 194, 197, 208, 214, 222, 228 f.
New Musical Express   68, 133, 142, 222
New Woman   222
New York Dolls   34
New York Times   65, 95, 118, 145, 172, 193, 222, 230
New Yorker Sony Studios   201
News at Ten   222
News of the World   27
Newsweek   159, 172, 188 f., 226
Nielsen, Rick   51
Nightline   146
Nine Inch Nails   232
Nixon, Richard   62
Novoselic, Chris   **4**, **9**, 36, 42 ff., 46, 48 f., 52–55, 60, 66 f., 74–78, 80 f., 85 f., 89, 91 ff., 99, 102, 107, 109, 114, 120, 131, 135, 138 f., 141, 148, 150 ff., 154–158, 171, 178 f., 181, 186, 188, 193, 208 f., 212 f., 215, 219, 225, 228, 231, 234
Novoselic, Krist   36
Novoselic, Maria   36, 41 f.

O'Connor, Pat   36 f., 40, 195
O'Connor, Sinéad   224
O'Day, Pat   57
Observer   62, 68
»Oh, The Guilt«   180
Olson, Del   214
»On A Plain«   112, 134, 165
Ono, Yoko   160, 232
»Opinions«   101
Orth, Lisa   98, 181
Osborne, Buzz   33 ff., 42, 44, 46, 50
Osbourne, Ozzy   33, 49
Ottinger, Harvey   215

Out   180

Pachyderm Studios   177 ff., 186
Page, Jimmy   31, 57
»Paper Cuts«   53, 72 f., 82
Pareles, John   230
Pavitt, Bruce   52, 56, 58, 60, 62, 65, 69, 72, 74 f., 80, 83 ff., 88 f., 92, 95, 98, 100, 181 219, 234 f.
»Pay To Pay«   94, 134
Pearl Jam   150, 205, 224, 234 f.
Peel, John   62, 67 f., 73, 81, 86 f., 93, 111, 120, 129, 165
Pen Cap Chew   49
»Pennyroyal Tea«   101, 181, 197, 201
People   221 f.
Peters, Dan   86, 91 f.
Peterson   13, 51, 56, 58–61, 64, 67, 69, 71 f., 74, 78, 91, 93, 98 f., 117, 124, 147 f., 168, 181, 189, 228, 234
Pfaff, Kristen   229 f.
Phalen, John   37
Phoenix, River   205
Pink Floyd   26, 188, 212, 218
Pitt, Brad   229
Pixies   101, 131
Plant, Robert   72
Playboy   73
»Plump«   230
Poison   58
»Polly«   81, 112, 139, 145, 173, 186, 197
Poneman, Jonathan   54, 56–62, 64 f., 72, 75, 80 f., 83 ff., 89, 98, 100, 137, 147, 213, 225, 235
Poore, Dan   55
Pop, Iggy   78, 82
PopLlama   78
Post-Intelligencer   129
Press Association   138
Psychedelic Furs   34
Python, Monty   93

Q.   222, 231
Queen   27, 50
Quinn, Bob   157

R.E.M.   10, 53, 61, 179, 197, 224, 228
»Radio Friendly Unit Shifter«   197
Raincoats   93, 166
Raitt, Bonnie   93
Ramones   27
»Rape Me«   165, 186, 189, 197, 208
Raw   222
Ray, Dixie Lee   205
Reagan, Ronald   62
Rebel Without A Cause (...denn sie wissen nicht, was sie tun)   130
Reciprocal Studios   55 f., 58, 60, 62, 66 f., 70, 173
Record Collector   62
Reed, Dave   41

Reed, Jesse 41
Renton, Johnny 59
Request 213
»Revolution« 61
Reznor, Trent 232
Richard, Jeannie 32
Richards, Keith 17, 154, 224
Rocket 57, 60, 86, 133, 145, 148, 213
Rolling Stone 10, 32, 71, 73, 99, 123, 133, 135, 141, 146, 151, 160, 167, 174, 177, 187 f., 191, 193, 207, 210, 212 f., 221 f., 231, 234 f.
Rolling Stones 50, 72, 77, 79, 108, 115, 188
Rooney, Andy 14, 222 f.
Rose, Axl 195
Rotten, Johnny 39, 92, 141
Rous, Kate 121, 169
Rubber Soul 168
Run 68
Rutles 118

Salinger, J.D. 35
Sanford, Jeff 31
Sassoon, Siegfried 35
»Scentless Apprentice« 186, 197
Schepp, Michael 45
»School« 73, 76, 94, 125, 171
»Scoff« 73
Scratch Acid 39
Screaming Life 55
Screaming Trees 83
»Seasons in the Sun« 190
Seattle Rocket 73
Seattle-Times 56 f., 167, 194, 218, 221
Select 188, 209
Sellouts 42, 89
Selmer, Tony 111 f., 114, 116
Sergeant Pepper 17
»Serve The Servants« 196 f., 219
Sex Pistols 27, 34, 72, 76, 112
Shadows of Knight 34
»Sheep« 94, 134
Sheep 87
The Shemps 62
Shillinger, Lamont 43 f., 225
Shocking Blue 48
Shonen Knife 166
Sid and Nancy 116, 232
Silva, John 97, 121, 126 f., 212, 216
Silver, Susan 161
Simmons, Gene 57
Simon Simopath 144
Skene, Dana 54, 85
Skid Row 49
Sleestacks 222
»Sliver« 82, 87 f., 93 f., 98, 173 f., 183 f.
Smart Studios 86
Smashing Pumpkins 190 f.
Smear, Pat 196, 200, 208, 212, 215
»Smells Like Teen Spirit« **3**, 108 ff., 113 f., 130–134, 136 f., 142 f., 145, 170, 175, 196 f., 205
Smith, Gary 7, 218, 221
Smith, Patti 34
»Something In The Way« **2**, 42, 134
Sonic Youth 57, 60, 61, 65, 82, 88, 97, 121 f., 166, 174
The Sound of Music (Meine Lieder – meine Träume) 16 f.
Soundgarden 55, 57 f., 62, 71, 95, 161, 235
Sounds 64, 68, 81, 86, 91 f., 95, 101, 158, 234
Source 129, 146, 164, 196
»Spank Thru« 48, 62, 71, 81
Sparks 72
Spin 156, 213, 220, 222, 230 f., 235
Spin Doctors 101
Spinal Tap 93, 118
»Stain« 78, 82
»Stairway to Heaven« 31
Starr, Ringo 23, 86
»Stay Away« 94, 112, 134
Stern, Heide 76
Stewart, Rod 131
Sticky Fingers 62
Stiff Woodies 42
Stinky Puffs 149
Stipe, Michael 10, 228 f.
Straight to Hell 116
Straw, Syd 224
»Strawberry Fields« 17
Streisand, Barbra 96
Sub Pop 52, 57 f., 61 f., 65, 68 f., 71, 74 f., 82 f., 85, 88, 91 f., 96 ff., 100, 133, 137, 157, 225, 234 f.
Sub Pop 200 62, 81
Sub Pop Ltd. 56
Sun 162, 194
Sunday Mirror 222
Süsskind, Patrick 197
Sutcliffe, Stuart 229
Swallow 68
Sweeney Todd, The Demon Barber Of Fleet Street 53

TAD 57, 62, 79, 98
Ted El Fred 49
Telegraph 222
Teriyaki Asthma 54
»Territorial Pissings« 112, 143
Terry, Antonio 226 f.
Throat Oyster 49, 62
Thrown Ups 70
Tim Kerr Records 198
Time 147, 175 f., 231
The Times 17, 22, 122, 165, 221 ff.
»Tourette's« 198
Towles, Stephen 219 ff.
Tribune 188
Trio Sweet 75, 234
True, Everett 64, 68, 86
»Turnaround« 173
20/20 146, 221

»Twilight Zone« 205
»Twin Peaks« **2**, 15, 21

U-Men 58
U2 77
Uncle Bonsai 62
Universal Mother 224
Use Your Illusion 1 & 2 136

Vail, Tobi 74, 90, 94 f., 101, 120, 150
Van Halen 58
Vanilla Fudge 60
Vanity Fair 105, 147, 160 ff., 191, 231
Variety 147
Vaselines 93, 100, 166
Vedder, Eddie 150 f., 195, 201, 224, 231
Velvet Underground 34, 88
»Very Ape« 198
Vig, Butch 86 f., 108, 111–114, 128, 177, 180
Village Voice 77, 110, 231
Vitalogy 224
Vogue 147
Vox 222
Vrij Nederland 138

Wagles 96
»Waif Me« 189
Wailers 57, 60
Wald, Helki 10 f.
Wallace, Andy 112 ff., 128, 179 f., 189
Walter, Linda 215 f.
Warner Music Group 235
Warner Music US 235
Weddle, Kirk 106
Weekly 181
Wenders, Wim 200
Westmoreland, Darrell 148
Wheeler, Alice 69, 71 f., 74 f., 78, 89, 95, 98, 119, 129, 147, 181, 201, 203 f., 206, 219, 234
»Where Did You Sleep Last Night« 83, 230
The Who 17, 141, 146
Wilkes, Monty Lee 127 f.
The Winding Sheet 83
Windowpane 49
Wineberg, Alan 195
Wipers 93
Wood, Andrew 95
The Word 139
Wright, Graham 138, 141, 146, 164 ff., 169, 171, 186 f.

Yancovic, Al 175
Yes 26
Young, Angus 51

Zapata, Mia 190, 203
Zappa, Frank 205